RECUEIL

DE

LOIS, DÉCRETS ET ARRÊTÉS

CONCERNANT LES COLONIES.

TOME SECOND.

PARIS.

IMPRIMERIE NATIONALE.

M DCCC LXXXI.

RECUEIL

DE

LOIS, DÉCRETS ET ARRÊTÉS

CONCERNANT LES COLONIES.

II

MINISTÈRE DE LA MARINE ET DES COLONIES.

RECUEIL

DE

LOIS, DÉCRETS ET ARRÊTÉS

CONCERNANT LES COLONIES.

TOME SECOND.

PARIS.

IMPRIMERIE NATIONALE.

M DCCC LXXXI.

RECUEIL

DE

LOIS, DÉCRETS ET ARRÊTÉS

CONCERNANT LES COLONIES.

TEXTES CONCERNANT LA GUYANE FRANÇAISE.

ORDONNANCE DU ROI

CONCERNANT L'ORGANISATION DE L'ORDRE JUDICIAIRE ET L'ADMINISTRATION DE LA JUSTICE À LA GUYANE FRANÇAISE.

Paris, le 21 décembre 1828.

CHARLES, PAR LA GRÂCE DE DIEU, ROI DE FRANCE ET DE NAVARRE,

A tous ceux qui ces présentes verront, SALUT.

Sur le rapport de notre Ministre Secrétaire d'État de la marine et des colonies, et de l'avis de notre Conseil,

NOUS AVONS ORDONNÉ et ORDONNONS ce qui suit :

TITRE PREMIER.
DISPOSITIONS PRÉLIMINAIRES.

ARTICLE PREMIER. La justice sera administrée à la Guyane française par un tribunal de paix, un tribunal de 1re instance, une cour royale et une cour d'assises.

Les jugements en dernier ressort et les arrêts pourront être attaqués par voie d'annulation ou de cassation, dans les cas spécifiés en la présente ordonnance.

ART. 2. Le conseil privé, la commission des prises et les conseils de guerre continueront de connaître des matières qui leur sont spécialement attribuées par notre ordonnance du 27 août 1828 et par les lois, ordonnances et règlements en vigueur dans la colonie.

Art. 3. Nul ne pourra être distrait de ses juges naturels.

Il ne sera, en conséquence, créé aucune commission extraordinaire.

Toutefois, une cour prévôtale pourra être établie dans les cas et suivant les formes déterminés par la présente ordonnance.

Art. 4. Les audiences seront publiques, au civil et au criminel, excepté dans les affaires où la publicité sera jugée dangereuse pour l'ordre et les mœurs.

Dans tous les cas, les jugements et arrêts seront prononcés publiquement. Ils seront toujours motivés.

Art. 5. Les cours et tribunaux ne pourront, sous les peines portées par les lois, prendre directement ou indirectement aucune part à l'exercice du pouvoir législatif, ni s'immiscer dans les affaires administratives.

Ils ne pourront, sous aucun prétexte et sous les mêmes peines, refuser ni retarder l'enregistrement des lois, ordonnances, arrêtés et règlements, lorsqu'ils en seront requis par le ministère public.

Art. 6. Il leur est également interdit de poursuivre, hors les cas de flagrant délit, les agents du Gouvernement pour délits commis dans l'exercice de leurs fonctions, à moins d'une autorisation spéciale donnée de la manière prescrite par l'art. 60 de notre ordonnance du 27 août 1828.

Art. 7. La colonie sera régie par le Code civil, le Code de procédure civile, le Code de commerce, le Code d'instruction criminelle et le Code pénal, modifiés et mis en rapport avec ses besoins.

TITRE II.

DES TRIBUNAUX ET DES COURS.

CHAPITRE PREMIER.

DU TRIBUNAL DE PAIX.

Art. 8. Il sera établi dans la colonie un tribunal de paix, dont le siége sera à Cayenne.

Art. 9. Ce tribunal de paix sera composé d'un juge de paix, de deux suppléants et d'un greffier.

Lorsque le tribunal aura à statuer sur les matières énoncées en l'art. 15, les fonctions du ministère public seront remplies par le commissaire de police de Cayenne, et, à son défaut, par l'officier de l'état civil.

Art. 10. Le tribunal de paix connaîtra, sauf les exceptions déterminées par les lois, des actions civiles, soit personnelles, soit mobilières, et des actions commerciales, savoir :

En premier et dernier ressort, lorsque la valeur principale de la demande n'excédera pas 150 francs;

En premier ressort seulement, lorsque la valeur principale de la demande sera au-dessus de 150 francs et n'excédera pas 300 francs.

Art. 11. Il connaîtra en premier et dernier ressort jusqu'à la valeur de 150 francs en principal, et en premier ressort seulement, à quelque valeur que la demande puisse monter :

1° Des actions pour dommages faits, soit par les hommes, soit par les animaux, aux champs, fruits et récoltes;

2° Des déplacements de bornes, des usurpations de terre, arbres, haies, fossés et autres clôtures, commis dans l'année; des entreprises sur les cours d'eau, pareillement commises dans l'année, et de toutes autres actions possessoires;

3° Des réparations locatives des maisons et habitations affermées;

4° Des indemnités prétendues par le fermier ou locataire pour non-jouissance, lorsque le droit à l'indemnité ne sera pas contesté, ainsi que des dégradations alléguées par le propriétaire;

5° De l'exécution des engagements entre le propriétaire et ses gérants ou économes, ou tous gens à gages; entre les marchands et leurs commis; entre les fabricants, entrepreneurs et maîtres-ouvriers et leurs compagnons ou apprentis; entre les maîtres et leurs domestiques ou gens de travail;

6° Des contestations relatives aux locations d'esclaves;

7° Des fournitures faites par les bouchers et les boulangers;

8° Des contestations entre les aubergistes et les voyageurs pour frais d'hôtellerie;

9° Des actions en dommages et intérêts pour injures verbales et autres contraventions de police, pour lesquelles les parties ne se seront pas pourvues par la voie extraordinaire.

Art. 12. Toutes les fois que les parties y consentiront, le juge de paix connaîtra les actions énoncées aux deux articles précédents, soit en premier et dernier ressort, soit en premier ressort seulement, à quelque valeur que la demande puisse monter, lors même qu'il ne serait pas le juge naturel des parties.

Art. 13. En matière civile et commerciale, les jugements du tribunal de paix, jusqu'à concurrence de 300 francs, seront exécutoires par provision et nonobstant appel, sous les modifications portées au Code de procédure civile.

Art. 14. Dans les matières civiles qui excéderont sa compétence, le juge de paix remplira les fonctions de conciliateur, ainsi qu'il sera réglé par le Code de procédure civile.

Art. 15. Le tribunal de paix connaîtra des contraventions de police, telles qu'elles sont définies par le Code pénal et par le Code d'instruction criminelle.

Ses jugements seront rendus, savoir :

En premier et dernier ressort, lorsque l'amende, les restitutions et autres réparations civiles n'excéderont pas 50 francs, outre les dépens;

Et en premier ressort seulement, lorsqu'ils prononceront l'emprisonnement ou lorsque le montant de l'amende et des condamnations civiles excédera la somme de 50 francs, sans les dépens.

Art. 16. Les jugements rendus en dernier ressort par le tribunal de paix. soit en matière civile, soit en matière de police, pourront être attaqués par voie d'annulation, dans les cas spécifiés aux art. 43 et 44 de la présente ordonnance.

Art. 17. Le tribunal de paix se constituera :

En justice de paix, pour prononcer sur les matières civiles et commerciales énoncées aux art. 10, 11 et 12 ;

En tribunal de police, pour prononcer sur les contraventions énoncées en l'art. 15.

Et en bureau de conciliation, dans les cas prévus par l'art. 14.

Art. 18. Indépendamment des fonctions qui sont attribuées aux juges de paix par le Code civil et par les Codes de procédure, de commerce et d'instruction criminelle, le juge de paix de la Guyane française recevra l'affirmation des procès-verbaux dressés en matière de police. de grande voirie. de chasse, de pêche, de délits ruraux et forestiers, de douanes et de contributions indirectes, et en toutes autres matières, lorsque les ordonnances, arrêtés et règlements lui en auront spécialement attribué le droit.

Il délivrera des sauf-conduits aux individus cités devant lui qui se trouveraient exposés à l'exercice de la contrainte par corps.

Art. 19. Les suppléants remplaceront le juge de paix au besoin.

Ils pourront toujours assister aux audiences, et ils y auront voix consultative.

CHAPITRE II.
DU TRIBUNAL DE 1ʳᵉ INSTANCE.

Art. 20. Il sera établi pour la Guyane française un tribunal de 1ʳᵉ instance, qui siégera à Cayenne.

Art. 21. Le tribunal de 1ʳᵉ instance sera composé d'un juge royal, d'un lieutenant de juge et de deux juges-auditeurs.

Il y aura près de ce tribunal un procureur du Roi, un greffier et un commis assermenté.

Art. 22. Le tribunal de 1ʳᵉ instance connaîtra, sauf les exceptions déterminées par la loi, savoir :

En dernier ressort, des matières civiles et commerciales sur l'appel des jugements rendus par la justice de paix ;

En premier et dernier ressort,

1º Des actions civiles, soit personnelles, soit mobilières, et des actions commerciales, lorsque la valeur de la demande en principal sera au-dessus de 300 francs et n'excédera pas 1,000 francs ;

2º Des actions civiles, soit réelles, soit mixtes, lorsque la valeur de la demande en principal n'excédera pas 1,000 francs, à l'exception de celles réservées à la justice de paix par l'art. 11 ;

Et en premier ressort seulement, des affaires civiles ou commerciales, lorsque la valeur de la demande en principal excédera 1,000 francs, à l'exception de celles réservées à la justice de paix par l'art. 11.

Art. 23. Le tribunal de 1ʳᵉ instance connaîtra de l'appel des jugements du tribunal de police.

Art. 24. Il connaîtra des contraventions aux lois, ordonnances, arrêtés et

règlements sur le commerce étranger et sur les douanes, sauf l'appel au conseil privé, ainsi qu'il est réglé par l'art. 167 de notre ordonnance du 27 août
1828.

Art. 25. Le recours en cassation sera ouvert contre les jugements rendus
en dernier ressort, dans les cas spécifiés en l'art. 22.

Art. 26. Le recours en annulation sera ouvert contre les jugements en dernier ressort rendus dans les cas prévus par l'art. 23.

Ce recours sera exercé ainsi qu'il est réglé par l'art. 44 ci-après.

Art. 27. Le tribunal de 1re instance se constituera :

En tribunal civil, pour prononcer sur les affaires civiles et commerciales
indiquées en l'art. 22 ;

En tribunal correctionnel, pour prononcer sur l'appel des jugements de
police mentionnés en l'art. 23, ainsi que sur les contraventions énoncées en
l'art. 24.

Art. 28. Il pourra être formé, dans le tribunal de 1re instance, une section temporaire pour le jugement des affaires civiles arriérées.

Cette section sera tenue par le lieutenant de juge ou par un conseiller-
auditeur.

Elle ne pourra être établie qu'en vertu d'un arrêté pris par le gouverneur
en conseil.

Art. 29. Le juge royal rendra seul la justice dans les matières qui sont de
la compétence du tribunal de 1re instance.

Il remplira les fonctions attribuées aux présidents des tribunaux de 1re instance par le Code civil et par les Codes de procédure civile, de commerce et
d'instruction criminelle.

Il sera chargé, au lieu de sa résidence, de la visite des navires, ainsi qu'il
est réglé par les lois, ordonnances et règlements en vigueur dans la colonie.

Il visera, cotera et parafera les répertoires des notaires, ceux des huissiers, les registres du curateur aux successions vacantes et ceux du commis-
saire-priseur.

Art. 30. Le lieutenant de juge remplira les fonctions attribuées au juge
d'instruction par le Code d'instruction criminelle.

En cas d'empêchement du juge royal, il le remplacera dans ses fonctions.

Art. 31. Les juges-auditeurs assisteront aux audiences.

Ils pourront être chargés, par le juge royal, des enquêtes, des interrogatoires, des ordres, des contributions et de tous actes d'instruction civile, ainsi que des fonctions de juge-commissaire, de juge-rapporteur, et de celles indiquées aux deux derniers alinéa de l'art. 29.

Dans tous les cas, ils n'auront que voix consultative.

Ils pourront en outre être chargés par le procureur du Roi des fonctions du ministère public.

Art. 32. En cas d'empêchement du lieutenant de juge, le juge royal pourra remplir lui-même les fonctions de juge d'instruction, ou les déléguer à l'un des juges-auditeurs.

CHAPITRE III.
DE LA COUR ROYALE.

Art. 33. Il sera établi pour la Guyane française une cour royale, dont le siége sera à Cayenne.

Art. 34. La cour sera composée de cinq conseillers et de deux conseillers-auditeurs.

Il y aura près de la cour un procureur général, ou un avocat général chargé d'en remplir les fonctions, un greffier et un commis assermenté.

Art. 35. La cour sera présidée par celui des conseillers que nous aurons désigné.

La durée de la présidence sera de trois années.

Le président ne pourra être nommé de nouveau qu'après un intervalle de trois années.

Art. 36. La justice sera rendue souverainement par la cour royale.

Art. 37. La cour royale connaîtra en dernier ressort des matières civiles et commerciales, sur l'appel des jugements du tribunal de 1re instance.

Art. 38. Elle statuera directement sur les instructions en matière criminelle, correctionnelle et de police, et prononcera le renvoi devant les juges compétents, ou déclarera qu'il n'y a lieu à suivre.

Dans l'un ou l'autre cas, elle ordonnera, s'il y a lieu, la mise en liberté des inculpés.

Art. 39. Elle connaîtra en premier et dernier ressort des matières correctionnelles autres que celles spécifiées dans l'art. 24.

Art. 40. La voie de cassation est ouverte :

1° Contre les arrêts rendus en matière civile et commerciale, sur l'appel des jugements du tribunal de 1re instance ;

2° Contre les arrêts rendus en matière correctionnelle.

Art. 41. Les arrêts de la chambre d'accusation pourront aussi être attaqués par voie de cassation, mais dans l'intérêt de la loi seulement.

Art. 42. Il n'est point dérogé aux dispositions de l'art. 9 de notre ordonnance du 20 juillet 1828.

Art. 43. En matière civile ou commerciale, la cour royale connaîtra des demandes formées par les parties en annulation des jugements en dernier ressort de la justice de paix, pour incompétence ou excès de pouvoir.

En matière de police, elle connaîtra des demandes formées par le ministère public ou par les parties en annulation des jugements en dernier ressort du tribunal de police, pour incompétence, excès de pouvoir ou contravention à la loi.

En cas d'annulation, elle prononcera le renvoi devant le juge royal, lequel statuera définitivement.

· Lorsque l'annulation sera prononcée pour cause d'incompétence, la cour royale, s'il y a lieu, renverra l'affaire devant les juges qui devront en connaître.

Art. 44. En matière civile ou commerciale, la cour royale connaîtra des demandes formées dans l'intérêt de la loi, par le procureur général. en annulation, pour incompétence, excès de pouvoir ou contravention à la loi. des jugements rendus en dernier ressort par la justice de paix. lorsqu'ils auront acquis force de chose jugée.

En matière de police, elle connaîtra des demandes formées, également dans l'intérêt de la loi et pour les mêmes causes, par le procureur général, en annulation soit des jugements en dernier ressort du tribunal de police. lorsqu'ils seront passés en force de chose jugée, soit des jugements rendus par le tribunal correctionnel, sur l'appel de ceux du tribunal de police.

L'annulation ne donnera lieu à aucun renvoi.

Art. 45. La cour royale connaîtra des faits de discipline, ainsi qu'il sera réglé au titre III, chapitre v, et au titre V, section 3 des chapitres i et ii.

Art. 46. Elle pourra proposer au gouverneur des règlements soit pour la plus prompte expédition des affaires, soit pour la fixation du nombre et de la durée de ses audiences, de celles du tribunal de 1re instance et du tribunal de paix.

Ces règlements ne seront exécutés qu'après avoir été arrêtés par le gouverneur, en conseil privé, et ne deviendront définitifs que l'orsqu'ils seront revêtus de l'approbation de notre Ministre Secrétaire d'État de la marine et des colonies.

Art. 47. La cour se constituera :

En chambre civile, pour prononcer sur les affaires mentionnées en l'art. 37 et sur les demandes en annulation spécifiées au paragraphe 1er des art. 43 et 44;

En chambre d'accusation, pour prononcer sur les affaires mentionnées en l'art. 38;

En chambre correctionnelle, pour prononcer sur les affaires mentionnées en l'art. 39 et sur les demandes en annulation spécifiées au second paragraphe des art. 43 et 44.

Art. 48. La chambre civile et la chambre correctionnelle ne pourront rendre arrêt qu'au nombre de cinq juges au moins.

Art. 49. La chambre d'accusation sera composée de trois membres de la cour, dont deux pourront être pris parmi les conseillers-auditeurs.

Elle ne pourra rendre arrêt qu'au nombre de trois juges.

Art. 50. Le service de la chambre d'accusation ne dispensera point de celui des chambres civile et correctionnelle.

Art. 51. Au commencement de chaque semestre, deux des membres de la chambre d'accusation en sortiront sur la désignation du président de la cour, qui nommera ceux qui devront les remplacer.

Chacun des membres de la cour sera successivement appelé à cette chambre, autant que les circonstances le permettront.

Art. 52. Le président de la cour remplira les fonctions qui lui sont attribuées par le Code civil et par les Codes de procédure civile et d'instruction criminelle.

Hors le cas d'empêchement, il présidera la chambre civile et correctionnelle; il pourra présider, toutes les fois qu'il le jugera convenable, la chambre

d'accusation, et, dans ce cas, le juge le moins ancien de cette chambre se retirera.

Art. 53. En cas d'empêchement, seront remplacés, savoir :

Le président, par le plus ancien des conseillers présents;

Les conseillers, par les conseillers-auditeurs, suivant l'ordre d'ancienneté.

Art. 54. Indépendamment des fonctions attribuées aux conseillers-auditeurs par les art. 49 et 53, ils pourront :

Sur la désignation du président, être chargés des enquêtes et des interrogatoires ;

Sur la désignation du procureur général, remplir les fonctions du ministère public;

Et sur un arrêté du gouverneur, remplacer, en cas d'empêchement, soit le
juge royal, soit le lieutenant de juge, soit le procureur du Roi, dans leurs
diverses attributions, ou former la section temporaire du tribunal de 1re instance qui pourrait être établie en vertu de l'art. 28.

Art. 55. Les conseillers-auditeurs auront voix délibérative lorsqu'ils auront vingt-sept ans accomplis.

Avant cet âge, ils auront seulement voix consultative.

Art. 56. Si le nombre des magistrats nécessaire pour rendre arrêt est incomplet, le président y pourvoira en appelant des magistrats honoraires ayant
droit de siéger et suivant l'ordre de leur ancienneté, ou des avocats-avoués,
suivant l'ordre du tableau.

CHAPITRE IV.

DE LA COUR D'ASSISES.

Art. 57. Il y aura à la Guyane française une cour d'assises, qui siégera à
Cayenne.

Art. 58. La cour d'assises se composera de trois conseillers de la cour
royale et de quatre membres du collége des assesseurs dont il sera parlé au
titre IV.

Le procureur général, ou le conseiller-auditeur désigné pour remplir les
fonctions du ministère public, y portera la parole.

Le greffier de la cour royale, ou son commis assermenté, y tiendra la
plume.

Art. 59. Dans les affaires qui paraîtront devoir se prolonger pendant plusieurs audiences, un conseiller-auditeur et un assesseur seront, en outre, appelés par le président pour assister aux débats et remplacer le conseiller ou l'assesseur qui ne pourrait continuer de siéger.

Art. 60. La cour d'assises connaîtra de toutes les affaires où le fait qui est l'objet de la poursuite est de nature à emporter peine afflictive ou infamante.

Art. 61. Les arrêts de la cour d'assises pourront être attaqués par voie de cassation.

L'art. 42 est applicable à ces arrêts.

Art. 62. Dans le cas où il y aurait lieu de renvoyer d'une cour d'assises à une autre, pour cause de suspicion légitime, ainsi qu'il est prévu au Code d'instruction criminelle, le renvoi sera prononcé par le conseil privé, composé de la manière prescrite par l'art. 168 de notre ordonnance du 27 août 1828, et il en sera référé à notre Ministre de la marine.

Art. 63. La cour d'assises tiendra une session par trimestre; un règlement, délibéré dans la forme prescrite par l'art. 46, fixera l'époque de l'ouverture des sessions.

Néanmoins, si les besoins du service le commandent, le gouverneur, en conseil, pourra changer l'époque de l'ouverture des assises, sans pouvoir en diminuer le nombre.

Art. 64. Le gouverneur, en conseil, pourra, lorsque les circonstances l'exigeront, convoquer des assises extraordinaires qui se tiendront dans tel quartier de la colonie et à tel jour qu'il jugera convenable d'indiquer.

Art. 65. Le président de la cour royale désignera, à chaque renouvellement de semestre, les magistrats de la cour qui devront composer chacune des cours d'assises du semestre, et celui des conseillers qui les présidera, dans le cas où il ne jugerait pas à propos de les présider lui-même.

Art. 66. Le président de la cour d'assises remplira les fonctions qui lui sont attribuées par le Code d'instruction criminelle.

Art. 67. Les membres de la cour royale et les assesseurs prononceront en commun :

Sur la position des questions,

Sur toutes les questions posées,

Et sur l'application de la peine.

Art. 68. Les membres de la cour royale connaîtront exclusivement des incidents de droit ou de procédure qui s'élèveraient avant l'ouverture ou pendant le cours des débats.

CHAPITRE V.

DU MINISTÈRE PUBLIC.

Art. 69. Les fonctions du ministère public seront spécialement et personnellement confiées à notre procureur général.

Il portera la parole aux audiences, quand il le jugera convenable.

Art. 70. Il sera tenu de veiller, dans la limite de ses attributions, à l'exécution des lois, ordonnances, arrêtés et règlements en vigueur dans la colonie. Il fera en conséquence les actes et réquisitions nécessaires.

Art. 71. Dans les affaires civiles, il n'exercera son ministère, par voie d'action, que dans les cas déterminés par les lois et ordonnances ou lorsqu'il s'agira de la rectification d'actes de l'état civil qui, par de fausses énonciations, attribueraient à un homme de couleur libre, ou à un esclave, une qualité autre que celle qui lui appartient.

Art. 72. Il poursuivra d'office l'exécution des jugements et arrêts. dans les dispositions qui intéressent l'ordre public.

Art. 73. Il signalera au Ministre de la marine et des colonies les arrêts et jugements en dernier ressort, passés en force de chose jugée, qui lui paraîtront susceptibles d'être attaqués par voie de cassation, dans l'intérêt de la loi.

Art. 74. Il aura la surveillance des officiers ministériels et pourra. sur la demande des parties, leur enjoindre de prêter leur ministère.

Art. 75. Il pourra requérir de la force publique dans les cas et suivant les formes déterminés par les lois et ordonnances.

Art. 76. Le procureur général exercera l'action de la justice criminelle dans toute l'étendue du ressort de la cour. Tous les officiers de police judiciaire, même le juge d'instruction, sont soumis à sa surveillance.

Art. 77. Dans les affaires qui intéressent le Gouvernement, le procureur général sera tenu, lorsqu'il en sera requis par le gouverneur, de faire, conformément aux instructions qu'il en recevra, les actes nécessaires pour saisir les tribunaux.

Il sera également tenu de requérir l'enregistrement des lois, ordonnances, arrêtés et règlements qui lui seront adressés à cet effet par le gouverneur.

Art. 78. Il aura la surveillance des prisons et des maisons d'arrêt, et veillera à ce que personne n'y soit détenu illégalement.

Art. 79. Il aura l'inspection des registres constatant l'état civil des blancs, celui des hommes de couleur libres et les affranchissements.

Il aura également l'inspection des registres qui contiennent les déclarations de naissances, de mariages et de décès des esclaves.

Art. 80. Il sera chargé de l'inspection des greffes et de tous dépôts d'actes publics autres que les dépôts des actes de l'administration.

Art. 81. Le conseiller-auditeur qui aura été désigné pour remplir les fonctions du ministère public ne participera à leur exercice que sous la direction du procureur général.

Toutes les fois qu'il en sera requis par le procureur général, il sera tenu de lui communiquer les conclusions qu'il se proposera de donner. En cas de dissentiment, le procureur général portera la parole.

Art. 82. Le procureur du Roi remplira les fonctions du ministère public près le tribunal de 1re instance et participera, sous la direction du procureur général, à l'exercice des autres fonctions énoncées au présent chapitre. Il sera placé sous les ordres du procureur général.

CHAPITRE VI.

DES GREFFIERS DE LA COUR ET DES TRIBUNAUX.

Art. 83. Les greffiers tiendront la plume aux audiences.

Art. 84. Ils seront chargés de recueillir et de conserver les actes des délibérations de la cour et des tribunaux.

Art. 85. Ils seront chargés de tenir en bon ordre les rôles et les différents registres prescrits par les codes, les ordonnances et les règlements, et de conserver avec soin les collections et la bibliothèque à l'usage de la cour ou du tribunal auquel ils seront attachés.

Art. 86. Ils auront la garde du sceau de la cour ou du tribunal près duquel ils exerceront leurs fonctions.

Art. 87. Il leur est interdit, sous peine de destitution, de recevoir sur leurs registres aucune protestation, soit de la cour ou du tribunal, soit d'aucun magistrat en particulier.

Art. 88. Les greffiers seront tenus d'établir de doubles minutes des actes destinés au dépôt des chartes coloniales, ainsi qu'il leur est prescrit par l'édit du mois de juin 1776, et de se conformer aux autres dispositions du même édit qui les concernent.

Ils seront tenus également d'établir de doubles minutes des jugements et arrêts rendus en matière civile, criminelle et correctionnelle.

Dans les huit premiers jours de chaque trimestre, ils déposeront ces pièces au parquet de la cour ou du tribunal auquel ils seront attachés, ainsi que les états prescrits par les art. 243 et 244 de la présente ordonnance.

Art. 89. Le greffier de la cour assistera aux assemblées générales et y tiendra la plume.

Art. 90. Le greffier du tribunal de 1re instance sera chargé, sous sa responsabilité, de la garde et de la conservation des anciennes minutes de notaires et de toutes les pièces et actes dont les lois, ordonnances et règlements prescrivent le dépôt au greffe.

TITRE III.

DES MEMBRES DE L'ORDRE JUDICIAIRE.

CHAPITRE PREMIER.

DES CONDITIONS D'ÂGE ET DE CAPACITÉ.

Art. 91. Devront être âgés, savoir :

Les juges-auditeurs, de vingt-deux ans;

Les conseillers-auditeurs et les suppléants du juge de paix, de vingt-cinq ans;

Le lieutenant de juge, le procureur du Roi et le juge de paix, de vingt-sept ans;

Les conseillers, le procureur général, ou l'avocat général chargé d'en remplir les fonctions, et le juge royal, de trente ans.

La condition d'âge ne sera réputée accomplie qu'après la dernière année révolue.

Art. 92. Nul ne pourra être juge-auditeur s'il n'a été reçu avocat.

Les juges-auditeurs devront en outre justifier d'un revenu annuel de 2,000 francs.

Art. 93. Nul ne pourra être conseiller-auditeur s'il n'a rempli les fonctions de juge ou d'officier du ministère public pendant un an au moins, ou celles de juge-auditeur pendant deux années.

Art. 94. Nul ne pourra être lieutenant de juge ou procureur du Roi s'il n'a été conseiller-auditeur pendant deux ans ou s'il n'a rempli durant le même temps les fonctions de juge ou celles d'officier du ministère public.

Art. 95. Nul ne pourra être juge royal s'il n'a été procureur du Roi ou substitut du procureur général, soit en France, soit dans les colonies, ou s'il n'a rempli pendant deux ans les fonctions de lieutenant de juge dans les colonies ou celles de conseiller-auditeur ou de juge, soit en France, soit dans les colonies.

Art. 96. Nul ne pourra être conseiller s'il n'a été juge royal ou s'il ne remplit l'une des conditions énoncées en l'article précédent.

Art. 97. Nul ne pourra être procureur général ou avocat général s'il n'a été pendant deux ans conseiller, juge royal, président d'un tribunal de 1re instance, officier du ministère public près d'une cour royale ou procureur du Roi.

Art. 98. A défaut de l'accomplissement des conditions prescrites par les cinq articles précédents, les candidats seront tenus de justifier de l'exercice de la profession soit d'avocat près une cour de France, soit d'avocat-avoué dans la colonie.

La durée de cet exercice est fixée, savoir :

A quatre ans, pour être conseiller-auditeur;

A six ans, pour être lieutenant de juge ou procureur du Roi;

A huit ans, pour être juge royal, conseiller ou avocat général;

Et à dix ans, pour être procureur général.

Dans le nombre de ces années d'exercice, seront comptés les trois ans de stage exigés pour l'inscription au tableau des avocats près l'une des cours de France.

Art. 99. Les greffiers de la cour royale et des tribunaux devront être âgés de vingt-cinq ans;

Les commis greffiers, de vingt et un ans.

Les greffiers de la cour et du tribunal de 1re instance ne pourront être choisis que parmi les licenciés en droit, à moins qu'ils n'aient précédemment exercé les fonctions d'avoué ou de greffier pendant trois ans au moins, soit en 1re instance, soit en appel.

CHAPITRE II.

DES INCOMPATIBILITÉS.

Art. 100. Les parents et alliés jusqu'au degré de cousin germain inclusivement ne pourront être simultanément membres de la cour, soit comme conseillers ou conseillers-auditeurs, soit comme officiers du ministère public, soit comme greffiers.

Les mêmes causes d'incompatibilité s'appliqueront aux membres d'un même tribunal. Il y aura incompatibilité au même degré de parenté ou d'alliance entre les membres de la cour royale, le juge royal et le lieutenant de juge.

Art. 101. En cas d'alliance survenue depuis la nomination, celui qui l'aura contractée ne pourra continuer ses fonctions, et il sera pourvu à son remplacement.

Art. 102. Les fonctions de conseiller, de conseiller-auditeur, de juge royal, de lieutenant de juge, de juge-auditeur, de juge de paix, d'officier du ministère public ou de greffier, seront incompatibles avec celles de conseiller colonial, d'avocat-avoué, d'avoué, de notaire, et avec toutes fonctions salariées.

Pourront néanmoins les notaires être suppléants de juge de paix.

Art. 103. Il ne pourra, sous aucun prétexte, être accordé de dispenses pour l'accomplissement des conditions prescrites par le présent chapitre et par le précédent.

CHAPITRE III.

DE LA NOMINATION ET DE LA PRESTATION DE SERMENT.

Art. 104. Seront nommés par nous les magistrats et les greffiers de la cour royale et du tribunal de 1re instance, et le juge de paix.

Ils exerceront leurs fonctions dans la colonie tant que nous le jugerons convenable au bien de notre service.

Art. 105. Les juges suppléants et le greffier du tribunal de paix seront nommés par notre Ministre de la marine et des colonies.

Les commis greffiers seront, sur la présentation des greffiers, agréés par la cour ou le tribunal près lequel ils exerceront.

Art. 106. Les membres de l'ordre judiciaire nommés par nous ou par notre Ministre de la marine et des colonies ne pourront être révoqués par le gouverneur, si ce n'est en cas de forfaiture.

Toutefois il n'est point dérogé aux dispositions de l'art. 78 de notre ordonnance du 27 août 1828.

Art. 107. Six mois avant l'expiration du terme fixé pour la durée de la présidence de la cour royale, notre Ministre de la marine et des colonies présentera des candidats à notre nomination.

Art. 108. Dans le cas où, à l'expiration de ce terme, notre choix ne serait pas connu, la présidence appartiendra provisoirement au plus ancien conseiller, dans l'ordre de réception, le président sortant excepté.

Art. 109. Aussitôt que des places de l'ordre judiciaire viendront à vaquer, le procureur général présentera au gouverneur la liste des candidats réunissant les conditions mentionnées aux art. 91 à 102 inclusivement, et lui fera connaître son opinion sur chacun d'eux.

Art. 110. Dans le mois de la présentation, le gouverneur pourvoira au remplacement provisoire, suivant les formes prescrites par notre ordonnance du 27 août 1828.

Il en rendra compte immédiatement à notre Ministre de la marine et des colonies, en lui adressant les listes de candidats avec ses observations, afin qu'il soit par nous pourvu au remplacement définitif.

Art. 111. En cas de vacance de la place de procureur général, il sera provisoirement remplacé conformément aux dispositions de l'art. 129 de notre ordonnance du 27 août 1828.

Art. 112. Les membres de l'ordre judiciaire prêteront, avant d'entrer en fonctions, le serment dont la formule suit :

« Je jure, devant Dieu, de bien et fidèlement servir le Roi et l'État, de garder et observer les lois, ordonnances et règlements en vigueur dans la colonie, et de m'acquitter de mes fonctions en mon âme et conscience. »

Art. 113. Le président de la cour royale et le procureur général prêteront serment devant le gouverneur en conseil; le procès-verbal en sera rapporté à la cour, qui en fera mention sur ses registres.

Art. 114. Les autres membres de la cour, le greffier de la cour et le commis greffier, les membres du tribunal de 1re instance et ceux du parquet de ce tribunal, prêteront serment à l'audience de la cour.

Art. 115. Le tribunal de 1re instance recevra le serment de son greffier et du commis greffier, ainsi que celui du juge de paix et de ses suppléants.

Le juge de paix recevra le serment de son greffier.

Il pourra, en outre, être délégué par le tribunal de 1re instance pour recevoir le serment de ses suppléants.

CHAPITRE IV.

DE LA RÉSIDENCE, DES SESSIONS DE LA COUR ROYALE ET DES CONGÉS.

Art. 116. Le procureur général, les membres de la cour composant la chambre d'accusation, le greffier de la cour et les membres du tribunal de 1re instance, ainsi que le juge de paix, seront tenus de résider dans la ville de Cayenne.

Art. 117. Les membres de la cour autres que ceux désignés dans l'article précédent seront tenus de se rendre au lieu où siége la cour, aux époques fixées pour l'ouverture des sessions ordinaires, soit civiles, soit correctionnelles, soit criminelles, et d'y résider pendant la durée de ces sessions.

Art. 118. Hors le temps des vacances, il y aura, tous les deux mois, une session civile et correctionnelle qui s'ouvrira le premier lundi du mois de la session.

Les sessions dureront jusqu'à ce que les affaires portées au rôle et en état de recevoir jugement aient été expédiées. Il y aura cinq sessions par an.

Art. 119. Le gouverneur pourra convoquer des sessions extraordinaires pour le jugement des matières correctionnelles, l'enregistrement des lois, ordonnances et arrêtés, et lorsqu'il aura à faire connaître à la cour des ordres du Roi.

Art. 120. Les magistrats tenus à résidence ne pourront s'absenter sans congé, si ce n'est pour cause de service.

Il en sera de même des autres membres de la cour royale pendant la durée des sessions.

Art. 121. Si le congé ne doit pas excéder cinq jours, il sera délivré, savoir :

Aux membres de la cour royale, par le président;

Aux membres du tribunal de 1re instance, par le juge royal;

Aux officiers du ministère public, par le procureur général.

Art. 122. Si le congé doit excéder cinq jours, ou s'il est demandé par le président, le procureur général ou le juge royal, il sera délivré par le gouverneur, après qu'il se sera assuré que le service n'en souffrira pas.

Art. 123. Aucun magistrat ne pourra s'absenter de la colonie sans un congé délivré par notre Ministre de la marine, sur l'avis du gouverneur en conseil.

En cas d'urgence ou de nécessité absolue dûment constatée, le congé pourra être délivré par le gouverneur en conseil, qui en fixera provisoirement la durée.

Art. 124. Tout magistrat qui se sera absenté sans congé, mais sans sortir de la colonie, sera privé, pendant le double du temps qu'aura duré son absence, de la totalité de son traitement et de l'indemnité à laquelle il pourrait avoir droit en vertu des dispositions du chapitre vi du présent titre.

Si cette absence excède dix jours, il lui sera notifié par notre procureur général de se rendre à son poste. Faute par lui d'obtempérer à cette notification dans le même délai, il en sera rendu compte par le procureur général au gouverneur, qui, suivant les circonstances et de l'avis du conseil privé, pourra déclarer ce magistrat démissionnaire, après toutefois l'avoir entendu ou dûment appelé.

Cette décision donnera lieu au remplacement provisoire, mais elle n'aura d'effet définitif qu'après qu'il y aura été statué par nous.

Les dispositions ci-dessus sont applicables à tout magistrat qui n'aurait pas repris ses fonctions à l'expiration de son congé ou qui ne résiderait pas dans le lieu qui lui est assigné pár ses fonctions.

L'absence sans congé hors de la colonie emportera démission. Dans ce cas, le magistrat sera déclaré démissionnaire par le gouverneur en conseil, et il sera par nous statué définitivement.

Art. 125. Les congés accordés aux membres de la cour seront visés par le procureur général et inscrits au greffe de la cour sur un registre à ce destiné.

Ceux accordés aux membres du tribunal de 1re instance seront visés par le procureur du Roi et inscrits de la même manière au greffe de ce tribunal.

Art. 126. Lorsque le juge de paix voudra s'absenter, il devra en obtenir l'autorisation du procureur général.

Si son absence devait excéder quinze jours, cette autorisation ne pourra lui être accordée que par le gouverneur.

Dans tous les cas, l'autorité qui délivrera le congé s'assurera que le juge de paix sera remplacé par son suppléant.

CHAPITRE V.

DES PEINES DE DISCIPLINE ET DE LA MANIÈRE DE LES INFLIGER.

ART. 127. Le président de la cour avertira d'office, ou sur la réquisition du procureur général, tout magistrat qui manquerait aux convenances de son état.

ART. 128. Si l'avertissement reste sans effet ou si le fait reproché au magistrat est de nature à compromettre la dignité de son caractère, le président ou le procureur général provoquera contre ce magistrat, par forme de discipline, l'application de l'une des peines suivantes :

La censure simple,

La censure avec réprimande,

La suspension provisoire.

ART. 129. La censure avec réprimande emportera de droit la privation, pendant un mois, de la totalité du traitement et de l'indemnité.

La suspension provisoire emportera aussi, pendant le temps de sa durée, la privation du traitement et de l'indemnité, sans que, dans aucun cas, la durée de cette privation puisse être moindre de deux mois.

ART. 130. L'application des peines déterminées par l'art. 128 sera faite par la cour, en la chambre du conseil, sur les conclusions écrites du procureur général, après toutefois que le magistrat inculpé aura été entendu ou dûment appelé.

ART. 131. Lorsque la censure avec réprimande ou la suspension provisoire auront été prononcées, ces mesures ne seront exécutées qu'autant qu'elles auront été approuvées par le gouverneur en conseil.

Néanmoins, en cas de suspension, le juge sera tenu de s'abstenir de ses fonctions jusqu'à ce que le gouverneur ait prononcé.

Le gouverneur rendra compte à notre Ministre de la marine et des colonies des décisions prises à cet égard.

ART. 132. Les décisions de la cour en matière de discipline ne pourront être attaquées par voie de cassation.

Art. 133. Le juge royal, d'office ou sur la réquisition du procureur du Roi, exercera, à l'égard des magistrats qui composent le tribunal de 1ʳᵉ instance et à l'égard du juge de paix, le droit accordé au président de la cour royale par l'art. 127.

S'il avait négligé de le faire, le président de la cour lui en intimerait l'ordre.

Art. 134. Dans les cas prévus par l'article précédent, le juge royal et le procureur du Roi seront tenus de déférer le magistrat inculpé, le premier, au président de la cour, et le second, au procureur général; la cour exercera, à son égard, le droit de discipline qui lui est accordé sur ses propres membres.

Art. 135. Les officiers du ministère public qui manqueraient aux convenances de leur état, ou qui compromettraient la dignité de leur caractère, seront rappelés à leur devoir par le procureur général. Il en sera rendu compte au gouverneur, qui, suivant la gravité des circonstances, leur fera faire, par le procureur général, les injonctions qu'il jugera nécessaires, ou pourra leur appliquer, en conseil, l'une des peines de discipline indiquées en l'art. 128, après toutefois que le magistrat inculpé aura été entendu ou dûment appelé.

Le gouverneur rendra compte à notre Ministre de la marine et des colonies des décisions qui auront été prises à cet égard.

Art. 136. La cour royale et la cour d'assises seront tenues d'informer le gouverneur toutes les fois que les officiers du ministère public exerçant leurs fonctions près d'elles s'écarteront du devoir de leur état ou qu'ils en compromettront l'honneur et la dignité.

Art. 137. Le juge royal informera le procureur général des reproches qu'il se croirait en droit de faire aux officiers du ministère public exerçant soit près du tribunal de 1ʳᵉ instance, soit près du tribunal de police.

Art. 138. Tout magistrat qui se trouvera sous les liens d'un mandat d'arrêt, de dépôt ou d'une ordonnance de prise de corps, sera suspendu de ses fonctions.

En cas de condamnation correctionnelle emportant emprisonnement, la suspension aura lieu à dater du jour de la condamnation jusqu'à celui où il aura subi sa peine, sans préjudice des mesures de discipline qui pourraient être prises contre lui, et même de la révocation, s'il y a lieu.

Art. 139. Tout jugement de condamnation, rendu contre un magistrat, même à une peine de simple police, sera transmis au gouverneur, qui pourra, s'il y a lieu, prononcer en conseil contre ce magistrat l'une des peines portées en l'art. 128.

Dans ce cas, le conseil sera composé conformément aux dispositions de l'art. 168 de notre ordonnance du 27 août 1828.

Art. 140. Il est interdit aux magistrats de souscrire des billets négociables, de se charger de procurations ou de se livrer à des opérations de commerce, à peine d'être poursuivis par voie de discipline.

Art. 141. Le gouverneur pourra toujours, quand il le jugera convenable, mander devant lui les membres de l'ordre judiciaire, pour en obtenir des explications sur les faits qui leur seraient imputés, et les déférer ensuite, s'il y a lieu, à la cour, qui statuera ce qu'il appartiendra.

Art. 142. Les greffiers seront avertis ou réprimandés, savoir, celui de la cour royale, par le président; celui du tribunal de 1re instance, par le juge royal, et celui du tribunal de paix, par le juge de paix.

Le procureur général aura, à l'égard des greffiers, les mêmes droits d'avertissement et de réprimande.

Le procureur général les dénoncera, s'il y a lieu, au gouverneur.

Art. 143. Les commis greffiers pourront être révoqués par le greffier, avec l'agrément de la cour ou du tribunal auquel ils sont attachés.

Dans le cas de faute grave, la cour ou le tribunal pourra, d'office ou sur la réquisition du ministère public, ordonner que le commis greffier, entendu ou dûment appelé, cessera sur-le-champ ses fonctions. Le greffier sera tenu de pourvoir au remplacement dans le délai qui aura été fixé par la cour ou le tribunal.

Art. 144. En matière de discipline, les citations seront délivrées aux magistrats de la cour et des tribunaux par les greffiers.

CHAPITRE VI.

DES TRAITEMENTS.

Art. 145. Les membres de l'ordre judiciaire recevront des traitements annuels.

La moitié du traitement de chacun des membres de la cour et du tribunal de 1re instance sera répartie en droits d'assistance, dont la quotité sera déterminée par le nombre d'audiences auxquelles il sera tenu de se trouver.

Art. 146. Le traitement des membres des cours royales est fixé ainsi qu'il suit :

Pour chaque conseiller............................ 4,000ᶠ
Pour chaque conseiller-auditeur.................. 2,000
Pour le greffier, indépendamment des droits de greffe....... 2,000
Pour le commis assermenté....................... 1,500

Art. 147. Le traitement des membres du tribunal de 1ʳᵉ instance est fixé ainsi qu'il suit :

Pour le juge royal.............................. 4,000ᶠ
Pour le lieutenant de juge....................... 3,000
Pour chaque juge-auditeur....................... 1,000
Pour le procureur du Roi........................ 4,000
Pour le greffier, indépendamment des droits de greffe....... 2,000
Pour le commis assermenté....................... 1,500

Art. 148. Le traitement du juge de paix est fixé à 3,000 francs.

Au moyen de ce traitement, il ne lui sera alloué ni vacations ni honoraires. Il ne pourra réclamer que les frais de transport réglés par le tarif.

Il sera alloué au greffier du tribunal de paix, indépendamment des droits de greffe, un traitement de 1,500 francs.

Art. 149. Les magistrats envoyés de la métropole auront droit à une indemnité annuelle égale à la moitié de leur traitement.

Cette indemnité cessera d'être payée au magistrat européen qui contracterait mariage avec une créole de la colonie ou qui viendrait à y posséder des propriétés foncières, soit de son chef, soit du chef de sa femme.

Il n'est point dérogé à notre ordonnance du 31 août 1828, qui fixe à 12,000 francs la somme allouée annuellement à notre procureur général. Lorsque les fonctions du procureur général seront remplies par un avocat général, le traitement de ce dernier sera de 8,000 francs.

Art. 150. Le président de la cour royale recevra, pendant la durée de sa présidence, pour frais de représentation, une indemnité annuelle égale à la moitié de son traitement.

Cette indemnité sera cumulée avec celle à laquelle il pourrait avoir droit en vertu de l'article précédent.

Art. 151. Les magistrats envoyés de la métropole recevront, à titre de frais de déplacement, outre les frais de passage, auxquels il sera pourvu par notre Ministre de la marine, une somme égale à la moitié de leur traitement.

Ceux qui auront droit à l'indemnité annuelle fixée par l'art. 149 recevront, en outre, la moitié de cette indemnité.

Au moyen de ces diverses allocations, il ne leur sera accordé aucune autre somme pour frais de route, ni pour frais de séjour dans le port d'embarquement ou dans les lieux de relâche, ni pour traitement jusqu'au jour de l'entrée en fonctions.

La moitié de la somme allouée leur sera payée en France, et l'autre moitié à leur arrivée dans la colonie.

Lorsque ces magistrats reviendront en France, le passage leur sera accordé aux frais du Gouvernement. Ils n'auront droit à aucune autre allocation.

Il n'est point dérogé, en ce qui concerne les frais de déplacement alloués au procureur général, à l'art. 3 de notre ordonnance du 31 août 1828.

Art. 152. Les menues dépenses de la cour et des tribunaux seront réglées annuellement dans les budgets de la colonie.

CHAPITRE VII.

DES PENSIONS DE RETRAITE.

Art. 153. Le traitement des membres de l'ordre judiciaire, ainsi que leur indemnité annuelle, seront soumis à une retenue de 3 p. o/o qui sera versée dans la caisse des pensions et retraites.

Art. 154. Les magistrats auront droit, après un certain temps de service dans les tribunaux des colonies, à une pension de retraite qui sera calculée sur le terme moyen du traitement pendant les trois dernières années de leur service, et acquittée par la caisse des pensions et retraites.

Art. 155. A dater de la promulgation de la présente ordonnance, la pension de retraite des magistrats mentionnés dans l'art. 149 sera réglée de la manière suivante :

Le minimum de cette pension sera d'un sixième du traitement, et le maximum, de la moitié.

Le minimum ne pourra être acquis qu'après dix ans de service dans l'une des fonctions mentionnées aux susdits articles, et le maximum, qu'après vingt ans.

Après dix années de service, la pension sera augmentée, par chaque année, d'un trentième du traitement, jusqu'à ce qu'elle ait atteint le maximum.

Les veuves des magistrats auxquels s'appliquent les dispositions de cet article recevront une pension égale au quart de la retraite qui aurait été accordée à leurs maris ou à laquelle ils auraient eu droit à l'époque de leur décès.

Art. 156. Les magistrats qui ne sont point assujettis aux conditions prescrites par l'art. 149 cumuleront leurs services dans la métropole avec ceux qu'ils auront rendus dans la colonie, et leur pension sera liquidée d'après les règles prescrites par les lois, ordonnances et règlements de la métropole.

Les magistrats soumis aux conditions prescrites par l'art. 149 pourront opter, pour la liquidation de leur pension, entre le mode fixé par l'article précédent et celui fixé par le présent article.

Cette disposition s'appliquera à leurs veuves.

Art. 157. Lorsque les magistrats se trouveront atteints d'infirmités graves et permanentes qui les mettront dans l'impossibilité de faire habituellement leur service, ils pourront être remplacés et mis à la retraite, s'il y a lieu, sur la réquisition du procureur général.

Dans ce cas, la cour nommera une commission qui constatera les faits, entendra les magistrats, recevra, à cet égard, les déclarations des témoins et des gens de l'art, et en fera son rapport dans le mois.

Si la cour juge que les infirmités ou les empêchements sont de nature à motiver le remplacement, il sera statué à cet égard par le gouverneur en conseil, et sa décision sera exécutée provisoirement, sauf notre approbation.

CHAPITRE VIII.

DES MAGISTRATS HONORAIRES.

Art. 158. Les magistrats admis à la retraite pourront recevoir le titre de conseiller honoraire ou de juge honoraire, comme une marque de notre satisfaction.

Art. 159. Ils jouiront alors du droit d'assister aux audiences de rentrée et aux cérémonies publiques avec la cour ou le tribunal dont ils auront fait partie.

Art. 160. Les magistrats honoraires ne pourront être appelés à siéger, conformément à l'art. 56, que lorsque leur brevet en contiendra l'autorisation spéciale.

TITRE IV.

DES ASSESSEURS.

ART. 161. Il sera établi pour la Guyane française un collége d'assesseurs, dont les membres seront appelés à faire partie des cours d'assises.

Le collége sera composé de trente membres.

ART. 162. Les assesseurs seront tirés au sort pour le service de chaque assise.

Les accusés et le procureur général pourront exercer des récusations péremptoires.

Le mode de tirage, le nombre de récusations péremptoires et les cas de récusations ordinaires, seront réglés par le Code d'instruction criminelle.

ART. 163. Les assesseurs devront être âgés au moins de trente ans révolus.

ART. 164. Seront aptes à faire partie du collége des assesseurs :

1° Les habitants et les négociants éligibles au conseil général;

2° Les membres de nos ordres royaux ;

3° Les fonctionnaires publics et employés du Gouvernement jouissant d'un traitement de 3,000 francs au moins, en y comprenant les allocations de diverses natures ;

4° Les fonctionnaires publics et employés qui, ayant joui d'un traitement de pareille somme, ont été admis à la retraite ;

5° Les juges de paix en retraite, les licenciés en droit non pourvus d'une commission d'avoué; les professeurs de sciences et belles-lettres, les médecins, les notaires et les avoués retirés.

ART. 165. Les fonctions d'assesseur sont incompatibles avec celles de membre du conseil privé, de membre de l'ordre judiciaire, de ministre du culte et de militaire en activité de service dans les armées de terre et de mer.

ART. 166. Les empêchements résultant pour les juges de leur parenté ou de leur alliance entre eux seront applicables aux assesseurs, soit entre eux, soit entre eux et les juges, soit entre eux et les accusés ou la partie civile.

ART. 167. Le collége des assesseurs sera renouvelé tous les trois ans. Les membres qui le composent pourront être nommés de nouveau.

Art. 168. Six mois avant l'époque du renouvellement de ce collége, le gouverneur arrêtera en conseil la liste générale de ceux qui réuniront les conditions exigées par la présente ordonnance pour remplir les fonctions d'assesseur, avec indication de leurs noms, prénoms, âge, qualités, professions et demeures.

Il adressera cette liste à notre Ministre de la marine et des colonies, avec ses observations et celles du conseil privé.

Art. 169. La nomination des assesseurs sera faite par nous, sur la présentation de notre Ministre Secrétaire d'État de la marine et des colonies.

Toutefois, lors de la première formation du collége, la nomination des membres qui devront le composer sera faite par le gouverneur en conseil, sur la liste qui aura été dressée conformément à l'article précédent.

Ils exerceront leurs fonctions jusqu'à ce qu'il ait été pourvu par nous à la composition définitive du collége.

Art. 170. Le gouverneur statuera en conseil sur les demandes à fin d'exemption définitive du service d'assesseur, soit pour cause d'infirmité grave, soit pour toute autre cause.

Les sexagénaires seront exemptés de droit, lorsqu'ils le requerront.

Afin que le collége soit toujours tenu au complet, le gouverneur pourvoira, également en conseil, au remplacement provisoire des assesseurs, quelle que soit la cause de la vacance.

Art. 171. Avant d'entrer en fonctions, chaque assesseur appelé au service de la session prêtera, en présence du président de la cour d'assises et de deux autres magistrats qui en feront partie, le serment dont la formule suit :

« Je jure et promets, devant Dieu, d'examiner avec l'attention la plus scrupuleuse les affaires qui me seront soumises pendant le cours de la présente session ; de ne trahir ni les intérêts des accusés, ni ceux de la société ; de n'écouter ni la haine ou la méchanceté, ni la crainte ou l'affection, et de ne me décider que d'après les charges, les moyens de défense et les dispositions des lois, suivant ma conscience et mon intime conviction. »

Art. 172. Les fonctions d'assesseur seront gratuites. Il sera remis à chacun d'eux, par chaque session où il siégera, une médaille d'argent à l'effigie du Roi, avec cette légende : *Colonies françaises, Cour d'assises.*

TITRE V.

DES OFFICIERS MINISTÉRIELS.

CHAPITRE PREMIER.

DES AVOUÉS.

SECTION PREMIÈRE.

DES FONCTIONS DES AVOUÉS.

ART. 173. Les avoués seront exclusivement chargés de représenter les parties devant la cour royale et le tribunal de 1ʳᵉ instance; de faire les actes de forme nécessaires pour l'instruction des causes, l'obtention et l'exécution des jugements et arrêts.

Ils plaideront pour leurs parties, tant en demandant qu'en défendant, et ils rédigeront, s'il y a lieu, toutes consultations, mémoires et écritures.

ART. 174. Le nombre des avoués est fixé à six.

ART. 175. Les avoués postuleront et plaideront exclusivement près des cours et des tribunaux de la colonie.

ART. 176. Les avoués plaideront debout et découverts; les avocats-avoués seront autorisés à se couvrir en plaidant, excepté lorsqu'ils liront les conclusions.

ART. 177. Il sera établi à Cayenne, près du tribunal de 1ʳᵉ instance et près de la cour royale, un bureau de consultation pour les pauvres.

ART. 178. Le procureur général nommera, annuellement et à tour de rôle, un avoué pour tenir ce bureau.

Cet avoué sera chargé de défendre au civil les militaires et les marins absents, et de défendre, soit au civil, soit au criminel, les pauvres qui seraient porteurs de certificats d'indigence délivrés par le commissaire commandant du quartier ou par le lieutenant-commissaire.

ART. 179. L'exercice de la profession d'avoué est incompatible avec les places de l'ordre judiciaire, avec des fonctions administratives salariées, avec celles de notaire, de greffier ou d'huissier, et avec toute espèce de commerce.

SECTION II.

DE LA NOMINATION DES AVOUÉS.

Art. 180. Nul ne pourra être reçu avoué s'il n'est âgé de vingt-cinq ans révolus, s'il n'est licencié en droit et s'il ne justifie de deux années de cléricature.

Art. 181. Pourront être néanmoins dispensés de la représentation du diplôme de licencié, ceux qui justifieront de cinq années de cléricature chez un avoué, soit en France, soit dans la colonie, dont trois en qualité de premier clerc; mais alors ils seront soumis à un examen public, devant l'un des membres de la cour désigné par le président et en présence d'un officier du ministère public : cet examen devra porter sur les cinq codes.

Art. 182. L'avoué postulant présentera requête au gouverneur à l'effet d'être autorisé à se pourvoir devant la cour. Sur cette autorisation, il fera viser ses pièces par le procureur général et les déposera au greffe.

Le président désignera un rapporteur chargé de recueillir des renseignements sur la conduite du requérant; extrait de la requête sera affiché dans l'auditoire pendant un mois, avec le nom du rapporteur, et sera inséré, à trois reprises différentes et à huit jours d'intervalle, dans une des gazettes de la colonie.

Art. 183. Dans les huit jours qui suivront l'expiration de ces délais, le juge désigné fera son rapport en chambre du conseil, et la cour, le procureur général entendu, émettra son avis.

Cet avis sera transmis par le procureur général au gouverneur, qui statuera en conseil sur la demande et délivrera, s'il y a lieu, une commission provisoire, qui ne deviendra définitive que lorsqu'elle aura été approuvée par notre Ministre de la marine et des colonies.

Art. 184. Toutefois, la nomination des avoués pourra être faite directement par notre Ministre de la marine et des colonies, lorsque le postulant remplira les conditions prescrites par l'art. 180.

Art. 185. Avant d'entrer en fonctions, les avoués prêteront devant la cour le serment suivant :

«Je jure d'être fidèle au Roi, de ne rien dire ou publier de contraire aux lois, ordonnances, arrêtés et règlements, aux bonnes mœurs, à la sûreté de l'État et à la paix publique; de ne jamais m'écarter du respect dû aux tribunaux et aux autorités publiques, et de ne plaider aucune cause que je ne croirai pas juste en mon âme et conscience. »

ART. 186. Les avoués seront assujettis à un cautionnement en immeubles, qui sera spécialement et par privilége affecté à la garantie des créances résultant d'abus et de prévarications qui pourraient être commis par eux dans l'exercice de leurs fonctions. Il sera reçu et discuté par le procureur du Roi, concurremment avec le contrôleur colonial, et l'inscription sera prise à la diligence de ce dernier.

Le cautionnement des avoués est fixé à 8,000 francs.

ART. 187. Les avoués ne seront admis à prêter serment qu'après avoir rapporté le certificat de l'inscription prise en conformité de l'article précédent.

ART. 188. Lorsque les avoués seront licenciés en droit, ils prendront le titre d'avocat-avoué.

ART. 189. Le gouverneur en conseil, et d'après l'avis de la cour, pourra autoriser deux licenciés en droit, postulant des places d'avoué, à plaider devant la cour et devant le tribunal. Cette autorisation devra être renouvelée annuellement et pourra toujours être révoquée.

Les licenciés en droit autorisés à plaider seront tenus de prêter préalablement devant la cour le serment prescrit par l'art. 185.

SECTION III.

DE LA DISCIPLINE DES AVOUÉS.

ART. 190. Les avoués exerceront librement leur ministère pour la défense de la justice et de la vérité; mais ils devront s'abstenir de toute supposition dans les faits, de toute surprise dans les citations, et autres mauvaises voies, même de tous discours inutiles et superflus.

ART. 191. Il leur est défendu de se livrer à des injures et à des personnalités offensantes envers les parties ou leurs défenseurs: d'avancer aucun fait contre l'honneur et la réputation des parties, à moins que la nécessité de la cause ne l'exige et qu'ils n'en aient charge expresse de leurs clients.

ART. 192. Il leur est enjoint pareillement de ne jamais s'écarter, soit dans leurs discours, soit dans leurs écrits, du respect dû à la religion et à la justice; de ne point attaquer les principes de la monarchie, le système constitutif du gouvernement colonial, les lois, ordonnances, arrêtés ou règlements de la colonie, comme aussi de ne point manquer au respect dû aux magistrats devant lesquels ils exercent.

Art. 193. Il est expressément défendu aux avoués de recevoir aucune somme des parties sans en donner des reçus détaillés, et de signer des effets négociables ou de se livrer à des opérations de commerce.

Art. 194. Il est interdit aux avoués, sous peine de destitution, de se rendre cessionnaires d'aucun droit successif, de faire des traités pour leurs honoraires ou de forcer les parties à reconnaître leurs soins avant les plaidoiries; de faire entre eux aucune association; d'acheter aucune affaire litigieuse, ainsi qu'il est prescrit par les codes, et d'occuper sous le nom d'un autre pour les parties qui auraient des intérêts différents ou communs.

Art. 195. Les avoués seront placés sous la surveillance directe du ministère public, qui pourra procéder à leur égard conformément aux dispositions de l'art. 121 de notre ordonnance du 27 août 1828.

Art. 196. Si les avoués s'écartaient, à l'audience ou dans les mémoires produits au procès, des devoirs qui leur sont prescrits, les tribunaux pourront, suivant l'exigence des cas, d'office ou à la réquisition du ministère public, leur appliquer sur-le-champ l'une des peines de discipline suivantes :

L'avertissement,

La réprimande,

L'interdiction.

Les tribunaux pourront, en outre, proposer au gouverneur la destitution des avoués contre lesquels ils auront prononcé l'interdiction.

L'interdiction temporaire ne pourra excéder le terme de deux années.

Ces peines seront prononcées sans préjudice de poursuites extraordinaires, s'il y a lieu.

Art. 197. Dans le cas où le jugement du tribunal de 1re instance prononcerait l'interdiction pour plus d'un mois, l'appel pourra en être porté à la cour.

Art. 198. Le droit accordé aux tribunaux sur les avoués dans les cas prévus par l'art. 196 n'est point exclusif des pouvoirs que le gouverneur pourrait exercer dans les mêmes cas, en se conformant aux dispositions du paragraphe 2 de l'art. 121 de notre ordonnance du 27 août 1828.

Art. 199. L'avoué qui se refuserait au service prescrit par l'art. 177 sera passible de l'une des peines de discipline portées en l'art. 196.

CHAPITRE II.

DES HUISSIERS.

SECTION PREMIÈRE.

DES FONCTIONS DES HUISSIERS.

Art. 200. Le nombre des huissiers, pour le service de la cour et des tribunaux de la colonie, est fixé à cinq : deux seront attachés à la cour royale, deux au tribunal de 1re instance, et un au tribunal de paix.

Le gouverneur fera, en conseil, et après avoir pris l'avis de la cour, la répartition de ces officiers ministériels entre les trois juridictions.

Les huissiers seront tenus de résider dans la ville de Cayenne.

Art. 201. Toutes citations autres que celles en conciliation, toutes notifications, assignations, significations, ainsi que tous actes et exploits nécessaires pour l'exécution des ordonnances de justice, jugements et arrêts, seront faits par le ministère d'huissiers, sauf les exceptions portées par les lois, ordonnances, arrêtés et règlements.

Art. 202. Ils auront tous le même caractère, les mêmes attributions et le droit d'exploiter concurremment dans toute l'étendue de la colonie.

Néanmoins, ils ne pourront faire le service de l'audience et les significations d'avoué à avoué que près de la cour ou du tribunal où ils seront immatriculés. En cas d'empêchement, ils pourront être remplacés par un autre huissier.

Art. 203. Le service des audiences de la cour d'assises sera fait par ceux des huissiers que le président aura désignés.

Art. 204. Les huissiers seront, en outre, chargés de faire, en matière criminelle, tous les actes dont ils seront requis par le procureur général, le procureur du Roi, le juge d'instruction ou les parties.

Art. 205. Les huissiers seront tenus d'exercer leur ministère toutes les fois qu'ils en seront requis. Néanmoins, il leur est défendu d'instrumenter à la requête des esclaves, à peine de destitution.

Art. 206. Les fonctions d'huissier sont incompatibles avec toute autre fonction publique salariée et avec toute autre espèce de commerce.

SECTION II.

DE LA NOMINATION DES HUISSIERS.

Art. 207. Lesconditions requises pour être huissier seront :

1° D'être âgé de vingt-cinq ans accomplis;

2° D'avoir travaillé, au moins pendant deux ans, soit au greffe d'une cour royale ou d'un tribunal de 1ʳᵉ instance, soit dans l'étude d'un notaire ou d'un avoué, ou chez un huissier;

3° D'avoir obtenu du juge royal et du procureur du Roi un certificat de bonnes vie et mœurs et de capacité.

Art. 208. Les commissions d'huissier seront délivrées par le gouverneur en conseil, sur la proposition du procureur général.

Art. 209. Avant d'entrer en fonctions, les huissiers du tribunal de 1ʳᵉ instance et du tribunal de paix prêteront, devant le tribunal de 1ʳᵉ instance, le serment suivant :

«Je jure d'être fidèle au Roi, de me conformer aux lois, ordonnances et règlements concernant mon ministère, et de remplir mes fonctions avec exactitude et probité. »

Les huissiers de la cour prêteront le même serment devant elle.

Art. 210. Les huissiers seront assujettis à un cautionnement de 4,000 fr. en immeubles, qui sera reçu de la même manière que celui des avoués et affecté au même genre de garantie.

Ils ne seront admis à prêter serment qu'après avoir justifié de l'accomplissement des formalités prescrites par l'art. 186.

SECTION III.

DE LA DISCIPLINE DES HUISSIERS.

Art. 211. Les huissiers seront placés, conformément à l'art. 121 de notre ordonnance du 27 août 1828, sous la surveillance du procureur général, sans préjudice de celle des tribunaux, qui pourront leur appliquer, s'il y a lieu, les peines énoncées en l'art. 196.

TITRE VI.

DE L'ORDRE DU SERVICE.

CHAPITRE PREMIER.

DU RANG DE SERVICE AUX AUDIENCES.

ART. 212. Le rang de service à l'audience sera réglé ainsi qu'il suit :

COUR ROYALE.

Le président, les conseillers, les conseillers-auditeurs.

COUR D'ASSISES.

Le président, les conseillers, les conseillers-auditeurs, les assesseurs.

TRIBUNAL DE 1re INSTANCE.

Le juge royal, le lieutenant de juge, les juges-auditeurs.

TRIBUNAL DE PAIX.

Le juge de paix, les suppléants.

ART. 213. Les conseillers, les conseillers-auditeurs, les juges-auditeurs et les suppléants du juge de paix prendront rang entre eux d'après la date et l'ordre de leur réception.

Les assesseurs prendront rang dans l'ordre de leur nomination.

CHAPITRE II.

DE LA POLICE DES AUDIENCES.

SECTION PREMIÈRE.

DE LA POLICE DES AUDIENCES DE LA COUR ROYALE.

ART. 214. La police de l'audience de la cour royale appartiendra au président. Le temps destiné aux audiences ne pourra être employé ni aux assemblées générales ni à aucun autre service.

ART. 215. Le président ouvrira l'audience à l'heure indiquée par le règlement. Si l'audience vient à manquer par défaut de juge, le président, ou, en son absence, le conseiller le plus ancien, en dressera un procès-verbal qui sera envoyé au gouverneur par le procureur général.

Art. 216. Il sera tenu par le greffier, et pour chaque chambre, un registre de pointe sur lequel les conseillers et les conseillers-auditeurs seront tenus de s'inscrire.

Le président arrêtera ce registre avant l'ouverture de l'audience et pointera les absents.

Art. 217. Seront également soumis à la pointe ceux de ces magistrats qui ne se rendraient pas à une assemblée générale.

Art. 218. Les droits d'assistance, ainsi qu'ils sont réglés par l'art. 145, n'appartiendront qu'aux membres présents à l'ouverture de l'audience.

Néanmoins, les absents n'en seront point privés lorsque leur absence aura pour cause une maladie dûment constatée.

Art. 219. Les absents, même par congé, seront soumis à la retenue des droits d'assistance, à moins qu'ils ne soient absents pour service public.

Art. 220. Avant d'entrer à l'audience, le président fera prévenir, par un huissier, le procureur général, en son parquet, que la chambre est complète et qu'il est attendu.

Art. 221. Les membres du ministère public seront soumis à la pointe de la même manière et dans les mêmes cas que les autres magistrats, lorsque la cour aura été obligée de les remplacer par un de ses membres.

Art. 222. Il sera dressé par le greffier, au commencement de chaque mois, un procès-verbal constatant les retenues à exercer, conformément au registre de pointe, sur la portion du traitement répartie en droits d'assistance.

Ce procès-verbal, signé et certifié par le président, sera visé par le procureur général.

Art. 223. En vertu de ce procès-verbal, les retenues seront faites, à la fin du mois, sur le traitement de chaque magistrat, et l'emploi du montant de ces retenues sera déterminé par un règlement de la cour.

SECTION II.

DE LA POLICE DES AUDIENCES DE LA COUR D'ASSISES.

Art. 224. Les dispositions de la section précédente, relative à la police des audiences, seront communes aux cours d'assises, en ce qui concerne le président et les magistrats qui en feront partie.

Art. 225. A l'égard des assesseurs qui manqueraient à leur service, les trois magistrats appelés à siéger à la cour d'assises pourront prononcer contre eux les peines ci-après, savoir :

L'amende,

L'affiche de l'arrêt de condamnation,

L'exclusion du collége des assesseurs.

Les cas où ces diverses peines pourront être appliquées seront déterminés par le Code d'instruction criminelle.

SECTION III.

DE LA POLICE DES AUDIENCES DU TRIBUNAL DE 1ʳᵉ INSTANCE ET DU TRIBUNAL DE PAIX.

Art. 226. La police de l'audience du tribunal de 1ʳᵉ instance appartiendra au juge royal.

Art. 227. Dans le cas où l'audience viendrait à manquer par défaut de juge, le procès-verbal constatant le fait sera dressé par le procureur du Roi et envoyé au procureur général, qui en rendra compte au gouverneur.

Art. 228. Les dispositions des art. 216, 218, 219. 221, 222 et 223 seront applicables aux membres du tribunal de 1ʳᵉ instance.

Art. 229. Le juge de paix aura la police de son audience.

CHAPITRE III.

DES ASSEMBLÉES GÉNÉRALES.

Art. 230. Les assemblées générales auront pour objet de délibérer sur les matières qui concernent l'ordre et le service intérieur ainsi que la discipline, et qui sont dans les attributions de la cour.

Elles se tiendront en chambre du conseil et à huis clos, et n'auront lieu que sur la convocation du président, faite, ou de son propre mouvement, ou sur la demande de deux conseillers, ou sur le réquisitoire du procureur général, ou sur l'ordre du gouverneur.

Le procureur général devra toujours être prévenu, à l'avance, par le président, et de la convocation et de son objet. Il sera tenu d'en informer le gouverneur.

Lorsque l'assemblée sera formée, le procureur général y sera appelé et y assistera. Néanmoins, il devra se retirer avant la délibération, lorsqu'il s'agira de l'application d'une peine de discipline.

Art. 231. L'assemblée générale se composera de tous les membres de la cour.

La cour ne pourra prendre de décision qu'au nombre de cinq magistrats. Ses décisions seront prises à la simple majorité.

Le greffier de la cour assistera aux assemblées générales et y tiendra la plume.

Art. 232. Le président ne permettra point qu'il soit mis en délibération d'autre objet que celui pour lequel la convocation aura été faite.

Le procureur général rendra compte au gouverneur du résultat de la délibération.

Art. 233. La cour se réunira en assemblée générale le premier mercredi qui suivra la rentrée, pour entendre le rapport que fera le procureur général sur la manière dont la justice civile et la justice criminelle auront été rendues, pendant l'année précédente, dans l'étendue du ressort.

Le procureur général signalera, dans ce rapport, les abus qu'il aurait remarqués, et fera, d'après les dispositions des lois, ordonnances et règlements, toutes réquisitions qu'il jugera convenables, et sur lesquelles la cour sera tenue de délibérer.

Il adressera au gouverneur copie de son rapport ainsi que de ses réquisitions et des arrêts qui seront intervenus.

CHAPITRE IV.

DES VACATIONS.

Art. 234. Chaque année, la cour et le tribunal de 1re instance prendront deux mois de vacances, dont l'époque sera fixée par un règlement pris dans la forme établie par l'art. 46.

Art. 235. Pendant les vacances, la chambre civile de la cour tiendra au moins une audience par mois, pour l'expédition des affaires sommaires.

Le tribunal de 1re instance tiendra au moins une audience par semaine.

Art. 236. Le service des cours d'assises, celui de la chambre d'accusation, ainsi que l'instruction criminelle, ne seront point interrompus.

Le service du parquet, soit près la cour, soit près le tribunal de 1re instance, sera réglé de manière qu'un de ses membres soit toujours présent.

Art. 237. Le juge de paix ne prendra point de vacances.

CHAPITRE V.

DE LA RENTRÉE DE LA COUR ROYALE ET DU TRIBUNAL.

Art. 238. Au jour fixé pour la rentrée de la cour, le gouverneur et les diverses autorités seront invités par le président à assister à l'audience.

Art. 239. Le procureur général ou son substitut fera tous les ans, le jour de la rentrée, un discours sur le maintien des lois et les devoirs des magistrats; il tracera aux avoués la conduite qu'ils ont à tenir dans l'exercice de leur profession et il exprimera ses regrets sur les pertes que la magistrature et le barreau auraient faites, dans le courant de l'année, de membres distingués par leur savoir, leurs talents et leur probité.

Il lui est interdit de traiter de toutes autres matières.

Copie du discours de rentrée sera remise par le procureur général au gouverneur, pour être adressée à notre Ministre de la marine et des colonies.

Art. 240. Le président, sur le réquisitoire du procureur général, recevra des avoués présents à l'audience le serment prescrit par l'art. 185.

Art. 241. Le tribunal de 1re instance reprendra ses audiences ordinaires le jour de la rentrée de la cour.

CHAPITRE VI.

DE L'ENVOI DES ÉTATS INDICATIFS DES TRAVAUX DES COURS ET DES TRIBUNAUX.

Art. 242. Le procureur général sera tenu, dans les vingt premiers jours des mois de janvier et de juillet, de remettre au gouverneur, pour être adressés à notre Ministre de la marine et des colonies, deux états numériques relatifs au service du semestre précédent, l'un pour la justice civile, et l'autre pour la justice criminelle.

Art. 243. L'état relatif à la justice civile comprendra, savoir :

Pour la justice de paix :

1° Les demandes civiles et commerciales dont elle aura été saisie dans les limites de sa compétence.

2° Les jugements rendus en premier ressort,

3° Les jugements définitifs;

Pour le bureau de conciliation :

4° Les demandes portées en conciliation, en indiquant celles sur lesquelles les parties auraient transigé;

Pour le tribunal civil :

5° Les causes inscrites au rôle,

6° Les jugements par défaut,

7° Les jugements préparatoires ou interlocutoires,

8° Les jugements définitifs, en distinguant ceux rendus en matière commerciale,

9° Les commencements de poursuites en saisies immobilières qui auraient été inscrites au greffe,

10° Les jugements d'adjudication sur lesdites saisies,

11° Les instances d'ordre ou de contributions ouvertes,

12° Les procès-verbaux définitifs faits sur lesdites instances,

13° Les affaires terminées par désistement de la demande ou par transaction,

14° Les affaires restant à juger,

15° Les affaires arriérées, en désignant par ordre de numéros chaque affaire en retard, ainsi que l'année et le semestre auxquels elles appartiennent.

Il sera fait mention, dans la colonne d'observations, des motifs du retard apporté au jugement des affaires.

Seront réputées causes arriérées, celles d'audience qui seraient depuis plus de trois mois sur le rôle général, ainsi que les procès par écrit qui ne seraient pas vidés dans les quatre mois du premier appel de la cause.

Il en sera de même des ordres et contributions qui ne seraient point terminés dans les six mois de la date du procès-verbal d'ouverture ;

Pour la cour royale :

16° Les appels, en distinguant les arrêts infirmatifs des arrêts confirmatifs, les arrêts par défaut des arrêts définitifs,

17° Les procès terminés par désistement ou transaction,

18° Les affaires restant à juger,

19° Les affaires arriérées et les causes du retard, dans la forme établie au n° 15,

20° Les arrêts qui auront été cassés,

21° Les arrêts rendus en annulation de jugements en dernier ressort de la justice de paix.

Art. 244. L'état relatif à la justice criminelle comprendra, savoir :

Pour le tribunal de police :

1° Les jugements définitifs, en distinguant ceux qui auront prononcé l'emprisonnement;

Pour le tribunal correctionnel :

2° Les jugements de police rendus sur appel, en énonçant s'il y a eu confirmation ou infirmation;

Pour la cour royale :

3° Les arrêts de la chambre d'accusation portant qu'il n'y a lieu à suivre ou portant renvoi aux assises, avec mention, pour chaque prévenu, de l'intervalle écoulé entre la délivrance du mandat d'arrêt et l'arrêt de la chambre d'accusation,

4° Les arrêts rendus par la chambre correctionnelle, avec mentions semblables à celles du numéro précédent,

5° Les arrêts d'annulation des jugements en dernier ressort du tribunal de police et du tribunal correctionnel statuant sur appel en matière de simple police;

Pour la cour d'assises :

6° Les arrêts d'acquittement ou de condamnation, avec mention, pour chaque affaire, du nom des accusés, de la nature du crime et de la peine prononcée en cas de condamnation.

Il sera également fait mention de la durée de chaque session,

7° Les noms, âge et sexe des détenus attendant jugement et des détenus par suite de condamnation, en distinguant les blancs, les gens de couleur libres et les esclaves,

8° Les déclarations de pourvoi en cassation,

9° Les recours en grâce sur lesquels il aura été accordé un sursis à l'exécution de l'arrêt.

Art. 245. Ces états, dressés au greffe de la cour sur les états particuliers, seront certifiés par le greffier et visés par le procureur général.

Art. 246. Le contrôleur colonial transmettra à notre Ministre de la marine et des colonies, dans les délais énoncés en l'art. 242, un état contenant :

1° Les jugements rendus correctionnellement par le tribunal de 1re instance sur chacune des matières énoncées en l'art. 24 de la présente ordonnance;

2° Les arrêts rendus par la commission d'appel prononçant la confirmation ou l'infirmation de ces jugements.

Cet état indiquera la nature du délit, les noms, professions et demeures des inculpés, et, s'il y a eu condamnation, la peine prononcée.

Cet état sera dressé, pour les jugements rendus en 1re instance, par le greffier du tribunal, et pour ceux rendus en appel, par le secrétaire archiviste.

Art. 247. Le juge de paix sera tenu, dans les cinq premiers jours des mois indiqués par l'art. 242, d'adresser au procureur du Roi, qui le transmettra de suite au procureur général, un état en cinq colonnes contenant les énonciations prescrites par les n°s 1, 2, 3 et 4 de l'art. 243 et par le n° 1 de l'article 244.

Cet état devra être certifié par le greffier et visé par le juge de paix.

Art. 248. Le procureur du Roi, dans les dix premiers jours des mêmes mois, adressera au procureur général un état en treize colonnes, contenant les énonciations prescrites par les n°s 5 à 15 inclusivement de l'art. 243 et par le n° 2 de l'art. 244.

Cet état sera certifié par le greffier et visé par le procureur du Roi.

TITRE VII.

DU COSTUME.

Art. 249. Aux audiences ordinaires, les conseillers de la cour royale, les conseillers-auditeurs et les membres du parquet porteront la toge et la simarre en étoffe de soie noire, la chausse de licencié sur l'épaule gauche, la ceinture moirée en soie noire, large de quatre pouces, avec franges et une rosette sur le côté gauche, la cravate en batiste tombante et plissée, les cheveux courts, les bas noirs, la toque en velours noir.

Le président et le procureur général auront autour de leur toque deux galons d'or en haut et deux galons d'or en bas. Les conseillers, l'avocat général en auront deux en bas. Les conseillers-auditeurs n'en auront qu'un en bas.

Ces galons seront chacun de six lignes de large et placés, soit en haut, soit en bas, à deux lignes de distance l'un de l'autre.

Art. 250. Aux audiences solennelles, savoir : celles de rentrée; celles où le gouverneur a le droit d'assister, aux termes de l'art. 46 de notre ordonnance du 27 août 1828; celles où il s'agit de questions d'état ou de prise à partie; celles où la cour exerce les attributions qui lui sont conférées par les art. 43 et 44 de la présente ordonnance, ainsi qu'aux assises et aux cérémonies publiques, les membres de la cour porteront la toge et la chausse en étoffe de soie rouge.

La toge du président et celle du procureur général seront bordées, sur le devant, d'une fourrure d'hermine large de quatre pouces.

ART. 251. Le greffier de la cour portera, soit aux audiences ordinaires, soit aux audiences solennelles et aux assises, soit dans les cérémonies publiques, le même costume que celui des conseillers, à l'exception des galons d'or à la toque, qui seront remplacés par deux galons de soie noire.

ART. 252. Le commis greffier portera la robe fermée, à grandes manches, en étamine noire, et la toque en étoffe de laine, avec un galon de laine de la même couleur.

ART. 253. Les assesseurs siégeant aux assises seront vêtus en noir.

ART. 254. Les membres du tribunal de 1re instance auront, aux audiences ordinaires, le costume fixé par l'art. 249, à l'exception de la toge, qui sera en étamine noire, et des galons de la toque, qui seront en argent.

Le nombre de ces galons sera le même pour le juge royal et le procureur du Roi que pour le président et le procureur général, pour le lieutenant de juge que pour les conseillers et l'avocat général, pour les juges-auditeurs que pour les conseillers-auditeurs.

Dans les cérémonies publiques, les membres du tribunal de 1re instance porteront la toge en soie noire.

ART. 255. Le greffier du tribunal de 1re instance aura, soit aux audiences ordinaires, soit dans les cérémonies publiques, le même costume que le lieutenant de juge, à l'exception des galons d'argent, qui seront remplacés par des galons de soie noire.

ART. 256. Le commis greffier aura le même costume que celui réglé pour le commis greffier de la cour.

ART. 257. Le juge de paix et ses suppléants porteront, aux audiences et dans les cérémonies publiques, le costume fixé par le premier alinéa de l'art. 254, à l'exception de la toque, où il n'y aura au bas qu'un galon d'argent.

Dans l'exercice de leurs autres fonctions, ils seront vêtus en noir et porteront une écharpe en soie bleu de ciel, avec des franges en soie de la même couleur.

Art. 258. Le greffier de la justice de paix sera vêtu en noir dans l'exercice de ses fonctions.

Art. 259. Les avoués porteront, à l'audience, la robe d'étamine noire fermée et la toque en laine bordée d'un ruban de velours.

Lorsqu'ils seront licenciés, ils auront le droit de porter la chausse.

Art. 260. Les avoués ne pourront se présenter qu'en robe à l'audience, à la chambre du conseil, au parquet et aux comparutions devant les juges-commissaires.

Art. 261. Les huissiers de la cour et des tribunaux seront vêtus en noir et porteront, soit à l'audience, soit dans les cérémonies publiques, une baguette noire de quinze pouces, surmontée d'une boule d'ivoire.

TITRE VIII.

DES HONNEURS.

CHAPITRE PREMIER.

DES PRÉSÉANCES.

Art. 262. Les corps judiciaires et les membres qui les composent prendront rang entre eux dans l'ordre ci-après :

COUR ROYALE.

Le président,
Les conseillers,
Les magistrats honoraires,
Les conseillers-auditeurs.

PARQUET.

Le procureur général.

GREFFE.

Le greffier,
Le commis assermenté.

COUR D'ASSISES.

Le président,
Les conseillers,
Les assesseurs.

PARQUET.

Les officiers du ministère public.

GREFFE.

Le greffier.

TRIBUNAL DE 1re INSTANCE.

Le juge royal,
Le lieutenant de juge,
Les juges honoraires,
Les juges-auditeurs.

PARQUET.

Le procureur du Roi.

GREFFE.

Le greffier,
Le commis assermenté.

TRIBUNAL DE PAIX.

Le juge de paix,
Les suppléants,
Le greffier.

Art. 263. Lorsque la cour et les tribunaux ne marcheront point en corps, le rang individuel des membres de l'ordre judiciaire sera réglé ainsi qu'il suit :

Le procureur général,
Le président,
Les conseillers,
Le juge royal,
Le procureur du Roi,
Les conseillers-auditeurs,
Le lieutenant de juge,
Le greffier de la cour,
Les juges-auditeurs,
Le juge de paix,

Le greffier du tribunal de 1re instance,

Le greffier du tribunal de paix.

Art. 264. Les magistrats ayant parité de titre prendront rang entre eux d'après la date et l'ordre de leur prestation de serment.

CHAPITRE II.

DU CÉRÉMONIAL À OBSERVER LORSQUE LE GOUVERNEUR SE REND À LA COUR ROYALE.

Art. 265. Le fauteuil du Roi sera placé dans la salle d'audience, au centre de l'estrade où siége la cour.

Le gouverneur aura seul le droit de l'occuper.

Art. 266. Dans toutes les occasions où le gouverneur se rendra au palais de justice pour prendre séance à la cour, il en informera à l'avance le procureur général, qui en donnera aussitôt connaissance au président.

Art. 267. Le gouverneur sera attendu en avant de la porte extérieure du palais par une députation composée d'un conseiller, d'un conseiller-auditeur, et sera conduit à l'estrade où siége la cour, pour y prendre place.

Art. 268. A l'entrée du gouverneur, les membres de la cour se lèveront et se tiendront découverts. Ils s'assiéront et pourront se couvrir lorsque le gouverneur aura pris place.

Art. 269. La présidence d'honneur appartiendra au gouverneur.

Il parlera assis et couvert.

Art. 270. Le gouverneur aura à sa droite le président, à sa gauche le plus ancien des conseillers.

Art. 271. Lorsque le gouverneur se retirera, il sera reconduit jusqu'à la porte du palais par la députation qui l'aura reçu.

Art. 272. Les fonctionnaires publics qui accompagneront le gouverneur seront placés, dans l'ordre de préséance entre eux, sur des siéges, en dedans de la barre et au bas de l'estrade où siége la cour.

Art. 273. Lorsque le gouverneur prendra séance à la cour royale et dans toutes les occasions où il a le droit d'y siéger conformément aux dispositions de l'art. 46 de notre ordonnance du 27 août 1828, il ne pourra être prononcé de discours qu'avec son autorisation et après qu'ils lui auront été communiqués.

Lorsque le président sera autorisé à prendre la parole, il parlera assis et découvert.

CHAPITRE III.

DES HONNEURS À RENDRE AUX COURS ET TRIBUNAUX.

ART. 274. Dans les cérémonies qui auront lieu hors de l'enceinte du palais de justice, les corps judiciaires seront convoqués par le gouverneur ou, en cas d'absence, par le fonctionnaire appelé à le remplacer; la lettre de convocation sera transmise par le procureur général.

ART. 275. Dans les églises, les cours et tribunaux occuperont les bancs de la nef les plus rapprochés du chœur, du côté de l'épître. Ils se placeront dans l'ordre des préséances déterminé par l'art. 262.

Le pain bénit leur sera présenté après l'avoir été aux chefs de l'administration.

ART. 276. Le commandant des troupes, sur la réquisition du procureur général, fournira à la cour et au tribunal, lorsqu'ils marcheront en corps, une garde d'honneur composée ainsi qu'il suit :

Pour la cour royale, trente hommes commandés par un capitaine;
Pour la cour d'assises, vingt hommes commandés par un lieutenant;
Pour le tribunal de 1re instance, dix hommes commandés par un sergent.

A défaut de troupes de ligne, la garde d'honneur sera fournie par le commandant des milices.

ART. 277. Les gardes devant lesquelles passeront les corps ci-dessus dénommés prendront les armes et les porteront pour la cour royale et pour la cour d'assises; elles se reposeront dessus pour le tribunal de 1re instance.

ART. 278. Les tambours rappelleront pour la cour royale et pour la cour d'assises, et seront prêts à battre pour le tribunal de 1re instance.

CHAPITRE IV.

DES HONNEURS FUNÈBRES À RENDRE AUX MEMBRES DE L'ORDRE JUDICIAIRE.

ART. 279. Le convoi des magistrats qui décéderont dans l'exercice de leurs fonctions, ainsi que celui des magistrats honoraires, sera accompagné, savoir:

Celui du procureur général et du président de la cour, par les membres de la cour et du parquet;

Celui d'un conseiller, par trois membres de la cour et par un membre du parquet;

Celui d'un conseiller-auditeur, par les conseillers-auditeurs;

Celui du juge royal et du procureur du Roi, par tous les membres du tribunal de 1re instance;

Celui du lieutenant de juge, par les membres du tribunal autres que le juge royal;

Celui d'un juge-auditeur, par un juge-auditeur;

Celui du juge de paix, par les suppléants et par le greffier;

Celui d'un suppléant, par les membres du tribunal de paix autres que le juge de paix.

Art. 280. Les avoués assisteront au convoi des membres des tribunaux près lesquels ils exercent.

TITRE IX.

DE LA COUR PRÉVÔTALE.

Art. 281. Lorsque la colonie aura été déclarée en état de siége ou lorsque sa sûreté intérieure sera menacée, il pourra être établi une cour prévôtale.

Art. 282. La cour prévôtale ne pourra être créée qu'en vertu d'un arrêté pris par le gouverneur en conseil privé, composé de la manière prescrite par l'art. 169 de notre ordonnance du 27 août 1828.

L'arrêté énoncera les circonstances qui rendent nécessaire l'établissement de cette cour, déterminera sa durée, qui ne pourra excéder six mois, et fixera le lieu où elle devra siéger habituellement.

Art. 283. La cour prévôtale sera composée ainsi qu'il suit :

Un président,
Un prévôt,
Un adjoint du prévôt,
Trois juges, dont un militaire,
Deux juges suppléants, dont un militaire,
Un officier du parquet,
Un greffier.

Art. 284. Les membres de la cour prévôtale seront nommés par le gouverneur en conseil.

Art. 285. L'un des conseillers de la cour royale, ou le juge royal, remplira les fonctions de président.

Art. 286. Le prévôt sera choisi parmi les officiers de l'armée de terre ou de mer ayant le grade de capitaine au moins et âgé de trente ans accomplis.

L'adjoint du prévôt sera pris parmi les juges-auditeurs ou les licenciés en droit.

Art. 287. Seront aptes à remplir les fonctions de juge ou de juge suppléant :

Les conseillers-auditeurs,

Le lieutenant de juge,

Les juges-auditeurs, s'ils ont vingt-cinq ans,

Et les magistrats honoraires.

Le juge militaire et son suppléant devront être pris parmi les officiers de l'armée de terre ou de mer ayant le grade de capitaine au moins et âgés de vingt-sept ans accomplis.

Art. 288. Les fonctions du ministère public seront exercées près la cour prévôtale par le procureur général ou par celui des conseillers-auditeurs qu'il aura délégué.

Art. 289. Les fonctions de greffier seront remplies par le greffier de la cour ou du tribunal de 1ʳᵉ instance, et, à leur défaut, par leurs commis assermentés.

Art. 290. Pourront être déclarés justiciables de la cour prévôtale, sans distinction de classes ni de profession civile ou militaire, ceux qui seront prévenus d'avoir commis l'un des crimes qualifiés au Code pénal par les art. 75 à 85 inclusivement, 91 à 108 inclusivement, 210, 211, § 1ᵉʳ, 213 à 217 inclusivement, 219, 265 à 268 inclusivement, 301, 434 à 436 inclusivement et 452.

Toutefois, la compétence de la cour prévôtale sera restreinte à ceux des crimes ci-dessus énoncés dont la connaissance lui aura été spécialement attribuée par l'arrêté qui l'aura établie.

Art. 291. Dans chaque affaire qui lui sera soumise, et avant de décider s'il y a lieu ou non d'ordonner la mise en accusation des prévenus, la cour prévôtale statuera sur sa compétence.

Art. 292. Les arrêts de compétence ou d'incompétence rendus par la cour prévôtale ne pourront être attaqués par voie de cassation. Ils seront transmis, dans le plus bref délai, au conseil privé, qui statuera définitivement sur la confirmation ou l'annulation de ces arrêts.

Dans ce cas, le conseil sera composé et procédera de la manière prescrite par l'art. 169 de notre ordonnance du 27 août 1828.

Art. 293. La cour prévôtale ne pourra rendre arrêt qu'au nombre de six juges.

L'officier du ministère public se retirera lors de la délibération.

Art. 294. Avant d'entrer en fonctions, les membres de la cour prévôtale prêteront, devant le gouverneur, ou, sur sa délégation, devant la cour royale, le serment dont la formule suit :

«Je jure et promets, devant Dieu, d'examiner avec l'attention la plus scrupuleuse les affaires qui me seront soumises, et de remplir avec impartialité et fermeté les fonctions qui me sont confiées.

Art. 295. La cour prévôtale pourra, d'office ou sur la réquisition du ministère public, déclarer qu'il y a lieu par elle à se transporter dans tel quartier qu'elle aura indiqué.

La délibération ne sera exécutée que sur l'approbation du gouverneur en conseil.

Art. 296. Il sera tenu au greffe de la cour prévôtale un registre sur lequel seront inscrites les affaires qui seront portées devant elle.

Elles seront jugées dans l'ordre indiqué par le président.

Art. 297. Tout ce qui est relatif au mode d'instruction et au jugement des affaires soumises à la cour prévôtale sera réglé par le Code d'instruction criminelle.

Il en sera de même du mode de rédaction des arrêts.

Art. 298. Il sera tenu au secrétariat du conseil privé un registre où seront inscrites les décisions du conseil sur les arrêts de compétence ou d'incompétence rendus par la cour prévôtale.

Les décisions du conseil sur ces arrêts seront transmises au procureur général, à la diligence du contrôleur colonial.

Art. 299. Le greffier de la cour prévôtale transmettra mensuellement au procureur général l'état des arrêts rendus par cette cour dans le mois précédent, en distinguant les arrêts de compétence ou d'incompétence, les arrêts qui déclareront n'y avoir lieu à suivre, ceux qui ordonneront la mise en accusation, et les arrêts définitifs.

Cet état indiquera, en outre, la nature de l'accusation, les noms et prénoms des accusés, avec distinction de sexe, d'âge, de classe et de couleur, et la mention des condamnations et des acquittements.

Art. 300. Au commencement de chaque mois, le procureur général transmettra à notre Ministre de la marine et des colonies l'état prescrit par l'article précédent, ainsi que celui des décisions du conseil privé sur les arrêts de compétence de la cour prévôtale.

Il y joindra ses observations.

Art. 301. A l'expiration des fonctions de la cour prévôtale, les minutes de ses arrêts, ses registres, ainsi que toutes les pièces et procédures, seront déposés au greffe de la cour royale.

Art. 302. Les dispositions relatives aux honneurs et préséances dont jouira la cour d'assises seront applicables à la cour prévôtale.

Dans le cas où la cour prévôtale siégerait dans le même lieu que la cour d'assises, elle prendra rang après celle-ci.

TITRE X.

DISPOSITION GÉNÉRALE.

Art. 303. Toutes dispositions concernant l'organisation de l'ordre judiciaire et l'administration de la justice à la Guyane française sont et demeurent abrogées en ce qu'elles ont de contraire à la présente ordonnance.

Art. 304. Notre Ministre Secrétaire d'État de la marine et des colonies est chargé de l'exécution de la présente ordonnance.

Donné à Paris, en notre château des Tuileries, le vingt et unième jour du mois de décembre de l'an de grâce 1828, et de notre règne le cinquième.

Signé : CHARLES.

Par le Roi :

Le Ministre Secrétaire d'État de la marine
et des colonies,

Signé : HYDE DE NEUVILLE.

DÉCRET

PORTANT ORGANISATION DU SERVICE JUDICIAIRE À LA GUYANE FRANÇAISE.

Du 16 août 1854.

NAPOLÉON, PAR LA GRÂCE DE DIEU ET LA VOLONTÉ NATIONALE, EMPEREUR DES FRANÇAIS,

A tous présents et à venir, SALUT.

Vu les ordonnances des 27 août et 21 décembre 1828, concernant le gouvernement et l'organisation judiciaire de la Guyane française;

Vu l'ordonnance du 10 mai 1829, portant application du Code d'instruction criminelle à cette colonie;

Sur le rapport de notre Ministre Secrétaire d'État au département de la marine et des colonies;

Notre Conseil d'État entendu.

AVONS DÉCRÉTÉ ET DÉCRÉTONS ce qui suit :

TITRE PREMIER.

DES TRIBUNAUX DE PAIX ET DE POLICE.

ARTICLE PREMIER. La juridiction du tribunal de paix et de simple police établi à Cayenne comprend : la ville de Cayenne les quartiers de l'île de Cayenne, du Tour-de-l'Île, de Mont-Sinéry, de Tonnegrande et de Macouria.

ART. 2. Les fonctions du ministère public auprès du tribunal de police de Cayenne sont remplies par le commissaire de police, et, en cas d'absence ou d'empêchement, par le maire ou par l'un de ses adjoints.

ART. 3. Les commissaires-commandants des quartiers d'Oyapock, Approuague, Kaw, Roura, Kourou, Sinamary et Maua, exercent les fonctions de juge de paix et de police dans leurs circonscriptions respectives.

La circonscription judiciaire du commandant du quartier de Sinamary s'étend au quartier d'Isacoubo.

ART. 4. Le commissaire-commandant du quartier a pour suppléant le lieutenant-commissaire. Le secrétaire de la mairie remplit auprès de lui les fonctions de greffier.

ART. 5. Les fonctions du ministère public près des commissaires-commandants, jugeant en matière de police, sont remplies par le brigadier commandant la gendarmerie du quartier, et, à son défaut, par le premier agent de police.

Art. 6. La compétence des juges de paix en matière civile est réglée conformément aux dispositions de la loi du 25 mai 1838.

Toutefois, ils connaissent :

1° En dernier ressort, jusqu'à la valeur de 250 francs, et en premier ressort, jusqu'à la valeur de 500 francs, des actions indiquées dans l'art. 1er de cette loi;

2° En dernier ressort, jusqu'à la valeur de 250 francs, des actions indiquées dans les art. 2, 3, 4 et 5 de ladite loi.

Il n'est pas dérogé aux ordonnances des 31 octobre 1832 et 19 mai 1842, qui étendent la compétence des justices de paix de Sinamary et d'Approuague.

TITRE II.

DU TRIBUNAL DE 1re INSTANCE.

Art. 7. Le tribunal de 1re instance établi à Cayenne est composé :

D'un juge impérial,

D'un lieutenant de juge,

D'un juge-auditeur,

D'un procureur impérial,

D'un ou de deux substituts,

D'un greffier et d'un commis greffier.

Art. 8. Ce tribunal connaît :

1° De l'appel des jugements rendus en premier ressort par les juges de paix en matière civile et commerciale;

2° De toutes actions civiles et commerciales, en premier et dernier ressort, jusqu'à concurrence de 1,000 francs en principal ou de 100 francs de revenu déterminé soit en rentes, soit par prix de bail, et à la charge d'appel, au-dessus de ces sommes.

En matière correctionnelle, il connaît de l'appel des jugements de simple police.

Le tribunal connaît, en outre, en premier ressort seulement, des contraventions aux lois sur le commerce étranger, le régime des douanes et les contributions indirectes.

Il se conforme aux dispositions de l'art. 2 de la loi du 11 avril 1838.

TITRE III.

DE LA COUR IMPÉRIALE.

Art. 9. La cour impériale de la Guyane française est composée :

D'un président,
De deux conseillers,
D'un conseiller-auditeur,
D'un greffier.

Le procureur impérial du tribunal de Cayenne et ses substituts remplissent auprès de la cour les fonctions du ministère public.

Art. 10. Les arrêts sont rendus par trois juges.

Art. 11. En cas d'absence ou d'empêchement momentané d'un ou de deux des magistrats de la cour impériale, le président pourvoit à leur remplacement par l'appel d'un ou de deux fonctionnaires ou anciens fonctionnaires membres du collége des assesseurs.

Si l'empêchement ou l'absence sont de nature à se prolonger, le gouverneur, sans recourir à la faculté qui lui est donnée par le paragraphe 2 de l'art. 61 de l'ordonnance du 27 août 1828, peut désigner comme suppléant un ou deux de ces fonctionnaires ou anciens fonctionnaires.

Ces suppléants ne sont pas assujettis aux conditions d'aptitude exigées par le présent décret.

Leurs fonctions sont gratuites.

Art. 12. La cour est saisie directement de toutes les affaires correctionnelles par le procureur impérial.

Art. 13. Hors le temps des vacations, il y a, chaque mois, une session civile et correctionnelle qui s'ouvre le premier lundi du mois.

Les sessions durent jusqu'à ce que les affaires portées au rôle et en état de recevoir jugement soient expédiées.

Art. 14. Le président de la cour impériale est chef du service judiciaire.

En cette qualité, il exerce toutes les attributions administratives et de surveillance antérieurement conférées au procureur général.

En cas d'empêchement, il est remplacé par le plus ancien conseiller, sous

la réserve de la faculté conférée au gouverneur par l'art. 129 de l'ordonnance
du 27 août 1828.

TITRE IV.

DE LA COUR D'ASSISES.

ART. 15. La cour d'assises de la Guyane est saisie directement, par le procureur impérial, de toutes les affaires de sa compétence.

A cet effet, les instructions criminelles dirigées par le lieutenant de juge
sont transmises, sans délai, au procureur impérial.

Celui-ci est tenu de mettre l'affaire en état dans les dix jours de sa réception.

Pendant ce temps, la partie civile ou le prévenu peuvent fournir les mémoires qu'ils jugent convenables.

ART. 16. La cour d'assises est composée :

Du président de la cour impériale,

De deux conseillers, qui, en cas d'absence ou d'empêchement, sont remplacés par le conseiller-auditeur, et, à défaut, ainsi qu'il est dit en l'art. 11
du présent décret.

De quatre assesseurs.

Du procureur impérial ou de l'un de ses substituts,

Du greffier de la cour impériale.

ART. 17. Les juges et les assesseurs délibèrent en commun sur les questions de fait résultant de l'acte d'accusation et des débats.

La déclaration de culpabilité est rendue à la simple majorité.

Les juges statuent seuls sur la question de compétence,

L'application de la peine,

Les incidents de droit et de procédure,

Et les demandes en dommages-intérêts.

TITRE V.

DISPOSITIONS GÉNÉRALES.

ART. 18. Les conditions d'âge et d'aptitude déterminées par les lois pour
la magistrature continentale sont applicables aux magistrats de la Guyane.

Art. 19. Le traitement des magistrats et des membres attachés à la cour et aux tribunaux de la Guyane est fixé ainsi qu'il suit :

	Traitements	
	colonial.	d'Europe.
Le président de la cour impériale.	9,000ᶠ	4,000ᶠ
Chaque conseiller.	6,000	3,000
Le conseiller-auditeur.	4,000	2,000
Le greffier.	3,000	1,500
Le juge impérial.	6,000	3,000
Le lieutenant de juge.	4,500	2,250
Le juge-auditeur.	3,000	1,500
Le procureur impérial.	6,000	3,000
Le premier substitut.	4,500	2,250
Le deuxième substitut.	3,500	1,750
Le greffier.	3,000	1,500
Le commis greffier.	1,800	900
Le juge de paix de Cayenne.	4,000	2,000
Le greffier.	2,000	1,000

Les émoluments des commandants de quartier, à raison de leurs fonctions de juge de paix, sont réglés selon l'importance du siége par des arrêtés du gouverneur, soumis à l'approbation de notre Ministre de la marine.

Art. 20. Aucune cour prévôtale ne peut être établie dans la Guyane française.

Art. 21. A l'avenir, les vols, autres que ceux commis avec violence ou avec des circonstances entraînant la peine des travaux forcés, seront jugés et punis correctionnellement.

Art. 22. A défaut de payement dans la quinzaine des premières poursuites, les condamnations à l'amende et aux dépens prononcées soit par les tribunaux de simple police ou de police correctionnelle, soit par la cour d'assises, sont, de droit, converties en journées de travail pour le compte et sur les ateliers de la colonie, d'après le taux et les conditions réglés par arrêté du gouverneur en conseil.

Faute de satisfaire à cette obligation, les condamnés sont contraints à acquitter leurs journées de travail sur les ateliers de discipline.

Art. 23. Les lois et ordonnances en vigueur dans la colonie sont maintenues en tout ce qu'elles n'ont pas de contraire aux dispositions du présent décret.

Art. 24. La réduction du personnel de la cour impériale devra être opérée dans l'année de la promulgation du présent décret.

Art. 25. Nos Ministres Secrétaires d'État au département de la marine et des colonies et au département de la justice sont chargés, chacun en ce qui le concerne, de l'exécution du présent décret, qui sera inséré au *Bulletin des lois.*

Fait à Biarritz, le 16 août 1854.

Signé : NAPOLEON.

Par l'Empereur :

Le Ministre Secrétaire d'État de la marine et des colonies,

Signé : Th. Ducos.

ORDONNANCE COLONIALE

DU 1ᵉʳ VENDÉMIAIRE AN XIV (23 SEPTEMBRE 1805) POUR L'INTRODUCTION À LA GUYANE FRANÇAISE DU CODE CIVIL MODIFIÉ.

Victor Hugues, commandant en chef à Cayenne (Guyane française),

En exécution des ordres de Sa Majesté, transmis par Son Exc. le Ministre de la marine et des colonies,

Avons ordonné et ordonnons ce qui suit :

Article premier. La loi du 14 ventôse an II, sur la publication des effets et l'application des lois en général;

Celle du 17, sur la jouissance et la privation des droits civils :

Celle du 20, sur les actes de l'état civil;

Celle du 23, sur le domicile :

Celle du 24, sur les absents;

Celle du 26, sur le mariage :

Celle du 30, sur le divorce :

Celle du 2 germinal, sur la paternité et la filiation :

Celle du 2, sur l'adoption et la tutelle officieuse :

Celle du 3, sur la puissance paternelle;

Celle du 5, sur la minorité, la tutelle et l'émancipation :

Celle du 8, sur la majorité, l'interdiction et le conseil judiciaire ;

Celle du 4 pluviôse an XII, sur la distinction des biens;

Celle du 6, sur la propriété :

Celle du 9, sur l'usufruit, l'usage et l'habitation ;

Celle du 10, sur les servitudes on services fonciers ;

Celle du 29 germinal, sur les successions ;

Celle du 13 floréal, sur les donations entre-vifs et les testaments ;

Celle du 17 pluviôse an xii, sur les contrats ou les obligations conventionnelles en général ;

Celle du 19, sur le contrat de mariage et les droits respectifs des époux :

Celle du 15 ventôse, sur la vente :

Celle du 16, sur l'échange ;

Celle du 16, sur le contrat de louage :

Celle du 17, sur le contrat de société ;

Celle du 18, sur le prêt ;

Celle du 23, sur le dépôt et le séquestre ;

Celle du 19, sur les contrats aléatoires ;

Celle du 19, sur le mandat ;

Celle du 24 pluviôse, sur le cautionnement :

Celle du 29 ventôse, sur les transactions ;

Celle du 23 pluviôse, sur la contrainte par corps en matière civile :

Celle du 25 ventôse, sur le nantissement ;

Celle du 28, sur les priviléges et hypothèques ;

Celle du 28, sur l'expropriation forcée et les ordres entre les créanciers ;

La loi du 24 ventôse an xii, sur la prescription ;

Lesquelles lois réunies formant le Code civil des Français, seront exécutées à la Guyane française selon leur forme et teneur, sauf les modifications établies par les articles suivants, qui seront exécutées provisoirement jusqu'à la décision de Sa Majesté.

Art. 2. Les lois seront exécutoires à Cayenne dans les vingt-quatre heures et sur le continent dans le délai de deux jours, à dater de la promulgation qui en sera faite au nom de Sa Majesté et de leur enregistrement au greffe des tribunaux d'appel et de 1re instance.

Art. 3. Dans les cas où les tribunaux auront à prononcer un jugement ou arrêt d'après les modifications déterminées par la présente ordonnance, ils seront tenus de citer la date et l'article de cette ordonnance qui établit ces modifications.

MODIFICATIONS APPORTÉES AUX DISPOSITIONS GÉNÉRALES DU CODE CIVIL.

(Livre Ier, titre II, n°s 55 et 56 du Code.)

Art. 4. Les déclarations de naissance seront faites, dans les trois jours de l'accouchement, à l'officier de l'état civil du lieu, et l'enfant sera présenté dans les trois mois qui suivront, au plus tard, s'il n'y a empêchement légitime.

L'officier public sera prévenu des motifs du retard qui pourrait avoir lieu.

Art. 5. L'arrêté du commissaire de Sa Majesté à Cayenne en date du 26 brumaire an II, motivé sur des causes locales, continuera d'être exécuté selon sa forme et teneur.

TITRE V.

DU MARIAGE.

Art. 6. Les mariages ne pourront être contractés que de blancs à blancs et de gens de couleur à gens de couleur.

TITRE VII.

CHAPITRE III.

SECTION II.

DE LA RECONNAISSANCE DES ENFANTS NATURELS.

Art. 7. La reconnaissance des enfants naturels ne pourra être faite que d'un père ou d'une mère blancs, en la personne d'un enfant blanc, ou d'un père ou d'une mère de couleur, en faveur d'un enfant de couleur.

TITRE VIII.

CHAPITRE PREMIER.

SECTION PREMIÈRE.

DE L'ADOPTION.

Art. 8. L'adoption ne pourra également avoir lieu qu'entre individus de la même couleur.

Art. 9. Il en sera de même pour la tutelle officieuse, qui, sans attribuer aucun des effets de l'adoption, en est pour ainsi dire l'auxiliaire.

Art. 10. La tutelle pure et simple d'un enfant de couleur pourra néanmoins être décernée à un blanc, dans le cas où le juge qui recevra l'acte le jugera convenable.

LIVRE II.

TITRE PREMIER.

DE LA DISTINCTION DES BIENS.

Art. 11. Les dispositions de l'édit de 1685, qui déterminent les cas où les esclaves seront déclarés meubles ou immeubles, seront exécutées selon leur forme et teneur, le tout sans déroger à l'hypothèque de capitaine vendeur, ni à la faculté d'ameublissement accordée par le n° 1505 du Code civil.

LIVRE III.

TITRE PREMIER.

CHAPITRE IV.

DES SUCCESSIONS IRRÉGULIÈRES.

TITRE II.

CHAPITRE PREMIER.

DES DONATIONS ENTRE-VIFS ET DES TESTAMENTS.

Art. 12. Toute donation entre-vifs ou simple donation, tout legs universel ou particulier fait par un blanc à un individu de couleur, seront déclarés nuls et de nul effet.

Art. 13. Sont exceptées les dispositions testamentaires ayant pour objet de donner la liberté à un esclave, sauf l'approbation du Gouvernement, d'assurer les aliments à un serviteur fidèle ou le payement de l'apprentissage d'un métier pour un enfant de couleur âgé de moins de quinze ans accomplis.

MODIFICATIONS GÉNÉRALES.

Art. 14. Les dépôts ordonnés de divers actes et notamment de ceux qui constatent l'état civil aux archives des communes, seront faits au greffe du tribunal de 1re instance, et expéditions en seront déposées au secrétariat du commissaire de Sa Majesté (aujourd'hui aux archives du gouvernement), qui les adressera à Son Exc. le Ministre de la marine et des colonies, pour être réunies au dépôt établi dans les bureaux de Son Excellence sous le nom d'*archives des colonies*.

ART. 15. Les fonctions que le Code civil attribue, dans certains cas, aux juges de paix ou autres officiers, seront remplies à Cayenne par le juge du tribunal de 1re instance, qui demeure investi par les présentes de tous les pouvoirs nécessaires à cet égard.

ART. 16. Dans les cas où la loi ordonnera délibéré dans la chambre du conseil, et spécialement dans les causes de divorce, le juge du tribunal de 1re instance sera tenu de s'adjoindre deux notables habitants qui rempliront auprès de lui les fonctions que la loi attribue aux membres du conseil.

La présente ordonnance sera imprimée, lue, publiée et affichée en la manière ordinaire, à Cayenne et dans les divers quartiers de la colonie; elle sera enregistrée au greffe du tribunal de 1re instance et de la cour d'appel et envoyée à tous les officiers de l'état civil, pour être exécutée selon sa forme et teneur.

Cayenne, le 1er vendémiaire an XIV de l'ère française.

Signé : Victor HUGUES.

Par le Commissaire :

Signé : SERVOISIER, *Secrétaire*.

AU NOM DU ROI.

ORDONNANCE COLONIALE

POUR LA PROMULGATION DU CODE DE COMMERCE À LA GUYANE FRANÇAISE,

AVEC LES MODIFICATIONS JUGÉES CONVENABLES.

1er octobre 1820.

NOUS, PIERRE-CLÉMENT DE LAUSSAT, chevalier de l'ordre royal et militaire de Saint-Louis, chevalier de l'ordre royal de la Légion d'honneur, commandant et administrateur de la Guyane française pour le Roi,

En exécution des ordres du Roi et pour nous conformer aux intentions qu'a manifestées Sa Majesté de faire jouir ses sujets habitants de cette colonie des améliorations qu'a reçues dans ces derniers temps la législation de son royaume et nommément sa législation commerciale, non toutefois sans y apporter les modifications que les localités paraîtront exiger;

Après en avoir délibéré en conseil spécial,

Avons ordonné et ordonnons, pour être exécuté provisoirement et sauf l'approbation de Sa Majesté, ce qui suit :

Le Code de commerce de France, tel qu'il a été modifié et arrêté par nous en date de ce jour, sera publié et enregistré, aux formes ordinaires, tant à la cour royale qu'aux autres tribunaux, pour être à l'avenir gardé, observé et maintenu dans cette colonie, à compter du 15 novembre prochain.

Donné en notre hôtel, à Cayenne, ce 1ᵉʳ octobre 1820.

Signé : LAUSSAT.

Par le Commandant et Administrateur pour le Roi :

Le Secrétaire archiviste,

Signé : Frachon.

AU NOM DU ROI.

ORDONNANCE COLONIALE

DU 18 AOÛT 1821, POUR LA PROMULGATION À LA GUYANE FRANÇAISE DU CODE DE PROCÉDURE CIVILE, AVEC LES MODIFICATIONS JUGÉES CONVENABLES.

Nous, Pierre-Clément de Laussat, chevalier de l'ordre royal et militaire de Saint-Louis, chevalier de l'ordre royal de la Légion d'honneur, commandant et administrateur de la Guyane française pour le Roi,

En exécution des ordres du Roi et pour nous conformer aux intentions qu'a manifestées Sa Majesté de faire jouir ses sujets habitants de cette colonie des améliorations qu'a reçues dans ces derniers temps la législation de son royaume, non toutefois sans y apporter les modifications que les localités paraîtraient exiger;

Après en avoir délibéré en conseil spécial,

Avons ordonné et ordonnons, pour être exécuté provisoirement et sauf l'approbation de Sa Majesté, ce qui suit :

Le Code de procédure civile de France, tel qu'il a été modifié et arrêté par nous en date de ce jour, sera publié et enregistré, aux formes ordinaires, tant à la cour royale qu'aux autres tribunaux, pour être à l'avenir gardé, observé et maintenu dans cette colonie, à compter du 25 du mois courant.

Donné en notre hôtel, à Cayenne, ce 18 août 1821.

Signé : LAUSSAT.

Par le Commandant et Administrateur pour le Roi :

Le Secrétaire archiviste,

Signé : Frachon.

CODE DE PROCÉDURE CIVILE.

PREMIÈRE PARTIE.

PROCÉDURE DEVANT LES TRIBUNAUX.

LIVRE PREMIER.

DE LA JUSTICE DE PAIX.

TITRE PREMIER.

DES CITATIONS.

Art. 1er à 7. (Voir le Code métropolitain.)

TITRE II.

DES AUDIENCES DU JUGE DE PAIX ET DE LA COMPARUTION DES PARTIES.

Art. 8 et 9. (Voir le Code métropolitain.)

Art. 10. Les parties seront tenues de s'expliquer avec modération devant le juge et de garder en tout le respect qui est dû à la justice : si elles y manquent, le juge les y rappellera d'abord par un avertissement; en cas de récidive, elles pourront être condamnées à une amende qui n'excédera pas la somme de 15 francs, avec affiches du jugement dont le nombre n'excédera pas celui des bornes de la ville.

Art. 11 à 16. (Semblables au Code métropolitain.)

Art. 17. Les jugements de justice de paix jusqu'à concurrence de 200 fr. seront définitifs et sans appel, et ceux jusqu'à concurrence de 500 francs seront exécutoires par provision, nonobstant l'appel et sans qu'il soit besoin de fournir caution : les juges de paix pourront, dans les autres cas, ordonner l'exécution provisoire de leurs jugements, mais à la charge de donner caution.

Art. 18. (Voir le Code métropolitain.)

TITRE III.

DES JUGEMENTS PAR DÉFAUT ET DES OPPOSITIONS À CES JUGEMENTS.

Art. 19 à 22. (Voir le Code métropolitain.)

TITRE IV.

DES JUGEMENTS SUR LES ACTIONS POSSESSOIRES.

Art. 23 à 27. (Voir le Code métropolitain.)

TITRE V.

DES JUGEMENTS QUI NE SONT PAS DÉFINITIFS ET DE LEUR EXÉCUTION.

Art. 28 à 31. (Voir le Code métropolitain.)

TITRE VI.

DE LA MISE EN CAUSE DES GARANTS.

Art. 32 et 33. (Voir le Code métropolitain.)

TITRE VII.

DES ENQUÊTES.

Art. 34 à 40. (Voir le Code métropolitain.)

TITRE VIII.

DES VISITES DES LIEUX ET DES APPRÉCIATIONS.

Art. 41. Lorsqu'il s'agira soit de constater l'état des lieux, soit d'apprécier la valeur des indemnités et dédommagements demandés, le juge de paix ordonnera que le lieu contentieux sera visité par lui, en présence des parties.

Pourra néanmoins, pour les transports sur les lieux, en cas d'empêchement, d'obstacle ou d'éloignement soit long soit difficile, le juge de paix déléguer à sa place le commissaire-commandant ou le lieutenant-commissaire du quartier, qui sera obligé de lui rapporter ou remettre le procès-verbal de l'opération.

Art. 42. Si l'objet de la visite ou de l'appréciation exige des connaissances qui soient étrangères au juge, il ordonnera que les gens de l'art, qu'il nommera par le même jugement, feront la visite avec lui et donneront leur avis : il pourra juger sur le lieu même, sans désemparer. Dans les causes sujettes à l'appel, procès-verbal de la visite sera dressé par le greffier, qui constatera le serment prêté par les experts ; le procès-verbal sera signé par le juge, par le greffier et par les experts ; et si les experts ne savent ou ne peuvent signer, il en sera fait mention.

Si, en place du juge de paix, c'est le commissaire-commandant ou le lieutenant-commissaire qui procède à la visite, les gens de l'art nommés accompagneront l'un ou l'autre.

Art. 43. (Commun.)

TITRE IX.

DE LA RÉCUSATION DES JUGES DE PAIX.

Art. 44 à 47. (Communs.)

LIVRE II.

DES TRIBUNAUX INFÉRIEURS.

TITRE PREMIER.

DE LA CONCILIATION.

Art. 48 à 55. (Communs.)

Art. 56. Celle des parties qui ne comparaîtra pas sera condamnée à une amende de 15 francs ; et toute audience lui sera refusée jusqu'à ce qu'elle ait justifié de la quittance.

Art. 57 et 58. (Communs.)

TITRE II.

DES AJOURNEMENTS.

Art. 59 à 61. (Communs.)

Art. 62. Dans le cas de transport d'un huissier, les frais de déplacement lui seront payés par jour suivant les distances, ainsi qu'il sera réglé par le tarif.

Art. 63 à 66. (Communs.)

Art. 67. Les huissiers seront tenus de mettre à la fin de l'original et de la copie de l'exploit le coût d'icelui, à peine de 7 fr. 50 cent. d'amende.

Art. 68. (Commun.)

Art. 69. Seront assignés :

1° L'État, lorsqu'il s'agit de domaines et droits domaniaux, en la personne ou au domicile du directeur de l'intérieur et du domaine;

2° Le Trésor royal, en la personne ou au bureau de son agent ou trésorier;

3° Les administrations ou établissements publics, en leurs bureaux, dans le lieu où réside le siége de l'administration. Dans les autres lieux, en la personne et au bureau de leur préposé;

4° Le Roi, pour ses domaines, en la personne du procureur du Roi;

5° Les quartiers, en la personne ou au domicile de leurs commissaires-commandants ou lieutenants-commissaires;

Dans les cas ci-dessus, l'original sera visé de celui à qui copie de l'exploit sera laissée; en cas d'absence ou de refus, le visa sera donné soit par le juge de paix, soit par le procureur du Roi, auquel, en ce cas, la copie sera laissée;

6° Les sociétés de commerce, tant qu'elles existent, en leur maison sociale; et s'il n'y en a pas, en la personne ou au domicile de l'un des associés;

7° Les unions et directions de créanciers, en la personne ou au domicile de l'un des syndics ou directeurs;

8° Ceux qui n'ont aucun domicile connu dans la Guyane française, au lieu de leur résidence actuelle : si le lieu n'est pas connu, l'exploit sera affiché à la principale porte de l'auditoire du tribunal où la demande est portée; une seconde copie sera donnée au procureur du Roi, lequel visera l'original;

9° Ceux qui habitent le territoire français hors de cette colonie et ceux qui sont établis chez l'étranger, au domicile du procureur du Roi près le tribunal où sera portée la demande, lequel visera l'original et enverra la copie, savoir :

Pour ceux qui habiteront les autres colonies d'Amérique, au procureur général près la cour royale ;

Pour ceux qui habiteront toute autre partie du territoire français, au Ministre Secrétaire d'État de la marine et des colonies ;

Pour ceux enfin qui seront établis chez l'étranger, au Ministre Secrétaire d'État des affaires étrangères.

Art. 70 et 71. (Communs.)

Art. 72. Sur le territoire de la colonie, le domicile d'un habitant non résidant habituellement en ville est son habitation à la campagne où il est censé faire sa demeure ordinaire ; cependant, il pourra être sommé, par le premier exploit, ou d'élire domicile, ou de charger de pouvoirs pour la suite de la procédure.

Le délai ordinaire des ajournements est, dans la Guyane française, savoir :

1° Pour les habitants domiciliés en ville, de huitaine ;

2° Pour ceux domiciliés dans l'île de Cayenne, de quinze jours ;

3° Pour ceux domiciliés aux quartiers de Macouria, Mont-Sinéry, Tonnegrande, Roura et autour de l'île, de vingt et un jours ;

4° Pour ceux domiciliés aux quartiers d'Approuague, Kaw, Kourou et Sinamary, d'un mois ;

5° Enfin, pour ceux domiciliés à Oyapock, Isacoubo et dépendances, de six semaines.

Dans les cas qui requerront célérité, le président pourra, par ordonnance rendue sur requête, permettre d'assigner à bref délai.

Art. 73. Si celui qui est assigné demeure hors de la colonie, le délai sera :

1° Pour ceux qui demeurent dans la Guyane hollandaise et la Guyane anglaise, de deux mois ;

2° Pour ceux qui demeurent dans les îles du Vent aux Antilles, de quatre mois ;

3° Pour ceux qui demeurent en Algérie, sur le continent et dans les îles de l'Europe, de cinq mois ;

4° Pour ceux qui demeurent dans les autres pays de l'océan Atlantique, de six mois;

5° Pour ceux qui demeurent dans tous les pays situés entre les détroits de Malacca et de la Sonde et le cap de Bonne-Espérance, de sept mois;

6° Et pour ceux qui demeurent dans les autres partie du monde, de dix mois.

Les délais ci-dessus seront doublés en cas de guerre maritime[1].

Art. 74. (Commun.)

TITRE III.

CONSTITUTION D'AVOUÉS ET DÉFENSES.

Art. 75 à 82. (Communs.)

TITRE IV.

DE LA COMMUNICATION AU MINISTÈRE PUBLIC.

Art. 83 et 84. (Communs.)

TITRE V.

DES AUDIENCES, DE LEUR PUBLICITÉ ET DE LEUR POLICE.

Art. 85 et 86. (Communs.)

Art. 87. Les plaidoiries seront publiques, excepté dans le cas où la loi ordonne qu'elles seront secrètes. Pourra cependant le tribunal ordonner qu'elles se feront à huis clos, si la discussion publique devait entraîner ou scandale ou des inconvénients graves; mais, dans ce cas, le tribunal sera tenu d'en délibérer et de rendre compte de sa délibération au procureur général près la cour royale, et, si la cause est pendante à la cour royale, au gouverneur de la colonie.

Art. 88 à 92. (Communs.)

TITRE VI.

DES DÉLIBÉRÉS ET INSTRUCTIONS PAR ÉCRIT.

Art. 93 à 106. (Communs.)

Art. 107. Si les avoués ne rétablissent, dans les délais ci-dessus fixés, les

---

[1] Décret du 29 août 1863.

productions par eux prises en communication, il sera, sur le certificat du greffier et sur un simple acte pour venir plaider, rendu jugement à l'audience, qui les condamnera personnellement, et sans appel, à ladite remise, aux frais du jugement, sans répétition, et en 15 francs au moins de dommages-intérêts par chaque jour de retard.

Si les avoués ne rétablissent les productions dans la huitaine de la signification dudit jugement, le tribunal pourra prononcer, sans appel, de plus forts dommages-intérêts, même condamner l'avoué par corps et l'interdire pour tel temps qu'il estimera convenable.

Lesdites condamnations pourront être prononcées sur la demande des parties, sans qu'elles aient besoin d'avoués, et sur un simple mémoire qu'elles remettront au président, ou au rapporteur, ou au procureur du Roi.

Art. 108 à 115. (Communs.)

TITRE VII.

DES JUGEMENTS.

Art. 116 et 117. (Communs.)

Art. 118. En cas de partage, on appellera pour le vider un juge; à défaut de juge, un suppléant; à son défaut, un avocat attaché au barreau, et à son défaut, un avoué; tous appelés selon l'ordre du tableau : l'affaire sera de nouveau plaidée.

Pourra aussi, en pareil cas, dans cette colonie, suivant les anciens usages, être appelée pour juge toute personne qui y serait domiciliée, propriétaire, bien famée et réputée capable de décider l'objet de la contestation. Mais sa nomination devrait être préalablement revêtue de l'approbation du gouverneur.

Art. 119 et 120. (Communs.)

Art. 121. Le serment sera fait par la partie en personne et à l'audience. Dans le cas d'un empêchement légitime et dûment constaté, le serment pourra être prêté devant le juge que le tribunal aura commis et qui se transportera chez la partie, assisté du greffier.

Si la partie à laquelle le serment est déféré est trop éloignée, le tribunal pourra ordonner qu'elle prêtera le serment devant le commissaire-commandant et le lieutenant-commissaire du quartier de sa résidence, lesquels choisiront sur les lieux un habitant notable pour faire les fonctions de greffier. Cet habitant prêtera préalablement son serment devant eux. Le procès-verbal qu'ils dresseront sera, par le commissaire-commandant, envoyé au greffe du tribunal de 1re instance et il pourra en garder copie pour servir au besoin.

Dans tous les cas, le serment sera fait en présence de l'autre partie, ou elle dûment appelée, par acte d'avoué à avoué, et, s'il n'y avait pas d'avoué constitué, par exploit contenant l'indication du jour de la prestation.

Art. 122 à 148. (Communs.)

TITRE VIII.

DES JUGEMENTS PAR DÉFAUT ET OPPOSITIONS.

Art. 149 à 165. (Communs.)

TITRE IX.

DES EXCEPTIONS.

§ 1er. De la caution à fournir par les étrangers.

Art. 166. Tous étrangers, demandeurs principaux ou intervenants, seront tenus, si le défendeur le requiert, avant toute exception, de fournir caution de payer les frais et dommages-intérêts auxquels ils pourraient être condamnés.

Sont entendus par le mot d'*étrangers* ceux qui, ne résidant pas sur le territoire de la colonie, n'y possèdent pas notoirement de propriétés.

§ 2. Des renvois.

Art. 167 à 172. (Communs.)

§ 3. Des nullités.

Art. 173. (Commun.)

§ 4. Des exceptions dilatoires.

Art. 174 à 187. (Communs.)

§ 5. De la communication des pièces.

Art. 188 à 192. (Communs.)

TITRE X.

DE LA VÉRIFICATION DES ÉCRITURES.

Art. 193 à 212. (Communs.)

Art. 213. S'il est prouvé que la pièce est écrite ou signée par celui qui l'a déniée, il sera condamné à 225 francs d'amende envers le Domaine, outre les dépens, dommages et intérêts de la partie, et pourra être condamné par corps, même pour le principal.

TITRE XI.

DU FAUX INCIDENT CIVIL.

Art. 214 à 243. (Communs.)

Art. 244. Il est enjoint aux greffiers de se conformer exactement aux articles précédents, en ce qui les regarde, à peine d'interdiction, d'amende qui ne pourra être moindre de 150 francs et des dommages-intérêts des parties, même d'être procédé extraordinairement, s'il y échet.

Art. 245. (Commun.)

Art. 246. Le demandeur en faux qui succombera sera condamné à une amende qui ne pourra être moindre de 450 francs et à tels dommages et intérêts qu'il appartiendra.

Art. 247 à 251. (Communs.)

TITRE XII.

DES ENQUÊTES.

Art. 252 à 262. (Communs.)

Art. 263. Les témoins défaillants seront condamnés, par ordonnances du juge-commissaire qui seront exécutoires nonobstant opposition ou appel, à une somme qui ne pourra être moindre de 15 francs. au profit de la partie à titre de dommages et intérêts; ils pourront de plus être condamnés. par la même ordonnance, à une amende qui ne pourra excéder la somme de 150 fr.

Les témoins défaillants seront réassignés à leurs frais.

Art. 264. Si les témoins réassignés sont encore défaillants, ils seront condamnés, et par corps, à une amende de 150 francs; le juge-commissaire pourra même décerner contre eux un mandat d'amener.

Art. 265. (Commun.)

Art. 266. Si le témoin justifie qu'il est dans l'impossibilité de se présenter au jour indiqué, le juge-commissaire lui accordera un délai suffisant, qui néanmoins ne pourra excéder celui fixé pour l'enquête, ou se transportera pour recevoir la déposition. Si le témoin est éloigné, le juge-commissaire renverra devant le commissaire-commandant ou le lieutenant sous-commissaire du quartier, qui s'adjoindra un notable pris sur les lieux pour faire fonctions de greffier et qui entendra le témoin : ledit faisant fonctions de greffier fera parvenir de suite la minute du procès-verbal au greffe du tribunal où le procès est pendant, sauf à lui à prendre exécutoire pour les frais contre la partie à la requête de qui le témoin aura été entendu.

Art. 267 à 275. (Communs.)

Art. 276. La partie ne pourra ni interrompre le témoin dans sa déposition, ni lui faire aucune interpellation directe, mais sera tenue de s'adresser au juge-commissaire, à peine de 15 francs d'amende, et de plus forte amende, même d'exclusion, en cas de récidive : ce qui sera prononcé par le juge-commissaire. Ses ordonnances seront exécutoires nonobstant appel ou opposition.

Art. 277 à 294. (Communs.)

TITRE XIII.

DES DESCENTES SUR LES LIEUX.

Art. 295 à 301. (Communs.)

TITRE XIV.

DES RAPPORTS D'EXPERTS.

Art. 302 à 323. (Communs.)

TITRE XV.

DE L'INTERROGATOIRE SUR FAITS ET ARTICLES.

Art. 324 à 336. (Communs.)

TITRE XVI.

DES INCIDENTS.

§ 1er. Des demandes incidentes.

Art. 337 et 338. (Communs.)

§ 2. De l'intervention.

Art. 339 à 341. (Communs.)

TITRE XVII.

DES REPRISES D'INSTANCE ET CONSTITUTION DE NOUVEL AVOUÉ.

Art. 342 à 351. (Communs.)

TITRE XVIII.

DU DÉSAVEU.

Art. 352 à 362. (Communs.)

TITRE XIX.

DES RÈGLEMENTS DE JUGES.

Art. 363 à 367. (Communs.)

TITRE XX.

DU RENVOI À UN AUTRE TRIBUNAL POUR PARENTÉ OU ALLIANCE.

Art. 368 à 373. (Communs.)

Art. 374. Celui qui succombera sur sa demande en renvoi sera condamné à une amende qui ne pourra être moindre de 75 francs. sans préjudice des dommages-intérêts de la partie, s'il y a lieu.

Art. 375 à 377. (Communs.)

TITRE XXI.

DE LA RÉCUSATION.

Art. 378 à 389. (Communs.)

Art. 390. Celui dont la récusation aura été déclarée non admissible ou non recevable sera condamné à telle amende qu'il plaira au tribunal, laquelle ne pourra être moindre de 150 francs. et sans préjudice, s'il y a lieu, de l'action du juge en réparation et dommages et intérêts; auquel cas il ne pourra demeurer juge.

Art. 391 à 396. (Communs.)

TITRE XXII.

DE LA PÉREMPTION.

Art. 397 à 401. (Communs.)

TITRE XXIII.

DU DÉSISTEMENT.

Art. 402 et 403. (Communs.)

TITRE XXIV.

DES MATIÈRES SOMMAIRES.

Art. 404. Seront réputés matières sommaires et instruits comme tels :

Les appels des juges de paix ;

Les demandes pures personnelles, à quelque somme qu'elles puissent monter, quand il y a titre, pourvu qu'il ne soit pas contesté ;

Les demandes formées sans titre, lorsqu'elles n'excèdent pas 1,500 francs ;

Les demandes provisoires ou qui requièrent célérité ;

Les demandes en payement de loyers et fermages et arrérages de rentes.

Art. 405 à 413. (Communs.)

TITRE XXV.

PROCÉDURE DEVANT LES TRIBUNAUX DE COMMERCE.

Art. 414 à 442. (Communs.)

LIVRE III.

DES COURS ROYALES.

TITRE UNIQUE.

DE L'APPEL ET DE L'INSTRUCTION SUR L'APPEL.

Art. 443. Le délai pour interjeter appel sera de trois mois : il courra, pour les jugements contradictoires, du jour de la signification à personne ou domicile ;

Pour les jugements par défaut, du jour où l'opposition ne sera plus recevable.

L'intimé pourra néanmoins interjeter incidemment appel en tout état de cause, quand même il aurait signifié le jugement sans protestation.

Art. 444. (Commun.)

Art. 445. Ceux qui demeurent hors de la colonie auront pour interjeter appel, outre le délai de trois mois depuis la signification du jugement, le délai des ajournements réglé ci-dessus par l'art. 73 modifié du présent code.

Art. 446. Ceux qui sont absents de la Guyane française pour service de terre ou de mer, ou en mission au dehors pour ses intérêts publics, auront pour interjeter appel, outre le délai de trois mois depuis la signification du jugement, le délai d'une année.

Art. 447 à 467. (Communs.)

Art. 468. En cas de partage dans une cour royale, on appellera pour le vider un au moins ou plusieurs des juges qui n'auront point connu de l'affaire, et toujours en nombre impair, en suivant l'ordre du tableau : l'affaire sera de nouveau plaidée, ou de nouveau rapportée s'il s'agit d'une instruction par écrit.

Dans les cas où tous les juges auraient connu de l'affaire, il sera appelé pour le jugement trois anciens jurisconsultes ou praticiens; à défaut de ceux-ci, trois sujets capables pris parmi les notaires ou parmi les principaux habitants.

Art. 469 et 470. (Communs.)

Art. 471. L'appelant qui succombera sera condamné à une amende de 7 fr. 50 cent., s'il s'agit du jugement d'un juge de paix, et de 15 francs, sur l'appel d'un jugement du tribunal de 1re instance ou de commerce.

Art. 472 et 473. (Communs.)

LIVRE IV.

DES VOIES EXTRAORDINAIRES POUR ATTAQUER LES JUGEMENTS.

TITRE PREMIER.

DE LA TIERCE OPPOSITION.

Art. 474 à 478. (Communs.)

Art. 479. La partie dont la tierce opposition sera rejetée sera condamnée à une amende qui ne pourra être moindre de 75 francs, sans préjudice des dommages et intérêts de la partie, s'il y a lieu.

TITRE II.

DE LA REQUÊTE CIVILE.

Art. 480 à 493. (Communs.)

Art. 494. La requête civile d'aucune partie autre que celle qui stipule les intérêts du Gouvernement ne sera reçue, si, avant que cette requête ait été présentée, il n'a été consigné une somme de 450 francs pour amende et 225 francs pour les dommages-intérêts de la partie, sans préjudice de plus amples dommages-intérêts, s'il y a lieu : la consignation sera de moitié, si le jugement est par défaut ou par forclusion, et du quart, s'il s'agit de jugements rendus par les tribunaux de 1re instance.

Art. 495. La quittance du trésorier colonial sera signifiée en tête de la demande, ainsi qu'une consultation de trois avocats exerçant près un des tribunaux de la colonie, et, à défaut d'avocats et avoués, par trois personnes qui ont quelques notions sur les principes et les règles du droit.

La consultation contiendra déclaration qu'ils sont d'avis de la requête civile et elle en énoncera aussi les ouvertures; sinon, la requête ne sera pas reçue.

Art. 496 à 504. (Communs.)

TITRE III.

DE LA PRISE À PARTIE.

Art. 505 à 512. (Communs.)

Art. 513. Si la requête est rejetée, la partie sera condamnée à une amende qui ne pourra être moindre de 450 francs, sans préjudice des dommages et intérêts envers les parties, s'il y a lieu.

Art. 514. (Commun.)

Art. 515. Le prise à partie sera portée à l'audience sur un simple acte et sera jugée par une autre section que celle qui l'aura admise : si la cour d'appel n'est composée que d'une section, le jugement de la prise à partie sera renvoyé par la Cour de cassation à la cour royale la plus voisine, telle que celle de la Martinique ou celle de la Guadeloupe, si mieux elle n'aime faire juger la prise à partie par une des cours du royaume.

Art. 516. Si le demandeur est débouté, il sera condamné à une amende qui ne pourra être moindre de 450 francs, sans préjudice de dommages-intérêts envers les parties, s'il y a lieu.

LIVRE V.

DE L'EXÉCUTION DES JUGEMENTS.

TITRE PREMIER.

DES RÉCEPTIONS DE CAUTIONS.

Art. 517 à 522. (Communs.)

TITRE II.

DE LA LIQUIDATION DES DOMMAGES-INTÉRÊTS.

Art. 523 à 525. (Communs.)

TITRE III.

DE LA LIQUIDATION DES FRUITS.

Art. 526. (Commun.)

TITRE IV.

DE LA REDDITION DES COMPTES.

Art. 527 à 542. (Communs.)

TITRE V.

DE LA LIQUIDATION DES DÉPENS ET FRAIS.

Art. 543. (Commun.)

Art. 544. La manière de procéder à la liquidation des dépens et frais dans les autres matières sera déterminée par un ou plusieurs règlements d'administration publique.

TITRE VI.

RÈGLES GÉNÉRALES SUR L'EXÉCUTION FORCÉE DES JUGEMENTS ET ACTES.

Art. 545 et 546. (Communs.)

Art. 547. Les jugements rendus et les actes passés soit en France, soit dans la colonie, seront exécutoires, dans tout le territoire de la Guyane française, avec le visa du gouverneur.

Art. 548 à 556. (Communs.)

TITRE VII.

DES SAISIES-ARRÊTS OU OPPOSITIONS.

Art. 557 à 560. (Communs.)

Art. 561. La saisie-arrêt ou opposition formée entre les mains des trésoriers, receveurs, dépositaires ou administrateurs de caisses ou deniers publics, en cette qualité, est régie par les dispositions spéciales suivantes :

1° L'exploit exprimera clairement les noms et qualifications de la partie saisie; il contiendra en outre la désignation de l'objet saisi;

2° L'exploit énoncera pareillement la somme pour laquelle la saisie-arrêt ou opposition est faite, et il sera fourni, avec copie de l'exploit, auxdits trésoriers, receveurs, caissiers ou administrateurs, copie ou extrait en forme du titre du saisissant;

3° A défaut par le saisissant de remplir les formalités prescrites par les n°s 1 et 2 ci-dessus, la saisie-arrêt ou opposition sera regardée comme non avenue;

4° La saisie-arrêt ou opposition n'aura effet que jusqu'à concurrence de la somme portée en l'exploit;

5° La saisie-arrêt ou opposition formée entre les mains des trésoriers, receveurs, dépositaires ou administrateurs de caisses ou de deniers publics, en cette qualité, ne sera point valable si l'exploit n'est fait à la personne préposée pour le recevoir et s'il n'est visé par elle sur l'original, ou, en cas de refus, par le procureur royal près le tribunal de 1re instance, lequel en donnera de suite avis aux chefs des administrations respectives;

6° Les trésoriers, receveurs, dépositaires ou administrateurs seront tenus de délivrer, sur la demande du saisissant, un certificat qui tiendra lieu, en ce qui les concerne, de tous autres actes et formalités prescrits à l'égard des tiers saisis par le titre XX du livre III du présent code.

S'il n'est rien dû au saisi, le certificat l'énoncera;

Si la somme due au saisi est liquide, le certificat en déclarera le montant; si elle n'est pas liquide, le certificat l'exprimera;

7° Dans le cas où il serait survenu des saisies-arrêts ou oppositions sur la même partie et pour le même objet, les trésoriers, receveurs, dépositaires ou administrateurs seront tenus, dans les certificats qui leur seront demandés, de faire mention desdites saisies-arrêts ou oppositions et de désigner les noms et élection de domicile des saisissants et les causes desdites saisies-arrêts ou oppositions ;

8° S'il survient de nouvelles saisies-arrêts ou oppositions depuis la délivrance d'un certificat, les trésoriers, receveurs, dépositaires ou administrateurs seront tenus, sur la demande qui leur en sera faite, d'en fournir un extrait contenant pareillement les noms et élection de domicile des saisissants et les causes desdites saisies-arrêts ou oppositions ;

9° Tout trésorier, receveur, dépositaire ou administrateur de caisses ou de deniers publics, entre les mains desquels il existera une saisie-arrêt ou opposition sur une partie prenante, ne pourra vider ses mains sans le consentement des parties intéressées ou sans y être autorisé par justice.

Art. 562 à 582. (Communs.)

TITRE VIII.

DES SAISIES-EXÉCUTIONS.

Art. 583. Les saisies-exécutions et toutes autres voies d'exécution forcée ne pourront avoir lieu dans la colonie sans l'approbation du gouverneur.

Toute saisie-exécution sera précédée d'un commandement à la personne ou au domicile du débiteur, fait au moins un jour avant la saisie et contenant notification du titre, s'il n'a déjà été notifié.

Art. 584. (Commun.)

Art. 585. L'huissier sera assisté de deux témoins, Français, majeurs, non parents ni alliés des parties ou de l'huissier jusqu'au degré de cousin issu de germain inclusivement, ni leurs domestiques ; il énoncera sur le procès-verbal leurs noms, professions et demeures : les témoins signeront l'original et les copies.

Hors l'enceinte de la ville, l'huissier, en cas de nécessité, pourra se faire assister de deux gendarmes soldés ou de deux autres militaires.

La partie poursuivante ne pourra être présente à la saisie.

Art. 586. (Commun.)

Art. 587. Si les portes sont fermées, ou si l'ouverture en est refusée, l'huissier pourra établir gardien aux portes pour empêcher le divertissement ; il se retirera sur-le-champ sans assignation, ou devant le juge de paix, s'il est à portée, ou, à son défaut, devant le commissaire de police, à Cayenne, ou, dans les autres lieux, devant le commissaire-commandant ou le lieutenant-commissaire, en présence desquels l'ouverture des portes, même celle des meubles fermants, sera faite au fur et à mesure de la saisie, sauf néanmoins, en cas de refus de leur part, à assigner en référé devant le tribunal de 1ʳ instance pour ordonner que les ouvertures des portes seront faites en présence de tel autre officier que le tribunal nommera.

L'officier qui se transportera ne dressera point de procès-verbal; mais il signera celui de l'huissier, lequel ne pourra dresser du tout qu'un seul et même procès-verbal.

Art. 588 à 591. (Communs.)

Art. 592. Ne pourront être saisis :

1° Les objets que la loi déclare immeubles par destination : de ce nombre sont, dans la colonie, les esclaves attachés à la culture, quels que soient leur sexe et leur âge;

2° Le coucher nécessaire des saisis, ceux de leurs enfants vivant avec eux, les habits dont les saisis sont vêtus et couverts;

3° Les livres relatifs à la profession du saisi, jusqu'à la somme de 450 fr., à son choix;

4° Les machines et instruments servant à l'enseignement pratique ou exercice des sciences et arts, jusqu'à concurrence de la même somme et au choix du saisi;

5° Les équipements des militaires, suivant l'ordonnance et le grade;

6° Les outils des artisans nécessaires à leurs occupations personnelles;

7° Les farines et menues denrées nécessaires à la consommation du saisi et de sa famille pendant un mois;

8° Enfin, une vache et trois brebis, ou deux chèvres, au choix du saisi, avec les pailles, fourrages et grains nécessaires pour la litière et la nourriture desdits animaux pendant un mois.

Art. 593 à 596. (Communs.)

Art. 597. Si le saisi ne présente gardien solvable et de la qualité requise, il en sera établi un par l'huissier, et l'huissier pourra, faute d'autre gardien capable, établir provisoirement un de ses témoins.

Art. 598. Ne pourront être établis gardiens, le saisissant, son conjoint, ses parents et alliés jusqu'au degré de cousin issu de germain inclusivement et ses domestiques ou régisseurs; mais le saisi, son conjoint, ses parents, alliés et domestiques pourront être établis gardiens, de leur consentement et de celui du saisissant.

Les denrées récoltées et non manipulées resteront sur l'habitation et seront manipulées par le saisi, ou sinon, à la poursuite du saisissant, par les forces de l'habitation, sous la surveillance du gardien, qui sera tenu d'en rendre compte au saisissant pour qu'il en fasse faire le récolement et l'enlèvement par l'huissier chargé de la saisie.

Art. 599. Le procès-verbal de saisie sera fait sans déplacer; il sera signé par le gardien en l'original et la copie : s'il ne sait signer, il en sera fait mention et il lui sera laissé copie tant du procès-verbal que, s'il y a lieu, du procès-verbal de récolement et d'enlèvement.

Art. 600 et 601. (Communs.)

Art. 602. Si la saisie est faite hors du domicile et en l'absence du saisi, copie lui sera notifiée dans le jour, outre un jour pour trois myriamètres; sinon les frais de garde et le délai pour la vente ne courront que du jour de la notification.

Dans tous les cas, le procès-verbal de saisie sera présenté, dans les vingt-quatre heures soit de sa clôture, soit de l'arrivée sur les lieux, savoir : à Cayenne, au visa du président du tribunal de 1re instance ou du juge qui le représentera, et dans les quartiers, au visa du commissaire-commandant ou du lieutenant-commissaire.

Art. 603 à 616. (Communs.)

Art. 617. La vente sera faite au marché de la ville de Cayenne, dans le local à ce destiné, au jour et heure ordinaires ou désignés, mais de préférence un jour de dimanche : pourra néanmoins le tribunal permettre de vendre les effets en un autre lieu plus avantageux. Dans tous les cas, elle sera annoncée un jour auparavant par quatre placards au moins, affichés, l'un au lieu où sont les effets, l'autre à la porte de l'église paroissiale ou à celle de la maison du commissaire-commandant du quartier, le troisième au marché ou au port de la ville de Cayenne, le quatrième à la porte de l'auditoire de la justice de paix; et si la vente se fait dans un lieu autre que le marché ou le lieu où sont les effets, un cinquième placard sera apposé à la porte du commissaire-commandant ou du lieutenant-commissaire du quartier où se fera la vente.

La vente sera, en outre, annoncée par la voie des journaux.

Art. 618 à 625. (Communs.)

TITRE IX.

DE LA SAISIE DES FRUITS PENDANTS PAR RACINES, OU DE LA SAISIE-BRANDON.

Art. 626. Quoique la nature de quelques-uns des principaux fruits qui se récoltent dans la colonie et la manière de les y récolter excluent la saisie des fruits pendants par racines, ou la saisie-brandon, elle peut y devenir applicable à d'autres tels que le maïs, le riz, etc.: en ce cas, la saisie-brandon ne pourra être faite que dans les six semaines qui précéderont l'époque ordinaire de la maturité des fruits; elle sera précédée d'un commandement avec un jour d'intervalle.

Art. 627. (Commun.)

Art. 628. Il sera établi un gardien qui sera indiqué ou par le juge de paix ou par le commissaire-commandant du quartier, ayant soin d'éviter que ce gardien soit compris dans l'exclusion portée par l'art. 598. S'il n'est présent, la saisie lui sera signifiée : il sera aussi laissé copie de la situation au commissaire-commandant du quartier, et l'original sera visé par lui.

Si les biens sont situés en divers quartiers et que ces quartiers soient contigus ou voisins, il sera établi un seul gardien : le visa sera donné par le commissaire-commandant du chef-lieu de l'exploitation, et, s'il n'y en avait pas, par le commissaire-commandant du quartier où est située la majeure partie des biens.

Art. 629. La vente sera annoncée par placards affichés, huitaine au moins avant la vente, à la porte du saisi et aux lieux indiqués d'ailleurs en l'art. 617 qui précède.

Art. 630 à 632. (Communs.)

Art. 633. Elle pourra être faite sur les lieux, ou devant la porte de l'église, ou devant celle du commissaire-commandant ou lieutenant-commissaire du quartier où est située la majeure partie des objets saisis.

La vente pourra être faite sur le marché du lieu, et aussi, s'il n'y en a pas, sur le marché le plus voisin.

Art. 634 et 635. (Communs.)

TITRE X.

DE LA SAISIE DES RENTES CONSTITUÉES SUR PARTICULIERS.

Art. 636. La saisie d'une rente constituée ne peut avoir lieu qu'en vertu d'un titre authentique et exécutoire.

Elle sera précédée d'un commandement fait à la personne ou au domicile de la partie obligée ou condamnée, au moins un jour avant la saisie, et contenant notification du titre, si elle n'a déjà été faite.

Art. 637. La rente sera saisie entre les mains de celui qui la doit, par exploit contenant, outre les formalités ordinaires, l'énonciation du titre constitutif de la rente, de sa quotité et de son capital, et du titre de la créance du saisissant; les noms, profession et demeure de la partie saisie, élection de domicile chez un avoué près le tribunal devant lequel la vente sera poursuivie, et assignation au tiers saisi en déclaration devant le même tribunal : le tout à peine de nullité.

Art. 638 à 640. (Communs.)

Art. 641. Dans les trois jours de la saisie, outre un jour pour 3 myriamètres de distance entre le domicile du débiteur de la rente et celui du saisissant, et pareil délai en raison de la distance entre le domicile de ce dernier et celui de la partie saisie, le saisissant sera tenu, à peine de nullité de la saisie, de la dénoncer à la partie saisie et de lui notifier le jour de la première publication.

Art. 642. Lorsque le débiteur de la rente sera domicilié hors de la colonie, le délai pour la dénonciation ne courra que du jour de l'échéance de la citation au saisi.

Art. 643. Quinzaine après la dénonciation à la partie saisie, le saisissant sera tenu de mettre au greffe du tribunal du domicile de la partie saisie le cahier des charges, contenant les noms, professions et demeures du saisissant, de la partie saisie et du débiteur de la rente; la nature de la rente, sa quotité, celle du capital, la date et l'énonciation du titre en vertu duquel elle est constituée; l'énonciation de l'inscription, si le titre contient hypothèque, et si aucune a été prise pour la sûreté de la rente; les noms et demeure de l'avoué du poursuivant, les conditions de l'adjudication et la mise à prix : la première publication se fera à l'audience.

Art. 644. Extrait du cahier des charges, contenant les renseignements ci-dessus, sera remis au greffier huitaine avant la remise du cahier des charges au greffe, et par lui inséré dans un tableau placé à cet effet dans l'auditoire du tribunal devant lequel se poursuit la vente.

Art. 645. Huitaine avant la remise du cahier des charges au greffe, pareil extrait sera placardé :

1° A la porte de la maison de la partie saisie;

2° A celle du débiteur de la rente;

3° A la principale porte du tribunal;

4° Et à la principale place du lieu où se poursuit la vente.

Art. 646. Pareil extrait sera inséré dans la *Feuille de la Guyane française.*

Art. 647. Sera observé, relativement auxdits placards et annonces, ce qui est prescrit au titre *De la saisie immobilière.*

Art. 648. La seconde publication se fera huitaine après la première, et la rente saisie pourra, lors de ladite publication, être adjugée, sauf le délai qui sera prescrit par le tribunal.

Art. 649. Il sera fait une troisième publication, lors de laquelle l'adjudication définitive sera faite au plus offrant et dernier enchérisseur.

Art. 650. Il sera affiché nouveaux placards et inséré nouvelles annonces dans les journaux, trois jours avant l'adjudication définitive.

Art. 651. Les enchères seront reçues par le ministère d'avoués.

Art. 652. Les formalités prescrites au titre *De la saisie immobilière,* pour la rédaction du jugement d'adjudication, l'acquit des conditions et du prix, et la revente sur folle enchère, seront observées lors de l'adjudication des rentes.

Art. 653. (Commun.)

Art. 654. La partie saisie sera tenue de proposer ses moyens de nullité, si aucuns elle a, avant l'adjudication préparatoire, après laquelle elle ne pourra proposer que les moyens de nullité contre les procédures postérieures.

Art. 655. La distribution du prix sera faite ainsi qu'il sera prescrit au titre *De la distribution par contributions,* sans préjudice néanmoins des hypothèques conventionnelles consenties antérieurement à l'ordonnance coloniale du 23 février 1821.

TITRE XI.

DE LA DISTRIBUTION PAR CONTRIBUTION.

Art. 656 à 672. (Communs.)

TITRE XII.

DE LA SAISIE IMMOBILIÈRE.

Art. 673. La saisie immobilière sera précédée d'un commandement à personne ou domicile, en tête duquel sera donnée copie entière du titre en vertu duquel elle est faite : ce commandement contiendra élection de domicile dans le lieu où siége le tribunal qui devra connaître de la saisie, si le créancier n'y demeure pas; il énoncera que, faute de payement, il sera procédé à la saisie des immeubles du débiteur. L'huissier ne se fera point assister de témoins; il fera, dans le jour, viser l'original par le commissaire-commandant ou lieutenant-commissaire du domicile du débiteur ou par celui de la ville de Cayenne, et il laissera une seconde copie à celui qui donnera le visa.

Art. 674. La saisie immobilière ne pourra être faite que trente jours après le commandement : si le créancier laisse écouler plus de trois mois entre le commandement et la saisie, il sera tenu de le réitérer dans les formes et avec le délai ci-dessus.

Art. 675. Outre les formalités communes à tous les exploits, le procès-verbal de saisie contiendra :

1° L'énonciation du jugement ou du titre exécutoire;

2° Le transport de l'huissier sur les biens saisis;

3° Si c'est une maison, la désignation de l'extérieur des objets saisis y contenus, l'énonciation de la ville et de la rue, ou de la commune ou quartier où elle est située, les tenants et aboutissants, et l'extrait du rôle des contributions, si la maison est située en ville;

4° Si ce sont des biens ruraux, la désignation des bâtiments, s'il y en a, la nature et la contenance, au moins approximative, de chaque pièce, deux au moins de ses tenants et aboutissants, le nom du fermier ou régisseur, s'il y en a, la partie de la ville ou banlieue, ou le quartier de la situation des biens;

5° L'extrait du recensement, pour tous les nègres saisis;

6° L'indication du tribunal où la saisie sera portée et constitution d'avoué chez lequel le domicile du saisissant sera élu de droit.

Art. 676. Copie entière du procès-verbal de saisie sera, avant l'enregistrement aux hypothèques, laissée aux greffiers du juge de paix et aux commissaires-commandants ou lieutenants-commissaires de la ville ou quartier de la situation de l'immeuble saisi, si c'est une maison; si ce sont des biens ruraux, à ceux de la situation des bâtiments, s'il y en a, et, s'il n'y en a pas, à ceux de la partie des biens qui donne le plus de revenus.

Les commissaires-commandants ou les lieutenants-commissaires et greffiers viseront l'original du procès-verbal, lequel fera mention des copies qui auront été laissées.

Art. 677. La saisie mobilière sera transcrite dans un registre à ce destiné au bureau des hypothèques.

Art. 678. Si le conservateur ne peut procéder à la transcription de la saisie à l'instant où elle lui est présentée, il fera mention sur l'original, qui lui sera laissé, des heure, jour, mois et an auxquels il aura été remis; et, en cas de concurrence, le premier présenté sera transcrit.

Art. 679. S'il y a eu précédente saisie, le conservateur constatera son refus en marge de la seconde; il énoncera la date de la précédente saisie, les noms, demeures et professions du saisissant et du saisi, l'indication du tribunal où la saisie est portée, le nom de l'avoué du saisissant et la date de la transcription.

Art. 680. La saisie immobilière sera en outre transcrite au greffe du tribunal où doit se faire la vente, et ce, dans la quinzaine du jour de la transcription au bureau des hypothèques, outre un jour pour 3 myriamètres de distance entre le lieu de la situation des biens et le tribunal.

Art. 681. La saisie immobilière, enregistrée comme il est dit aux art. 677 et 680, sera dénoncée au saisi dans la quinzaine du jour du dernier enregistrement, outre un jour pour 3 myriamètres de distance entre le domicile du saisi et la situation des biens; elle contiendra la date de la première publication. L'original de cette dénonciation sera visé dans les vingt-quatre heures par le commissaire-commandant de la ville de Cayenne et enregistré dans la huitaine, outre un jour pour 3 myriamètres, au bureau de la conservation des hypothèques; et mention en sera faite en marge de l'enregistrement de la saisie réelle.

Art. 682. Le greffier du tribunal sera tenu, dans les trois jours de l'enregistrement mentionné en l'art. 680, d'insérer dans un tableau placé à cet effet dans l'auditoire un extrait contenant :

1° La date de la saisie et des enregistrements;

2° Les noms, professions et demeures du saisi et du saisissant, et de l'avoué de ce dernier;

3° Les noms de la ville ou du quartier des maisons saisies;

4° L'indication sommaire des biens ruraux, les quartiers où ils sont situés, le nom de l'habitation et les esclaves qui y sont attachés, ceux des fermiers ou régisseurs, s'il y en a;

5° L'indication du jour de la première publication;

6° Les noms des commissaires-commandants ou lieutenants-commissaires et greffiers du juge de paix auxquels copies de la saisie auront été laissées.

Art. 683. L'extrait prescrit par l'article précédent sera inséré, sur la poursuite du saisissant, dans le lieu où siége le tribunal devant lequel la saisie se poursuit; il sera justifié de cette insertion par la feuille contenant ledit extrait, avec la signature de l'imprimeur, légalisée par le commissaire-commandant ou le lieutenant-commissaire.

Art. 684. Extrait pareil à celui prescrit par l'article précédent, imprimé en forme de placard, sera affiché :

1° A la porte du domicile du saisi;

2° A la principale porte des édifices saisis;

3° A la principale porte de la maison du commissaire-commandant ou à celle du lieutenant-commissaire de la ville ou du quartier où le saisi est domicilié, de celui de la situation des biens et de celui du tribunal où la vente se poursuit.

4° Au marché de Cayenne, à la porte de l'église de Cayenne et à la porte de l'église de la situation des biens, s'il y en a;

5° A la porte de l'auditoire du juge de paix de la situation des bâtiments, et, s'il n'y a pas de bâtiments, à la porte de l'auditoire de la justice de paix où se trouve la majeure partie des biens saisis; à défaut de juge de paix dans ce quartier, à la porte de l'auditoire de la justice de paix de Cayenne;

6° Aux portes extérieures des tribunaux de Cayenne.

Art. 685. L'apposition des placards sera constatée par un acte auquel sera annexé un exemplaire du placard : par cet acte, l'huissier attestera que l'apposition a été faite aux lieux désignés par la loi, sans les détailler.

Art. 686. Les originaux du placard et le procès-verbal d'apposition ne pourront être grossoyés sous aucun prétexte.

Art. 687. L'original dudit procès-verbal sera visé par le commissaire-commandant ou le lieutenant-commissaire de la ville ou des quartiers dans lesquels l'apposition des placards aura été faite, et il sera notifié à la partie saisie, avec copie du placard.

Art. 688. Si les immeubles saisis ne sont pas loués ou affermés, le saisi en restera en possession jusqu'à la vente, comme séquestre judiciaire; à moins qu'il ne soit autrement ordonné par le juge, sur la réclamation d'un ou plusieurs créanciers. Les créanciers pourront néanmoins faire faire la coupe et la vente, en tout ou en partie, des fruits pendants par les racines.

Art. 689. Les fruits échus depuis la dénonciation au saisi seront immobilisés, pour être distribués avec le prix de l'immeuble par ordre d'hypothèques.

Art. 690. Le saisi ne pourra faire aucune coupe de bois de construction ou de charpente ni dégradation, à peine de dommages et intérêts, auxquels il sera condamné par corps; il pourra même être poursuivi par la voie criminelle, suivant la gravité des circonstances.

Art. 691. Si les immeubles sont loués par bail dont la date ne soit pas certaine, avant le commandement, la nullité pourra en être prononcée, si les créanciers ou l'adjudicataire le demandent.

Si le bail a une date certaine, les créanciers pourront saisir et arrêter les loyers ou fermages; et, dans ce cas, il en sera des loyers ou fermages échus depuis la dénonciation faite au saisi comme des fruits mentionnés en l'article 689.

Art. 692. (Commun.)

Art. 693. Néanmoins, l'aliénation ainsi faite aura son exécution, si avant l'adjudication l'acquéreur consigne somme suffisante pour acquitter, en principal, intérêts et frais, les créances inscrites, et signifie l'acte de consignation aux créanciers inscrits.

Si les deniers ainsi déposés ont été empruntés, les prêteurs n'auront d'hypothèque que postérieurement aux créanciers inscrits lors de l'aliénation.

Aʀт. 694. Faute d'avoir fait la consignation avant l'adjudication, il ne pourra y être sursis sous aucun prétexte.

Aʀт. 695. Un exemplaire du placard imprimé prescrit par l'art. 684 sera notifié aux créanciers inscrits, aux domiciles élus par leurs inscriptions, huit jours au moins avant la première publication de l'enchère, outre un jour pour 3 myriamètres de distance entre le lieu du bureau de la conservation et celui où se fait la vente.

Aʀт. 696. (Commun.)

Aʀт. 697. Quinzaine au moins avant la première publication, le poursuivant déposera au greffe le cahier des charges, contenant:

1° L'énonciation du titre en vertu duquel la saisie a été faite, du commandement de saisie et des actes et jugements qui auront pu être faits ou rendus;

2° La désignation des objets saisis, telle qu'elle a été insérée dans le procès-verbal;

3° Les conditions de la vente;

4° Et une mise à prix par le poursuivant.

Aʀт. 698. Le poursuivant demeurera adjudicataire pour la mise à prix, s'il ne se présente pas de surenchérisseur.

Aʀт. 699. Les dires, publications et adjudications seront mis sur le cahier des charges, à la suite de la mise à prix.

Aʀт. 700. Le cahier des charges sera publié, pour la première fois, un mois au moins après la notification du procès-verbal d'affiches à la partie saisie.

Aʀт. 701. Il ne pourra y avoir moins d'un mois ni plus de six semaines de délai entre ladite notification et la première publication.

Aʀт. 702. Le cahier des charges sera publié à l'audience successivement de quinzaine en quinzaine, trois fois au moins avant l'adjudication préparatoire.

Aʀт. 703. Huit jours au moins avant cette adjudication, outre un jour pour 3 myriamètres de distance entre le lieu de la situation de la majeure partie des biens saisis et celui où siége le tribunal, il sera inséré dans un journal, ainsi qu'il est dit en l'art. 683, de nouvelles annonces : les mêmes placards seront apposés aux endroits désignés en l'art. 684; ils contiendront, en outre, la mise à prix et l'indication du jour où se fera l'adjudication préparatoire.

Cette addition sera manuscrite; et si elle donnait lieu à une réimpression de placard, les frais n'entreront pas en taxe.

Art. 704. Dans les quinze jours de cette adjudication, nouvelles annonces seront insérées dans les journaux et nouveaux placards affichés dans la forme ci-dessus, contenant, en outre, la mention de l'adjudication préparatoire, du prix moyennant lequel elle a été faite, et indication du jour de l'adjudication définitive.

Art. 705. L'insertion aux journaux des seconde et troisième annonces, et les seconde et troisième appositions de placards, seront justifiées dans la même forme que les premières.

Art. 706. Il sera procédé à l'adjudication définitive au jour indiqué lors de l'adjudication préparatoire : le délai entre les deux adjudications ne pourra être moindre de six semaines.

Art. 707. Les enchères seront faites par le ministère d'avoués, à l'audience; aussitôt que les enchères seront ouvertes, il sera allumé successivement des bougies préparées de manière que chacune ait une durée d'environ une minute.

L'enchérisseur cesse d'être obligé si son enchère est couverte par une autre, lors même que cette dernière serait déclarée nulle.

Art. 708. Aucune adjudication ne pourra être faite qu'après l'extinction de trois bougies allumées successivement.

S'il y a eu enchérisseur lors de l'adjudication préparatoire, l'adjudication ne deviendra définitive qu'après l'extinction des trois feux sans nouvelle enchère.

Si, pendant la durée d'une des trois premières bougies, il survient des enchères, l'adjudication ne pourra être faite qu'après l'extinction de deux feux sans enchère survenue pendant leur durée.

Art. 709. L'avoué dernier enchérisseur sera tenu, dans les trois jours de l'adjudication, de déclarer l'adjudicataire et de fournir son acceptation; sinon, de représenter son pouvoir, lequel demeurera annexé à la minute de sa déclaration : faute de ce faire, il sera réputé adjudicataire en son nom.

Art. 710. Toute personne pourra, dans la huitaine du jour où l'adjudication aura été prononcée, faire au greffe du tribunal, par elle-même ou par un fondé de procuration spéciale, une surenchère, pourvu qu'elle soit du quart au moins du prix principal de la vente.

ART. 711. La surenchère permise par l'article précédent ne sera reçue qu'à la charge, par le surenchérisseur, d'en faire, à peine de nullité, la dénonciation dans les vingt-quatre heures à l'adjudicataire, au poursuivant et à la partie saisie ou à leurs avoués.

La dénonciation sera faite par un simple acte ou exploit contenant avenir à l'audience dans les délais, et sans autre procédure.

ART. 712. Au jour indiqué, ne pourront être admis à concourir que l'adjudicataire et celui qui aura enchéri du quart, lequel, en cas de folle enchère, sera tenu par corps de la différence de son prix d'avec celui de la vente.

ART. 713. Les avoués ne pourront se rendre adjudicataires pour le saisi, les personnes notoirement insolvables, les juges, juges suppléants, procureurs généraux, avocats généraux, procureurs du Roi, substituts des procureurs généraux et du Roi, et les greffiers du tribunal où se poursuit et se fait la vente, à peine de nullité de l'adjudication, et de tous dommages et intérêts.

ART. 714. Le jugement d'adjudication ne sera autre que la copie du cahier des charges, rédigé ainsi qu'il est dit dans l'art. 697; il sera revêtu de l'intitulé des jugements et du mandement qui les termine, avec injonction à la partie saisie de délaisser la possession aussitôt la signification du jugement, sous peine d'y être contrainte, même par corps.

ART. 715. Le jugement d'adjudication ne sera délivré à l'adjudicataire qu'en rapportant par lui au greffier quittance des frais ordinaires de poursuite et la preuve qu'il a satisfait aux conditions de l'enchère, qui doivent être exécutées avant ladite délivrance; lesquelles quittances demeureront annexées à la minute du jugement et seront copiées en suite de l'adjudication : faute par l'adjudicataire de faire lesdites justifications dans les vingt jours de l'adjudication, il y sera contraint par la voie de la folle enchère, ainsi qu'il sera dit ci-après, sans préjudice des autres voies de droit.

ART. 716. Les frais extraordinaires de poursuite seront payés par privilége sur le prix, lorsqu'il en aura été ainsi ordonné par jugement.

ART. 717. Les formalités prescrites par les art. 673, 674, 675, 676, 677, 680, 681, 682, 683, 684, 685, 687, 695, 696, 697, 699, 700, 701, 702, premier alinéa de 703, 704, 705, 706, 707, 708, seront observées, à peine de nullité.

TITRE XIII.

DES INCIDENTS SUR LA POURSUITE DE SAISIE IMMOBILIÈRE.

Art. 718. Toute contestation incidente à une poursuite de saisie immobilière sera jugée sommairement dans les cours et dans les tribunaux; les demandes ne seront pas précédées de citation au bureau de conciliation.

Art. 719. (Commun.)

Art. 720. Si une seconde saisie présentée à l'enregistrement est plus ample que la première, elle sera enregistrée pour les objets non compris en la première saisie, et le second saisissant sera tenu de dénoncer sa saisie au premier saisissant, qui poursuivra sur les deux, si elles sont au même état, sinon surseoira à la première et suivra sur la deuxième jusqu'à ce qu'elle soit au même degré; et alors elles seront réunies en une seule poursuite, qui sera portée devant le tribunal de la première saisie.

Art. 721. Faute par le premier saisissant d'avoir poursuivi sur la seconde saisie à lui dénoncée, conformément à l'article ci-dessus, le second saisissant pourra, par un simple acte, demander la subrogation.

Art. 722. Elle pourra être également demandée en cas de collusion, fraude ou négligence de la part du poursuivant.

Il y a négligence, lorsque le poursuivant n'a pas rempli une formalité ou n'a pas fait un acte de procédure dans les délais prescrits; sauf, dans le cas de collusion ou fraude, les dommages-intérêts envers qui il appartiendra.

Art. 723. L'appel d'un jugement qui aura statué sur cette contestation incidente ne sera recevable que dans la quinzaine du jour de la signification à avoué.

Art. 724. Le poursuivant contre qui la subrogation aura été prononcée sera tenu de remettre les pièces de la poursuite au subrogé, sur son récépissé; et il ne sera payé de ses frais qu'après l'adjudication, soit sur le prix, soit par l'adjudicataire.

Si le poursuivant a contesté la subrogation, les frais de la contestation seront à sa charge et ne pourront, en aucun cas, être employés en frais de poursuite et payés sur le prix.

Art. 725. Lorsqu'une saisie immobilière aura été rayée, le plus diligent des saisissants postérieurs pourra poursuivre sur sa saisie, encore qu'il ne se soit pas présenté le premier à l'enregistrement.

Art. 726. Si le débiteur interjette appel du jugement en vertu duquel on procède à la saisie, il sera tenu d'intimer sur cet appel et de dénoncer et faire viser l'intimation au greffier du tribunal devant lequel se poursuit la vente, et ce, trois jours au moins avant la mise du cahier des charges au greffe: sinon, l'appel ne sera pas reçu et il sera passé outre à l'adjudication.

Art. 727. La demande en distraction de tout ou de partie de l'objet saisi sera formée par requête d'avoué, tant contre le saisissant que contre la partie saisie, le créancier premier inscrit et l'avoué adjudicataire provisoire. Cette action sera formée par exploit contre celle des parties qui n'aura pas avoué en cause, et, dans ce cas, contre le créancier au domicile élu par l'inscription.

Art. 728. La demande en distraction contiendra l'énonciation des titres justificatifs, qui seront déposés au greffe. et la copie de l'acte de ce dépôt.

Art. 729. Si la distraction demandée n'est que d'une partie des objets saisis, il sera passé outre, nonobstant cette demande, à la vente du surplus des objets saisis : pourront néanmoins les juges, sur la demande des parties intéressées, ordonner le sursis pour le tout; l'adjudicataire provisoire peut, dans ce cas, demander la décharge de son adjudication.

Art. 730. L'appel du jugement rendu sur la demande en distraction sera interjeté avec assignation dans la quinzaine du jour de la signification à personne ou domicile, outre un jour par 5 myriamètres en raison de la distance du domicile réel des parties : ce délai passé, l'appel ne sera plus reçu.

Art. 731. L'adjudication définitive ne transmet à l'adjudicataire d'autres droits à la propriété que ceux qu'avait le saisi.

Art. 732. Lorsque l'une des publications de l'enchère aura été retardée par un incident, il ne pourra y être procédé qu'après une nouvelle apposition de placards et insertion de nouvelles annonces en la forme ci-dessus prescrite.

Art. 733. Les moyens de nullité contre la procédure qui précède l'adjudication préparatoire ne pourront être proposés après ladite adjudication: ils seront jugés avant ladite adjudication ; et si les moyens de nullité sont rejetés, l'adjudication préparatoire sera prononcée par le même jugement.

Art. 734. L'appel du jugement qui aura statué sur ces nullités ne sera pas reçu, s'il n'a été interjeté avec intimation dans la quinzaine de la signification du jugement à avoué; l'appel sera notifié au greffier et visé par lui.

Art. 735. La partie saisie sera tenue de proposer par requête, avec avenir à jour indiqué, ses moyens de nullité, si aucuns elle a, contre les procédures postérieures à l'adjudication provisoire, vingt jours au moins avant celui indiqué pour l'adjudication définitive : les juges seront tenus de statuer sur les moyens de nullité dix jours au moins avant ladite adjudication définitive.

Art. 736. L'appel de ce jugement ne sera pas recevable après la huitaine de la prononciation; il sera notifié au greffier et visé par lui : la partie saisie ne pourra, sur l'appel, proposer autres moyens de nullité que ceux présentés en première instance.

Art. 737. Faute par l'adjudicataire d'exécuter les clauses d'adjudication, le bien sera vendu à la folle enchère.

Art. 738. Le poursuivant la vente sur folle enchère se fera délivrer par le greffier un certificat constatant que l'adjudicataire n'a point justifié de l'acquit des conditions exigibles de l'adjudication.

Art. 739. Sur ce certificat, et sans autre procédure ni jugement, il sera apposé nouveaux placards et inséré nouvelles annonces dans la forme ci-dessus prescrite, lesquels porteront que l'enchère sera publiée de nouveau au jour indiqué; cette publication ne pourra avoir lieu que quinzaine au moins après l'apposition des placards.

Art. 740. Le placard sera signifié à l'avoué de l'adjudicataire et à la partie saisie, au domicile de son avoué, et, si elle n'en a pas, à son domicile, au moins huit jours avant la publication.

Art. 741. L'adjudication préparatoire pourra être faite à la seconde publication, qui aura lieu quinzaine après la première.

Art. 742. A la quinzaine suivante, ou au jour plus éloigné qui aura été fixé par le tribunal, il sera procédé à une troisième publication, lors de laquelle les objets saisis pourront être vendus définitivement : chacune desdites publications sera précédée de placards et annonces, ainsi qu'il est dit ci-dessus; et seront observées, lors de l'adjudication, les formalités prescrites par les art. 707, 708 et 709.

Art. 743. Si néanmoins l'adjudicataire justifiait de l'acquit des conditions de l'adjudication et consignait la somme réglée par le tribunal pour le payement des frais de folle enchère, il ne serait pas procédé à l'adjudication définitive, et l'adjudicataire éventuel serait déchargé.

Art. 744. Le fol enchérisseur est tenu par corps de la différence de son prix d'avec celui de la revente sur folle enchère, sans pouvoir réclamer l'excédant; s'il y en a, cet excédant sera payé aux créanciers, ou, si les créanciers sont désintéressés, à la partie saisie.

Art. 745. Les articles relatifs aux nullités et aux délais et formalités de l'appel sont communs à la poursuite de la folle enchère.

Art. 746. Les immeubles appartenant à des majeurs maîtres de disposer de leurs droits ne pourront, à peine de nullité, être mis aux enchères en justice, lorsqu'il ne s'agira que de ventes volontaires.

Art. 747. Néanmoins, lorsqu'un immeuble aura été saisi réellement, il sera libre aux intéressés, s'ils sont tous majeurs et maîtres de leurs droits, de demander que l'adjudication soit faite aux enchères, devant notaires ou en justice, sans autres formalités que celles prescrites aux art. 957, 958, 959, 960, 961, 962, 964, sur la vente des biens immeubles.

Art. 748. Dans le cas de l'article précédent, si un mineur ou interdit est créancier, le tuteur pourra, sur un avis de parents, se joindre aux autres parties intéressées pour la même demande.

Si le mineur ou interdit est débiteur, les autres parties intéressées ne pourront faire cette demande qu'en se soumettant à observer toutes les formalités pour la vente des biens des mineurs.

TITRE XIV.

DE L'ORDRE.

Art. 749. Dans le mois de la signification du jugement d'adjudication, s'il n'est pas attaqué; en cas d'appel, dans le mois de la signification du jugement confirmatif, les créanciers et la partie saisie seront tenus de se régler entre eux sur la distribution du prix.

Art. 750. Le mois expiré, faute par les créanciers et la partie saisie de s'être réglés entre eux, le saisissant, dans la huitaine, et, à son défaut, après ce délai, le créancier le plus diligent ou l'adjudicataire requerra la nomination d'un juge-commissaire, devant lequel il sera procédé à l'ordre.

Art. 751. Il sera tenu au greffe, à cet effet, un registre des adjudications, sur lequel le requérant l'ordre fera son réquisitoire, à la suite duquel le président du tribunal nommera un juge-commissaire.

Art. 752. Le poursuivant prendra l'ordonnance du juge commis, qui ouvrira le procès-verbal d'ordre, auquel sera annexé un extrait, délivré par le conservateur, de toutes les inscriptions existantes.

Art. 753. En vertu de l'ordonnance du commissaire, les créanciers seront sommés de produire, par acte signifié au domicile élu par leurs inscriptions, ou à celui de leurs avoués, s'il y en a de constitués.

Art. 754. Dans le mois de cette sommation, chaque créancier sera tenu de produire ses titres avec acte de produit signé de son avoué et contenant demande en collocation. Le commissaire fera mention de la remise sur son procès-verbal.

Art. 755. Le mois expiré, et même auparavant, si les créanciers ont produit, le commissaire dressera, en suite de son procès-verbal, un état de collocation sur les pièces produites. Le poursuivant dénoncera, par acte d'avoué à avoué, aux créanciers produisants et à la partie saisie, la confection de l'état de collocation, avec sommation d'en prendre communication et de contredire, s'il y échet, sur le procès-verbal du commissaire, dans le délai d'un mois.

Art. 756. (Commun.)

Art. 757. Les créanciers qui n'auront produit qu'après le délai fixé supporteront sans répétition, et sans pouvoir les employer dans aucun cas, les frais auxquels leur production tardive et la déclaration d'icelle aux créanciers à l'effet d'en prendre connaissance auront donné lieu. Ils seront garants des intérêts qui auront couru à compter du jour où ils auraient cessé si la production eût été faite dans le délai fixé.

Art. 758. En cas de contestation, le commissaire renverra les contestants à l'audience, et néanmoins arrêtera l'ordre pour les créances antérieures à celles contestées et ordonnera la délivrance des bordereaux de collocation de ces créanciers, qui ne seront tenus à aucun rapport à l'égard de ceux qui produiraient postérieurement.

Art. 759. S'il ne s'élève aucune contestation, le juge-commissaire fera la clôture de l'ordre ; il liquidera les frais de radiation et de poursuite d'ordre, qui seront colloqués par préférence à toutes autres créances ; il prononcera la déchéance des créanciers non produisants, ordonnera la délivrance des bordereaux de collocation aux créanciers utilement colloqués et la radiation des inscriptions de ceux non utilement colloqués. Il sera fait distraction en faveur de l'adjudicataire, sur le montant de chaque bordereau, des frais de radiation de l'inscription.

Art. 760. Les créanciers postérieurs en ordre d'hypothèque aux collocations contestées seront tenus, dans la huitaine du mois accordé pour contredire, de s'accorder entre eux sur le choix d'un avoué; sinon ils seront représentés par l'avoué du dernier créancier colloqué. Le créancier qui contestera individuellement supportera les frais auxquels sa contestation particulière aura donné lieu, sans pouvoir les répéter ni employer en aucun cas. L'avoué poursuivant ne pourra en cette qualité être appelé dans la contestation.

Art. 761. L'audience sera poursuivie par la partie la plus diligente, sur un simple acte d'avoué à avoué, sans autre procédure.

Art. 762. Le jugement sera rendu sur le rapport du juge-commissaire et les conclusions du ministère public; il contiendra liquidation des frais.

Art. 763. L'appel de ce jugement ne sera reçu s'il n'est interjeté dans les dix jours de sa signification à avoué, outre un jour par 3 myriamètres de distance du domicile réel de chaque partie; il contiendra assignation et l'énonciation des griefs.

Art. 764. L'avoué du créancier dernier colloqué pourra être intimé, s'il y a lieu.

Art. 765. Il ne sera signifié sur l'appel que des conclusions motivées de la part des intimés, et l'audience sera poursuivie ainsi qu'il est dit en l'art. 761.

Art. 766. L'arrêt contiendra liquidation des frais : les parties qui succomberont sur l'appel seront condamnées aux dépens, sans pouvoir les répéter.

Art. 767. Quinzaine après le jugement des contestations, et, en cas d'appel, quinzaine après la signification de l'arrêt qui y aura statué, le commissaire arrêtera définitivement l'ordre des créances contestées et de celles postérieures, et ce, conformément à ce qui est prescrit par l'art. 759 : les intérêts et arrérages des créanciers utilement colloqués cesseront.

Art. 768. Les frais de l'avoué qui aura représenté les créanciers contestants seront colloqués, par préférence à toutes autres créances, sur ce qui restera des deniers à distribuer, déduction faite de ceux qui auront été employés à acquitter les créances antérieures à celles contestées.

Art. 769. L'arrêt qui autorisera l'emploi des frais prononcera la subrogation au profit du créancier sur lequel les fonds manqueront, ou de la partie saisie. L'exécutoire énoncera cette disposition et indiquera la partie qui devra en profiter.

Art. 770. La partie saisie et le créancier sur lequel les fonds manqueront auront leur recours contre ceux qui auront succombé dans la contestation, pour les intérêts et arrérages qui auront couru pendant le cours desdites contestations.

Art. 771. Dans les dix jours après l'ordonnance du juge-commissaire, le greffier délivrera à chaque créancier utilement colloqué le bordereau de collocation, qui sera exécutoire contre l'acquéreur.

Art. 772. Le créancier colloqué, en donnant quittance du montant de sa collocation, consentira la radiation de son inscription.

Art. 773. Au fur et à mesure du payement des collocations, le conservateur des hypothèques, sur la représentation du bordereau et de la quittance du créancier, déchargera d'office l'inscription, jusqu'à concurrence de la somme acquittée.

Art. 774. L'inscription d'office sera rayée définitivement en justifiant, par l'adjudicataire, du payement de la totalité de son prix, soit aux créanciers utilement colloqués, soit à la partie saisie, et de l'ordonnance du juge-commissaire qui prononce la radiation des inscriptions des créanciers non colloqués.

Art. 775. En cas d'aliénation autre que celle par expropriation, l'ordre ne pourra être provoqué s'il n'y a plus de trois créanciers inscrits; et il le sera par le créancier le plus diligent ou l'acquéreur après l'expiration des trente jours qui suivront les délais prescrits par les art. 2185 et 2194 du Code civil.

Art. 776. L'ordre sera introduit et réglé dans les formes prescrites par le présent titre.

Art. 777. L'acquéreur sera employé par préférence pour le coût de l'extrait des inscriptions et dénonciations aux créanciers inscrits.

Art. 778. Tout créancier pourra prendre inscription pour conserver les droits de son débiteur; mais le montant de la collocation du débiteur sera distribué, comme chose mobilière, entre tous les créanciers inscrits ou opposants avant la clôture de l'ordre.

Art. 779. En cas de retard ou de négligence dans la poursuite d'ordre, la subrogation pourra être demandée. La demande en sera formée par requête insérée au procès-verbal d'ordre, communiquée au poursuivant par acte d'avoué, jugée sommairement en la chambre du conseil, sur le rapport du juge-commissaire.

TITRE XV.

DE L'EMPRISONNEMENT.

Art. 780. Aucune contrainte par corps ne pourra être mise à exécution qu'un jour après la signification, avec commandement, du jugement qui l'a prononcée et qu'après l'autorisation de M. le gouverneur.

Cette signification sera faite par un huissier commis par ledit jugement ou par le président du tribunal de 1re instance du lieu où se trouve le débiteur.

La signification contiendra aussi élection de domicile dans le lieu où siége le tribunal qui a rendu ce jugement, si le créancier n'y demeure pas.

Art. 781. Le débiteur ne pourra être arrêté :

1° Avant le lever et après le coucher du soleil;

2° Les jours de fête légale;

3° Dans les édifices consacrés au culte, et pendant les exercices religieux seulement;

4° Dans le lieu et pendant la tenue des séances des autorités constituées;

5° Dans une maison quelconque, même dans son domicile, à moins qu'il n'eût été ainsi ordonné par le juge de paix du lieu, lequel juge de paix devra, dans ce cas, se transporter dans la maison avec l'officier ministériel.

Art. 782 à 787. (Communs.)

Art. 788. Si le débiteur ne requiert pas qu'il en soit référé, ou si, en cas de référé, le président ordonne qu'il soit passé outre, le débiteur sera conduit dans la prison du lieu, et, s'il n'y en a pas, dans celle du lieu le plus voisin : l'huissier et tous autres qui conduiraient, recevraient ou retiendraient le débiteur dans un lieu de détention non légalement désigné comme tel seront poursuivis comme coupables du crime de détention arbitraire.

Si néanmoins il n'existait pas de prison légale à portée, devrait alors être considéré comme prison légale provisoire le lieu de détention que désignerait une indication, par écrit, du commissaire-commandant ou du lieutenant-commissaire du quartier.

Art. 789 à 811. (Communs.)

DEUXIÈME PARTIE.

PROCÉDURES DIVERSES.

LIVRE PREMIER.

TITRE PREMIER.

DES OFFRES DE PAYEMENT ET DE LA CONSIGNATION.

Art. 812 à 831. (Communs.)

TITRE IV.

DE LA SURENCHÈRE SUR ALIÉNATION VOLONTAIRE.

Art. 832. Les notifications et réquisitions prescrites par les art. 2183 et 2185 du Code civil seront faites par un huissier commis à cet effet, sur simple requête, par le président du tribunal de 1re instance de la ville ou quartier où elles auront lieu; elles contiendront constitution d'avoués près le tribunal où la surenchère et l'ordre devront être portés.

L'acte de réquisition de mise aux enchères contiendra, à peine de nullité de la surenchère, l'offre de la caution, avec assignation à trois jours devant le même tribunal pour la réception de ladite caution, à laquelle il sera procédé sommairement.

Art. 833. Si la caution est rejetée, la surenchère sera déclarée nulle et l'acquéreur maintenu, à moins qu'il n'ait été fait d'autres surenchères par d'autres créanciers.

Art. 834 à 836. (Communs.)

Art. 837. Le procès-verbal d'apposition de placards sera notifié au nouveau propriétaire, si c'est le créancier qui poursuit; et au créancier surenchérisseur, si c'est l'acquéreur.

7.

Art. 838. L'acte d'aliénation tiendra lieu de minute d'enchère.

Le prix porté dans l'acte et la somme de la surenchère tiendront lieu d'enchère.

TITRE V.

DES VOIES À PRENDRE POUR AVOIR EXPÉDITION OU COPIE D'UN ACTE, OU POUR LE FAIRE RÉFORMER.

Art. 839 à 858. (Communs.)

TITRE VI.

DE QUELQUES DISPOSITIONS RELATIVES À L'ENVOI EN POSSESSION DES BIENS D'UN ABSENT.

Art. 859. Dans le cas prévu par l'art. 112 du Code civil, l'administration des biens des absents retombe de droit à la curatelle aux vacances, et ils sont gérés suivant les lois et règlements qui la régissent dans la colonie.

Art. 860. Dans le cas où il s'agirait de l'envoi en possession provisoire autorisé par l'art. 120 du Code civil, il sera présenté requête au président du tribunal; sur cette requête, à laquelle seront joints les pièces et documents, le président commettra un juge pour faire le rapport au jour indiqué et le jugement sera prononcé après avoir entendu le procureur du Roi.

TITRE VII.

AUTORISATION DE LA FEMME MARIÉE.

Art. 861 à 864. (Communs.)

TITRE VIII.

DES SÉPARATIONS DE BIENS.

Art. 865 à 867. (Communs.)

Art. 868. Le même extrait sera inséré, à la poursuite de la femme, dans la *Feuille de la Guyane française.*

Ladite insertion sera justifiée ainsi qu'il est dit au titre *De la saisie immobilière,* art. 683.

Art. 869 à 874. (Communs.)

TITRE IX.

DE LA SÉPARATION DE CORPS ET DU DIVORCE.

Art. 875 à 889. (Communs.)

TITRE XI.

DE L'INTERDICTION.

Art. 890 à 897. (Communs.)

TITRE XII.

DU BÉNÉFICE DE CESSION.

Art. 898 à 906. (Communs.)

LIVRE II.

PROCÉDURES RELATIVES À L'OUVERTURE D'UNE SUCCESSION.

—

TITRE PREMIER.

DE L'APPOSITION DES SCELLÉS APRÈS DÉCÈS.

Art. 907. Lorsqu'il y aura lieu à l'apposition des scellés après décès, elle sera faite par les juges de paix, et, à leur défaut, par leurs suppléants.

Pourra néanmoins, en cas d'empêchement, d'obstacle ou d'éloignement soit long, soit difficile, le juge de paix déléguer à sa place le commissaire-commandant ou le lieutenant-commissaire du quartier. Celui de ces officiers qui aurait procédé à l'apposition serait tenu d'envoyer sur-le-champ au juge de paix la minute de son procès-verbal et au greffier du juge de paix les clefs et tout testament qu'il aurait trouvés.

Pourront même les commissaires-commandants et les lieutenants-commissaires qui seraient éloignés de la résidence du juge de paix procéder à ces opérations de leur propre mouvement ou à la réquisition des parties intéressées.

Art. 908. Les juges de paix et leurs suppléants se serviront d'un sceau particulier, qui restera entre leurs mains et dont l'empreinte sera déposée au greffe du tribunal de 1re instance. Il faut qu'il y ait empreinte d'un sceau pour qu'il y ait scellé.

Art. 909 à 911. (Communs.)

Art. 912. Le scellé ne pourra être apposé que par le juge de paix ou par ses suppléants, ou par le commissaire-commandant ou lieutenant-commissaire dans le cas prévu à l'art. 907.

Art. 913 à 924. (Communs.)

Art. 925. Dans la ville de Cayenne et dans les quartiers où il y aura lieu par l'existence de tribunaux, il sera tenu, au greffe du tribunal de 1re instance, un registre d'ordre pour les scellés, sur lequel seront inscrits, d'après la déclaration que les juges de paix de leur ressort seront tenus d'y faire parvenir dans les vingt-quatre heures de l'apposition :

1° Les noms et demeures des personnes sur les effets desquelles le scellé aura été apposé;

2° Le nom et la demeure du juge qui a fait l'apposition;

3° Le jour où elle a été faite.

TITRE II.

DES OPPOSITIONS AUX SCELLÉS.

Art. 926 et 927. (Communs.)

TITRE III.

DE LA LEVÉE DU SCELLÉ.

Art. 928 à 935. (Communs.)

Art. 935. Le conjoint commun en biens, les héritiers, l'exécuteur testamentaire et les légataires universels ou à titre universel pourront convenir du choix d'un ou deux notaires et d'un ou deux commissaires-priseurs ou experts; s'ils n'en conviennent pas, il sera procédé, suivant la nature des objets, par un ou deux notaires, commissaires-priseurs ou experts, nommés d'office par le président du tribunal de 1re instance. Si les experts nommés sont dans le lieu où siége la justice de paix, ils prêteront serment devant le juge de paix, sinon devant le commissaire-commandant ou le lieutenant-commissaire du quartier où la levée du scellé et l'inventaire seront faits, si ces deux officiers ne se trouvent pas dans le cas prévu par l'art. 9 de la loi organique du notariat; dans lequel cas, les experts sont admis à prêter serment dans les mains du notaire, de même que dans celui où les experts seraient à une distance de plus d'une lieue du domicile du commissaire-commandant ou du lieutenant-commissaire du quartier.

Art. 936. (Commun.)

Art. 937. Les scellés ayant été reconnus sains et entiers par le juge de paix ou ses suppléants en ville, et dans les quartiers par le commissaire-com-

mandant ou le lieutenant-commissaire, seront levés successivement par celui
de ces officiers qui aura procédé à l'apposition, conjointement avec les notaires
chargés de l'inventaire, à fur et à mesure de sa confection; et les parties, lors
même qu'il y aurait parmi elles des mineurs ou des absents, auront la faculté
de faire transporter à l'étude du notaire, dans des coffres fermant à clef et
scellés, les papiers trouvés en la succession. La clef de ces coffres sera déposée au greffe du lieu de la résidence du notaire. Les papiers seront par lui
triés, arrangés par ordre et inventoriés ultérieurement, en présence des parties intéressées ou de leurs fondés de pouvoirs. Les scellés seront réapposés à
la fin de chaque vacation et les clefs rapportées au greffe du juge ou dans la
demeure du commissaire-commandant, si l'opération a lieu dans un quartier
où ne siége point le tribunal de paix.

Art. 938 à 940. (Communs.)

TITRE IV.

DE L'INVENTAIRE.

Art. 941 à 942. (Communs.)

Art. 943. Outre les formalités communes à tous les actes devant notaires,
l'inventaire contiendra :

1° Les noms, professions et demeures des requérants, des comparants, des
défaillants et des absents, s'ils sont connus, du notaire appelé pour les représenter, des commissaires-priseurs et experts, lesquels auront été assermentés devant l'un des officiers désignés dans l'art. 935 et pourront servir en
même temps de témoins à l'inventaire; et la mention de l'ordonnance qui commet le notaire pour les absents et défaillants;

2° L'indication des lieux où l'inventaire est fait;

3° La description et estimation des effets, laquelle sera faite à juste valeur
et sans crue;

4° La désignation des qualités, poids et titres de l'argenterie;

5° La désignation des espèces en numéraire;

6° Les papiers seront cotés par première et dernière; ils seront parafés
de la main d'un des notaires; s'il y a des livres et registres de commerce,
l'état en sera constaté, les feuillets en seront pareillement cotés et parafés,
s'ils ne le sont; s'il y a des blancs dans les pages écrites, ils seront bâtonnés:

7° La déclaration des titres actifs et passifs;

8° La mention du serment prêté, lors de la clôture de l'inventaire, par ceux qui ont été en possession des objets avant l'inventaire ou qui ont habité la maison dans laquelle sont lesdits objets, qu'ils n'en ont détourné, vu détourner, ni su qu'il en ait été détourné aucun;

9° La remise des effets et papiers, s'il y a lieu, entre les mains de la personne dont on conviendra, ou qui, à défaut, sera nommée par le président du tribunal.

Art. 944. (Commun.)

TITRE V.

DE LA VENTE DU MOBILIER.

Art. 945 à 952. (Communs.)

TITRE VI.

DE LA VENTE DES BIENS IMMEUBLES.

Art. 953. Si les immeubles n'appartiennent qu'à des majeurs, ils seront vendus, s'il y a lieu, de la manière dont les majeurs conviendront.

S'il y a lieu à licitation, elle sera faite conformément à ce qui est prescrit au titre *Des partages et licitations*.

Art. 954. Si les immeubles n'appartiennent qu'à des mineurs, la vente ne pourra en être ordonnée que d'après un avis de parents.

Cet avis ne sera point nécessaire lorsque les immeubles appartiendront en partie à des majeurs et à des mineurs, et lorsque la licitation sera ordonnée sur la demande des majeurs.

Il sera procédé à cette licitation ainsi qu'il est prescrit au titre *Des partages et licitations*.

Art. 955. Lorsque le tribunal civil homologuera les délibérations du conseil de famille relatives à l'aliénation des biens immeubles des mineurs, il nommera, par le même jugement, un ou trois experts, suivant que l'importance des biens paraîtra l'exiger, et ordonnera que, sur leur estimation, les enchères seront publiquement ouvertes devant un membre du tribunal ou devant un notaire à ce commis aussi par le même jugement.

Art. 956. Les experts, après avoir prêté serment, rédigeront leur rapport en un seul avis, à la pluralité des voix; il présentera les bases de l'estimation qu'ils auront faite.

Art. 957. Ils remettront la minute de leur rapport ou au greffe ou chez le notaire, suivant qu'un membre du tribunal ou un notaire aura été commis pour recevoir les enchères.

Art. 958. Les enchères seront ouvertes sur un cahier des charges déposé au greffe ou chez le notaire commis et contenant :

1° L'énonciation du jugement homologatif de l'avis des parents ;

2° Celle du titre de propriété ;

3° La désignation sommaire des biens à vendre et le prix de leur estimation ;

4° Les conditions de la vente.

Art. 959. Ce cahier sera lu à l'audience, si la vente se fait en justice. Lors de sa lecture, le jour auquel il sera procédé à la première adjudication, ou adjudication préparatoire, sera annoncé. Ce jour sera éloigné de six semaines au moins.

Art. 960. L'adjudication préparatoire, soit devant le tribunal, soit devant le notaire, sera indiquée par des affiches. Ces affiches ou placards ne contiendront que la désignation sommaire des biens, les noms, professions et domiciles du mineur, de son tuteur et de son subrogé tuteur, et la demeure du notaire, si c'est devant un notaire que la vente doit être faite.

Art. 961. Ces placards seront apposés, par trois dimanches consécutifs :

1° A la principale porte de chacun des bâtiments dont la vente sera poursuivie ;

2° A la principale porte de la maison du commissaire-commandant, soit dans les quartiers, soit à Cayenne ;

3° A la porte extérieure du tribunal qui aura permis la vente, et à celle du notaire, si c'est un notaire qui doit y procéder.

Les commissaires-commandants à la porte desquels ces placards auront été apposés les viseront et les certifieront sans frais, sur un exemplaire qui restera joint au dossier.

Art. 962. Copie desdits placards sera insérée dans un journal, conformément à l'art. 683 ci-dessus. Cette insertion sera constatée ainsi qu'il est dit au titre *De la saisie immobilière;* elle sera faite huit jours au moins avant le jour indiqué pour l'adjudication préparatoire.

Art. 963. L'apposition des placards et l'insertion aux journaux seront réitérées huit jours au moins avant l'adjudication définitive.

Art. 964. Au jour indiqué pour l'adjudication définitive, si les enchères ne s'élèvent pas aux prix de l'estimation, le tribunal pourra ordonner, sur un nouvel avis de parents, que l'immeuble sera adjugé au plus offrant, même au-dessous de l'estimation; à l'effet de quoi l'adjudication sera remise à un délai fixé par le jugement, et qui ne pourra être moindre de quinzaine.

Cette adjudication sera encore indiquée par des placards apposés dans les quartiers et lieux, visés, certifiés et insérés dans la *Feuille de la Guyane française,* comme il est dit ci-dessus, huit jours au moins avant l'adjudication.

Art. 965. Seront observées, au surplus, relativement à la réception des enchères, à la forme de l'adjudication et à ses suites, les dispositions contenues dans les art. 707 et suivants du titre *De la saisie immobilière :* néanmoins, si les enchères sont reçues par un notaire, elles pourront être faites par toutes personnes, sans ministère d'avoué.

TITRE VII.

DES PARTAGES ET LICITATIONS.

Art. 966 à 968. (Communs.)

Art. 969. Le même jugement qui prononcera sur la demande en partage commettra, s'il y a lieu, un juge, conformément à l'art. 823 du Code civil, et ordonnera que les immeubles, s'il y en a, seront estimés par experts, de la manière prescrite en l'art. 824 du même code.

Art. 970. En prononçant sur cette demande, le tribunal ordonnera par le même jugement le partage, s'il peut avoir lieu, ou la vente par licitation, qui sera faite soit devant un membre du tribunal, soit devant un notaire.

Art. 971. Il sera procédé aux nominations, prestations de serment et rapports d'experts suivant les formalités prescrites au titre *Des rapports d'experts :* néanmoins, lorsque toutes les parties seront majeures, il pourra n'être nommé qu'un expert, si elles y consentent.

Art. 972. Le poursuivant demandera l'entérinement du rapport, par requête de simples conclusions d'avoué à avoué. On se conformera, pour la vente, aux formalités prescrites dans le titre *De la vente des biens immeubles,* en ajoutant dans le cahier des charges :

Les noms, demeure et profession du poursuivant, les noms et demeure de son avoué;

Les noms, demeures et professions des colicitants.

' Copie du cahier des charges sera signifiée aux avoués des colicitants par un simple acte, dans la huitaine du dépôt au greffe ou chez le notaire.

Art. 973. S'il s'élève des difficultés sur le cahier des charges, elles seront vidées à l'audience, sans aucune requête et sur un simple acte d'avoué à avoué.

Art. 974. Lorsque la situation des immeubles aura exigé plusieurs expertises distinctes et que chaque immeuble aura été déclaré impartageable, il n'y aura cependant pas lieu à licitation s'il résulte du rapprochement des rapports que la totalité des immeubles peut se partager commodément.

Néanmoins, conformément à la déclaration du Roi du 24 août 1726 sur *les partages et licitations* dans les colonies, si le partage doit porter sur une habitation dont le principal établissement en activité et en valeur soit une sucrerie, qui ne saurait être partagée sans perte notable pour les cohéritiers ou les propriétaires, le tribunal de 1re instance pourra, sur l'avis d'un conseil de famille ou même d'un seul parent ou cohéritier contre l'avis de tous les autres, ordonner la licitation.

Art. 975. (Commun.)

Art. 976. Dans les autres cas, le poursuivant fera sommer les copartageants de comparaître, au jour indiqué, devant le juge-commissaire, qui renverra les parties devant un notaire dont elles conviendront, si elles peuvent et veulent en convenir, ou qui, à défaut, sera nommé d'office par le tribunal, à l'effet de procéder aux comptes, rapports, formation de masses, prélèvements, composition de lots et fournissements, ainsi qu'il est ordonné par le Code civil, art. 828.

Il en sera de même après qu'il aura été procédé à la licitation, si le prix de l'adjudication doit être confondu avec d'autres objets dans une masse commune de partage pour former la balance entre les divers lots.

Art. 977 à 986. (Communs.)

Art. 987. S'il y a lieu à vendre des immeubles dépendant de la succession, l'héritier bénéficiaire présentera au président du tribunal de 1re instance une requête où ils seront désignés : cette requête sera communiquée au ministère public; sur ses conclusions et le rapport d'un juge nommé à cet effet, il sera rendu un jugement qui ordonnera préalablement que les immeubles seront vus et estimés par un expert nommé d'office.

Art. 988. Si le rapport est régulier, il sera entériné sur requête par le même tribunal; et, sur les conclusions du ministère public, le jugement ordonnera la vente.

Il sera procédé à ladite vente suivant les formalités prescrites au titre *Des partages et licitations*.

Art. 989 à 996. (Communs.)

TITRE IX.

DE LA RENONCIATION À LA COMMUNAUTÉ OU À LA SUCCESSION.

Art. 997. Les renonciations à communauté ou à succession seront faites au greffe du tribunal dans l'arrondissement duquel la dissolution de la communauté ou l'ouverture de la succession se sera opérée, sur le registre prescrit par l'art. 784 du Code civil et en conformité de l'art. 1457 du même code, sans qu'il soit besoin d'autre formalité.

TITRE X.

DU CURATEUR À UNE SUCCESSION VACANTE.

Art. 998. Lorsqu'après l'expiration des délais pour faire inventaire et pour délibérer il ne se présente personne qui réclame une succession. qu'il n'y a pas d'héritier connu, ou que les héritiers connus y ont renoncé, cette succession est réputée vacante; il est pourvu à son administration par la curatelle des successions vacantes et biens des absents, régie par des lois sur la matière qui sont particulières aux colonies où il existe pour la vacance une direction spéciale.

Aux termes de ces lois, dans les cas qu'elles prévoient et dans les formes qu'elles prescrivent, il pourra d'ailleurs être nommé à une succession vacante un curateur particulier, lequel se conformera aux dispositions de ce titre.

Art. 999 à 1001. (Communs.)

Art. 1002. Les formalités prescrites pour l'héritier bénéficiaire s'appliqueront également au mode d'administration et au compte à rendre par le curateur particulier seulement qui, le cas échéant, aurait été nommé.

Quant au directeur de la curatelle, il n'est tenu d'observer les formalités prescrites dans les articles précédents qu'autant qu'elles ne seront point contraires aux lois et règlements qui régissent la direction générale des successions vacantes et des biens des absents dans cette colonie.

LIVRE III.

TITRE UNIQUE.

DES ARBITRAGES.

Art. 1003 à 1028. (Communs.)

DISPOSITIONS GÉNÉRALES.

Art. 1029. (Commun.)

Art. 1030. Aucun exploit ou acte de procédure ne pourra être déclaré nul si la nullité n'en est pas formellement prononcée par la loi.

Dans le cas où la loi n'aurait pas prononcé la nullité, l'officier ministériel pourra, soit pour omission, soit pour contravention, être condamné à une amende qui ne sera pas moindre de 7 fr. 50 cent. et n'excédera pas 150 fr.

Art. 1031 à 1034. (Communs.)

Art. 1035. Quand il s'agira de recevoir un serment, une caution, de procéder à une enquête, à un interrogatoire sur faits et articles, de nommer des experts, et généralement de faire une opération quelconque en vertu d'un jugement, et que les parties ou les lieux contentieux seront trop éloignés, les juges pourront commettre un tribunal voisin, un juge, ou même un juge de paix ou un commissaire-commandant de quartier ou un lieutenant-commissaire, suivant l'exigence des cas; ils pourront même autoriser un tribunal à nommer soit un de ses membres, soit un juge de paix, soit un commissaire-commandant de quartier ou un lieutenant-commissaire, pour procéder aux opérations ordonnées.

Art. 1036. (Commun.)

Art. 1037. Aucune signification ni exécution ne pourra être faite avant six heures du matin et après six heures du soir, non plus que les jours de fête légale, si ce n'est en vertu de permission du juge, dans le cas où il y aurait péril en la demeure.

Art. 1038. (Commun.)

Art. 1039. Toutes significations faites à des personnes publiques préposées pour les recevoir seront visées par elle sans frais sur l'original.

En cas de refus, l'original sera visé par le procureur du Roi près le tribunal de 1re instance de leur domicile. Les refusants pourront être condamnés, sur les conclusions du ministère public, à une amende qui ne pourra être moindre de 7 fr. 50 cent.

ART. 1040. (Commun.)

ART. 1041. Le présent Code ainsi modifié sera exécuté à la Guyane française à dater du 18 août 1821 : en conséquence, tous procès qui seront intentés depuis cette époque seront instruits conformément à ses dispositions. Toutes lois, coutumes, usages et règlements relatifs à la procédure civile seront abrogés.

ART. 1042. Après cette époque et dans les trois années qui suivront sa publication, il sera fait des règlements en forme d'ordonnance, tant pour la taxe des frais que pour la police et discipline des tribunaux.

ART. 1043. Arrêté le présent Code de procédure civile, avec les modifications y insérées, pour à l'avenir être exécuté, selon sa forme et teneur, à la Guyane française.

Donné à l'Hôtel du Gouvernement, à Cayenne, le 18 août 1821.

Signé : LAUSSAT.

Par le Commandant et administrateur :

Le Secrétaire-Archiviste,

Signé : FRACHON.

ORDONNANCE COLONIALE

QUI SUSPEND PROVISOIREMENT, À LA GUYANE FRANÇAISE, LES DISPOSITIONS DU CODE DE PROCÉDURE CIVILE RELATIVES À LA CONSTITUTION D'AVOUÉS.

Du 11 août 1821.

NOUS, PIERRE-CLÉMENT DE LAUSSAT, chevalier de l'ordre royal et militaire de Saint-Louis, chevalier de l'ordre royal de la Légion d'honneur, COMMANDANT ET ADMINISTRATEUR de la Guyane française, pour le Roi :

Considérant qu'attendu la pénurie d'hommes de loi et de praticiens expérimentés et éclairés, l'ordonnance coloniale du 25 janvier 1818, portant promulgation du Code de procédure civile à la Guyane française, y supprima le titre d'avoué; que cette pénurie dure encore et n'est que trop notoire; que cependant il est naturel et raisonnable de la regarder comme un inconvénient accidentel et passager et non d'en faire la base de dispositions permanentes et à perpétuité dans le Code;

Après en avoir délibéré en conseil spécial,

Avons ordonné et ordonnons, pour être exécuté provisoirement et sauf l'approbation de Sa Majesté, ce qui suit :

Article premier. Les dispositions du titre III, livre II, du Code de procédure civile, relatives à la constitution d'avoués, resteront provisoirement suspendues dans la colonie jusqu'à nouvel ordre.

Art. 2. Il n'est en attendant rien innové à cet égard à ce qui a été prescrit par l'ordonnance coloniale du 25 janvier 1818, dans les termes suivants :

« Les parties seront tenues de comparaître en personne, à moins qu'elles n'en soient dispensées par de justes raisons, dans lequel cas elles pourront confier leur défense et se faire représenter par des fondés de pouvoirs spéciaux, à ce autorisés par nous, lesquels fondés de pouvoirs seront personnellement responsables de leurs faits et actions, et ne pourront exiger des parties que les frais de justice portés au tarif des frais et dépens pour Paris, augmentés de moitié en sus.

« Tous accords en contravention seront considérés comme actes de concussion et punis comme tels.

« Les arrêts de l'ancien conseil supérieur de Cayenne, du 16 août 1766[1],

---

[1] ARRÊT DU CONSEIL SUPÉRIEUR DE CAYENNE,

Du 16 août 1766,

Portant défenses aux notaires, huissiers et autres de postuler pour autrui.

Sur réquisitoire du procureur général du Roi, en date du jourd'hui, la Cour, y faisant droit, fait défenses aux notaires, huissiers et autres personnes publiques de se charger à l'avenir de postuler et défendre les causes des plaideurs, soit au conseil supérieur, soit aux juridictions royales et d'amirauté, portant permis aux parties de remettre, lors de la plaidoirie, les papiers et titres à quelqu'un des huissiers ou autres personnes pour en faire lecture seulement, lorsque les parties ne pourront plaider elles-mêmes; ordonne que le présent arrêt sera lu, publié aux siéges royaux et d'amirauté, audience tenante, et enregistré aux greffes desdits siéges, à la diligence du procureur du Roi, pour icelui sortir effet.

Fait et arrêté en Conseil supérieur, à Cayenne, le 16 août 1766.

Le Président,

Signé : Maillard-Dumesle.

Enregistré aux greffes des tribunaux.

———

ARRÊT DU CONSEIL SUPÉRIEUR DE CAYENNE,

Du 18 janvier 1777,

Au sujet des abus qui résultent, au désavantage des plaideurs, de l'usage où ils sont, de se confier à des écrivains ignorans et intéressés, tels que ceux dont ils se servent dans leurs procès.

Ce jourd'hui, M. Malouet, commissaire général de la marine, ordonnateur, présidant le Conseil supérieur, a dit : « Messieurs.

du 18 janvier 1777 et du 23 mai 1777, en tout ce à quoi il n'est point dérogé, sont maintenus. »

le Roi, en ordonnant l'établissement des procureurs *ad lites*, a voulu procurer aux parties un secours réputé nécessaire pour défendre et présenter des droits litigieux ; mais les sujets auxquels on pourroit confier les offices de procureur se trouvant inculpés par vos arrêts, et conséquemment inhabiles à être pourvus desdits offices, nous ne sommes point quant à présent dans le cas de faire usage de l'ordre de Sa Majesté.

« Il arrive cependant que les plaideurs dépourvus, comme ci-devant, de défenseurs avoués et éclairés, restent toujours sous le joug des soi-disans praticiens, dont vous avez voulu réprimer les écarts et la mauvaise conduite. La multiplicité des écritures et des productions les plus informes écrase en frais les parties, retarde le jugement des procès et ne répand aucune lumière sur les questions à discuter. Je pense que nous devons y pourvoir. Le Roi, en vous confiant la distribution de la justice, exige principalement la plus prompte expédition des affaires et la proscription des ressources insidieuses de la cupidité et de la mauvaise foi. Si nous ne pouvons donc empêcher que des plaideurs ignorans se livrent à d'autres hommes ignorans, mais adroits, qui ensevelissent des faits simples ou des moyens de droit dans des écritures obscures et volumineuses qu'ils font ensuite payer chèrement, il me semble qu'il est de notre devoir d'apprendre aux parties que ces paroles vaines et captieuses n'ajoutent rien à leurs droits, et d'ôter aux écrivains dangereux la malheureuse facilité de mettre ainsi le public à contribution. Puisque nous ne pouvons point en établir de l'ordre de ceux que la loi avoue et qu'elle inspecte, protégeons au moins les hommes simples contre l'avidité et l'astuce

de leurs prétendus défenseurs. Les questions de fait se réduisent en jugement à l'exposé contredit ou constaté par pièces justificatives. Je demande donc qu'il plaise à la cour ordonner que, pour les questions de fait, les parties soient tenues à produire seulement un mémoire expositif et leurs pièces.

« Les questions de droit sont décidées par le droit écrit, les ordonnances ou la coutume. On nous dira que les parties les ignorent ; mais nous devons les connaître, et leurs prétentions respectives, déduites dans un seul mémoire de la part de chacune des parties, nous suffisent, sans autre production, pour les comparer au texte du droit écrit ou coutumier. Si, dans les dits, les contredits et autres productions des écrivains actuellement employés. nous trouvions les discussions savantes, les développemens lumineux, par lesquels des avocats ou procureurs instruits se rendent vraiment utiles aux parties et aux juges. je serois encore d'avis de les réduire et simplifier le plus qu'il seroit possible ; mais votre barreau, Messieurs. étant dépourvu de jurisconsultes et de praticiens, il me semble que nous n'avons à consulter que les faits et ordonnances. Je demande donc qu'il plaise à la cour ordonner que, pour les questions de droit, les parties exposent leurs prétentions respectives et la citation, si bon leur semble, des lois ou coutumes qui les appuyent, en un ou deux écrits tout au plus, et que tout ce qui excédera la demande et la défense, la réponse et la réplique, indépendamment des pièces justificatives, comme titres et actes originaux, soit rejeté d'un procès comme pièces inutiles ; et quant aux anonimes qui prêteroient leur plume, pour multiplier les incidens, obscurcir la matière et allonger les procès. ce

La présente ordonnance sera publiée et enregistrée aux greffes de la

travail, Messieurs, n'étant point du nombre de ceux qui méritent salaire, je serois d'avis de leur en interdire tous les moyens.

«Telles sont les réflexions que me suggère l'amour de la justice et le désir d'être utile à une colonie qui, ayant à tous égards besoin de secours, consomme la sixième partie de ses revenus en frais de procédure, et n'a cependant encore ni avocats, ni procureurs, et je demande la jonction du procureur général du Roi.»

La matière mise en délibération;

Ouï le procureur général du Roi en ses conclusions,

Le Conseil, considérant que les abus qui viennent de lui être dénoncés, quoique réprimés par plusieurs arrêts, se renouvellent journellement; qu'en attendant qu'il puisse être fait choix d'hommes capables et de bonnes mœurs pour la défense des parties et l'instruction des procès, en qualité de procureurs en titre d'office, il est plus nuisible qu'utile aux parties mêmes de les abandonner aux conseils et aux manœuvres intéressées de certains écrivains; qu'à défaut de défenseurs légitimes, c'est à la sagesse et aux lumières des magistrats à distinguer, à éclaircir les faits et à les comparer au texte des lois;

Le Conseil, adhérant au surplus aux observations et remontrances qui viennent de lui être faites,

A déclaré illicites toutes actions, promesses ou billets consentis d'avance dans le cours ou après l'instruction des procès par tout écrivain ou praticien n'ayant serment à la cour; condamne à l'amende, qui sera prononcée, suivant l'exigence des cas, les parties qui auroient exigé et les parties mêmes qui auroient consenti de pareils billets; ordonne que, sur les questions de fait qui se présenteront en son audience ou en celle des juridictions, les parties comparoîtront en personne, à moins qu'elles n'en soient dispensées par de justes raisons, et exposeront simplement leurs demandes ou défenses, avec les pièces justificatives sur lesquelles il sera prononcé; que, dans les questions de droit et procès par écrit, il ne sera reçu, comme pièces au procès, que la demande et la défense, la réponse et la réplique, y joint les pièces justificatives, telles que titres et actes probants; que la signification de tout autre écrit sera rejetée et non taxée en la liquidation des dépens;

Et attendu que des motifs particuliers au ressort de la cour et à l'état actuel de la colonie ont nécessité le présent arrêt, qui pourroit en tout n'être conforme aux ordres de Sa Majesté sur le fait des procédures,

La cour, en ordonnant son exécution provisoire, a arrêté que le président sera chargé d'en envoyer expédition au Secrétaire d'État ayant le département de la marine et des colonies, pour solliciter sur icelui les lettres patentes ou déclarations confirmatives.

Ordonne que le présent arrêt sera envoyé au siége royal et d'amirauté, pour être enregistré, lu, publié et affiché dans tous les lieux ordinaires et accoutumés, à la diligence du substitut du procureur général du Roi, qui en certifiera la cour à sa prochaine séance.

Fait et arrêté en Conseil supérieur, à Cayenne, le 18 janvier 1777.

Le Président.

Signé : MALOUET.

Enregistré aux greffes des tribunaux.

ARRÊT DU CONSEIL SUPÉRIEUR DE CAYENNE,

Du 23 mai 1777,

Qui ordonne que les parties comparoîtront en per-

cour royale et des tribunaux inférieurs pour être gardée, observée et maintenue.

Donné en notre hôtel, à Cayenne, le 18 août 1821.

Signé : LAUSSAT.

Par le Commandant et administrateur pour le Roi

Le Secrétaire-Archiviste,

Signé : FRACHON.

ORDONNANCE DU ROI

PORTANT APPLICATION DU CODE D'INSTRUCTION CRIMINELLE À LA GUYANE FRANÇAISE.

Paris, le 10 mai 1829.

CHARLES, PAR LA GRÂCE DE DIEU, ROI DE FRANCE ET DE NAVARRE,

A tous présents et à venir, SALUT.

Vu notre ordonnance du 27 août 1828, constitutive du gouvernement de la Guyane française ;

Vu l'art. 7 de notre ordonnance du 21 décembre 1828, sur l'organisation judiciaire et l'administration de la justice à la Guyane française, portant que cette colonie « sera régie par le Code civil, le Code de procédure civile, le Code de commerce, le Code d'instruction criminelle et le Code pénal, modifiés et mis en rapport avec ses besoins » :

sonnes dans leurs causes, tout ministère étranger à cet égard étant interdit à peine de 300 francs contre les écrivains occupans. Les tuteurs inhabiles peuvent faire nommer des tuteurs honoraires pour la poursuite et défense des droits des pupilles.

. . . .

Sur le réquisitoire de M. le procureur général du Roi, la cour a ordonné, conformément aux dispositions de son arrêt du 18 janvier dernier, que les parties seroient tenues de comparoître en personne, à moins de dispenses légitimes, et de présenter elles-mêmes leurs demandes ou défenses ; condamnant tout ministère étranger à peine de 300 livres d'amende contre ceux qui s'ingéreront à écrire ou occuper dans les affaires d'autrui ; autorise néanmoins, ladite cour, les tuteurs qui se jugeront inhabiles à poursuivre les affaires litigieuses de leurs mineurs, à se faire adjoindre, par un avis de parens ou amis, des tuteurs honoraires chargés seulement, sous leur autorité, de poursuivre en justice lesdites affaires contentieuses desdits mineurs ; et sera le présent arrêt envoyé au siége royal, pour, à la diligence du substitut du procureur général du Roi, être registré audit siége, lu, publié et affiché dans tous les lieux ordinaires, pour être exécuté selon la forme et teneur, dont il certifiera la cour à la prochaine séance.

Fait en Conseil supérieur, à Cayenne, le 23 mai 1777.

Le Président,

Signé : MALOUET.

Enregistré aux greffes des tribunaux.

Voulant pourvoir à l'exécution de cette disposition en ce qui concerne le Code d'instruction criminelle;

Sur le rapport de notre Ministre Secrétaire d'État de la marine et des colonies,

Nous avons ordonné et ordonnons ce qui suit :

DISPOSITIONS PRÉLIMINAIRES.

Art. 1 à 4. (Communs.)

Art. 5. Tout Français qui se sera rendu coupable, hors du territoire de la France et de ses colonies, d'un crime attentatoire à la sûreté de l'État, de contrefaçon du sceau de l'État ou de la colonie, de monnaies nationales ou étrangères ayant cours, de papiers nationaux, de billets de banque ou de caisses publiques autorisées par la loi, pourra être poursuivi, jugé et puni dans la colonie d'après les dispositions des lois en vigueur dans la colonie.

Art. 6. Cette disposition pourra être étendue aux étrangers qui, auteurs ou complices des mêmes crimes, seraient arrêtés dans la colonie, ou dont le Gouvernement obtiendrait l'extradition.

Art. 7. Tout Français qui se sera rendu coupable, hors du territoire du royaume, d'un crime contre un Français, pourra, s'il est arrêté dans la colonie, y être poursuivi et jugé, s'il n'a pas été poursuivi et jugé en pays étranger et si le Français offensé rend plainte contre lui.

LIVRE PREMIER.

DE LA POLICE JUDICIAIRE ET DES OFFICIERS DE POLICE QUI L'EXERCENT.

CHAPITRE PREMIER.

DE LA POLICE JUDICIAIRE.

Art. 8. (Commun.)

Art. 9. La police judiciaire sera exercée, sous l'autorité de la cour royale et suivant les distinctions qui vont être établies :

Par les gardes de police;

Par le commissaire de police, les commissaires commandants de communes et leurs lieutenants;

Par le procureur du Roi ou le magistrat chargé d'en remplir les fonctions:

Par le juge de paix;

Par les officiers et sous-officiers chargés du service de gendarmerie;

Par les secrétaires de communes;

Par le juge d'instruction.

Art. 10. Le directeur de l'intérieur pourra faire personnellement ou requérir les officiers de police judiciaire, chacun en ce qui le concerne, de faire tous actes nécessaires à l'effet de constater les crimes, délits et contraventions, et d'en livrer les auteurs aux tribunaux chargés de les punir, conformément à l'art. 8 ci-dessus.

CHAPITRE II.

DU COMMISSAIRE DE POLICE, DES COMMISSAIRES COMMANDANTS DE COMMUNES ET DE LEURS LIEUTENANTS.

Art. 11. Le commissaire de police, les commissaires commandants de communes et leurs lieutenants rechercheront les contraventions de police.

Ils recevront les rapports, dénonciations et plaintes qui seront relatifs aux contraventions de police.

Ils consigneront, dans les procès-verbaux qu'ils rédigeront à cet effet, la nature et les circonstances des contraventions, le temps et le lieu où elles auront été commises, les preuves ou indices à la charge de ceux qui en seront présumés coupables.

Art. 12. (Supprimé.)

Art. 13. Lorsque le commissaire de police ou le commissaire commandant de commune et son lieutenant se trouveront légitimement empêchés, ils seront remplacés par le secrétaire de la commune.

Art. 14. (Supprimé.)

Art. 15. Les commissaires commandants de communes, leurs lieutenants et les secrétaires des communes transmettront, dans le plus bref délai, à l'officier par qui seront remplies les fonctions du ministère public près le tribunal de police, toutes les pièces et renseignements.

Si l'officier qui a rédigé le procès-verbal réside dans la commune de Cayenne, les pièces devront être remises à l'officier du ministère public dans les trois jours au plus tard, y compris celui où a été reconnu le fait sur lequel il a été procédé.

CHAPITRE III.

DES GARDES DE POLICE.

Art. 16. Les gardes de police, considérés comme officiers de police judiciaire, seront chargés de rechercher, chacun dans le territoire pour lequel il aura été assermenté, les délits qui auront porté atteinte aux propriétés rurales et forestières.

Les gardes de police sont aussi chargés de rechercher toutes autres contraventions de police.

Ils suivront les choses enlevées dans les lieux où elles auront été transportées et les mettront en séquestre ; ils ne pourront néanmoins s'introduire dans les maisons, ateliers, bâtiments, cours adjacentes et enclos, si ce n'est en présence soit du juge de paix, soit de son suppléant, soit du commissaire de police, du commissaire commandant de commune ou de son lieutenant ; le procès-verbal qui devra en être dressé sera signé par celui en présence duquel il aura été fait.

Ils arrêteront et conduiront devant le juge de paix ou devant le commissaire de police, ou devant le commissaire commandant de la commune ou son lieutenant, tout individu qu'ils auront surpris en flagrant délit ou qui sera dénoncé par la clameur publique, lorsque ce délit emportera la peine d'emprisonnement ou une peine plus grave.

Ils se feront donner, pour cet effet, main-forte par le commissaire commandant de la commune ou par son lieutenant, qui ne pourra s'y refuser.

Art. 17. (Commun.)

Art. 18. Les gardes de police devront, sous peine de nullité, affirmer, dans le délai de trois jours, leurs procès-verbaux, soit devant le commissaire commandant de la commune où réside l'officier qui a rédigé le procès-verbal, soit devant le commissaire commandant de la commune où la contravention a été commise, soit devant le commissaire commandant de la commune la plus voisine, soit devant le juge de paix de Cayenne ou son suppléant.

Les lieutenants des commissaires commandants de communes ci-dessus désignés seront également aptes à recevoir l'affirmation.

Les procès-verbaux seront laissés à l'officier qui aura reçu l'affirmation, lequel sera tenu de les transmettre, en se conformant aux dispositions de l'art. 15, savoir : à l'officier chargé de remplir les fonctions du ministère public près le tribunal de police, lorsqu'il s'agira de simples contraventions; et au procureur du Roi, lorsqu'il s'agira d'un délit de nature à mériter une peine correctionnelle.

Art. 19. Dans le cas où il y aurait lieu de procéder par voie de citation directe, conformément à l'art. 182 du présent code, le procureur du Roi transmettra le procès-verbal au procureur général.

Art. 20. (Supprimé.)

Art. 21. Si le procès-verbal a pour objet une contravention de police, il sera procédé, par l'officier chargé de remplir les fonctions du ministère public près le tribunal de police, ainsi qu'il sera réglé au chapitre 1er, titre Ier du livre II du présent code.

CHAPITRE IV.

DU PROCUREUR DU ROI.

SECTION PREMIÈRE.

DE LA COMPÉTENCE DU PROCUREUR DU ROI RELATIVEMENT À LA POLICE JUDICIAIRE.

Art. 22. Le procureur du Roi est chargé de la recherche et de la poursuite de tous les crimes et délits.

Art. 23 et 24. (Supprimés.)

Art. 25. (Commun.)

Art. 26. Le procureur du Roi sera, en cas d'empêchement, remplacé par le magistrat chargé d'en remplir les fonctions, ou, à défaut, par un juge commis à cet effet par le président.

Art. 27 et 28. (Communs.)

SECTION II.

MODE DE PROCÉDER DU PROCUREUR DU ROI DANS L'EXERCICE DE SES FONCTIONS.

Art. 29 à 31. (Communs.)

Art. 32. Lorsque le procureur du Roi aura acquis la connaissance d'un crime ou d'un délit emportant peine d'emprisonnement, il pourra se transporter sur le lieu, pour y dresser les procès-verbaux nécessaires à l'effet de constater le corps du délit, son état, l'état des lieux, et pour recevoir les dé-

clarations des personnes qui auraient été présentes ou qui auraient des renseignements à donner.

Le procureur du Roi donnera avis de son transport au juge d'instruction,
sans être toutefois tenu de l'attendre pour procéder, ainsi qu'il est dit au présent chapitre.

Art. 35 à 38. (Communs.)

Art. 39. Les opérations prescrites par les articles précédents seront faites
en présence du prévenu, s'il a été arrêté; et s'il ne veut pas ou ne peut pas y
assister, en présence d'un fondé de pouvoir qu'il pourra nommer. Les objets
lui seront représentés à l'effet de les reconnaître et de les parafer, s'il y a
lieu; et au cas de refus, il en sera fait mention au procès-verbal.

Si le prévenu est un esclave et qu'il ne veuille ou ne puisse assister aux
opérations ci-dessus prescrites, elles seront faites en présence de son maître
ou d'un fondé de pouvoir que celui-ci pourra nommer.

Art. 40. Lorsque le fait sera de nature à entraîner peine afflictive ou infamante, le procureur du Roi fera saisir les prévenus présents contre lesquels
il existerait des indices graves.

Il pourra adopter la même mesure dans le cas où il s'agirait d'un délit de
nature à motiver une peine de six mois d'emprisonnement, et, encore, toutes
les fois que les inculpés sont des repris de justice, des mendiants, des vagabonds ou des esclaves.

Si le prévenu n'est pas présent, le procureur du Roi rendra une ordonnance
à l'effet de le faire comparaître; cette ordonnance s'appelle *mandat d'amener.*

La dénonciation seule ne constitue pas une présomption suffisante pour
décerner cette ordonnance contre un individu ayant domicile.

Le procureur du Roi interrogera sur-le-champ le prévenu amené devant
lui.

Art. 41. (Supprimé.)

Art. 42 à 45. (Communs.)

Art. 46. (Supprimé.)

Art. 47. Le procureur du Roi, instruit, soit par une dénonciation, soit
par toute autre voie, qu'il a été commis un crime ou un délit, ou qu'une personne qui en est prévenue se trouve dans la colonie, sera tenu, lorsqu'il ne
procédera pas immédiatement aux actes autorisés par l'art. 32, de requérir le

juge d'instruction d'ordonner qu'il en soit informé, même de se transporter, s'il est besoin, sur les lieux, à l'effet d'y dresser tous les procès-verbaux nécessaires, ainsi qu'il sera dit au chapitre *Du juge d'instruction*.

CHAPITRE V.

DES OFFICIERS DE POLICE AUXILIAIRES DU PROCUREUR DU ROI.

ART. 48. Le juge de paix et les commissaires commandants de communes recevront les dénonciations de crimes ou délits commis dans les lieux où ils exercent leurs fonctions habituelles.

ART. 49. Dans les cas prévus par l'art. 32, ils dresseront les procès-verbaux, recevront les déclarations des témoins, feront les visites et les autres actes qui sont, auxdits cas, de la compétence du procureur du Roi: le tout dans les formes et suivant les règles établies au chapitre *Du procureur du Roi.*

ART. 50. Les lieutenants des commissaires commandants de communes et les officiers faisant fonctions d'officiers de gendarmerie recevront également les dénonciations et feront, seulement dans les cas de flagrant délit, les actes énoncés en l'article précédent, en se conformant aux mêmes règles.

Le délit qui se commet actuellement ou qui vient de se commettre est un flagrant délit.

Seront aussi réputés flagrants délits le cas où le prévenu est poursuivi par la clameur publique et celui où le prévenu est trouvé saisi d'effets, armes, instruments ou papiers faisant présumer qu'il est auteur ou complice, pourvu que ce soit dans un temps voisin du délit.

Les attributions accordées par le présent article aux lieutenants des commissaires commandants de communes et aux officiers faisant fonctions d'officiers de gendarmerie, pour les cas de flagrant délit, leur appartiendront également toutes les fois que, s'agissant d'un crime ou d'un délit, même non flagrant, commis dans l'intérieur d'une maison, le chef de cette maison les requerra de le constater.

ART. 51. Dans le cas de concurrence entre le procureur du Roi et les officiers de police énoncés aux articles précédents, le procureur du Roi fera les actes attribués à la police judiciaire; s'il a été prévenu, il pourra continuer la procédure ou autoriser l'officier qui l'aura commencée à la suivre.

En cas de concurrence entre le juge de paix et les autres officiers de police judiciaire, le juge de paix aura, à l'égard de ceux-ci, les droits conférés au procureur du Roi par le présent article.

Art. 52 à 54. (Communs.)

CHAPITRE VI.
DU JUGE D'INSTRUCTION.

PREMIÈRE SECTION.
DU JUGE D'INSTRUCTION.

Art. 55 et 56. (Supprimés.)

Art. 57. (Commun.)

Art. 58. Dans le cas où le juge d'instruction se trouverait empêché, il sera remplacé conformément aux dispositions de notre ordonnance du 21 décembre 1828, sur l'organisation judiciaire.

SECTION II.
FONCTIONS DU JUGE D'INSTRUCTION.

DISTINCTION PREMIÈRE.
DES CAS DE FLAGRANT DÉLIT.

Art. 59. (Commun.)

Art. 60. Lorsque le crime ou le délit aura déjà été constaté et que le procureur du Roi transmettra les actes et pièces au juge d'instruction, celui-ci sera tenu de faire sans délai l'examen de la procédure.

Il peut refaire les actes ou ceux des actes qui ne lui paraîtraient pas complets.

DISTINCTION II.
DE D'INSTRUCTION.

§ 1er. Dispositions générales.

Art. 61. Hors le cas de flagrant délit, le juge d'instruction ne fera aucun acte d'instruction et de poursuite qu'il n'ait donné communication de la procédure au procureur du Roi. Il la lui communiquera pareillement lorsqu'elle sera terminée, et le procureur du Roi fera les réquisitoires qu'il jugera convenable, sans pouvoir retenir la procédure plus de trois jours.

Néanmoins le juge d'instruction délivrera, s'il y a lieu, le mandat d'amener, et même le mandat de dépôt, sans que ces mandats doivent être précédés des conclusions du procureur du Roi.

Art. 62. (Commun.)

§ 2. Des plaintes.

Art. 63. (Commun.)

Art. 64. Les plaintes qui auraient été adressées au procureur du Roi seront par lui transmises au juge d'instruction avec son réquisitoire; celles qui auraient été présentées aux officiers de police auxiliaires seront par eux envoyées au procureur du Roi, et transmises par lui au juge d'instruction, aussi avec son réquisitoire.

Dans les matières du ressort de la police correctionnelle, la partie lésée pourra s'adresser directement à la cour royale, dans la forme qui sera ci-après réglée.

Art. 65 à 68. (Communs.)

Art. 69. Dans le cas où le juge d'instruction de la colonie ne serait ni celui du lieu du crime ou délit, ni celui de la résidence du prévenu, ni celui du lieu où il pourra être trouvé, il renverra la plainte devant le juge d'instruction qui pourra en connaître.

Art. 70. (Commun.)

§ 3. De l'audition des témoins.

Art. 71 à 74. (Communs.)

Art. 75. Les témoins prêteront serment de dire toute la vérité, rien que la vérité. Le juge d'instruction leur demandera leurs noms, prénoms, âge, état, profession, demeure; s'ils appartiennent à la population blanche, à celle des gens de couleur libres, ou s'ils sont esclaves; s'ils sont domestiques, esclaves; parents ou alliés des parties et à quel degré. Il sera fait mention de la demande, et des réponses des témoins.

Art. 76 à 79. (Communs.)

Art. 80. Toute personne citée pour être entendue en témoignage sera tenue de comparaître et de satisfaire à la citation; sinon, elle pourra y être contrainte par le juge d'instruction, qui, à cet effet, sur les conclusions du procureur du Roi, sans autre formalité ni délai, et sans appel, prononcera une amende qui n'excédera pas 150 francs, et pourra ordonner que la personne citée sera contrainte par corps à venir donner son témoignage.

S'il s'agit d'un esclave, la condamnation à l'amende sera prononcée contre le maître.

Art. 81. (Commun.)

Art. 82. Chaque témoin qui demandera une indemnité sera taxé par le juge d'instruction.

La taxe sera allouée de droit à l'esclave, et elle appartiendra à son maître.

Art. 83. Lorsqu'il sera constaté, par le certificat d'un officier de santé, ou, à défaut d'officier de santé, par un certificat du commissaire commandant de la commune, ou de son lieutenant, que des témoins se trouvent dans l'impossibilité de comparaître sur la citation qui leur aura été donnée, le juge d'instruction se transportera en leur demeure, quand ils habiteront dans la commune de Cayenne.

Si les témoins habitent hors de ladite commune, le juge d'instruction pourra commettre le commissaire commandant du lieu de leur résidence, ou tout autre officier de police judiciaire, à l'effet de recevoir leur déposition, et il enverra à l'officier qu'il aura commis des notes et instructions qui feront connaître les faits sur lesquels les témoins devront déposer.

Si l'affaire ne paraît pas d'une nature assez grave pour exiger le transport du juge d'instruction ou l'audition des témoins par lui-même, et si ces témoins habitent hors de la commune où réside le juge d'instruction, il pourra également déléguer le commissaire commandant de la commune de leur résidence à l'effet de recevoir leur déposition.

Art. 84. (Commun.)

Art. 85. Le juge ou l'officier de police judiciaire qui aura reçu les dépositions, en conséquence des art. 83 et 84 ci-dessus, les enverra, closes et cachetées, au juge d'instruction du tribunal saisi de l'affaire.

Art. 86. (Commun.)

§ 4. Des preuves par écrit et des pièces à conviction.

Art. 87 et 88. (Communs.)

Art. 89. Les dispositions des art. 35, 36, 37, 38 et 39, concernant la saisie des objets dont la perquisition peut être faite par le procureur du Roi, sont communes au juge d'instruction.

Art. 90. Si les papiers ou effets dont il y aura lieu de faire la perquisition sont hors de la commune où réside le juge d'instruction, il pourra déléguer tel officier de police judiciaire qu'il croira convenable pour procéder aux opérations prescrites par les articles précédents.

Si ces papiers ou effets sont hors de la colonie, il requerra le juge d'instruction du lieu où on peut les trouver, de procéder auxdites opérations.

CHAPITRE VII.

DES MANDATS DE COMPARUTION, DE DÉPÔT, D'AMENER ET D'ARRÊT.

Art. 91. Lorsque l'inculpé sera domicilié et que le fait sera de nature à ne donner lieu qu'à une peine correctionnelle, le juge d'instruction pourra, s'il le juge convenable, ne décerner contre l'inculpé qu'un mandat de comparution, sauf, après l'avoir interrogé, à convertir le mandat en tel autre mandat qu'il appartiendra.

Si l'inculpé fait défaut, le juge d'instruction décernera contre lui un mandat d'amener.

Il décernera pareillement mandat d'amener contre toute personne, de quelque qualité qu'elle soit, inculpée d'un délit emportant peine afflictive ou infamante.

Art. 92 et 93. (Communs.)

Art. 94. Il pourra, après avoir entendu les prévenus, et lorsque le fait emportera peine afflictive ou infamante ou emprisonnement correctionnel, décerner un mandat de dépôt.

Il pourra également, dans les cas prévus par le présent article, et le procureur du Roi ouï, décerner un mandat d'arrêt dans la forme qui sera ci-après déterminée.

Art. 95 et 96. (Communs.)

Art. 97. Les mandats de comparution, d'amener, de dépôt ou d'arrêt seront notifiés par un huissier ou par un agent de la force publique, lequel en fera l'exhibition au prévenu et lui en délivrera copie.

Le mandat d'arrêt sera exhibé au prévenu lors même qu'il serait déjà détenu, et il lui en sera délivré copie.

Si l'esclave contre lequel le mandat est décerné se trouve sur la propriété de son maître, il sera fait exhibition et délivré copie du mandat au maître ou à son gérant.

Art. 98. Les mandats de comparution, d'amener, de dépôt et d'arrêt seront exécutoires dans tout le territoire du royaume.

Si le prévenu est trouvé dans la colonie hors de la commune où réside l'officier qui aura délivré le mandat de dépôt ou d'arrêt, il sera conduit devant le juge de paix ou son suppléant, et, à leur défaut, devant le commissaire commandant de la commune ou son suppléant, lequel visera le mandat, sans pouvoir en empêcher l'exécution.

Si le prévenu est trouvé en France, il sera conduit devant le juge de paix ou son suppléant, et, à leur défaut, devant le maire, ou l'adjoint du maire, ou le commissaire de police du lieu, lequel visera le mandat, sans pouvoir en empêcher l'exécution.

Si le prévenu est trouvé dans une colonie autre que celle de la résidence de l'officier qui aura délivré le mandat d'arrêt ou de dépôt, il sera conduit devant les officiers publics remplissant des fonctions analogues à celles des magistrats ci-dessus désignés.

Art. 99. (Commun.)

Art. 100. Le mandat d'amener ne sera exécutoire, hors de la colonie, qu'autant que, sur le rapport du procureur général, il aura été soumis à la chambre d'accusation de la cour royale et revêtu de son approbation.

Dans le cas prévu par le présent article, le prévenu ne pourra être contraint de se rendre au mandat; mais alors le procureur du Roi de l'arrondissement où il aura été trouvé, et devant lequel il sera conduit, décernera un mandat de dépôt, en vertu duquel il sera retenu dans la maison d'arrêt.

Le mandat d'amener devra être pleinement exécuté si le prévenu a été trouvé muni d'effets, de papiers ou d'instruments qui feront présumer qu'il est auteur ou complice du crime ou délit pour raison duquel il est recherché, quels que soient le délai et la distance dans lesquels il aura été trouvé.

Art. 101 à 103. (Communs.)

Art. 104. Dans le cas où le prévenu arrêté hors de la colonie aurait été mis en état de mandat de dépôt, conformément à l'art. 101, le juge saisi de l'affaire sera tenu d'en référer à la chambre d'accusation, laquelle ordonnera, s'il y a lieu, la translation du prévenu dans la colonie, fera cesser l'effet du mandat ou ordonnera que le prévenu restera dans la maison d'arrêt de l'arrondissement dans lequel il aura été trouvé, jusqu'à ce qu'il ait été statué par la chambre d'accusation, conformément aux art. 217 à 250 du présent code.

Art. 105. Si le prévenu contre lequel il a été décerné un mandat d'amener ne peut être trouvé, ce mandat sera exhibé au commissaire commandant de la commune de la résidence du prévenu ou à son lieutenant.

Cet officier mettra son visa sur l'original de l'acte de notification.

Art. 106 à 109. (Communs.)

Art. 110. Le prévenu, saisi en vertu d'un mandat d'arrêt ou de dépôt, sera conduit, sans délai, dans la maison d'arrêt indiquée par le mandat.

Toutefois, lorsqu'il n'aura été décerné qu'un mandat de dépôt, le juge d'instruction pourra, sur les conclusions conformes du procureur du Roi, faire cesser l'effet de ce mandat.

Art. 111. (Commun.)

Art. 112. L'inobservation des formalités prescrites pour les mandats de comparution, de dépôt, d'amener et d'arrêt sera toujours punie d'une amende de 100 francs au moins contre le greffier, et, s'il y a lieu, d'injonctions au juge d'instruction et au procureur du Roi, même de prise à partie s'il y échet.

CHAPITRE VIII.

DE LA LIBERTÉ PROVISOIRE ET DU CAUTIONNEMENT.

Art. 113. La liberté provisoire ne pourra jamais être accordée au prévenu lorsque le titre de l'accusation emportera une peine afflictive ou infamante.

Art. 114. Si le fait n'emporte pas une peine afflictive ou infamante, mais seulement une peine correctionnelle, le juge d'instruction pourra, sur la demande du prévenu et sur les conclusions conformes du procureur du Roi, ordonner que le prévenu sera mis provisoirement en liberté, moyennant caution solvable de se représenter à tous les actes de la procédure et pour l'exécution du jugement, aussitôt qu'il en sera requis.

La mise en liberté provisoire avec caution pourra être demandée et accordée en tout état de cause.

Art. 115. Néanmoins les vagabonds et les repris de justice ne pourront, en aucun cas, être mis en liberté provisoire.

Cette mesure ne pourra également avoir lieu à l'égard des esclaves.

Art. 116. La demande en liberté provisoire sera notifiée à la partie civile, à son domicile ou à celui qu'elle aura élu.

Art. 117. La solvabilité de la caution offerte sera discutée par le procureur du Roi et par la partie civile dûment appelée.

Elle devra être justifiée par des immeubles libres, pour le montant du cautionnement et une moitié en sus, si mieux n'aime la caution déposer dans la caisse de l'enregistrement le montant du cautionnement en espèces.

Art. 118. Le prévenu sera admis à être sa propre caution, soit en déposant le montant du cautionnement, soit en justifiant d'immeubles libres pour le montant du cautionnement et une moitié en sus, et en faisant, dans l'un ou l'autre cas, la soumission dont il sera parlé ci-après.

Art. 119. Le cautionnement ne pourra être au-dessous de 1,000 francs.

Si la peine correctionnelle était, à la fois, l'emprisonnement et une amende dont le double excéderait 1,000 francs, le cautionnement ne pourrait pas être exigé d'une somme plus forte que le double de cette amende.

S'il était résulté du délit un dommage civil appréciable en argent, le cautionnement sera triple de la valeur du dommage, ainsi qu'il sera arbitré, pour cet effet seulement, par le juge d'instruction, sans néanmoins que, dans ce cas, le cautionnement puisse être au-dessous de 1,000 francs.

Art. 120. La caution admise fera sa soumission, soit au greffe du tribunal, soit devant notaires, de payer, entre les mains du receveur de l'enregistrement, le montant du cautionnement, en cas que le prévenu soit constitué en défaut de se représenter.

Cette soumission entraînera la contrainte par corps contre la caution : une expédition en forme exécutoire en sera remise à la partie civile avant que le prévenu soit mis en liberté provisoire.

Art. 121. Les espèces déposées et les immeubles servant de cautionnement seront affectés, par privilége : 1° au payement des réparations civiles et des frais avancés par la partie civile: 2° aux amendes : le tout, néanmoins, sans préjudice du privilége du trésor colonial, à raison des frais faits par la partie publique.

Le procureur du Roi et la partie civile pourront prendre inscription hypothécaire, sans attendre le jugement définitif. L'inscription prise à la requête de l'un ou de l'autre profitera à tous les deux.

Art. 122. Le juge d'instruction rendra, le cas arrivant, sur les conclusions du procureur du Roi ou sur la demande de la partie civile, une ordonnance pour le payement de la somme cautionnée.

Ce payement sera poursuivi à la requête du procureur du Roi et à la diligence du receveur de l'enregistrement. Les sommes recouvrées seront versées dans la caisse de l'enregistrement, sans préjudice des poursuites et des droits de la partie civile.

Art. 123. Le juge d'instruction délivrera, dans la même forme et sur les mêmes réquisitions, une ordonnance de contrainte contre la caution ou les cautions d'un individu mis sous la surveillance spéciale du Gouvernement, lorsque celui-ci aura été condamné, par un jugement devenu irrévocable, pour un crime ou un délit commis dans l'intervalle déterminé par l'acte de cautionnement.

Art. 124. Le prévenu ne sera mis en liberté provisoire sous caution qu'après avoir élu domicile dans le lieu où réside le juge d'instruction, par un acte reçu au greffe du tribunal de 1re instance.

Art. 125. Outre les poursuites contre la caution, s'il y a lieu, le prévenu sera saisi et écroué dans la maison d'arrêt, en exécution d'une ordonnance du juge d'instruction.

Art. 126. Le prévenu qui aurait laissé contraindre sa caution au payement ne sera plus, à l'avenir, recevable en aucun cas à demander de nouveau sa liberté provisoire moyennant caution.

CHAPITRE IX.

DU RAPPORT DU JUGE D'INSTRUCTION, QUAND LA PROCÉDURE EST COMPLÈTE.

Art. 127. Le juge d'instruction sera tenu, aussitôt qu'une instruction sera terminée, de déposer au greffe du tribunal de 1re instance un rapport dans lequel il exposera les faits et motivera son opinion; il en donnera en même temps avis au procureur du Roi.

Dans les vingt-quatre heures de ce dépôt, le procureur du Roi transmettra ce rapport au procureur général, en y joignant son avis motivé, les pièces d'instruction, le procès-verbal constatant le corps du délit et un état des pièces servant à conviction.

Dans le cas où l'inculpé sera détenu, il lui sera donné avis, par le greffier, du renvoi de l'affaire à la chambre d'accusation.

Les pièces de conviction resteront au tribunal de 1^m instance, sauf ce qui sera dit aux art. 248 et 291.

Art. 128. Sont exceptées des dispositions de l'article précédent les contraventions aux lois, ordonnances et règlements sur le commerce étranger et sur les douanes.

S'il y a eu instruction sur des contraventions de cette nature, le procureur du Roi, dès qu'elle sera terminée, fera citer directement les prévenus devant le tribunal de 1re instance jugeant correctionnellement.

Art. 129 à 136. (Supprimés.)

LIVRE II.

DE LA JUSTICE.

TITRE PREMIER.

DES TRIBUNAUX DE POLICE.

CHAPITRE PREMIER.

DU TRIBUNAL DE SIMPLE POLICE.

Art. 137. Sont considérés comme contraventions de police simple les faits énoncés au quatrième livre du Code pénal et ceux prévus par les règlements de police émanés de l'autorité locale, lorsque le maximum de la peine prononcée par ces règlements n'excédera pas quinze jours d'emprisonnement ou 100 francs d'amende.

Art. 138. (Commun.)

§ 1er. Du tribunal du juge de paix comme juge de police.

Art. 139 et 140. (Supprimés.)

Art. 141. Le juge de paix connaîtra seul des affaires attribuées à son tribunal. Le greffier et l'huissier de la justice de paix feront le service pour les affaires de police.

Art. 142 et 143. (Supprimés.)

Art. 144. Les fonctions du ministère public pour les faits de police, seront remplies par le commissaire de police, et, à son défaut, par l'officier de l'état civil.

Art. 145. (Commun.)

Art. 146. La citation ne pourra être donnée à un délai moindre que de vingt-quatre heures, outre un jour par chaque myriamètre, à peine de nullité tant de la citation que du jugement qui sera rendu par défaut. Néanmoins cette nullité ne pourra être proposée qu'à la première audience, avant toute exception et défense.

Dans les cas urgents, les délais pourront être abrégés et les parties citées à comparaître même dans le jour, et à heure indiquée, en vertu d'une cédule délivrée par le juge de paix.

Art. 147 à 150. (Communs.)

Art. 151. L'opposition au jugement par défaut pourra être faite par déclaration en réponse, au bas de l'acte de signification, ou par acte notifié dans les trois jours de la signification, outre un jour par chaque myriamètre.

L'opposition emportera, de droit, citation à la première audience après l'expiration des délais, et sera réputée non avenue si l'opposant ne comparaît pas.

Art. 152. (Commun.)

Art. 153. Les affaires de police seront inscrites. selon l'ordre de leur présentation au greffe ou à l'audience, sur un registre tenu par le greffier et coté et parafé par le juge de paix.

Elles seront inscrites et jugées dans l'ordre de leur présentation.

L'instruction de chaque affaire sera publique, à peine de nullité.

Elle se fera dans l'ordre suivant :

Les procès-verbaux, s'il y en a. seront lus par le greffier.

Les témoins, s'il en a été appelé par le ministère public ou par la partie civile, seront entendus, s'il y a lieu.

La partie civile prendra ses conclusions.

La personne citée proposera sa défense et fera entendre ses témoins, si elle en a amené ou fait citer et si, aux termes de l'article suivant, elle est recevable à les produire.

Le ministère public résumera l'affaire et donnera ses conclusions; la partie citée pourra proposer ses observations.

Le tribunal de police prononcera le jugement dans l'audience où l'instruction aura été terminée, ou, au plus tard. dans l'audience suivante.

Le greffier portera sur la feuille d'audience du jour la minute du jugement, aussitôt qu'il aura été rendu.

Art. 154 et 155. (Communs.)

Art. 156. Les ascendants ou descendants de la personne prévenue, ses frères et sœurs ou alliés en pareil degré, la femme ou son mari, ne seront appelés ni reçus en témoignage.

Les esclaves ne pourront également être entendus ni pour ni contre leur maître.

Néanmoins l'audition des personnes ci-dessus désignées ne pourra opérer une nullité lorsque, soit le ministère public, soit la partie civile, soit le prévenu, ne se seront pas opposés à ce qu'elles soient entendues.

Art. 157. Les témoins qui ne satisferont pas à la citation pourront y être contraints par le tribunal, qui, à cet effet, et sur la réquisition du ministère public, prononcera, dans la même audience, sur le premier défaut, l'amende, et, en cas d'un second défaut, la contrainte par corps.

Si le témoin non comparant est un esclave, il sera toujours contraignable par corps, sauf l'amende contre le maître, si la non-comparution provient de ce dernier.

Art. 158. Le témoin ou le maître de l'esclave ainsi condamné à l'amende sur le premier défaut, et qui, sur la seconde citation, produira devant le tribunal des excuses légitimes, pourra, sur les conclusions du ministère public, être déchargé de l'amende.

Si le témoin n'est pas cité de nouveau, il pourra volontairement comparaître, par lui ou par un fondé de procuration spéciale, à l'audience suivante, pour présenter ses excuses et obtenir, s'il y a lieu, décharge de l'amende.

Art. 159 à 165. (Communs.)

§ 2.

Art. 166 à 171. (Supprimés.)

§ 3. De l'appel des jugements de police.

Art. 172. Les jugements rendus en matière de police pourront être attaqués par la voie de l'appel, lorsqu'ils prononceront un emprisonnement ou lorsque les amendes, restitutions et autres réparations civiles excéderont la somme de 100 francs, outre les dépens.

Art. 173. (Commun.)

Art. 174. L'appel des jugements rendus par le tribunal de police sera porté au tribunal de 1re instance jugeant correctionnellement.

Cet appel sera interjeté, par déclaration au greffe, dans les dix jours de la signification de la sentence à personne ou domicile; il sera suivi et jugé dans la forme qui sera réglée par les articles suivants.

Art. 175 et 176. (Communs.)

Art. 177. Le ministère public et les parties pourront, s'il y a lieu, se pourvoir en annulation contre les jugements rendus en dernier ressort par le tribunal de police ou contre les jugements rendus par le tribunal de 1re instance jugeant correctionnellement, sur l'appel des jugements de police.

Le recours aura lieu dans la forme et dans les délais qui seront prescrits.

Art. 178. (Commun.)

CHAPITRE II.

DES TRIBUNAUX EN MATIÈRE CORRECTIONNELLE.

Art. 179. La cour royale, constituée en chambre de police correctionnelle, connaîtra en premier et dernier ressort, sauf l'exception portée en l'article suivant, de tous les délits auxquels la loi applique une peine dont le maximum excède quinze jours d'emprisonnement ou 100 francs d'amende.

Art. 180. Le tribunal de 1re instance, indépendamment de la compétence qui lui est attribuée par l'art. 174, connaîtra en premier ressort. sous le titre de tribunal correctionnel, des contraventions aux lois. ordonnances et règlements sur le commerce étranger et sur les douanes. conformément à l'art. 24 de notre ordonnance du 21 décembre 1828. sur l'organisation judiciaire de la Guyane française.

Art. 181. S'il se commet un délit correctionnel dans l'enceinte et pendant la durée des audiences soit de la cour royale jugeant en matière civile ou en matière correctionnelle, soit de la cour d'assises, le président dressera procès-verbal du fait, entendra le prévenu et les témoins, et la cour appliquera. sans désemparer, les peines prononcées par la loi.

Dans le cas où le délit aurait été commis à l'audience du tribunal de 1re instance, le juge royal dressera le procès-verbal, entendra les témoins et le prévenu, et pourra renvoyer celui-ci en état de mandat d'amener devant le juge d'instruction.

Art. 182. La cour royale sera saisie, en matière correctionnelle, de la connaissance des délits de sa compétence, soit par le renvoi qui lui en sera fait par la chambre d'accusation, soit par la citation donnée directement au prévenu et aux personnes civilement responsables du délit par la partie civile, et, dans tous les cas, par le ministère public.

Le tribunal de 1ʳᵉ instance jugeant correctionnellement sera saisi par les mêmes voies.

Est assimilée aux parties civiles l'administration des douanes.

Art. 183. (Commun.)

Art. 184. Il y aura au moins un délai de trois jours, outre un jour par chaque myriamètre, entre la citation et le jugement, à peine de nullité de la condamnation qui serait prononcée par défaut contre la personne citée.

Néanmoins cette nullité ne pourra être proposée qu'à la première audience et avant toute exception ou défense.

Art. 185 et 186. (Communs.)

Art. 187. La condamnation par défaut sera comme non avenue, si, dans les cinq jours de la signification qui en aura été faite au prévenu ou à son domicile, outre un jour par trois myriamètres, celui-ci forme opposition à l'exécution du jugement et notifie son opposition tant au ministère public qu'à la partie civile.

Néanmoins les frais de l'expédition de la signification du jugement par défaut et de l'opposition demeureront à la charge du prévenu.

Art. 188. L'opposition emportera de droit citation à la première audience; elle sera comme non avenue, si l'opposant n'y comparaît pas. L'arrêt que la cour aura rendu sur l'opposition ne pourra être attaqué par la partie qui l'aura formée, si ce n'est pas la voie du recours en cassation.

Quant au jugement rendu sur l'opposition par le tribunal de 1ʳᵉ instance jugeant correctionnellement, il pourra être attaqué par appel, ainsi qu'il sera dit ci-après.

Dans ce cas, le tribunal pourra, s'il y échet, accorder une provision; et cette disposition sera exécutoire nonobstant appel.

Art. 189. La preuve des délits correctionnels se fera de la manière prescrite aux art. 154, 155 et 156 ci-dessus, concernant les contraventions de police. Les dispositions des art. 157 et 158 sont communes à la cour royale jugeant correctionnellement.

Les dispositions de l'art. 154, celles de l'art. 155, en ce qui concerne le serment des témoins, celles des art. 156, 157 et 158 ci-dessus, seront également observées par le tribunal de 1re instance jugeant correctionnellement.

Le greffier tiendra des notes exactes des noms, prénoms, âge, profession et demeure des témoins, de leur prestation de serment, de leurs dépositions, ainsi que des interrogatoires des prévenus : ces notes seront signées du président et du greffier.

Hors le cas de preuve légale résultant de procès-verbaux, ainsi qu'il est dit en l'art. 154, le tribunal de 1re instance jugeant correctionnellement se décidera d'après les preuves résultant soit de l'instruction écrite, soit des dispositions des témoins, et suivant son intime conviction.

Art. 190. Les affaires correctionnelles seront inscrites, selon l'ordre de leur présentation au greffe ou à l'audience, sur un registre tenu à cet effet, à la cour royale, par le greffier de la cour, et, au tribunal de 1re instance, par le greffier du tribunal.

Elles seront instruites et jugées dans l'ordre indiqué par les juges saisis du procès.

L'instruction sera publique, à peine de nullité.

Le ministère public, la partie civile, ou son défenseur, exposeront l'affaire : les procès-verbaux ou rapports, s'il en a été dressé, seront lus par le greffier : les témoins pour et contre seront entendus, s'il y a lieu, et les reproches proposés et jugés; les pièces servant à conviction ou à décharge seront représentées aux témoins et aux parties : le prévenu sera interrogé : le prévenu et les personnes civilement responsables proposeront leurs défenses : le ministère public résumera l'affaire et donnera ses conclusions : le prévenu et les personnes civilement responsables du délit pourront répliquer.

Le jugement sera prononcé de suite, ou, au plus tard, à l'audience qui suivra celle où l'instruction aura été terminée : il sera rendu, à la cour royale, à la majorité des voix, et, en 1re instance, par le juge royal seul, qui toutefois sera tenu de prendre l'avis des juges auditeurs présents à l'audience.

Le greffier portera sur la feuille du jour la minute du jugement, aussitôt qu'il aura été rendu.

Art. 191 et 192. (Communs.)

Art. 193. Si le fait est de nature à mériter une peine afflictive ou infamante, la cour ou le tribunal pourront décerner de suite le mandat de dépôt ou le mandat d'arrêt; si la cour ou le tribunal ont été saisis par voie de citation directe, ils renverront le prévenu devant le juge d'instruction.

S'ils ont été saisis par un renvoi de la chambre d'accusation, il sera procédé conformément aux dispositions du chapitre sur les règlements de juges.

Art. 194. (Commun.)

Art. 195. Dans le dispositif de tout jugement de condamnation, seront énoncés les faits dont les personnes citées seront jugées coupables ou responsables, la peine et les condamnations civiles.

Le texte de la loi dont on fera l'application sera lu à l'audience par le président; il sera fait mention de cette lecture dans le jugement, et le texte de la loi y sera inséré, sous peine de 100 francs d'amende contre le greffier.

Art. 196. (Commun.)

Art. 197. Le jugement sera exécuté à la requête du ministère public et de la partie civile, chacun en ce qui le concerne.

Néanmoins les poursuites pour le recouvrement des amendes et confiscations seront faites, au nom du ministère public, par le receveur de l'enregistrement.

Art. 198. Lorsque le jugement aura été rendu par le tribunal de 1re instance dans les matières énoncées en l'art. 24 de notre ordonnance du 21 décembre 1828, sur l'organisation judiciaire, le procureur du Roi sera tenu, dans les cinq jours de la prononciation, d'en envoyer extrait au contrôleur colonial remplissant les fonctions du ministère public près la commission d'appel.

Si le jugement a été rendu dans les matières énoncées en l'art. 23 de ladite ordonnance, semblable extrait sera, dans les dix jours de la prononciation, envoyé par le procureur du Roi au procureur général.

Art. 199. Les jugements rendus par le tribunal de 1re instance dans les matières énoncées en l'art. 24 de notredite ordonnance du 21 décembre 1828 pourront être attaqués par la voie de l'appel.

Art. 200. Les appels desdits jugements seront portés au conseil privé, constitué en commission d'appel, dans la forme réglée par notre ordonnance du 31 août 1828 sur le mode de procéder devant les conseils privés des colonies.

Art. 201. (Supprimé.)

Art. 202. La faculté d'appeler appartiendra:

1° Aux parties prévenues ou responsables;

2° A la partie civile, quant à ses intérêts civils seulement ;

3° A l'administration des douanes, tant pour ses intérêts civils que pour l'application de la peine;

4° Au procureur du Roi près le tribunal de 1re instance ;

5° Au contrôleur colonial.

Art. 203. Il y aura déchéance de l'appel, si la déclaration d'appeler n'a pas été faite, au greffe du tribunal qui a rendu le jugement, dix jours au plus tard après celui où il aura été prononcé, et si le jugement est rendu par défaut, dix jours au plus tard après celui de la signification qui en aura été faite à la partie condamnée ou à son domicile. outre un jour par chaque myriamètre.

Pendant ce délai et pendant l'instance de l'appel. il sera sursis à l'exécution du jugement.

Art. 204. La requête contenant les moyens d'appel pourra être remise, . dans le même délai, au même greffe; elle sera signée de l'appelant, ou d'un avoué, ou de tout autre fondé de pouvoir spécial.

Dans ce dernier cas, le pouvoir sera annexé à la requête.

Cette requête pourra aussi être remise directement au secrétariat du conseil privé.

Art. 205. (Supprimé.)

Art. 206. La mise en liberté du prévenu acquitté ne pourra être suspendue, lorsqu'aucun appel n'aura été déclaré dans les dix jours de la prononciation du jugement.

Art. 207. La requête, si elle a été remise au greffe du tribunal de 1re instance. et les pièces seront envoyées par le procureur du Roi au secrétariat du conseil privé, dans les vingt-quatre heures après la déclaration ou la remise de la notification d'appel.

Art. 208 à 215. (Supprimés.)

Art. 216. La partie civile, le prévenu, la partie publique et les personnes civilement responsables du délit pourront se pourvoir en cassation contre les arrêts rendus par la cour royale, dans les cas prévus par l'art. 179.

TITRE II.

DES AFFAIRÉS QUI DOIVENT ÊTRE SOUMISES À LA CHAMBRE D'ACCUSATION, ET DES MISES EN ACCUSATION.

Art. 217. Le procureur général près la cour royale sera tenu de faire inscrire, sur un registre tenu au greffe et coté et parafé par le président de la cour, les affaires qui lui seront envoyées en exécution de l'art. 127. Cette inscription aura lieu immédiatement après la réception des pièces. Il sera, en outre, tenu de mettre les affaires en état dans les cinq jours de la réception des pièces, et de faire son rapport dans les cinq jours suivants.

Pendant ce temps, la partie civile et le prévenu pourront fournir tels mémoires qu'ils estimeront convenable, sans que le rapport puisse être retardé.

Art. 218. Une section de la cour royale, spécialement formée à cet effet, sera tenue de se réunir, au moins une fois par semaine, à la chambre du conseil, pour entendre le rapport du procureur général et statuer sur ses réquisitions.

Art. 219. Il sera prononcé sur les affaires portées à la chambre d'accusation, dans l'ordre des rapports qui seront faits par le procureur général.

Celles dans lesquelles soit le juge d'instruction, soit le procureur du Roi, aura été d'avis qu'il n'y a lieu à suivre, passeront les premières, si les inculpés sont détenus.

Le président sera tenu de faire prononcer la section au plus tard dans les trois jours du rapport du procureur général.

Art. 220. Si l'affaire est de la nature de celles qui sont réservées à la cour des pairs, ou à la cour de cassation, ou au conseil privé, le procureur général est tenu d'en requérir la suspension et le renvoi, et la section, de l'ordonner.

Art. 221 à 224. (Communs.)

Art. 225. Les juges délibéreront entre eux sans désemparer et sans communiquer avec personne.

L'arrêt sera rendu à la majorité des voix, hors la présence des accusés, du public et du procureur général.

Art. 226 à 228. (Communs.)

Art. 229. Si la cour n'aperçoit aucune trace d'un délit prévu par la loi, ou si elle ne trouve pas des indices suffisants de culpabilité, elle ordonnera la mise en liberté de l'inculpé, ce qui sera exécuté sur-le-champ, s'il n'est retenu pour une autre cause.

Art. 230. Si la cour estime que l'inculpé doit être renvoyé au tribunal de simple police, ou au tribunal de 1re instance jugeant correctionnellement, ou à la chambre correctionnelle de la cour, elle prononcera le renvoi et indiquera le tribunal qui doit en connaître. Dans le cas de renvoi au tribunal de simple police, l'inculpé sera mis en liberté. Dans le cas de renvoi en police correctionnelle, la cour pourra maintenir les mandats de dépôt ou d'arrêt qui auront été délivrés par le juge d'instruction, ou en décerner d'office, s'il y a lieu.

Art. 231. Si le fait est qualifié crime par la loi et que la cour trouve des charges suffisantes pour motiver la mise en accusation, elle ordonnera le renvoi du prévenu devant la cour d'assises et décernera une ordonnance de prise de corps.

Art. 232. Cette ordonnance contiendra le nom du prévenu, son signalement, son domicile, s'ils sont connus, l'exposé du fait et la nature du crime.

Art. 233. L'ordonnance de prise de corps sera insérée dans l'arrêt de mise en accusation, lequel contiendra l'ordre de conduire l'accusé dans la maison de justice.

Art. 234. (Commun.)

Art. 235. Dans toutes les affaires, la cour royale, tant qu'elle n'aura pas décidé s'il y a lieu de prononcer la mise en accusation, pourra, seulement sur la réquisition du procureur général, soit qu'il y ait ou non une instruction commencée par les premiers juges, ordonner des poursuites, se faire apporter les pièces, informer ou faire informer, et statuer ensuite ce qu'il appartiendra.

Art. 236. (Commun.)

Art. 237. Le juge entendra les témoins ou commettra pour recevoir leurs dépositions un des juges du tribunal de 1re instance ou le commissaire commandant de la commune dans laquelle ils demeurent, interrogera le prévenu, fera constater par écrit toutes les preuves ou indices qui pourront être recueillis, et décernera, suivant les circonstances, les mandats d'amener, de dépôt ou d'arrêt.

Art. 238. (Commun.)

Art. 239. Il ne sera décerné préalablement aucune ordonnance de prise de corps; et s'il résulte de l'examen qu'il y a lieu de renvoyer le prévenu à la cour d'assises ou au tribunal de police correctionnelle, l'arrêt portera cette ordonnance, ou celle de se représenter, si le prévenu a été admis à la liberté sous caution.

Art. 240 à 245. (Communs.)

Art. 246. L'inculpé à l'égard duquel la cour royale aura décidé qu'il n'y a pas lieu au renvoi soit à la cour d'assises, soit au tribunal correctionnel, soit au tribunal de police, ne pourra plus être traduit devant aucun de ces tribunaux à raison du même fait, à moins qu'il ne survienne de nouvelles charges.

Art. 247 à 250. (Communs.)

TITRE III.

DES ASSISES.

CHAPITRE PREMIER.

DE LA FORMATION DE LA COUR D'ASSISES.

Art. 251. Il sera tenu à Cayenne des assises pour juger les individus que la cour royale y aura renvoyés.

Art. 252. (Supprimé.)

Art. 253. La cour d'assises sera composée ainsi qu'il est réglé par le chapitre IV du titre II de notre ordonnance du 21 décembre 1828 sur l'organisation judiciaire de la Guyane française.

Art. 254 à 256. (Supprimés.)

Art. 257. (Commun.)

Art. 258. Les assises pourront être tenues dans un autre lieu que celui fixé, et ce, dans les cas prévus et d'après le mode indiqué par l'art. 64 de notredite ordonnance du 21 décembre 1828.

Art. 259. La tenue des assises aura lieu conformément à l'art. 63 de l'ordonnance précitée.

Art. 260. Les affaires portées aux assises seront distribuées par le président de la session.

Les assises ne seront closes qu'après que toutes les affaires criminelles qui étaient en état lors de leur ouverture y auront été portées.

Art. 261. Lorsque des accusés ne seront arrivés dans la maison de justice qu'après le tirage des assesseurs ou qu'après l'ouverture des assises, il leur sera donné connaissance des noms, profession et demeure des assesseurs qui doivent siéger aux assises; et ils ne pourront y être jugés que lorsqu'ils y auront consenti, que le ministère public ne s'y sera point opposé et que le président l'aura ordonné.

Dans ce cas, le ministère public et les accusés seront considérés comme ayant renoncé à la faculté d'exercer aucune récusation contre les assesseurs antérieurement désignés par le sort.

Il sera dressé un procès-verbal constatant l'accomplissement des formalités prescrites par le présent article.

Art. 262. (Commun.)

Art. 263. Si, depuis la notification faite aux assesseurs en exécution de l'art. 392 du présent code, le président de la cour d'assises se trouve dans l'impossibilité de remplir ses fonctions, il sera remplacé par le plus ancien des autres juges de la cour royale nommés ou délégués pour l'assister, et, s'il n'est assisté d'aucun juge de la cour royale. par le juge royal.

Art. 264. En cas d'absence ou d'empêchement des autres membres de la cour royale, ils seront remplacés conformément aux dispositions de l'art. 53 de notre ordonnance du 21 décembre 1828 sur l'organisation judiciaire.

Art. 265. Le procureur général pourra. même étant présent. déléguer ses fonctions à un conseiller-auditeur.

Cette disposition est commune à la cour royale et à la cour d'assises.

§ 1. Fonctions du président.

Art. 266. Le président est chargé d'entendre l'accusé lors de son arrivée dans la maison de justice.

Il pourra déléguer ses fonctions à l'un des juges de la cour ou au juge royal.

Art. 267. Il sera de plus chargé personnellement de diriger le débat, de présider à toute l'instruction et de déterminer l'ordre entre ceux qui demanderont à parler.

Il aura la police de l'audience.

Art. 268. (Commun.)

Art. 269. Il pourra, dans le cours des débats, appeler, même par mandat d'amener, et entendre toutes personnes, sans distinction de classes, ou se faire apporter toutes nouvelles pièces qui lui paraîtraient, d'après les nouveaux développements donnés à l'audience, soit par les accusés, soit par les témoins, pouvoir répandre un jour utile sur le fait contesté.

Les témoins ainsi appelés ne prêteront point serment, et leurs déclarations ne seront considérées que comme renseignements.

Le pouvoir accordé au président par le présent article ne pourra s'exercer, à l'égard des esclaves qu'il jugerait convenable d'appeler, que sous les conditions prescrites par l'art. 322.

Art. 270. (Commun.)

§ 2. Fonctions du procureur général près la cour royale.

Art. 271. Le procureur général près la cour royale poursuivra, soit par lui-même, soit par le magistrat chargé d'en remplir les fonctions, toute personne mise en accusation suivant les formes prescrites au titre II du présent livre. Il ne pourra porter à la cour aucune autre accusation, à peine de nullité, et, s'il y a lieu, de prise à partie contre lui.

Art. 272 et 273. (Communs.)

Art. 274. Le procureur général, soit d'office, soit par les ordres du gouverneur, charge le procureur du Roi de poursuivre les délits dont il a connaissance.

Art. 275. Il reçoit les dénonciations et les plaintes qui lui sont adressées directement, soit par un fonctionnaire public, soit par un simple particulier, et il en tient registre.

Il les transmet au procureur du Roi.

Art. 276 à 282. (Communs.)

Art. 283. Dans tous les cas où le procureur général et les présidents sont autorisés à remplir les fonctions d'officier de police judiciaire ou de juge d'instruction, ils pourront déléguer au procureur du Roi, au juge d'instruction, au juge de paix et au commissaire commandant même d'une commune voisine du lieu du délit, les fonctions qui leur sont respectivement attribuées, autres que le pouvoir de délivrer les mandats d'amener, de dépôt et d'arrêt contre les prévenus.

Art. 284 à 290. (Supprimés.)

CHAPITRE II.

DE LA PROCÉDURE DEVANT LA COUR D'ASSISES.

Art. 291. Quand l'accusation aura été prononcée, les pièces servant à conviction seront réunies dans les vingt-quatre heures au greffe de la cour royale.

Art. 292 à 294. (Communs.)

Art. 295. Le conseil de l'accusé ne pourra être choisi par lui ou désigné par le juge que parmi les avocats ou avoués exerçant près les tribunaux de la colonie.

Art. 296. L'exécution des deux précédents articles sera constatée par un procès-verbal, que signeront l'accusé, le juge et le greffier; si l'accusé ne sait ou ne veut pas signer, le procès-verbal en fera mention.

Art. 297. (Supprimé.)

Art. 298. Le procureur général sera tenu, dans le mois de l'interrogatoire, de déclarer s'il se pourvoit en nullité.

Ce pourvoi n'aura lieu que dans l'intérêt de la loi.

Art. 299. La déclaration du procureur général doit énoncer l'objet de la demande en nullité.

Cette demande ne peut être formée que contre l'arrêt de renvoi à la cour d'assises et dans les trois cas suivants :

1° Si le fait n'est pas qualifié crime par la loi;

2° Si le ministère public n'a pas été entendu;

3° Si l'arrêt n'a pas été rendu par le nombre de juges fixé par la loi.

Art. 300. La déclaration doit être faite au greffe.

Aussitôt qu'elle aura été reçue par le greffier, l'expédition de l'arrêt sera délivrée au procureur général, qui la remettra au gouverneur, à l'effet d'être adressée à notre ministre de la marine et des colonies et transmise au procureur général près la cour de cassation par l'intermédiaire de notre Ministre de la justice.

Art. 301. Nonobstant la demande en nullité, l'instruction sera continuée, et il sera procédé aux débats et au jugement.

Art. 302. (Commun.)

Art. 303. S'il y a de nouveaux témoins à entendre et qu'ils résident hors du lieu où se tient la cour d'assises, le président, ou le juge qui le remplace, pourra commettre, pour recevoir leurs dépositions, soit le juge d'instruction, soit le juge de paix, soit le commissaire commandant de la commune où ils résident ou même d'une autre commune; le magistrat, ou l'officier de police judiciaire délégué, enverra ces dépositions, closes et cachetées, au greffier qui doit exercer ses fonctions à la cour d'assises.

Art. 304. Les témoins qui n'auront pas comparu sur la citation du président ou du juge commis par lui et qui n'auront pas justifié qu'ils en étaient légitimement empêchés, ou qui refuseront de faire leurs dépositions, seront jugés par la cour d'assises et punis conformément à l'art. 80.

Si le témoin est un esclave, l'amende sera prononcée contre le maître, si c'est par son fait que l'esclave n'a pas comparu.

Art. 305 à 308. (Communs.)

Art. 309. (Supprimé.)

CHAPITRE III.

DE L'EXAMEN, DU JUGEMENT ET DE L'EXÉCUTION.

SECTION PREMIÈRE.

DE L'EXAMEN.

Art. 310. L'accusé comparaîtra libre, et seulement accompagné de gardes pour l'empêcher de s'évader.

Le président lui demandera son nom, ses prénoms, son âge, sa profession, sa demeure, le lieu de sa naissance et la classe de la population à laquelle il appartient.

Art. 311. (Commun.)

Art. 312. A la première audience de chaque session d'assises, le président fera prêter aux assesseurs, debout et découverts, le serment prescrit par l'art. 176 de notre ordonnance du 21 décembre 1828 sur l'organisation judiciaire; il prononcera la formule du serment dans les termes suivants :

«Je jure et promets devant Dieu d'examiner avec l'attention la plus scrupuleuse les affaires qui me seront soumises pendant le cours de la présente session; de ne trahir ni les intérêts des accusés, ni ceux de la société; de n'écouter ni la haine ou la méchanceté, ni la crainte ou l'affection, et de ne me décider que d'après les charges, les moyens de défense et les dispositions des lois, suivant ma conscience et mon intime conviction. »

Art. 313 et 314. (Communs.)

Art. 315. Le procureur général exposera, s'il le juge nécessaire, le sujet de l'accusation; il présentera ensuite la liste des témoins qui devront être entendus, soit à sa requête, soit à la requête de la partie civile. soit à celle de l'accusé.

Cette liste sera lue à haute voix par le greffier.

Elle ne pourra contenir que les témoins dont les noms, profession, condition et résidence auront été notifiés, vingt-quatre heures au moins avant l'examen de ces témoins, à l'accusé par le procureur général ou la partie civile, et au procureur général par l'accusé; sans préjudice de la faculté accordée au président par l'art. 269.

L'accusé et le procureur général pourront, en conséquence, s'opposer à l'audition d'un témoin qui n'aurait pas été indiqué ou qui n'aurait pas été clairement désigné dans l'acte de notification.

La cour, délibérant suivant le mode prescrit par l'art. 68 de notre ordonnance du 21 décembre 1828 sur l'organisation judiciaire. statuera de suite sur cette opposition.

Art. 316 à 319. (Communs.)

Art. 320. Chaque témoin, après sa déposition, restera dans l'auditoire, si le président n'en a ordonné autrement. jusqu'à ce que la cour se soit retirée pour délibérer.

Art. 321. Après l'audition des témoins produits par le ministère public et par la partie civile, l'accusé fera entendre ceux dont il aura notifié la liste,

_ soit sur les faits mentionnés dans l'acte d'accusation, soit pour attester qu'il est homme d'honneur, de probité et d'une conduite irréprochable.

Les citations faites à la requête des accusés seront à leurs frais, ainsi que les salaires des témoins cités, s'ils en requièrent; sauf au ministère public à faire citer à sa requête les témoins qui lui seront indiqués par l'accusé, dans le cas où il jugerait que leur déclaration peut être utile pour la découverte de la vérité.

Si l'accusé est un esclave, le maître aura également le droit de faire entendre les témoins dont il aura notifié la liste; et, dans ce cas, les citations seront à ses frais.

ART. 322. Ne pourront être reçues les dépositions :

1° Du père, de la mère, de l'aïeul, de l'aïeule, ou de tout autre ascendant de l'accusé ou de l'un des accusés présents et soumis au même débat;

2° Des fils, fille, petit-fils, petite-fille, ou de tout autre descendant;

3° Des frères et sœurs;

4° Des alliés aux mêmes degrés;

5° Du mari ou de la femme, même après le divorce prononcé;

6° Des affranchis, à l'égard de celui de qui ils auront reçu la liberté;

7° Des dénonciateurs dont la dénonciation est récompensée pécuniairement par la loi.

Néanmoins l'audition des personnes ci-dessus désignées pourra avoir lieu, lorsque, soit le procureur général, soit la partie civile, soit les accusés, ne s'opposeront pas à ce qu'elles soient entendues.

Les esclaves cités à charge ou à décharge ne pourront être entendus pour ou contre leur maître qu'autant que l'accusé, le procureur général et la partie civile y auront consenti. En cas d'opposition, la cour, délibérant suivant le mode prescrit par l'art. 68 de notre ordonnance du 21 décembre 1828 sur l'organisation judiciaire, pourra ordonner qu'ils seront entendus. Dans ces deux cas, leurs déclarations ne seront reçues qu'à titre de renseignements et sans prestation de serment.

Lorsque, dans une affaire criminelle, la cour aura jugé convenable de recevoir la déclaration de l'esclave pour ou contre son maître, elle pourra, par une délibération prise en chambre du conseil, exposer au gouverneur la nécessité qu'il y aurait que l'esclave sortît de la possession de son maître. Le gouverneur statuera en conseil privé, constitué conformément aux dispositions de l'art. 168 de notre ordonnance du 27 août 1828, sur la délibération de la cour. Il ordonnera la vente de l'esclave, qui ne pourra être acheté par les ascendants ou les descendants du maître de cet esclave.

En cas de vente de l'esclave, le produit en appartiendra à son maître.

Art. 323 à 331. (Communs.)

Art. 332. Dans le cas où l'accusé, les témoins ou l'un d'eux ne parleraient pas la même langue ou le même idiome, le président nommera d'office un interprète âgé de vingt et un ans au moins et lui fera prêter, à peine de nullité, sous la même peine, serment de traduire fidèlement les discours à transmettre entre ceux qui parlent des langages différents.

L'accusé et le procureur général pourront récuser l'interprète, en motivant leur récusation.

La cour prononcera, après en avoir délibéré suivant le mode prescrit par l'art. 68 de notre ordonnance du 21 décembre 1828 sur l'organisation judiciaire.

L'interprète ne pourra, même du consentement de l'accusé ni du procureur général, être pris parmi les témoins, les juges et les assesseurs.

Art. 333 à 335. (Communs.)

Art. 336. La cour délibérera sur la position des questions de fait.

Art. 337. La question résultant de l'acte d'accusation sera posée en ces termes :

« L'accusé est-il coupable d'avoir commis tel meurtre, tel vol, ou tel autre crime?

« Le crime a-t-il été commis avec telle ou telle circonstance? »

Art. 338. S'il résulte des débats une ou plusieurs circonstances aggravantes non mentionnées dans l'acte d'accusation, la cour posera, en outre, des questions sur ces circonstances.

S'il ressort des débats quelques circonstances de nature à modifier le fait qui est l'objet de l'accusation, il sera également posé des questions sur le fait ainsi modifié.

Dans tous les cas, les cours d'assises devront résoudre les questions résultant de l'arrêt de mise en accusation.

Art. 339. (Commun.)

Art. 340. Si l'accusé a moins de seize ans, le président posera cette question :

« L'accusé a-t-il agi avec discernement? »

Art. 341. Le président donnera lecture à l'audience des questions telles qu'elles auront été arrêtées par la cour.

L'accusé, son conseil, la partie civile et le procureur général pourront faire sur la position de ces questions telles observations qu'ils jugeront convenable.

Si le procureur général ou l'accusé s'oppose à la position des questions telles qu'elles auront été présentées, la cour statuera conformément à l'art. 68 de notre ordonnance du 21 décembre 1828.

Art. 342. Le président fera retirer ensuite l'accusé de l'auditoire, et la cour se rendra dans la chambre du conseil. Le président y fera le résumé de l'affaire. Il soumettra successivement à la délibération les questions qui auront été posées à l'audience. La discussion terminée, il recueillera les voix. Les assesseurs opineront les premiers, en commençant par le plus jeune.

Si, par le résultat de la délibération, la cour croit devoir modifier la position des questions, elle devra se conformer, en ce qui concerne les nouvelles questions posées, aux dispositions de l'art. 341.

Art. 343. L'instruction suivante sera affichée en gros caractères dans le lieu le plus apparent de la chambre du conseil :

« La loi ne demande pas compte aux membres de la cour d'assises des moyens par lesquels ils se sont convaincus; elle ne leur prescrit point de règles desquelles ils doivent faire particulièrement dépendre la plénitude et la suffisance d'une preuve : elle leur prescrit de s'interroger eux-mêmes dans le silence et le recueillement, et de chercher dans la sincérité de leur conscience quelle impression ont faite sur leur raison les preuves rapportées contre l'accusé et les moyens de sa défense. La loi ne leur dit point : Vous tiendrez pour vrai tout fait attesté par tel ou tel nombre de témoins; elle ne leur dit point non plus : Vous ne regarderez pas comme suffisamment établie toute preuve qui ne sera pas formée de tel procès-verbal, de telles pièces, de tant de témoins ou de tant d'indices; elle ne leur fait que cette seule question, qui renferme toute la mesure de leurs devoirs : Avez-vous une conviction intime? »

Art. 344. Tous arrêts seront rendus à la simple majorité. Néanmoins la déclaration de culpabilité ne pourra être prononcée qu'à la majorité de cinq voix sur sept.

Art. 345 à 352. (Supprimés.)

Art. 353. L'examen et les débats, une fois entamés, devront être continués sans interruption et sans aucune espèce de communication au dehors. Le président ne pourra les suspendre que pendant les intervalles nécessaires pour le repos des membres de la cour d'assises, des témoins et des accusés.

Art. 354. (Commun.)

Art. 355. Si, à raison de la non-comparution d'un témoin, l'affaire est renvoyée à la session suivante, tous les frais de citation, actes, voyages de témoins et autres ayant pour objet de faire juger l'affaire, seront à la charge de ce témoin; et il y sera contraint, même par corps, sur la réquisition du procureur général, par l'arrêt qui renverra les débats à la session suivante.

Le même arrêt ordonnera, de plus, que ce témoin sera amené par la force publique devant la cour, pour y être entendu.

Et néanmoins, dans tous les cas, le témoin qui ne comparaîtra pas ou qui refusera soit de prêter serment, soit de faire sa déposition, sera condamné à la peine portée par l'art. 80.

Si le témoin est un esclave et que ce soit par le fait ou du consentement du maître qu'il n'ait pas comparu, les condamnations pécuniaires énoncées ci-dessus seront prononcées contre le maître.

Art. 356. (Commun.)

SECTION II.

DU JUGEMENT ET DE L'EXÉCUTION.

Art. 357. Le président fera comparaître l'accusé et lira en sa présence la déclaration de la cour sur la question de fait.

Art. 358 à 365. (Communs.)

Art. 366. Dans le cas d'absolution comme dans celui d'acquittement ou de condamnation, la cour statuera sur les dommages-intérêts prétendus par la partie civile ou par l'accusé; elle les liquidera par le même arrêt ou commettra l'un des juges pour entendre les parties, prendre connaissance des pièces et faire de tout son rapport, ainsi qu'il est dit en l'art. 358.

La cour ordonnera aussi que les effets pris seront restitués au propriétaire.

Art. 367. (Commun.)

Art. 368. L'accusé ou la partie qui succombera sera condamné aux frais envers l'État et envers l'autre partie.

Art. 369. Les magistrats et les assesseurs délibéreront et opineront à voix basse; ils pourront, pour cet effet, se retirer dans la chambre du conseil : mais l'arrêt sera prononcé à haute voix par le président, en présence du public et de l'accusé.

Avant de le prononcer, le président est tenu de lire le texte de la loi sur laquelle il est fondé.

Le greffier écrira l'arrêt; il y insérera le texte de la loi appliquée; il y fera mention que l'arrêt a été rendu à la majorité fixée par l'art. 344 du présent code : le tout sous peine de 100 francs d'amende.

Art. 370. La minute de l'arrêt sera signée par les magistrats et les assesseurs qui l'auront rendu, à peine de 100 francs d'amende contre le greffier, et, s'il y a lieu, de prise à partie tant contre le greffier que contre les membres de la cour d'assises.

Elle sera signée dans les vingt-quatre heures de la prononciation de l'arrêt.

Art. 371. (Commun.)

Art. 372. Le greffier dressera un procès-verbal de la séance, à l'effet de constater que les formalités prescrites ont été observées.

Il ne sera fait mention au procès-verbal ni des réponses des accusés, ni du contenu aux dépositions, sans préjudice toutefois de l'exécution de l'art. 318, concernant les changements, variations et contradictions dans les déclarations des témoins.

Le procès-verbal sera signé par le président et par le greffier.

Le défaut de procès-verbal sera puni de 500 francs d'amende contre le greffier.

Art. 373. (Commun.)

Art. 374. Dans les cas prévus par les art. 418 à 421 du présent code, le procureur général ou la partie civile n'auront que vingt-quatre heures pour se pourvoir.

Art. 375. La condamnation sera exécutée dans les vingt-quatre heures qui suivront les délais mentionnés en l'art. 373, s'il n'y a point de recours en cassation, ou, en cas de recours, dans les vingt-quatre heures de la réception de l'arrêt de la cour de cassation qui aura rejeté la demande.

Toutefois il n'est point dérogé aux dispositions de l'art. 49 de notre ordonnance du 27 août 1828, concernant le recours en grâce.

Art. 376 et 377. (Communs.)

Art. 378. Le procès-verbal d'exécution sera, sous peine de 200 francs d'amende, dressé par le greffier et transcrit par lui, dans les vingt-quatre heures, au pied de la minute de l'arrêt. La transcription sera signée par lui, et il fera mention du tout, sous la même peine, en marge du procès-verbal : cette mention sera également signée, et la transcription fera preuve comme le procès-verbal même.

Art. 379. (Commun.)

Art. 380. Toutes les minutes des arrêts rendus par la cour d'assises tenue soit à Cayenne, soit dans les autres communes de la colonie, seront réunies et déposées au greffe de la cour royale. Le procureur général vérifiera toutes ces minutes, ainsi que les procès-verbaux d'assises, et sera tenu de requérir, s'il y a lieu, devant la cour royale, les condamnations contre les magistrats, dans les cas prévus par le présent code.

CHAPITRE IV.

DES ASSESSEURS ET DU TIRAGE AU SORT DE CEUX QUI DOIVENT ÊTRE APPELÉS À FAIRE PARTIE DE LA COUR D'ASSISES.

SECTION PREMIÈRE.

DES ASSESSEURS.

Art. 381. Le collège des assesseurs sera composé conformément au titre IV de notre ordonnance du 21 décembre 1828 sur l'organisation judiciaire.

Les assesseurs devront être âgés au moins de 30 ans révolus.

Art. 382. Les fonctions d'assesseur sont incompatibles avec celles de membre du conseil privé, de membre de l'ordre judiciaire, de ministre du culte et de militaire en activité de service dans les armées de terre ou de mer.

Les empêchements pour les juges à raison de leur parenté ou de leur alliance entre eux seront applicables aux assesseurs, soit entre eux, soit entre eux et les juges, soit entre eux et les accusés ou la partie civile.

Art. 383. Nul ne peut être assesseur dans la même affaire où il aura été officier de police judiciaire, témoin, interprète, expert ou partie.

Art. 384. Les assesseurs qui manqueraient à leur service seront passibles des peines ci-après, savoir : l'amende, l'affiche de l'arrêt de condamnation, l'exclusion du collége des assesseurs.

Ces peines seront prononcées par les trois magistrats appelés à siéger à la cour d'assises.

Art. 385. La liste des trente assesseurs sera notifiée à chacun des accusés, au plus tard, la veille du tirage prescrit par l'art. 388.

SECTION II.

DU TIRAGE AU SORT DES ASSESSEURS ET DE LA MANIÈRE DE LES CONVOQUER.

Art. 386. Vingt jours avant l'époque fixée pour l'ouverture des assises, il sera procédé de la manière suivante au tirage des assesseurs nécessaires pour le service de la cour d'assises, d'après les dispositions des art. 58 et 59 de notre ordonnance du 21 décembre 1828.

Art. 387. Le tirage des assesseurs qui doivent être appelés aux assises se fera par le président de la cour royale.

Art. 388. Ce tirage aura lieu à la chambre du conseil, en présence du ministère public, des accusés et de leurs défenseurs.

A cet effet, le juge chargé du tirage déposera un à un dans une urne, après les avoir lus à haute et intelligible voix, les noms des assesseurs écrits sur un bulletin.

Ne seront point mis dans l'urne les noms des assesseurs qui auraient fait le service pendant les six mois précédents, sauf les exceptions portées aux art. 393 et 395 ci-après.

Art. 389. Cette première opération terminée, le juge tirera successivement chaque bulletin de l'urne et lira le nom qui s'y trouve inscrit.

Art. 390. Les accusés, quel que soit leur nombre, auront la faculté d'exercer cinq récusations péremptoires; le ministère public pourra en exercer deux. Lorsque les accusés ne se seront pas concertés pour exercer leurs récusations, l'ordre des récusations s'établira entre eux d'après la gravité de l'accusation.

Dans le cas d'accusation de crimes de même gravité contre divers individus, l'ordre des récusations sera déterminé entre ceux-ci par la voie du sort.

Art. 391. La liste des assesseurs sera définitivement formée lorsque le magistrat chargé du tirage aura obtenu par le sort le nombre d'assesseurs nécessaire au service de la session, sans qu'il y ait eu de récusation, ou lorsque les récusations auront été épuisées.

Procès-verbal du tout sera dressé par le greffier et signé du magistrat qui aura présidé au tirage.

ART. 392. Quinze jours au moins avant l'ouverture des assises, notification sera faite, à la diligence du procureur général, à chacun des assesseurs, de l'extrait du procès-verbal constatant qu'il fait partie de la cour d'assises.

Elle contiendra sommation de se trouver aux jour, lieu et heure indiqués pour l'ouverture des assises.

ART. 393. Si, au jour indiqué, un ou plusieurs assesseurs n'avaient pas satisfait à cette notification, le nombre des assesseurs sera complété par le président de la cour d'assises.

Ils seront pris, par la voie du sort, parmi les assesseurs qui résident dans la ville où se tiennent les assises.

Le ministère public et l'accusé auront chacun le droit de récuser un des assesseurs du chef-lieu que le sort aura désignés pour le remplacement de chaque assesseur absent ou empêché.

L'assesseur tombé au sort sera tenu de faire le service des assises, lors même qu'il l'aurait déjà fait pendant les six mois précédents.

ART. 394. En cas d'assises extraordinaires, le tirage au sort aura lieu sur les noms de trente assesseurs. Le service des assises extraordinaires n'exemptera pas du service des assises ordinaires.

ART. 395. La cour d'assises connaîtra, suivant le mode prescrit par l'art. 68 de notre ordonnance précitée sur l'organisation judiciaire, des excuses présentées par les assesseurs ou en leur nom.

Dans le cas où elle ne les jugerait pas légitimes, elle condamnera, même par corps, le ministère public entendu, les assesseurs qui les auront produites à une amende qui sera, pour la première fois, de 200 francs au moins et de 500 francs au plus, et, pour la seconde fois, de 500 francs au moins et de 1,000 francs au plus.

Si l'assesseur encourt une troisième condamnation, l'amende sera de 1,000 francs au moins et de 2,000 francs au plus, et il pourra, en outre, être exclu du collège des assesseurs.

Les amendes seront versées à la caisse coloniale, au profit du bureau de bienfaisance de la colonie.

Le recouvrement en sera poursuivi à la requête du procureur général et à la diligence du receveur de l'enregistrement.

Les arrêts de condamnation seront publiés dans les journaux de la colonie, et les arrêts d'exclusion seront, de plus, affichés dans les lieux ordinaires, aux frais de l'assesseur exclu et au nombre d'exemplaires fixé par la cour.

Art. 396. Les dispositions de l'article précédent sont applicables à tout assesseur qui, même s'étant rendu à son poste, se retirerait avant la fin de la session sans l'autorisation de la cour.

Les assesseurs qui ne se présenteront pas dans le costume fixé par l'art. 253 de notre ordonnance sur l'organisation judiciaire seront considérés comme ayant refusé de siéger.

Art. 397. Les mêmes amendes que celles indiquées par l'art. 395 pourront être prononcées, et le payement poursuivi de la même manière, contre les médecins ou tous autres qui auraient délivré des certificats que la cour aurait cru devoir rejeter.

Art. 398. Si, par quelque événement, l'examen des accusés sur les délits ou sur quelques-uns des délits compris dans l'acte ou dans les actes d'accusation est renvoyé à la session suivante, l'accusé ne pourra être jugé par aucun des assesseurs qui auront fait partie de la cour d'assises de laquelle est émané l'arrêt de renvoi.

TITRE IV.

DES MANIÈRES DE SE POURVOIR CONTRE LES ARRÊTS OU JUGEMENTS.

CHAPITRE PREMIER.

DEMANDES EN ANNULATION.

Art. 399. La voie d'annulation est ouverte aux parties et au ministère public contre les jugements rendus en dernier ressort par le tribunal de police, pour incompétence, excès de pouvoir et contraventions à la loi.

La même voie est ouverte au procureur général, mais seulement dans l'intérêt de la loi, contre les jugements du tribunal de 1re instance statuant sur l'appel des jugements du tribunal de police et contre les jugements de ce tribunal qui auraient acquis force de chose jugée.

Art. 400. La violation ou l'omission de l'une ou de plusieurs des formalités prescrites à peine de nullité au titre Ier, livre II, du présent code, donnera lieu, sur la poursuite des parties et du procureur général, d'après les distinctions établies en l'article précédent, à l'annulation du jugement et de ce qui a précédé, à partir du plus ancien acte nul.

Il en sera de même tant dans le cas d'incompétence que lorsqu'il aura été omis ou refusé de prononcer soit sur une ou plusieurs demandes de l'inculpé, soit sur une ou plusieurs réquisitions du ministère public, tendant à user d'une faculté ou d'un droit accordé par la loi, bien que la peine de nullité ne fût pas textuellement attachée à l'absence de la formalité dont l'exécution aura été demandée ou requise.

Art. 401. Lorsque le renvoi de l'inculpé aura été prononcé, nul ne pourra se prévaloir contre lui de la violation ou omission des formes prescrites pour assurer sa défense.

Art. 402. Lorsque la peine prononcée sera la même que celle portée par la loi qui s'applique à la contravention, l'annulation du jugement ne pourra être demandée sous le prétexte qu'il y aurait erreur dans la citation du texte de la loi.

Art. 403. Le recours en annulation contre les jugements préparatoires et d'instruction, ou les jugements en dernier ressort de cette qualité, ne sera ouvert qu'après le jugement définitif : l'exécution volontaire de tels jugements préparatoires ne pourra, en aucun cas, être opposée comme fin de non-recevoir.

La présente disposition ne s'applique point aux jugements rendus sur la compétence.

Art. 404. Le délai de pourvoi en annulation sera, pour le ministère public et les parties, de trois jours francs après celui où le jugement aura été prononcé.

Pendant ces trois jours, et, s'il y a eu recours, jusqu'à la réception de l'arrêt de la cour royale, il sera sursis à l'exécution du jugement. La déclaration de recours sera faite au greffe par la partie condamnée, et signée d'elle et du greffier; et si le déclarant ne peut ou ne veut signer, le greffier en fera mention.

Cette déclaration pourra être faite, dans la même forme, par l'avoué de la partie condamnée ou par un fondé de pouvoir spécial; dans ce dernier cas, le pouvoir demeurera annexé à la déclaration.

Elle sera inscrite sur un registre à ce destiné; ce registre sera public, et toute personne aura le droit de s'en faire délivrer des extraits.

Art. 405. Lorsque le recours en annulation sera exercé soit par la partie civile, s'il y en a une, soit par le ministère public, ce recours, outre l'inscription énoncée dans l'article précédent, sera, dans le délai de trois jours, notifié à la partie contre laquelle il sera dirigé, soit à sa personne, soit au domicile par elle élu. Le délai sera augmenté d'un jour par chaque distance d'un myriamètre.

La partie civile qui se sera pourvue en annulation est tenue de joindre aux pièces une expédition authentique du jugement.

Elle est tenue, à peine de déchéance, de consigner une amende de 100 fr., ou de la moitié de cette somme, si le jugement est rendu par défaut.

Les condamnés de condition libre et les personnes civilement responsables sont également tenus de consigner l'amende.

Art. 406. Sont dispensés de l'amende les agents publics pour affaires qui concernent directement l'administration et les domaines ou revenus de l'État.

A l'égard de toutes autres personnes, l'amende sera encourue par celles qui succomberont dans le recours. Seront néanmoins dispensées de la consigner celles qui joindront à leur demande en annulation un certificat d'indigence à elles délivré par le commissaire commandant de la commune de leur domicile ou par son lieutenant, visé et approuvé par le directeur de l'intérieur.

Art. 407. Les condamnés, en matière de police, à une peine emportant privation de la liberté, ne seront pas admis à se pourvoir en annulation lorsqu'ils ne seront pas actuellement en état ou lorsqu'ils n'auront pas été mis en liberté sous caution.

L'acte de leur écrou, ou de leur mise en liberté sous caution, sera annexé à l'acte de recours en annulation.

Néanmoins, lorsque le recours en annulation sera motivé sur l'incompétence, il suffira au demandeur, pour que son recours soit reçu, de justifier qu'il s'est actuellement constitué dans la maison de justice du lieu où siége la cour royale.

Art. 408. Le condamné ou la partie civile, soit en faisant sa déclaration, soit dans les dix jours suivants, pourra déposer au greffe du tribunal qui aura rendu le jugement attaqué une requête contenant ses moyens d'annulation.

Le greffier lui en donnera reconnaissance et remettra sur-le-champ cette requête au magistrat chargé du ministère public.

Art. 409. Après les dix jours qui suivront la déclaration, ce magistrat fera passer au procureur général les pièces du procès et les requêtes des parties, si elles en ont déposé.

Le greffier du tribunal qui aura rendu le jugement attaqué rédigera sans frais et joindra un inventaire des pièces, sous peine de 100 francs d'amende, laquelle sera prononcée par la cour royale.

Dans les vingt-quatre heures de la réception de ces pièces, le procureur général les déposera au greffe de la cour royale.

Les condamnés pourront aussi transmettre directement au greffe de la cour royale soit les expéditions ou copies signifiées tant du jugement que de leur demande en annulation. Néanmoins la partie civile ne pourra user du bénéfice de la présente disposition sans le ministère d'un avoué.

Art. 410. La cour royale pourra statuer sur le recours en annulation aussitôt après l'expiration des délais portés au présent chapitre, et devra y statuer dans quinzaine au plus tard, à compter du jour où ces délais seront expirés.

Art. 411. La cour royale rejettera la demande ou annulera le jugement sans qu'il soit besoin d'un arrêt préalable d'admission.

L'affaire sera jugée sur rapport d'un des membres de la cour. en audience publique. Le procureur général sera toujours entendu.

Art. 412. Lorsque la cour royale annulera un jugement rendu en matière de police, elle prononcera le renvoi devant le juge royal, lequel statuera définitivement. Lorsque l'annulation sera prononcée pour cause d'incompétence, la cour royale renverra les parties devant les juges qui devront en connaître.

Lorsque le jugement sera annulé parce que le fait qui aura donné lieu à l'application de la peine ne constituera ni délit ni contravention, le renvoi, s'il y a une partie civile, sera fait devant la juridiction civile. Dans ce cas, le tribunal civil sera saisi sans citation préalable en conciliation. S'il n'y a pas de partie civile, aucun envoi ne sera prononcé.

Les dispositions du présent article ne seront point applicables au cas où l'annulation serait prononcée seulement dans l'intérêt de la loi.

Art. 413. La partie civile qui succombera dans son recours en annulation sera condamnée à une indemnité de 150 francs et aux frais envers la partie acquittée, absoute ou renvoyée. La partie civile sera de plus condamnée envers l'État à une amende de 150 francs, ou de 75 francs seulement, si le jugement a été rendu par défaut.

Les administrations ou régies de l'État et les agents publics qui succomberont ne seront condamnés qu'aux frais et à l'indemnité.

ART. 414. Lorsque le jugement aura été annulé, l'amende consignée sera rendue sans aucun délai, en quelques termes que soit conçu l'arrêt qui aura statué sur le recours et quand même il aurait omis d'en ordonner la restitution.

ART. 415. Lorsqu'une demande en annulation aura été rejetée, la partie qui l'avait formée ne pourra plus se pourvoir en annulation contre ce même jugement, sous quelque prétexte et par quelque moyen que ce soit.

ART. 416. L'arrêt de la cour royale qui aura rejeté la demande sera délivré, dans le délai de trois jours, au procureur général près cette cour, qui l'adressera au greffe du tribunal qui aura rendu le jugement attaqué.

Lorsque le jugement aura été annulé, expédition de l'arrêt d'annulation sera, à la diligence du procureur général, transcrite en marge ou à la suite du jugement annulé. Le greffier devra certifier au procureur général de l'exécution de cette disposition.

CHAPITRE II.

DES DEMANDES EN CASSATION.

SECTION PREMIÈRE.

DES NULLITÉS EN MATIÈRE CRIMINELLE.

ART. 417. Lorsque l'accusé aura subi une condamnation et que, dans l'instruction et la procédure qui auront été faites devant la cour d'assises ou dans l'arrêt de condamnation, il y aura eu violation ou omission des dispositions des art. 253 et 257 du présent code sur la composition des cours d'assises; de l'art. 383 sur les motifs d'incapacité des assesseurs; de l'art. 385 sur la notification de la liste des assesseurs aux accusés; des art. 390 et 393 sur l'exercice du droit de récusation; de l'art. 294 sur le choix d'un défenseur, et, à défaut de choix, sur la nomination d'un défenseur d'office; de l'art. 317 sur le serment à exiger des témoins; de l'art. 332 sur la nomination et le serment d'un interprète; de l'art. 344 sur la majorité nécessaire pour la déclaration de culpabilité, et de l'art. 369 sur l'insertion au jugement des termes de la loi pénale appliquée : cette violation ou cette omission donnera lieu, sur la poursuite de la partie condamnée ou du ministère public, à la cassation de l'arrêt de condamnation et de ce qui l'a précédé, à partir du plus ancien acte nul.

Il en sera de même tant dans les cas d'incompétence que lorsqu'il y aura eu violation ou fausse application des lois pénales, ou violation des dispositions de l'art. 4 de notre ordonnance du 21 décembre 1828 sur l'organisation judiciaire, en ce qui concerne la publicité et l'obligation de motiver les arrêts.

Art. 418. Dans le cas d'acquittement de l'accusé, la cassation de l'arrêt qui l'aura prononcé et de ce qui l'aura précédé ne pourra être poursuivie par le ministère public que dans l'intérêt de la loi et sans préjudicier à la partie acquittée.

Art. 419. Lorque la nullité procédera de ce que l'arrêt aura prononcé une peine autre que celle appliquée par la loi à la nature du crime, la cassation de l'arrêt pourra être poursuivie tant par le ministère public que par la partie condamnée.

La même action appartiendra au ministère public contre les arrêts d'absolution mentionnés en l'art. 364, si l'absolution a été prononcée sur le fondement de la non-existence d'une loi pénale qui pourtant aurait existé.

Art. 420. Lorsque la peine prononcée sera la même que celle portée par la loi qui s'applique au crime, nul ne pourra demander la cassation de l'arrêt sous prétexte qu'il y aurait erreur dans la citation du texte de la loi.

Art. 421. Dans aucun cas, la partie civile ne pourra poursuivre la cassation d'un arrêt d'acquittement ou d'un arrêt d'absolution; mais si l'arrêt a prononcé contre elle des condamnations civiles supérieures aux demandes de la partie acquittée ou absoute, cette disposition de l'arrêt pourra être annulée sur la demande de la partie civile.

SECTION II.

DES NULLITÉS EN MATIÈRE CORRECTIONNELLE.

Art. 422. Les voies de cassation exprimées en l'art. 417 sont, en matière correctionnelle, respectivement ouvertes à la partie poursuivie pour un délit, au ministère public et à la partie civile, s'il y en a une, contre tous arrêts, sans distinction de ceux qui ont prononcé le renvoi de la partie ou sa condamnation.

Néanmoins, lorsque le renvoi de cette partie aura été prononcé, nul ne pourra se prévaloir contre elle de la violation ou omission des formes prescrites pour assurer sa défense.

La disposition de l'art. 420 est applicable aux arrêts rendus en matière correctionnelle.

SECTION III.

DISPOSITIONS COMMUNES AUX DEUX SECTIONS PRÉCÉDENTES.

Art. 423. Dans le cas où la cour de cassation annulera une instruction, elle pourra ordonner que les frais de la procédure à recommencer seront à la charge de l'officier ou du juge instructeur qui aura commis la nullité.

Néanmoins la présente disposition n'aura lieu que pour des fautes très-graves et à l'égard seulement des nullités qui seront commises deux ans après la mise en activité du présent code.

SECTION IV.

DES FORMES, DES DÉLAIS ET DES EFFETS DU POURVOI EN CASSATION.

Art. 424. Le recours en cassation contre les arrêts préparatoires et d'instruction ne sera ouvert qu'après l'arrêt définitif; l'exécution volontaire de tels arrêts préparatoires ne pourra, en aucun cas, être opposée comme fin de non-recevoir.

La présente disposition sera applicable aux arrêts par lesquels, soit la cour d'assises, soit la cour royale jugeant correctionnellement, statuant sur leur compétence, auront retenu la connaissance du procès.

Art. 425. Les dispositions de l'art. 373 du présent code, sur le pourvoi en cassation contre les arrêts de la cour d'assises, sont applicables au pourvoi en cassation contre les arrêts de la cour royale jugeant correctionnellement.

Art. 426. La déclaration du recours sera faite au greffe par la partie condamnée, et signée d'elle et du greffier; et, si le déclarant ne peut ou ne veut signer, le greffier en fera mention : cette déclaration pourra être faite, dans la même forme, par l'avoué de la partie condamnée ou par un fondé de pouvoir spécial; dans ce dernier cas, le pouvoir demeurera annexé à la déclaration; elle sera inscrite sur un registre à ce destiné; ce registre sera public, et toute personne aura le droit de s'en faire délivrer des extraits.

Lorsque le recours en cassation contre un arrêt rendu en matière criminelle ou correctionnelle sera exercé, soit par la partie civile, s'il y en a une, soit par le ministère public, ce recours, outre l'inscription énoncée au présent article, sera notifié à la partie contre laquelle il sera dirigé, dans le délai de trois jours. Lorsque cette partie sera actuellement détenue, l'acte contenant la déclaration de recours lui sera lu par le greffier; elle le signera, ou si elle ne le veut ou ne le peut, le greffier en fera mention; lorsqu'elle sera en liberté, le demandeur en cassation lui notifiera son recours par le ministère d'un huissier, soit à sa personne, soit au domicile par elle élu; le délai sera, en ce cas, augmenté d'un jour par chaque myriamètre, si la partie demeure dans la colonie; si la partie demeure hors de la colonie, la signification sera faite, dans les trois jours, au parquet du procureur général, qui transmettra la copie, suivant les règles ordinaires.

Art. 427. La partie civile qui se sera pourvue en cassation est tenue de joindre aux pièces une expédition authentique de l'arrêt; elle est tenue, à peine de déchéance, de consigner une amende de 150 francs, ou de la moitié de cette somme, si l'arrêt est rendu par contumace ou par défaut.

Sont dispensés de l'amende, 1° les condamnés en matière criminelle; 2° les agents publics, pour affaires qui concernent directement l'administration et les domaines ou revenus de l'État. A l'égard de toutes autres personnes, l'amende sera encourue par celles qui succomberont dans leur recours. Seront néanmoins dispensées de la consigner celles qui joindront à leur demande en cassation un certificat d'indigence à elle délivré par le commissaire commandant de leur commune ou par son lieutenant, visé et approuvé par le directeur de l'intérieur.

Art. 428. Les condamnés, même en matière correctionnelle, à une peine emportant privation de la liberté, ne seront point admis à se pourvoir en cassation lorsqu'ils ne seront pas actuellement en état ou lorsqu'ils n'auront pas été mis en liberté sous caution : l'acte de leur écrou ou de leur mise en liberté sous caution sera annexé à l'acte de recours en cassation.

Art. 429. Le condamné ou la partie civile, soit en faisant sa déclaration, soit dans les dix jours suivants, pourra déposer au greffe de la cour une requête contenant ses moyens de cassation : le greffier lui en donnera reconnaissance et remettra sur-le-champ cette requête au magistrat chargé du ministère public.

Ce magistrat fera passer au gouverneur les pièces du procès et les requêtes des parties, si elles en ont déposé. Le greffier de la cour rédigera sans frais et joindra un inventaire des pièces, sous peine de 100 francs d'amende, laquelle sera prononcée par le conseil privé. Le gouverneur adressera à notre

Ministre Secrétaire d'Etat de la marine et des colonies, par le premier navire qui partira pour France, toutes les pièces du procès.

Art. 430. Dans les vingt-quatre heures de la réception des pièces, notre Ministre de la marine et des colonies les adressera au Ministre de la justice pour être transmises à la cour de cassation.

Les condamnés pourront transmettre directement au greffe de la cour de cassation soit leurs requêtes, soit les expéditions ou copies signifiées tant de l'arrêt que de leur demande.

Art. 431. La cour de cassation devra statuer toutes affaires cessantes, et dans la quinzaine au plus tard à compter du jour du dépôt des pièces en son greffe.

Elle rejettera la demande ou annulera l'arrêt, sans qu'il soit besoin d'un arrêt préalable d'admission.

Art. 432. Lorsque la cour de cassation annulera un arrêt rendu en matière correctionnelle par la cour royale, elle renverra le procès et les parties devant une autre cour royale.

Lorsqu'un arrêt de cour d'assises sera annulé, le procès sera renvoyé devant une cour d'assises autre que celle qui aura rendu l'arrêt, et constituée de la même manière. Toutefois, si l'arrêt est annulé aux chefs seulement qui concernent les intérêts civils, le renvoi aura lieu devant un tribunal de 1re instance; dans ce cas, le tribunal sera saisi sans citation préalable en conciliation.

En matière criminelle ou correctionnelle, si l'arrêt et la procédure sont annulés pour cause d'incompétence, la cour de cassation renverra le procès devant les juges qui doivent en connaître, et les désignera. Lorsque l'arrêt sera annulé parce que le fait qui aura donné lieu à une condamnation se trouvera n'être pas un délit qualifié par la loi, le renvoi, s'il y a une partie civile, sera fait devant le tribunal de 1re instance, et, s'il n'y a pas de partie civile, aucun renvoi ne sera prononcé.

Dans aucun cas, lorsqu'il y aura lieu à renvoi devant le tribunal de 1re instance, le juge qui aura fait l'instruction ne pourra connaître de l'affaire.

Art. 433. Dans le cas où la cour de cassation est autorisée à choisir une cour ou un tribunal pour le jugement d'une affaire renvoyée, ce choix ne pourra résulter que d'une délibération spéciale, prise en la chambre du conseil, immédiatement après la prononciation de l'arrêt de cassation, et dont il sera fait mention expresse dans cet arrêt.

Art. 434. Si l'arrêt de la cour d'assises a été annulé pour avoir prononcé une peine autre que celle que la loi applique à la nature du crime, ou pour avoir prononcé l'absolution de l'accusé dans un cas où le fait, déclaré constant, était qualifié crime ou délit par la loi, la cour d'assises à qui le procès sera renvoyé rendra son arrêt d'après la déclaration de la première cour sur la question de fait.

Si l'arrêt a été annulé pour autre cause, il sera procédé à de nouveaux débats devant la cour d'assises à laquelle le procès sera renvoyé.

La cour de cassation n'annulera qu'une partie de l'arrêt, lorsque la nullité ne viciera qu'une ou quelques-unes de ses dispositions.

Art. 435 à 438. (Communs.)

Art. 439. L'arrêt qui aura rejeté la demande en cassation sera délivré dans les trois jours au procureur général près la cour de cassation, par simple extrait signé du greffier, lequel sera adressé par duplicata au Ministre de la marine et des colonies, et envoyé par celui-ci au gouverneur de la colonie dans laquelle aura été rendu l'arrêt. Le gouverneur transmettra cet extrait au procureur général de la cour royale.

Art. 440. Lorsqu'après une première cassation, le deuxième arrêt sur le fond sera attaqué par les mêmes moyens, il sera procédé ainsi qu'il est prescrit par la loi du 30 juillet 1828 sur l'interprétation des lois.

SECTION V.

DU POURVOI EN CASSATION SUR L'ORDRE DU GOUVERNEMENT.

Art. 441. Lorsque, sur l'exhibition d'un ordre formel à lui donné par le Ministre de la justice, sur la demande de notre Ministre de la marine, le procureur général près la cour de cassation dénoncera à la section criminelle des actes judiciaires, arrêts ou jugements contraires à la loi. ces actes, arrêts ou jugements pourront être annulés, et les officiers de police ou les juges poursuivis, s'il y a lieu, de la manière exprimée au chapitre III du titre V du présent livre.

SECTION VI.

DU POURVOI EN CASSATION DANS L'INTÉRÊT DE LA LOI.

Art. 442. Lorsqu'il aura été rendu par la cour royale, ou par la cour d'assises, un arrêt sujet à cassation, et contre lequel néanmoins aucune des parties n'aurait réclamé dans le délai déterminé, le procureur général près la

cour de cassation pourra, en vertu d'un ordre du Ministre de la justice, donné
sur la demande du Ministre de la marine, ou même d'office, et nonobstant
l'expiration du délai, en donner connaissance à la cour de cassation; l'arrêt
sera cassé, mais dans l'intérêt de la loi seulement, et sans que les parties puissent s'en prévaloir pour s'opposer à son exécution.

CHAPITRE III.

DES DEMANDES EN RÉVISION.

ART. 443. Lorsqu'un accusé aura été condamné pour un crime et qu'un
autre accusé aura aussi été condamné par un autre arrêt comme auteur du
même crime, si les deux arrêts ne peuvent se concilier et sont la preuve de
l'innocence de l'un ou de l'autre condamné, l'exécution des deux arrêts sera
suspendue par ordre du gouverneur.

Le gouverneur, soit d'office, soit sur la réclamation des condamnés ou de
l'un d'eux, ou du procureur général, chargera le contrôleur colonial de déférer
les deux arrêts au conseil privé.

Ledit conseil, après avoir vérifié que les deux arrêts ne peuvent se concilier, annulera les deux arrêts et renverra les accusés, pour être procédé sur
les actes d'accusation subsistants, devant une cour d'assises autrement composée que celles qui auront rendu les deux arrêts.

ART. 444. Lorsqu'après une condamnation pour homicide, il sera, d'ordre
exprès du gouverneur, adressé au conseil privé des pièces représentées postérieurement à la condamnation et propres à faire naître de suffisants indices sur
l'existence de la personne dont la mort supposée aurait donné lieu à la condamnation, le conseil privé pourra, préparatoirement, désigner un conseiller
de la cour royale ou le juge royal pour vérifier l'existence et l'identité de la
personne prétendue homicidée, et les constater par l'interrogatoire de cette
personne, par audition de témoins et par tous les moyens propres à mettre en
évidence le fait destructif de la condamnation.

L'exécution de la condamnation sera de plein droit suspendue par l'ordre
du gouverneur.

Le conseil privé, sur le rapport du magistrat délégué, et après avoir interrogé de nouveau la personne prétendue homicidée, prononcera sur l'identité
ou la non-identité de cette personne, pourra annuler l'arrêt de condamnation,
et même renvoyer, s'il y a lieu, l'affaire à une cour d'assises autrement composée que celle qui en aurait primitivement connu.

Art. 445. Lorsque, après une condamnation contre un accusé, l'un ou plusieurs des témoins qui avaient déposé à charge contre lui seront poursuivis pour avoir porté un faux témoignage dans le procès-verbal, et si l'accusation en faux témoignage est admise contre eux, ou même s'il est décerné contre eux des mandats d'arrêt, il sera sursis à l'exécution de l'arrêt de condamnation, quand même le conseil privé aurait précédemment déclaré qu'il n'y avait pas lieu à surseoir.

Si les témoins sont ensuite condamnés pour faux témoignage à charge, le gouverneur, soit d'office, soit sur la réclamation de l'individu condamné par le premier arrêt, soit, si le condamné est un esclave, sur la réclamation de son maître, chargera le contrôleur colonial de dénoncer le fait au conseil privé.

Ce conseil, après avoir vérifié la déclaration de la cour d'assises sur le point de fait qui aura servi de base au second arrêt, annulera le premier arrêt, si, d'après cette décision, les témoins sont convaincus de faux témoignage à charge contre le premier condamné; et, pour être procédé contre l'accusé sur l'acte d'accusation subsistant, il renverra devant une cour d'assises autrement composée que celles qui auront rendu soit le premier, soit le second arrêt.

Les témoins condamnés pour faux témoignage ne pourront être entendus dans les nouveaux débats.

Si les accusés de faux témoignage sont acquittés, le sursis sera levé de droit, et l'arrêt de condamnation sera exécuté.

Art. 446. Dans les cas prévus par les art. 443. 444 et 445, le conseil privé se constituera conformément aux dispositions de l'art. 168 de notre ordonnance du 27 août 1827.

Aux mêmes cas et lorsque les membres de la cour qui n'auront pas coopéré auxdits arrêts ne seront pas en nombre suffisant pour la composition de la nouvelle cour, ce nombre sera complété en appelant soit le juge royal, soit des juges-auditeurs ayant l'âge requis, ou, à leur défaut, des magistrats honoraires ou des avocats-avoués.

Les arrêts du conseil privé seront motivés et rendus en audience publique: toutefois le nombre des assistants ne pourra excéder le triple de celui des membres du conseil.

Les arrêts du conseil privé en matière de révision ne seront pas susceptibles d'être attaqués par voie de cassation.

Art. 447. Lorsqu'il y aura lieu de reviser une condamnation pour la cause exprimée en l'art. 444 et que cette condamnation aura été portée contre un individu mort depuis, le conseil privé créera un curateur à sa mémoire, avec lequel se fera l'instruction et qui exercera tous les droits du condamné.

Si, par le résultat de la nouvelle procédure, la première condamnation se trouve avoir été portée injustement, le nouvel arrêt déchargera la mémoire du condamné de l'accusation qui avait été portée contre lui.

TITRE V.

DE QUELQUES PROCÉDURES PARTICULIÈRES.

———

CHAPITRE PREMIER.

DU FAUX.

Art. 448. Dans tous les procès pour faux en écriture, la pièce arguée de faux, aussitôt qu'elle aura été produite, sera déposée au greffe, signée et parafée à toutes les pages par le greffier, qui dressera un procès-verbal détaillé de l'état matériel de la pièce, et par la personne qui l'aura déposée, si elle sait signer, ce dont il sera fait mention : le tout à peine de 100 francs d'amende contre le greffier qui l'aura reçue sans que cette formalité ait été remplie.

Art. 449. (Commun.)

Art. 450. La pièce arguée de faux sera de plus signée par l'officier de police judiciaire, et par la partie civile ou son avoué, si ceux-ci se présentent.

Elle le sera également par le prévenu, au moment de sa comparution.

Si les comparants, ou quelques-uns d'entre eux, ne peuvent pas ou ne veulent pas signer, le procès-verbal en fera mention.

En cas de négligence ou d'omission, le greffier sera puni de 100 francs d'amende.

Art. 451 à 462. (Communs.)

Art. 463. Lorsque des actes authentiques auront été déclarés faux en tout ou en partie, la cour ou le tribunal qui aura connu du faux ordonnera qu'ils soient rétablis, rayés ou réformés, et du tout il sera dressé procès-verbal.

Les pièces de comparaison seront envoyées dans les dépôts d'où elles auront été tirées, ou seront remises aux personnes qui les auront communiquées, le tout dans le délai de quinzaine à compter du jour de l'arrêt ou du jugement, à peine d'une amende de 100 francs contre le greffier.

Art. 464. Le surplus de l'instruction sur le faux se fera comme sur les autres délits.

CHAPITRE II.

DES CONTUMACES.

Art. 465. Lorsqu'après un arrêt de mise en accusation, l'accusé n'aura pu être saisi ou ne se présentera pas dans les dix jours de la notification qui en aura été faite à son domicile,

Ou lorsqu'après s'être présenté ou avoir été saisi, il se sera évadé,

Le président de la cour d'assises, ou, en son absence, le magistrat chargé de le remplacer, rendra une ordonnance portant qu'il sera tenu de se représenter dans un nouveau délai de dix jours; sinon, qu'il sera déclaré rebelle à la loi, qu'il sera procédé contre lui et que toute personne est tenue d'indiquer le lieu où il se trouve, et en outre, suivant sa qualité, qu'il sera suspendu de l'exercice des droits de citoyen, que ses biens seront séquestrés pendant l'instruction de la contumace et que toute action en justice lui sera interdite pendant le même temps.

Cette ordonnance fera de plus mention du crime et de l'ordonnance de prise de corps.

Art. 466. Cette ordonnance sera publiée à son de trompe ou de caisse, le dimanche suivant, et affichée à la porte du domicile de l'accusé, à celle de son maître, s'il est esclave, à celle du commissaire commandant de la commune ou de son lieutenant et à celle de l'auditoire de la cour d'assises.

Le procureur général ou le procureur du Roi adressera aussi cette ordonnance au receveur de l'enregistrement.

Art. 467. (Commun.)

Art. 468. Aucun conseil, aucun avoué. ne pourra se présenter pour défendre l'accusé contumax.

Si l'accusé est absent du territoire de la colonie ou s'il est dans l'impossibilité absolue de se rendre, ses parents ou ses amis pourront présenter son excuse et en plaider la légitimité.

Art. 469. (Commun.)

Art. 470. Hors ce cas, il sera procédé de suite à la lecture de l'arrêt de renvoi à la cour d'assises de l'acte de notification de l'ordonnance ayant pour objet la représentation du contumax, et des procès-verbaux dressés pour en constater la publication et l'affiche.

Après cette lecture, la cour, sur les conclusions du procureur général ou du magistrat qui en remplit les fonctions, prononcera sur la contumace.

Si l'instruction n'est pas conforme à la loi, la cour la déclarera nulle et ordonnera qu'elle sera recommencée à partir du plus ancien acte illégal.

Si l'instruction est régulière, la cour prononcera sur l'accusation et statuera sur les intérêts civils, le tout conformément à l'art. 67 de l'ordonnance du 21 décembre 1828.

Art. 471. (Commun.)

Art. 472. Extrait du jugement de condamnation sera, dans les trois jours de la prononciation, à la diligence du procureur général ou du magistrat chargé d'en remplir les fonctions, affiché par l'exécuteur des jugements criminels à un poteau qui sera planté au milieu de la place publique du chef-lieu de la colonie.

Pareil extrait sera, dans le même délai, adressé au receveur de l'enregistrement.

Art. 473 à 478. (Communs.)

CHAPITRE III.

DES CRIMES COMMIS PAR DES JUGES HORS DE LEURS FONCTIONS ET DANS L'EXERCICE
DE LEURS FONCTIONS.

SECTION PREMIÈRE.

DE LA POURSUITE ET INSTRUCTION CONTRE LES JUGES, POUR CRIMES OU DÉLITS PAR EUX COMMIS
HORS DE LEURS FONCTIONS.

Art. 479. Lorsque le juge de paix, un membre du tribunal de 1re instance ou un officier chargé du ministère public près l'un de ces tribunaux sera prévenu d'avoir commis, hors de ses fonctions, un crime ou un délit, les fonctions ordinairement dévolues au juge d'instruction et au procureur du Roi seront immédiatement remplies par le président et le procureur général, chacun en ce qui le concerne, ou par tels autres officiers qu'ils auront respectivement et spécialement désignés à cet effet.

Dans le cas où il existera un corps de délit, il pourra être constaté par tout officier de police judiciaire.

Il sera procédé ensuite, et dans la forme ordinaire, soit à la mise en accusation, soit à la mise en jugement.

Néanmoins, s'il s'agit seulement d'un délit et que le procureur général juge qu'il n'est pas nécessaire de procéder à une instruction préalable, ce magistrat pourra citer directement le prévenu devant la cour royale, conformément à l'art. 182 du présent code.

Art. 480. (Supprimé.)

Art. 481. Si c'est un membre de la cour royale ou un officier exerçant près d'elle le ministère public qui soit prévenu d'avoir commis un délit ou un crime hors de ses fonctions, l'officier qui aura reçu les dénonciations ou les plaintes sera tenu d'en envoyer de suite des copies au gouverneur, sans aucun retard de l'information.

Art. 482. Le gouverneur désignera sur-le-champ les magistrats qui rempliront les fonctions de juge d'instruction et du ministère public.

Dans le cas où la mise en accusation du magistrat inculpé serait prononcée, le gouverneur, en conseil, nommera les magistrats qui devront faire partie de la cour d'assises devant laquelle l'accusation sera portée.

SECTION II.

DE LA POURSUITE ET INSTRUCTION CONTRE LES JUGES ET TRIBUNAUX AUTRES QUE LA COUR ROYALE ET LA COUR D'ASSISES, POUR FORFAITURE ET AUTRES CRIMES OU DÉLITS RELATIFS À LEURS FONCTIONS.

Art. 483. Lorsque le juge de paix, un officier de police judiciaire ou un officier chargé du ministère public près l'un des tribunaux de police sera prévenu d'avoir commis, dans l'exercice de ses fonctions, un délit ou un crime, il sera procédé conformément à l'art. 479.

Art. 484. (Commun.)

Art. 485. Lorsque le délit ou le crime commis dans l'exercice des fonctions sera imputé soit à un membre du tribunal de 1re instance ou à un officier chargé du ministère public près ce tribunal, soit au tribunal entier de 1re instance, soit individuellement à un ou plusieurs des membres de la cour royale et au procureur général près cette cour, ou au magistrat qui en remplit les fonctions, il sera procédé ainsi qu'il suit.

Art. 486. Le délit ou le crime sera dénoncé au Ministre de la marine, qui, s'il y a lieu, adressera les pièces au Ministre de la justice pour qu'il soit donné ordre au procureur général près la cour de cassation d'exercer des poursuites.

Art. 487 à 503. (Communs.)

CHAPITRE IV.

DES DÉLITS CONTRAIRES AU RESPECT DÛ AUX AUTORITÉS CONSTITUÉES.

Art. 504. (Commun.)

Art. 505. Lorsque le tumulte aura été accompagné d'injures ou de voies de fait donnant lieu à l'application ultérieure des peines de police, ces peines pourront être prononcées séance tenante et sans appel, de quelque tribunal ou juge qu'elles émanent, immédiatement après que les faits auront été constatés.

Art. 506. S'il s'agit d'un délit ou d'un crime commis à l'audience d'un juge seul ou d'un tribunal sujet à appel, le juge ou le tribunal, après avoir fait arrêter le délinquant et dressé procès-verbal des faits, enverra les pièces et le prévenu devant les juges compétents.

Art. 507. (Commun.)

Art. 508. Dans le cas de l'article précédent, si les juges présents à l'audience sont au nombre de cinq ou de six, il faudra quatre voix pour opérer la condamnation.

S'ils sont au nombre de sept, il faudra cinq voix pour condamner.

Art. 509. L'ordonnateur, le directeur de l'intérieur, le contrôleur colonial, les commissaires commandants de communes et leurs lieutenants, et tous officiers de police administrative ou judiciaire, lorsqu'ils rempliront publiquement quelques actes de leur ministère, exerceront aussi les fonctions de police réglées par l'art. 504; et, après avoir fait saisir les perturbateurs, ils dresseront procès-verbal du délit et enverront ce procès-verbal, s'il y a lieu, ainsi que les prévenus, devant les juges compétents.

CHAPITRE V.

DE LA MANIÈRE DONT SERONT REÇUES, EN MATIÈRE CRIMINELLE, CORRECTIONNELLE ET DE POLICE, LES DÉPOSITIONS DU GOUVERNEUR, DES CHEFS D'ADMINISTRATION, DES MEMBRES DU CONSEIL PRIVÉ ET DE CERTAINS FONCTIONNAIRES DU ROYAUME.

Art. 510. Le gouverneur ne pourra jamais être cité comme témoin, même devant la cour d'assises, si ce n'est de son consentement, à moins qu'il n'en ait été autrement ordonné par notre Ministre de la marine et des colonies.

ART. 511. La déposition du gouverneur sera, hors les cas ci-dessus prévus, rédigée par écrit et reçue par le président de la cour royale, si le gouverneur se trouve au chef-lieu de cette cour, sinon par le magistrat que le président déléguera.

Il sera, à cet effet, adressé par la cour ou le juge d'instruction au magistrat ci-dessus dénommé un état des faits, demandes et questions sur lesquels le témoignage est requis.

Ce magistrat se transportera en la demeure du gouverneur pour recevoir sa déposition.

ART. 512. (Commun.)

ART. 513. Toutes les fois que le gouverneur cité en témoignage comparaîtra en personne devant la cour d'assises, on observera à son égard le cérémonial prescrit par le chapitre II du titre VIII de notre ordonnance du 21 décembre 1828 sur l'organisation judiciaire.

ART. 514. Dans les affaires où le directeur de l'intérieur aura agi en vertu de l'art. 10 du présent code, si le bien de la justice exige qu'il lui soit demandé de nouveaux renseignements, les officiers chargés de l'instruction en feront la demande par écrit, et le directeur de l'intérieur les donnera de la même manière.

ART. 515. Il ne sera donné suite à la citation aux chefs d'administration, au contrôleur colonial, qu'autant que le gouverneur y aura donné son approbation, lorsqu'ils allégueront pour s'en excuser la nécessité de notre service.

Dans ce cas, le magistrat qui sera désigné par le président de la cour royale, après s'être entendu avec eux sur le jour et l'heure, se rendra dans leur demeure pour recevoir leurs dépositions.

Les dépositions ainsi reçues seront, comme au cas prévu en l'art. 512, immédiatement envoyées au greffe de la cour ou du tribunal du juge compétent, communiquées et lues, ainsi qu'il est prescrit audit art. 512 et sous la même peine.

ART. 516. Les chefs d'administration et le contrôleur colonial, cités comme témoins à une audience correctionnelle ou devant les cours d'assises, devront comparaître en personne. Ils seront reçus par un huissier à la première porte du palais de justice, introduits dans le parquet, et placés sur des siéges particuliers.

Les autres membres du conseil privé appelés comme témoins à une audience correctionnelle ou criminelle auront un siége dans le parquet.

Art. 517. Seront au besoin observées les dispositions des lois du royaume sur la manière dont doivent être reçues les dépositions des personnes élevées en dignité à l'égard desquelles des règles particulières ont été établies.

CHAPITRE VI.

DE LA RECONNAISSANCE DE L'IDENTITÉ DES INDIVIDUS CONDAMNÉS, ÉVADÉS ET REPRIS.

Art. 518. (Commun.)

Art. 519. Tous les jugements seront rendus par la cour d'assises après qu'elle aura entendu les témoins appelés tant à la requête du procureur général qu'à celle de l'individu repris, si ce dernier en a fait citer.

L'audience sera publique, et l'individu repris sera présent, à peine de nullité.

Art. 520. (Commun.)

CHAPITRE VII.

MANIÈRE DE PROCÉDER EN CAS DE DESTRUCTION OU D'ENLÈVEMENT DES PIÈCES
OU DU JUGEMENT D'UNE AFFAIRE.

Art. 521 et 522. (Communs.)

Art. 523. Lorsqu'il n'existera plus, en matière criminelle, d'expédition ni de copie authentique de l'arrêt, si la déclaration de la cour sur le point de fait existe encore en minute ou en copie authentique. on procédera, d'après cette déclaration, à un nouveau jugement.

Art. 524. Lorsque la déclaration de la cour d'assises sur le point de fait ne pourra plus être représentée, qu'il n'en existera aucun acte par écrit, ou lorsque l'affaire aura été jugée correctionnellement, l'instruction sera recommencée à partir du point où les pièces se trouveront manquer tant en minute qu'en expédition ou copie authentique.

TITRE VI.

DES RÈGLEMENTS DE JUGES ET DES RENVOIS D'UN TRIBUNAL À UN AUTRE.

CHAPITRE PREMIER.

DES RÈGLEMENTS DE JUGES.

Art. 525. Il y aura lieu d'être réglé de juges par le conseil privé, constitué conformément à l'art. 168 de notre ordonnance du 27 août 1827, en matière criminelle, correctionnelle ou de police, lorsque la cour royale et le tribunal de police, ou le tribunal de 1ʳᵉ instance jugeant correctionnellement, seront saisis du même délit, ou de délits connexes, ou de la même contravention. Il y aura lieu aussi à règlement de juges par le conseil privé lorsque la chambre d'accusation et la chambre correctionnelle de la cour royale seront saisies du même délit ou de délits connexes.

Art. 526. La demande en règlement de juges devra également être portée devant le conseil privé lorsque la cour prévôtale, un tribunal militaire ou maritime siégeant dans la colonie, ou un officier de police militaire, ou tout autre tribunal d'exception établi dans la colonie, d'une part, la cour royale, la cour d'assises de la colonie, le tribunal de 1ʳᵉ instance jugeant correctionnellement, le tribunal de police de la colonie ou le juge d'instruction, d'autre part, seront saisis de la connaissance du même délit, ou de délits connexes, ou de la même contravention.

Art. 527. Lorsque, par l'effet de deux jugements ou arrêts d'incompétence intervenus sur la même poursuite et émanés de deux tribunaux différents siégeant dans la colonie, ou de deux chambres de la cour royale, le cours de la justice sera interrompu, si les jugements ou l'un d'eux ne sont plus susceptibles d'être réformés par la voie de l'appel, de l'annulation ou de la cassation, le conseil privé statuera ainsi qu'il est prescrit pour les cas de conflit.

Art. 528. Sur le vu de la requête et des pièces, le conseil privé prononcera en audience publique, ainsi qu'il est réglé au paragraphe 3 de l'art. 446 du présent code, après rapport de l'un de ses membres et après lecture des conclusions motivées du contrôleur colonial.

Il ordonnera que le tout soit communiqué aux parties, ou statuera définitivement, sauf l'opposition.

Art. 529 et 530. (Communs.)

Art. 531. L'arrêt de soit communiqué fera mention sommaire des actes d'où naîtra le conflit et fixera, selon la distance des lieux, le délai dans lequel les pièces et les avis motivés seront apportés au secrétariat du conseil privé.

La notification qui sera faite de cet arrêt aux parties emportera de plein droit sursis au jugement du procès, et, en matière criminelle, à la mise en accusation, ou, si elle a déjà été prononcée, à l'examen dans la cour d'assises et dans la cour prévôtale, mais non aux actes et aux procédures conservatoires ou d'instruction.

Le prévenu ou l'accusé et la partie civile pourront présenter leurs moyens sur le conflit, dans la forme réglée par notre ordonnance du 31 août 1828 sur le mode de procéder devant le conseil privé constitué en commission d'appel.

Art. 532. Lorsque, sur la simple requête, il sera intervenu arrêt qui aura statué sur la demande en règlement de juges, cet arrêt sera, à la diligence du contrôleur colonial, notifié à l'officier chargé du ministère public près la cour, le tribunal ou le magistrat dessaisi.

Il sera notifié de même au prévenu ou à l'accusé, et à la partie civile, s'il y en a une.

Art. 533. Le prévenu ou l'accusé et la partie civile pourront former opposition à l'arrêt dans le délai de trois jours et dans les formes prescrites par le chapitre 1er du titre IV du présent livre pour le recours en annulation.

Art. 534 et 535. (Communs.)

Art. 536. Le conseil privé, en jugeant le conflit, statuera sur tous les actes qui pourraient avoir été faits par la cour, le tribunal ou le magistrat qu'il dessaisira.

Art. 537 et 538. (Communs.)

Art. 539. Lorsque le prévenu, ou l'officier chargé du ministère public, ou la partie civile, aura excipé de l'incompétence du tribunal de police ou du tribunal de 1re instance jugeant correctionnellement, ou proposé un déclinatoire, soit que l'exception ait été admise ou rejetée, nul ne pourra recourir au conseil privé pour être réglé de juges; sauf à se pourvoir devant qui de droit contre la décision intervenue sur l'exception.

Art. 540. Les arrêts du conseil privé et de la cour royale, en matière de règlement de juges, ne pourront être attaqués par la voie du recours en cassation.

La partie civile, le prévenu ou l'accusé qui succombera dans le demande en règlement de juges qu'il aura introduite, pourra être condamné à une amende, qui toutefois n'excédera point la somme de 300 francs, dont moitié sera pour la partie.

Art. 541. Lorsqu'il y aura lieu à un règlement de juges entre le juge d'instruction, un officier de police militaire ou l'un des tribunaux de la colonie, d'une part, et un juge d'instruction, un officier de police militaire ou un des tribunaux de France ou d'une autre colonie française, la demande sera portée devant la cour de cassation, qui se conformera, pour le mode de procéder, aux règles prescrites par les lois qui régissent le territoire continental du royaume.

CHAPITRE II.

DES RENVOIS D'UN TRIBUNAL À UN AUTRE.

Art. 542. En matière criminelle et de police, les demandes en renvoi de la cour d'assises à une autre, ou du tribunal de police à un autre tribunal de même qualité, seront portées devant le conseil privé, constitué conformément aux dispositions de l'art. 168 de notre ordonnance du 27 août 1828.

Lorsque le procureur général estimera que les motifs de sûreté publique ou de suspicion légitime doivent donner lieu à ce renvoi, il sera tenu d'en faire l'objet d'un rapport au gouverneur, qui décidera s'il y a lieu de charger le contrôleur colonial de présenter à cet effet une demande au conseil privé.

Ce renvoi pourra aussi être ordonné par le conseil, sur la réquisition des parties intéressées, mais seulement pour cause de suspicion légitime.

Art. 543. (Commun.)

Art. 544. Les officiers du ministère public qui estimeront qu'il y a lieu à renvoi pour cause de sûreté publique ou de suspicion légitime, adresseront au procureur général leurs observations et les pièces à l'appui.

Art. 545. Sur le vu de la requête et des pièces, le conseil privé statuera dans les formes prescrites par l'art. 528 ci-dessus.

S'il décide qu'il y a lieu à renvoi, il en sera référé, conformément à l'art. 62 de notre ordonnance du 21 décembre 1828 sur l'organisation judiciaire de la Guyane française, à notre Ministre de la marine, qui désignera la cour d'assises ou le tribunal devant lequel le renvoi sera porté.

Art. 546. Lorsque le renvoi sera demandé par le prévenu, l'accusé ou la partie civile, et que le conseil ne jugera à propos ni d'accueillir ni de rejeter cette demande sur-le-champ, l'arrêt en ordonnera la communication à l'officier chargé du ministère public près la cour ou le tribunal saisi de la connaissance du crime ou de la contravention, et enjoindra à cet officier de transmettre les pièces avec son avis motivé sur la demande en renvoi; le conseil ordonnera de plus, s'il y a lieu, que la communication sera faite à l'autre partie.

Art. 547. Lorsque la demande en renvoi sera formée par le contrôleur colonial et que le conseil n'y statuera point définitivement, il ordonnera, s'il y a lieu, que la communication sera faite aux parties, ou prononcera telle autre disposition préparatoire qu'il jugera nécessaire.

Art. 548. Tout arrêt du conseil privé qui, sur le vu de la demande et des pièces, aura définitivement statué sur une demande en renvoi, sera, à la diligence du contrôleur colonial, notifié soit à l'officier chargé du ministère public près la cour ou le tribunal dessaisi, soit à la partie civile, au prévenu ou à l'accusé en personne ou au domicile élu.

Art. 549 et 550. (Communs.)

Art. 551. Les art. 530, 531, 535, 536, 537, 538 et les deuxième et troisième alinéa de l'art. 540 seront communs aux demandes en renvoi d'un tribunal à un autre.

Art. 552. (Commun.)

TITRE VII.
DE LA COUR PRÉVÔTALE.

CHAPITRE UNIQUE.
DE LA COMPÉTENCE, DE LA COMPOSITION ET DE LA PROCÉDURE DEVANT LA COUR PRÉVÔTALE.

SECTION PREMIÈRE.
DE LA COMPÉTENCE ET DE LA COMPOSITION DE LA COUR PRÉVÔTALE.

§ 1er. De la compétence.

Art. 553. La cour prévôtale connaîtra des crimes énoncés en l'art. 290 de notre ordonnance du 21 décembre 1828, et procédera, sans distinction de classe ni de profession civile ou militaire, aux termes dudit article, contre tout individu prévenu d'avoir commis l'un de ces crimes.

Art. 554. Si les accusés ou quelques-uns des accusés compris dans le même procès sont en même temps prévenus de crimes non connexes autres que ceux dont la poursuite est attribuée à la cour prévôtale, cette cour, après avoir statué sur l'affaire dont elle doit connaître, renverra pour le surplus, s'il y a lieu, devant qui de droit.

Art. 555. Aussitôt après la promulgation de l'arrêté qui ordonnera l'établissement d'une cour prévôtale, tous les crimes qui, aux termes de l'arrêté, rentreront dans la compétence de cette cour et auront été commis postérieurement à la promulgation de l'arrêté, seront jugés par la cour prévôtale.

§ 2. De l'établissement et de la composition de la cour prévôtale.

Art. 556. La cour prévôtale sera établie dans les cas et de la manière déterminés par les art. 281 et 282 de notre ordonnance du 21 décembre 1828.

Art. 557. Elle sera composée conformément aux règles prescrites par les art. 283 à 289 inclusivement de ladite ordonnance.

SECTION II.

DES FONCTIONS DU PRÉVÔT, DI PRÉSIDENT ET DES OFFICIERS DU MINISTÈRE PUBLIC PRÈS LA COUR PRÉVÔTALE.

§ 1er. Fonctions du prévôt.

Art. 558. Le prévôt est spécialement chargé de la recherche et de la poursuite des crimes dont la connaissance est attribuée à la cour prévôtale.

Dans les cas de flagrant délit ou de clameur publique, le prévôt sera tenu de se transporter sur les lieux pour dresser les procès-verbaux constatant le corps du délit, recevoir les déclarations des témoins et recueillir tous renseignements propres à la manifestation de la vérité. Il fera saisir les prévenus présents contre lesquels il existerait des indices graves.

Art. 559. Lorsque le prévôt aura reçu des plaintes ou des dénonciations relatives à des faits de la compétence de la cour prévôtale, il informera contre les prévenus et pourra se transporter sur les lieux, à l'effet d'y dresser tous procès-verbaux nécessaires. Il décernera, s'il y a lieu, des mandats d'amener ou de dépôt.

Il pourra, après l'interrogatoire des prévenus et sur les conclusions du ministère public, décerner des mandats d'arrêt.

Il sera, dans les circonstances prévues par le présent article, assisté de son adjoint.

Le prévôt pourra requérir directement la force publique.

Art. 560. En l'absence du prévôt et dans le cas de compétence prévôtale, les juges de paix, les officiers faisant le service de la gendarmerie, les commissaires commandants de communes et leurs lieutenants seront tenus de dresser tous procès-verbaux et tous actes.

En cas de flagrant délit ou de clameur publique, ils feront saisir les prévenus ou décerneront un mandat d'amener ou de dépôt contre eux.

Art. 561. Tous officiers faisant le service de la gendarmerie seront tenus d'informer le prévôt des faits de sa compétence qu'ils viendraient à découvrir. Ils devront lui fournir tous les renseignements qu'il leur demandera.

Art. 562. Lorsque le prévôt estimera qu'il y a lieu d'instruire prévôtalement, il en donnera avis au procureur du Roi.

§ 2. Fonctions du président.

Art. 563. Le président de la cour prévôtale est chargé d'entendre l'accusé lors de son arrivée dans la maison de justice.

Il pourra déléguer ces fonctions à l'un des juges.

Il dirigera l'instruction et le débat, déterminera l'ordre entre ceux qui demanderont à parler; il aura la police de l'audience.

Les dispositions contenues aux art. 268, 269 et 270, relatifs aux attributions du président de la cour d'assises, seront communes au président de la cour prévôtale.

Art. 564. Le président convoquera la cour prévôtale toutes les fois que l'instruction d'une affaire sera complète.

§ 3. Fonctions de l'officier du ministère public près la cour prévôtale.

Art. 565. Le procureur général exercera dans la cour prévôtale les fonctions qui lui sont attribuées pour la poursuite, l'instruction, le jugement dans les affaires de la compétence de la cour d'assises, et qui sont réglées par les art. 271, 272, 273, 274, 275, 276, 277, par la première disposition de l'art. 278, par les art. 279 et suivants, jusques et y compris l'art. 283.

SECTION III.

DE LA PROCÉDURE ANTÉRIEURE AUX DÉBATS.

Art. 566. Les crimes dont la connaissance sera attribuée à la cour prévôtale par l'arrêté de sa création seront poursuivis d'office par le procureur du Roi, sous la surveillance du procureur général.

Les plaintes et dénonciations pourront être reçues par tous les officiers de police judiciaire, qui les adresseront, en ce cas, dans les vingt-quatre heures, au procureur du Roi.

Art. 567. A l'instant même de son arrestation, le prévenu sera traduit dans la prison la plus prochaine, et transféré sans délai dans celle de la cour prévôtale.

Dans les vingt-quatre heures de l'arrivée du prévenu dans la prison de la cour, le prévôt procédera à son interrogatoire, et dans le plus court délai à l'audition des témoins.

Il sera assisté de son adjoint.

L'adjoint signera l'interrogatoire et le procès-verbal d'audition de témoins, le tout à peine de nullité. L'adjoint pourra requérir le prévôt de faire à l'accusé telle question qu'il jugera nécessaire à l'éclaircissement de l'affaire.

Art. 568. Dans le cours de l'interrogatoire, le prévenu sera averti qu'il sera jugé prévôtalement en dernier ressort.

Il sera sommé de proposer ses exceptions contre la compétence, s'il en a à présenter.

Il sera fait mention, dans le procès-verbal, de ladite sommation et des réponses du prévenu; il lui sera demandé s'il a fait choix d'un conseil; et s'il ne l'a pas fait, le prévôt lui en nommera un d'office, en se conformant aux dispositions de l'art. 295 du présent code : le tout à peine de nullité.

Art. 569. Sur le vu des pièces communiquées au ministère public, la cour, avant de statuer sur la compétence, statuera sur celles des nullités déterminées aux art. 567 et 568, et, s'il y a lieu, annulera la procédure à partir du plus ancien acte nul.

Le jugement de compétence sera rendu en la chambre du conseil et hors la présence de l'accusé, sur le rapport du prévôt ou de son adjoint et sur les conclusions écrites du ministère public.

Ce jugement sera signifié dans les vingt-quatre heures à l'accusé.

Art. 570. Dans le cas où la cour prévôtale se déclarerait incompétente, elle renverra l'accusé et les pièces devant qui de droit.

Dans le cas contraire, elle prononcera, s'il y a lieu, la mise en accusation, et décernera l'ordonnance de prise de corps.

Les jugements d'incompétence ou de compétence seront, aux termes de l'art. 202 de notre ordonnance du 21 décembre 1828, immédiatement transmis au contrôleur colonial, qui sera tenu, toute affaire cessante, de les soumettre à la délibération du conseil privé, pour qu'il y soit statué définitivement, sans recours en cassation.

Avant de régler la compétence, le conseil privé statuera sur les nullités, en se conformant aux dispositions du premier paragraphe de l'art. 569.

Si le conseil privé réforme le jugement d'incompétence, il renverra le procès et les prévenus devant la cour prévôtale, qui sera tenue de statuer immédiatement sur la mise en accusation.

Si le conseil réforme le jugement d'incompétence, il renverra l'accusé et les pièces devant qui de droit.

Art. 571. L'instruction sur le fond du procès ne sera pas suspendue par l'envoi du jugement de compétence au conseil privé; mais il sera sursis aux débats et au jugement définitif jusqu'à ce qu'il ait été prononcé par le conseil sur le jugement de compétence.

Art. 572. Les dispositions contenues aux art. 302, 303, 304, 305, 307 308, relatifs à l'instruction des procès de la compétence de la cour d'assises, sont applicables à l'instruction des procès de la compétence de la cour prévôtale.

SECTION IV.

DE L'EXAMEN.

Art. 573. Dans les trois jours de la réception de l'arrêt du conseil privé sur la compétence, le procureur général fera ses diligences pour la convocation de la cour prévôtale.

Art. 574. Les dispositions contenues aux art. 310, 311, 313, 314, 315, 316, 317, 318, 319, 320, 321, 322, 323, 324, 325, 326 et 327, relatifs à l'examen et aux débats devant la cour d'assises, seront observées dans l'examen et les débats devant la cour prévôtale.

Chaque témoin, après sa déposition, restera dans l'auditoire, si le président n'en ordonne autrement, jusqu'à ce que la cour se soit retirée en la chambre du conseil pour y délibérer le jugement.

Art. 575. Pendant l'examen, le ministère public et les juges pourront prendre note de ce qui leur paraîtra important soit dans les dépositions des témoins, soit dans la défense de l'accusé, pourvu que la discussion n'en soit pas interrompue.

Art. 576. Les dispositions contenues aux art. 329, 330, 331, 332, 333, 334 et 335 seront observées dans l'examen devant la cour prévôtale.

Le ministère public donnera des conclusions motivées et requerra, s'il y a lieu, l'application de la peine.

Art. 577. Le président fera retirer l'accusé de l'auditoire.

Art. 578. L'examen et les débats, une fois entamés, devront être continués sans interruption. Le président ne pourra les suspendre que pendant les intervalles nécessaires pour le repos des juges, des témoins et des accusés.

Art. 579. Les dispositions contenues aux art. 354, 355, 356 seront exécutées.

SECTION V.

DU JUGEMENT.

Art. 580. La cour se retirera en la chambre du conseil pour y délibérer.

Art. 581. Le président posera les questions et recueillera les voix.

Le juge militaire opinera le premier, ensuite le prévôt, et successivement les autres juges, dans l'ordre inverse de leur réception.

Art. 582. Le jugement de la cour se formera à la majorité.

Art. 583. En cas d'égalité de voix, l'avis favorable à l'accusé prévaudra.

Art. 584. L'arrêt qui acquittera l'accusé statuera sur les dommages-intérêts respectivement prétendus, après que les parties auront proposé leurs fins de non-recevoir ou leurs défenses et que le procureur général aura été entendu.

La cour pourra néanmoins, si elle le juge convenable, commettre l'un des juges pour entendre les parties, prendre connaissance des pièces et faire son rapport à l'audience, où les parties pourront encore présenter leurs observations et où le ministère public sera de nouveau entendu.

Art. 585. Les demandes en dommages-intérêts formées soit par l'accusé contre ses dénonciateurs ou la partie civile, soit par la partie civile contre l'accusé ou le condamné, seront portées à la cour prévôtale.

La partie civile est tenue de former sa demande en dommages-intérêts avant le jugement; plus tard elle sera non recevable.

Il en est de même de l'accusé, s'il a connu son dénonciateur.

Dans le cas où l'accusé n'aurait connu son dénonciateur que depuis le jugement, mais avant la fin du terme fixé pour la durée de la cour prévôtale, il sera tenu, sous peine de déchéance, de porter sa demande à la cour prévôtale; s'il ne l'a connu qu'après l'expiration dudit terme, sa demande sera portée au tribunal civil.

A l'égard des tiers qui n'auraient pas été parties au procès, ils s'adresseront au tribunal civil.

Art. 586. Les art. 360 et 361 recevront leur exécution.

Art. 587. Si la cour déclare l'accusé convaincu du crime porté en l'accusation, son arrêt prononcera la peine établie par la loi et statuera en même temps sur les dommages-intérêts prétendus par la partie civile.

Art. 588. La cour pourra, dans les cas prévus par la loi, déclarer l'accusé excusable.

Art. 589. Si, par le résultat des débats, le fait dont l'accusé est convaincu était dépouillé des circonstances qui le rendaient justiciable de la cour prévôtale, ou n'était pas de nature à entraîner peine afflictive ou infamante; au premier cas, la cour enverra, par un arrêt motivé, l'accusé et le procès devant la cour d'assises, qui prononcera, quel que soit ensuite le résultat des débats; au deuxième cas, la cour pourra appliquer, s'il y a lieu, les peines correctionnelles ou de police encourues par l'accusé.

Art. 590. La cour prévôtale ne pourra infliger d'autres peines que celles portées par les lois.

Art. 591. L'arrêt sera prononcé à haute voix par le président, en présence du public et de l'accusé.

Art. 592. L'arrêt contiendra, sous les peines prononcées par l'art. 369, le texte de la loi sur lequel il est fondé : ce texte sera lu à l'accusé.

Art. 593. La minute de l'arrêt sera signée par les juges qui l'auront rendu, à peine de 100 francs d'amende contre le greffier et de prise à partie tant contre le greffier que contre les juges. Elle sera signée dans les vingt-quatre heures de la prononciation de l'arrêt.

Art. 594. Après avoir prononcé l'arrêt, le président pourra, selon les circonstances, exhorter l'accusé à la fermeté, à la résignation, ou à réformer sa conduite.

Art. 595. La cour, après la prononciation de l'arrêt, pourra, pour des motifs graves, recommander l'accusé à la commisération du Roi, en invitant le gouverneur à accorder un sursis.

Cette recommandation ne sera point insérée dans l'arrêt, mais dans un procès-verbal séparé, secret, motivé, dressé en la chambre du conseil, le ministère public entendu, et signé comme la minute de l'arrêt de condamnation.

Expédition dudit procès-verbal, ensemble de l'arrêt de condamnation, sera adressée de suite par le procureur général au gouverneur, et par ce dernier à notre Ministre de la marine et des colonies.

Art. 596. Les dispositions contenues en l'art. 372 seront applicables à la cour prévôtale.

Art. 597. Les arrêts de la cour prévôtale seront rendus en dernier ressort et sans recours en cassation.

Ils seront exécutés dans les vingt-quatre heures de la décision par laquelle le gouverneur en conseil aura ordonné l'exécution de l'arrêt, conformément à l'art. 49 de notre ordonnance du 27 août 1828.

Les art. 376, 377, 378 et 379 du présent code recevront leur application.

Les minutes des arrêts rendus à la cour prévôtale seront recueillies, transmises et déposées conformément aux dispositions des art. 298, 299 et 300 de notre ordonnance du 21 décembre 1828.

Art. 598. Lorsque le prévenu n'aura pas été saisi, ou qu'après avoir été saisi il s'évadera, il sera procédé contre lui par contumace.

La cour jugera sa contumace, et, après avoir pris connaissance de la procédure et de l'acte d'accusation, elle prononcera sur le procès principal.

Les effets de la contumace demeureront au surplus tels qu'ils sont réglés par le présent code.

Art. 599. Tout ce qui est relatif à la fixation du lieu où siégera la cour prévôtale, au nombre des juges dont cette cour doit être composée pour rendre arrêt, au serment à prêter par chacun de ses membres, est réglé par notre ordonnance du 21 décembre 1828.

TITRE VIII.

DE QUELQUES OBJETS D'INTÉRÊT PUBLIC ET DE SÛRETÉ GÉNÉRALE.

CHAPITRE PREMIER.

DU DÉPÔT GÉNÉRAL DE LA NOTICE DES JUGEMENTS.

Art. 600. Les greffiers du tribunal de 1ʳᵉ instance et de la cour royale jugeant correctionnellement, ainsi que ceux de la cour d'assises et de la cour prévôtale, seront tenus de consigner par ordre alphabétique, sur un registre particulier, les nom, prénoms, profession, âge, résidence, de tous les individus condamnés à un emprisonnement correctionnel ou à une plus forte peine. Ce registre contiendra une notice sommaire de chaque affaire et de la condamnation, à peine de 100 francs d'amende pour chaque omission.

Art. 601. Tous les trois mois, les greffiers enverront, sous peine de 200 fr. d'amende, copie de ces registres au directeur de l'intérieur, qui fera tenir, dans la même forme, un registre général composé de ces diverses copies.

Art. 602. Tous les ans, les greffiers enverront, sous la même peine, copie des mêmes registres au procureur général, qui les transmettra au gouverneur pour être envoyés à notre Ministre de la marine et des colonies.

CHAPITRE II.

DES PRISONS, MAISONS D'ARRÊT ET DE JUSTICE.

Art. 603. (Supprimé.)

Art. 604. Les détenus en vertu d'un mandat d'arrêt ou d'une ordonnance de prise de corps seront séparés des détenus par suite d'une condamnation.

Art. 605. Le directeur de l'intérieur veillera à ce que les maisons de détention soient non-seulement sûres, mais propres, et telles que la santé des prisonniers ne puisse être aucunement altérée.

Art. 606. (Commun.)

Art. 607. Les gardiens seront tenus d'avoir deux registres séparés : l'un pour les détenus en vertu d'un mandat d'arrêt; l'autre pour les détenus en vertu d'une ordonnance de prise de corps.

Le premier de ces registres sera signé et parafé à toutes les pages par le juge d'instruction; et le second, par le président de la cour d'assises, ou, en son absence, par le juge royal.

Le registre destiné aux détenus par suite d'une condamnation sera signé et parafé par le directeur de l'intérieur.

Art. 608. (Commun.)

Art. 609. Nul gardien ne pourra, à peine d'être poursuivi et puni comme coupable de détention arbitraire, recevoir ni retenir aucune personne de condition libre, qu'en vertu soit d'un mandat de dépôt, soit d'un mandat d'arrêt décerné selon les formes prescrites par la loi, soit d'un arrêt de renvoi devant la cour d'assises ou la cour prévôtale, soit d'un arrêt ou jugement de condamnation à une peine afflictive ou à un emprisonnement, et sans que la transcription en ait été faite sur son registre.

Il n'est point dérogé à la disposition de l'art. 44 de notre ordonnance du 27 août 1828 en ce qui concerne les arrestations par mesure de haute police.

Art. 610. Le registre ci-dessus mentionné contiendra également, en marge de l'acte de remise, la date de la sortie du prisonnier, ainsi que l'ordonnance, l'arrêt ou le jugement en vertu duquel elle aura lieu.

Dans le cas énoncé au dernier paragraphe de l'article précédent, le registre énoncera aussi l'ordre en vertu duquel la sortie du prisonnier aura eu lieu.

Art. 611. Le juge d'instruction est tenu de visiter, au moins une fois par mois, les personnes retenues, en vertu d'un mandat d'arrêt, dans le lieu où il réside.

Un conseiller-auditeur délégué par le président visitera également une fois par mois les personnes retenues, en vertu d'un mandat d'arrêt, dans le lieu où siége la cour.

Une fois au moins dans le cours de chaque session de la cour d'assises, le président de cette cour est tenu de visiter les personnes retenues en vertu d'une ordonnance de prise de corps.

Le directeur de l'intérieur est tenu de visiter au moins deux fois par an toutes les maisons de détention et tous les prisonniers de la colonie.

Art. 612. Indépendamment des visites ordonnées par l'article précédent, le commissaire commandant ou son lieutenant, dans chaque commune où il y aura soit une maison d'arrêt, soit une maison de justice, soit une prison, est tenu de faire, au moins une fois par mois, la visite de ces maisons.

ART. 613. Le commissaire commandant de la commune veillera à ce que la nourriture des prisonniers soit suffisante et saine : la police de ces maisons lui appartiendra.

Le juge d'instruction, le conseiller-auditeur délégué en vertu de l'art. 611 et le président des assises pourront néanmoins donner respectivement tous les ordres qui devront être exécutés dans les maisons d'arrêt et de justice et qu'ils croiront nécessaires soit pour l'instruction, soit pour le jugement.

ART. 614. (Commun.)

CHAPITRE III.
DES MOYENS D'ASSURER LA LIBERTÉ INDIVIDUELLE CONTRE LES DÉTENTIONS ILLÉGALES OU D'AUTRES ACTES ARBITRAIRES.

ART. 615. Quiconque aura connaissance qu'un individu de condition libre est détenu dans un lieu qui n'a pas été destiné à servir de maison d'arrêt, de justice ou de prison, est tenu d'en donner avis au juge de paix, au procureur du Roi, ou au juge d'instruction, ou au procureur général près la cour royale.

ART. 616 et 617. (Communs.)

ART. 618. Tout gardien qui aura refusé ou de montrer au porteur de l'ordre de l'officier civil ayant la police de la maison d'arrêt, de justice ou de la prison, la personne du détenu, sur la réquisition qui en sera faite, ou de montrer l'ordre qui le lui défend, ou de faire aux officiers désignés dans l'art. 616 l'exhibition de ses registres, ou de leur laisser prendre telle copie qu'ils croiront nécessaire de partie de ses registres, sera poursuivi comme coupable ou complice de détention arbitraire.

CHAPITRE IV.
DE LA RÉHABILITATION DES CONDAMNÉS.

ART. 619. Tout condamné à une peine afflictive ou infamante qui aura subi sa peine pourra être réhabilité.

La demande en réhabilitation ne pourra être formée par les condamnés aux travaux forcés à temps ou à la reclusion, que cinq ans après l'expiration de leur peine; et par les condamnés à la peine du carcan, que cinq ans à compter du jour de l'exécution de l'arrêt.

Art. 620. Nul ne sera admis à demander sa réhabilitation devant la cour royale de la colonie, s'il ne demeure depuis cinq ans dans le ressort du tribunal de 1re instance, s'il n'est pas domicilié depuis deux ans accomplis dans la même commune, et s'il ne joint à sa demande des attestations de bonne conduite qui lui auront été données, en France, par le maire, et dans les colonies, par les commissaires commandants des communes dans le territoire desquelles il aura demeuré ou résidé pendant le temps qui aura précédé sa demande, ou par les officiers publics remplissant des fonctions analogues à celles des magistrats ci-dessus désignés.

Ces attestations de bonne conduite ne pourront lui être délivrées qu'à l'instant où il quittera son domicile ou le lieu qu'il habite.

Les attestations exigées ci-dessus devront être approuvées par le procureur du Roi ou le magistrat qui en remplit les fonctions, et par les juges de paix des lieux où il aura demeuré ou résidé.

Art. 621. La demande en réhabilitation, les attestations exigées par l'article précédent et l'expédition du jugement de condamnation seront déposées au greffe de la cour royale.

Art. 622. La requête et les pièces seront communiquées au procureur général : il donnera ses conclusions motivées et par écrit.

Art. 623. L'affaire sera rapportée à la chambre d'accusation.

Art. 624. La cour et le ministère public pourront, en tout état de cause, ordonner de nouvelles informations.

Art. 625. La notice de la demande en réhabilitation sera insérée dans les journaux de la colonie.

Art. 626. La cour, le procureur général entendu, donnera son avis.

Art. 627. Cet avis ne pourra être donné que trois mois au moins après la présentation de la demande en réhabilitation.

Art. 628. Si la cour est d'avis que la demande en réhabilitation ne peut être admise, le condamné pourra se pourvoir de nouveau après un nouvel intervalle de cinq ans.

Art. 629. Si la cour pense que la demande en réhabilitation peut être admise, son avis, ensemble les pièces exigées par l'art. 620, seront, par le procureur général, et dans le plus bref délai, transmis au gouverneur.

Art. 630. Le gouverneur transmettra cet avis avec ses observations à notre Ministre Secrétaire d'État de la marine et des colonies, qui nous en fera son rapport.

Art. 631. Si la réhabilitation est prononcée, il en sera expédié des lettres où l'avis de la cour sera inséré.

Art. 632. Les lettres de réhabilitation seront adressées à la cour qui aura délibéré l'avis : il en sera envoyé copie authentique à la cour qui aura prononcé la condamnation; et transcription des lettres sera faite en marge de la minute de l'arrêt de condamnation.

Art. 633. La réhabilitation fera cesser, pour l'avenir, dans la personne du condamné, toutes les incapacités qui résultaient de la condamnation.

Art. 634. Le condamné pour récidive ne sera jamais admis à la réhabilitation.

CHAPITRE V.

DE LA PRESCRIPTION.

Art. 635 à 643. (Communs.)

DISPOSITIONS GÉNÉRALES.

Art. 644. Toutes dispositions des lois, ordonnances, arrêtés et règlements sont et demeurent abrogées en ce qu'elles ont de contraire à la présente ordonnance.

Art. 645. Les prescriptions établies par le présent code seront appliquées aux crimes, délits et contraventions commis avant sa promulgation, si elles sont plus favorables aux prévenus ou aux accusés que celles établies par la législation antérieure.

Art. 646. Notre Ministre Secrétaire d'État de la marine et des colonies est chargé de l'exécution de la présente ordonnance.

Donné à Paris, en notre château des Tuileries, le dixième jour du mois de mai de l'an de grâce 1829, et de notre règne le cinquième.

Signé : CHARLES.

Par le Roi :

Le Ministre Secrétaire d'État de la marine et des colonies,

Signé : Baron HYDE DE NEUVILLE.

ARRÊTÉ DU GOUVERNEUR

PORTANT PROMULGATION DANS LA COLONIE DE L'ORDONNANCE ROYALE DU 14 JUIN 1829, SUR L'ORGANISATION DE LA CONSERVATION DES HYPOTHÈQUES AUX ANTILLES ET À LA GUYANE FRANÇAISE.

Cayenne, le 27 décembre 1829.

Nous, Gouverneur de la Guyane française,

Vu l'art. 65 de l'ordonnance royale du 27 août 1828;

Vu la dépêche de Son Exc. le Ministre Secrétaire d'État de la marine et des colonies en date du 4 août 1829, n° 151;

Sur la proposition du directeur de l'intérieur,

Avons arrêté et arrêtons ce qui suit :

Article premier. L'ordonnance royale du 14 juin 1829 sur l'organisation de la conservation des hypothèques à la Martinique, à la Guadeloupe et dans ses dépendances, et à la Guyane française, est promulguée dans cette dernière colonie pour y être exécutée à compter du 1er janvier 1830 selon sa forme et teneur.

Toutes dispositions des arrêtés et règlements coloniaux antérieurs à la présente promulgation sont et demeurent abrogées en ce qu'elles ont de contraire à ladite ordonnance.

Art. 2. A compter du 1er janvier 1830, le sieur Abadie (Jean-Pierre), commis de marine de 1re classe, chef du bureau du domaine à la direction de l'intérieur, cessera de remplir les fonctions de conservateur des hypothèques.

Il remettra, dans le délai et dans les formes prescrits par les art. 57 et 58 de l'ordonnance royale du 14 juin 1829, les registres, titres et papiers quelconques relatifs à ce service, au sieur Jérôme (Hyacinthe), receveur de l'enregistrement à Cayenne, chargé, aux termes de l'art. 28 de l'ordonnance précitée, de fonctions de conservateur.

Art. 3. Les dispositions des art. 2, 3, 4 et 5 de l'arrêté colonial du 4 juillet dernier, concernant les heures d'ouverture du bureau de l'enregistrement et la comptabilité du receveur, sont communes au conservateur des hypothèques.

Art. 4. Le présent arrêté, ensemble l'ordonnance royale du 14 juin 1829, seront enregistrés partout où besoin sera et insérés au *Bulletin des actes administratifs de la colonie*.

Art. 5. Le directeur de l'intérieur est chargé de l'exécution de ces dispositions.

Fait en l'hôtel du Gouvernement, à Cayenne, le 27 décembre 1829.

Signé : JUBELIN.

Par le Gouverneur :

Le Directeur de l'intérieur,

Signé : F. Frémy.

ORDONNANCE DU ROI

CONCERNANT L'ORGANISATION DE LA CONSERVATION DES HYPOTHÈQUES À LA MARTINIQUE,
À LA GUADELOUPE ET DANS SES DÉPENDANCES, ET À LA GUYANE FRANÇAISE.

Saint-Cloud, le 14 juin 1829.

CHARLES, PAR LA GRÂCE DE DIEU, ROI DE FRANCE ET DE NAVARRE,

Sur le rapport de notre Ministre Secrétaire d'État de la marine et des colonies,

NOUS AVONS ORDONNÉ ET ORDONNONS ce qui suit :

TITRE PREMIER.

DE LA CONSERVATION DES HYPOTHÈQUES.

CHAPITRE PREMIER.

DES BUREAUX DE LA CONSERVATION.

ARTICLE PREMIER. Il sera établi à la Martinique, à la Guadeloupe et dans ses dépendances, et à la Guyane française, un bureau de conservation des hypothèques pour chaque arrondissement de tribunal de 1re instance.

Ce bureau sera placé dans la ville où siége le tribunal.

Art. 2. Il sera affiché, dans chaque bureau, un tableau indicatif des communes et dépendances qui composent son ressort.

CHAPITRE II.

DES FONCTIONS DES CONSERVATEURS, DE LEURS OBLIGATIONS, ET DE CELLES DES NOTAIRES ET GREFFIERS.

Art. 3. Les conservateurs seront chargés, sous leur propre responsabilité.

conformément aux dispositions du chapitre x, titre XVIII, livre III, du Code civil, de l'accomplissement des formalités prescrites pour la conservation des hypothèques et de la perception des droits établis au profit du Gouvernement.

Art. 4. Les conservateurs seront tenus de résider dans le lieu où ils exercent leurs fonctions.

Art. 5. Ils auront leur domicile de droit dans leur bureau pour toutes les contestations auxquelles leur responsabilité donnera lieu.

Ce domicile durera aussi longtemps que la responsabilité des conservateurs; toute poursuite pourra y être dirigée contre eux, quand même ils ne seraient plus en exercice, ou contre leurs ayants cause.

Art. 6. Chaque conservateur devra avoir cinq registres, savoir :

Le premier, pour l'enregistrement du dépôt des pièces, tenu en exécution de l'art. 2200 du Code civil, sur lequel seront inscrites, jour par jour et par ordre numérique, toutes les remises d'actes qui seront faites au conservateur. Ce registre aura une colonne où sera porté le montant du droit perçu pour chaque acte déposé, conformément à l'art. 46 ci-après.

Le conservateur donnera au requérant une reconnaissance qui rappellera le numéro du registre de dépôt, et il ne pourra transcrire les actes ni inscrire les bordereaux sur le registre à ce consacré, qu'à la date et dans l'ordre des remises qui lui en auront été faites;

Le second registre, tenu en conformité de l'art. 2150 du Code civil et destiné à l'inscription des bordereaux de créances hypothécaires;

Le troisième, destiné, en conformité de l'art. 2181 du Code civil, à la transcription des actes translatifs de propriété ou d'usufruit de biens immeubles;

Le quatrième, tenu conformément à l'art. 677 du Code de procédure civile et destiné à la transcription des procès-verbaux de saisies immobilières et à recevoir en marge la mention de l'enregistrement des actes transcrits sur le registre désigné au paragraphe suivant;

Et le cinquième, sur lequel seront enregistrées les dénonciations de saisies immobilières à la partie saisie, conformément à l'art. 681 du Code de procédure civile, et les notifications de placards aux créanciers inscrits, conformément à l'art. 696 du même code.

Mention de l'enregistrement de chaque acte sur ce dernier registre sera faite en marge de la transcription de la saisie portée sur le quatrième registre, et les conservateurs énonceront dans leurs relations, au pied de ces actes, ainsi que dans les certificats ou copies qu'ils délivreront, que cette mention a été faite.

La radiation de la saisie, lorsqu'elle aura lieu, sera aussi mentionnée en marge de chaque acte porté sur ce cinquième registre.

ART. 7. Chaque registre sera coté et parafé à chaque page, par première et dernière, par le juge royal du tribunal, dans le ressort duquel le bureau est établi.

ART. 8. Tous ces enregistrements seront faits jour par jour, dans l'ordre du registre des dépôts, sans blanc ni intervalle; chacun d'eux portera un numéro d'ordre et sera signé du conservateur.

Toutes les mentions qui doivent être faites sur les registres seront également signées par le conservateur.

ART. 9. Les arrêtés qui, conformément à l'art. 2201 du Code civil, doivent être effectués chaque jour, à l'instant où le bureau est fermé au public, seront inscrits immédiatement après le dernier enregistrement ou le dernier arrêté, sans intercalation et sans qu'il puisse en être mis plus d'un dans la même case, pour les registres divisés en cases, ni plus d'un sur la même ligne, pour les registres qui ne sont pas divisés en cases.

Chaque arrêté sera écrit en toutes lettres par le conservateur et signé par lui.

Les contraventions aux dispositions du présent article seront punies de l'amende portée par l'art. 2202 du Code civil, sans préjudice des amendes résultant des autres contraventions prévues par ledit article et par l'art. 2203.

ART. 10. Aucune formalité hypothécaire ne pourra être remplie les dimanches et jours de fêtes légales.

Ces jours seront désignés dans l'arrêté inscrit sur le registre, indépendamment de la date.

ART. 11. Les formalités hypothécaires s'accomplissent, savoir :

1° A l'égard de la transcription, par la copie littérale, sur le registre à ce destiné, de l'un des bordereaux présentés par les requérants ou rédigés par le conservateur, dans le cas prévu par l'art. 16 ci-après;

2° A l'égard de la transcription, par la copie littérale des actes soumis à cette formalité.

Dans les deux cas, le conservateur remettra au requérant le bordereau inscrit ou l'acte transcrit, et il certifiera, au pied, avoir accompli la formalité, dont il énoncera la date, le volume et le numéro.

Art. 12. Les déclarations de changement de domicile seront faites en marge de l'inscription qu'elles concernent, et signées par le créancier ou par son mandataire spécial, à moins que le changement de domicile n'ait été consenti par un acte authentique dont l'expédition sera remise au conservateur.

A défaut d'espace en marge de l'inscription, le changement de domicile sera constaté sur le registre, à la date courante; mention en sera faite en marge de l'inscription, ainsi que sur le bordereau, dans le cas où il serait représenté par la partie.

Art. 13. Les cessions de priorités et les subrogations dans des inscriptions hypothécaires seront mentionnées en marge de l'inscription du cédant, d'après le dépôt fait au conservateur d'une expédition de l'acte authentique par lequel les cessions ou subrogations auront été consenties. Ces mentions devront en outre être indiquées par le créancier, dans le cas où l'acte déposé ne contiendrait pas la nouvelle élection de domicile faite par le créancier subrogé.

Art. 14. Toutes les fois qu'il ne sera pas requis une nouvelle inscription, en vertu d'un acte de prorogation du délai, la mention de la nouvelle époque d'exigibilité pourra être faite en marge de la première inscription, sur la simple représentation de l'expédition de l'acte authentique.

Art. 15. Les erreurs, omissions ou irrégularités commises sur les registres ne pourront être rectifiées qu'au moyen d'une nouvelle formalité accomplie par le conservateur à la date courante. sans préjudice toutefois des droits acquis à des tiers antérieurement à la seconde formalité. et du recours en garantie, s'il y a lieu, contre le conservateur.

La seconde formalité rappellera la date, le volume et le numéro de celle qu'elle a pour objet de rectifier, et mention en sera faite en marge de la première formalité.

Les extraits ou certificats qui sont délivrés par les conservateurs devront les comprendre toutes les deux.

Art. 16. Les notaires seront tenus, sous leur responsabilité personnelle, de requérir l'inscription ou la radiation des hypothèques conventionnelles, en même temps qu'ils feront enregistrer les actes consultatifs de ces hypothèques ou ceux qui en contiendront mainlevée.

Pour opérer l'inscription, ils seront tenus de joindre à ces actes les bordereaux prescrits par l'art. 2148 du Code civil.

A défaut de bordereaux présentés par le notaire ou par les parties, le conservateur les rédigera sur le vu de la minute de l'acte notarié soumis à l'enregistrement.

Pour faire opérer la radiation, les notaires remettront au conservateur une expédition de l'acte qui contient la mainlevée, dans les dix jours de l'enregistrement de cet acte.

Toutefois les parties pourront, par une déclaration faite dans l'acte, se réserver le droit de requérir elles-mêmes la formalité de l'inscription ou de la radiation, et dans ce cas, les notaires et les conservateurs seront dispensés des obligations qui leur sont imposées par le présent article.

Dans aucun cas, l'inscription des hypothèques judiciaires et la radiation des hypothèques dont la mainlevée aura été ordonnée par jugement ne pourront être opérées que sur la réquisition des parties.

Art. 17. Les notaires seront également tenus de faire opérer la transcription des actes passés devant eux ou déposés dans leur étude, et qui seraient translatifs de propriété ou d'usufruit de biens immobiliers.

Il en sera de même à l'égard des actes désignés dans l'art. 1069 du Code civil.

Lorsque la transcription n'aura pu s'opérer sur la minute des actes en même temps que l'enregistrement, les notaires devront en présenter une expédition au conservateur dans les dix jours au plus tard qui suivront l'enregistrement, et dans ce cas, la formalité sera remplie à la date du dépôt d'expédition. La mention de la transcription mise par le conservateur sur l'expédition sera rapportée littéralement sur la minute de l'acte.

Art. 18. Les dispositions de l'article précédent s'appliqueront aux greffiers, à l'égard des jugements d'adjudication rendus par le tribunal près duquel ils exercent leurs fonctions.

Art. 19. Les conservateurs seront tenus d'opérer la transcription des actes sous seing privé de la nature de ceux désignés dans l'art. 17, en même temps qu'ils donneront la formalité de l'enregistrement à ces actes; cette transcription sera effectuée sans même que les signatures soient reconnues devant notaire ou par un jugement.

Art. 20. Dans aucun cas, les notaires ne pourront délivrer aucune grosse ou première expédition d'actes devant donner lieu à l'inscription sans y joindre le bordereau inscrit, sauf l'exception prévue par l'avant-dernier alinéa de l'art. 16 ci-dessus.

A l'égard des actes donnant lieu à la transcription, les notaires et les greffiers ne pourront en délivrer aucune expédition sans qu'elle porte la mention de l'accomplissement de cette formalité.

Art. 21. Chaque contravention, par les notaires, les greffiers ou les conservateurs, aux dispositions des art. 16, 17 et 18 qui précèdent, sera punie de l'amende prononcée par l'art. 2202 du Code civil, sans préjudice de dommages et intérêts des parties, lesquels seront payés avant l'amende, conformément au même article.

Les contraventions aux dispositions de l'art. 20 seront punies d'une amende de 50 francs par chaque contravention.

Art. 22. Les extraits, états, certificats ou copies des registres à délivrer devront être conformes aux intentions clairement exprimées par les requérants dans leurs demandes.

En conséquence, les conservateurs ne pourront refuser de délivrer soit des états généraux des hypothèques de leur arrondissement, soit des états d'hypothèques partiels, supplémentaires, ou d'une époque à une autre, soit des états d'hypothèques spéciales sur un individu ou sur un immeuble désigné.

Art. 23. A défaut de désignation précise par les requérants, les états devront comprendre toutes les inscriptions, à l'exception de celles périmées ou renouvelées seulement après la période de dix années, à moins que les requérants n'aient fait, à cet égard, une demande spéciale, et dans ce cas, les conservateurs en feront mention expresse dans les états ou certificats qu'ils délivreront.

Lorsqu'une inscription aura été renouvelée dans la période de dix ans, l'état devra comprendre la première inscription, ainsi que les inscriptions de renouvellement.

Art. 24. Les états ou certificats seront. dans tous les cas. cotés et parafés sur chaque feuillet et au bas de chaque page par le conservateur. Dans la clôture de chaque état, il indiquera le nombre d'inscriptions qui y sont contenues.

Art. 25. Indépendamment des registres prescrits par l'art. 6 ci-dessus, les conservateurs tiendront un registre répertoire sur lequel seront portés, par extrait, au fur et à mesure de l'accomplissement des formalités, sous le nom de famille de chaque grevé ou de chaque nouveau possesseur et à la case qui lui est destinée, les inscriptions faites à sa charge, les radiations, les transcriptions et tous autres actes qui le concernent. Les transcriptions d'actes de mutation seront, en outre, portées sous le nom du propriétaire exproprié.

Le registre répertoire indiquera, pour chacun des actes mentionnés au présent article, le registre où il est inscrit, son numéro sur ce registre, sa nature et le montant des sommes qui y sont exprimées.

Il sera formé, jour par jour, une table de ce répertoire, dans l'ordre alphabétique du nom de famille de l'individu désigné en tête de chaque case.

ART. 26. Chaque conservateur tiendra aussi une table alphabétique pour les majorats, sous le nom des familles des propriétaires qui auront requis la transcription d'actes et lettres patentes concernant les majorats.

ART. 27. Les conservateurs seront tenus de remettre, dans le premier mois de chaque année, au directeur de l'intérieur, pour être envoyés au dépôt des chartes coloniales :

1° Un registre contenant l'indication sommaire des inscriptions de créances hypothécaires et énonçant, pour chaque inscription, le numéro et la date, les nom, prénoms, profession et domicile du créancier et de l'individu grevé; la date et la nature du titre, le montant et la nature de la créance, et l'époque de l'exigibilité, la désignation des biens affectés:

2° Un registre des transcriptions des actes de mutation, contenant l'analyse des actes authentiques et la copie littérale des actes sous seing privé;

3° Un registre indiquant les radiations d'inscriptions faites dans l'année, rappelant le numéro et le volume, et énonçant la somme pour laquelle la mainlevée est donnée, le nom du débiteur et la désignation de l'immeuble dégrévé.

Chacun de ces registres contiendra le montant, en chiffres, des créances inscrites ou radiées et le prix exprimé dans les actes de mutation. Ces sommes seront additionnées au bas de chaque page, et le total en sera fait pour l'année.

ART. 28. Les fonctions de conservateur seront remplies par les receveurs de l'enregistrement.

ART. 29. Avant d'entrer en fonctions, les conservateurs feront transcrire

leur commission au greffe du tribunal de 1re instance du lieu de leur résidence. Ils prêteront, à l'audience publique de ce tribunal, le serment de remplir avec fidélité et exactitude les fonctions qui leur sont confiées.

Art. 3o. En cas d'absence ou d'empêchement, le conservateur sera suppléé
dans ses fonctions par un employé de l'enregistrement du grade immédiatement supérieur, et, à défaut, par le surnuméraire ou par celui de ses employés
qu'il désignera lui-même.

Art. 31. S'il y a vacance des fonctions de conservateur par décès ou autrement, le cas de démission excepté, ces fonctions seront remplies provisoirement par un employé supérieur de l'enregistrement, et, à son défaut, par un
surnuméraire, sur la désignation du directeur de l'intérieur.

L'employé ainsi désigné sera responsable de sa gestion.

Les démissionnaires ne cesseront leurs fonctions qu'après l'installation de
leur successeur, et jusque-là ils demeureront responsables de la gestion.

Art. 32. Les conservateurs devront tenir leurs bureaux ouverts au public
pendant six heures chaque jour, excepté les dimanches et jours de fêtes
légales.

Les heures de séance seront affichées à la porte du bureau : elles seront les
mêmes que pour l'enregistrement.

CHAPITRE III.

DU CAUTIONNEMENT DES CONSERVATEURS.

Art. 33. Chaque conservateur sera tenu de fournir un cautionnement,
dont le montant sera ultérieurement fixé en raison de la population de l'arrondissement.

Art. 34. Le cautionnement pourra être fourni soit en immeubles situés
en France ou dans les colonies, soit en rentes sur l'État, ou en actions de la
Banque de France ou de celles des colonies.

Art. 35. Le cautionnement ne pourra être consenti que par acte authentique.

S'il est fourni en immeubles, il sera reçu par le tribunal de 1re instance de
leur situation, contradictoirement avec le procureur du Roi près ce tribunal.
Les pièces établissant la valeur de l'immeuble seront produites par le conservateur.

Art. 36. Si le cautionnement est fourni en rentes sur l'État ou en actions de la Banque de France ou de celles des colonies, il sera reçu, dans la même forme, par le tribunal de 1ʳᵉ instance du lieu de la résidence du conservateur, sur la justification préalable que lesdites rentes ou actions ont été immobilisées ou affectées spécialement au cautionnement.

Art. 37. Le conservateur sera tenu de faire recevoir son cautionnement dans les délais suivants, savoir :

1° Dans un mois, si le cautionnement doit être reçu par un tribunal de la colonie;

2° Dans trois mois, si le cautionnement consiste en immeubles situés hors de la colonie.

Ces délais courront du jour de l'enregistrement de la commission du conservateur au greffe du tribunal de 1ʳᵉ instance du lieu de sa résidence.

Art. 38. Si le cautionnement a été reçu par un tribunal autre que celui du lieu de la résidence du conservateur, l'expédition tant de l'acte de cautionnement que du jugement de réception sera déposée au greffe du tribunal de cette résidence, à la diligence du conservateur, dans le mois, à partir de la date de ce jugement, s'il a été rendu dans la colonie, et dans les trois mois, à partir de la même date, s'il a été rendu hors de la colonie.

Art. 39. Dans tous les cas, l'expédition tant de l'acte de cautionnement que du jugement de réception sera adressée par le conservateur au directeur de l'intérieur de la colonie, dans les délais prescrits par les art. 37 et 38 ci-dessus.

Art. 40. Immédiatement après la réception de son cautionnement, le conservateur sera tenu de prendre inscription sur les immeubles affectés à ce cautionnement et de la renouveler six mois avant l'expiration de chaque période de dix années.

Le double du bordereau d'inscription et de renouvellement sera adressé par le conservateur au directeur de l'intérieur.

Le bordereau sera conforme au modèle annexé à la présente ordonnance.

Art. 41. Si le conservateur vient à passer d'un bureau de conservation à un autre, le premier cautionnement continuera de subsister, sauf à le compléter, en cas d'insuffisance, dans les formes ci-dessus prescrites pour la réception du cautionnement.

Toutefois, si le cautionnement a été fourni par un tiers, et seulement pour un bureau déterminé, le conservateur devra rapporter le consentement de la caution à la nouvelle affectation. Ce consentement sera donné par acte authentique, dans le délai d'un mois si la caution demeure dans la colonie, et dans le délai de six mois si elle demeure hors de la colonie.

Ces délais courront du jour de l'enregistrement de la nouvelle commission du conservateur au greffe du tribunal de 1re instance du lieu de la nouvelle résidence.

En vertu du consentement de la caution, il sera pris une nouvelle inscription sur les immeubles affectés, conformément aux dispositions de l'art. 4o ci-dessus.

Si le cautionnement consiste en rentes sur l'État ou en actions de la Banque de France, le conservateur sera tenu d'y faire mentionner, dans les délais prescrits au présent article, que ces effets continuent d'être affectés à la garantie des nouvelles fonctions du conservateur et il devra justifier au directeur de l'intérieur de l'accomplissement de cette formalité.

ART. 42. Aucun changement ou substitution dans les biens affectés ne pourra s'opérer qu'avec les formalités prescrites pour l'admission du premier cautionnement.

ART. 43. Tous les frais de l'acte de cautionnement. du jugement de réception et de l'inscription seront à la charge du conservateur.

ART. 44. L'affectation du cautionnement subsistera pendant toute la durée de la gestion du conservateur et pendant les dix années qui suivront la cessation de ses fonctions.

ART. 45. La mainlevée des inscriptions ne pourra être ordonnée que par le tribunal qui aura reçu le cautionnement.

La requête en mainlevée. présentée après dix années à partir de la cessation des fonctions du conservateur, sera appuyée :

1° D'un certificat du directeur de l'intérieur constatant le jour précis de cette cessation;

2° D'un certificat du greffier du tribunal de 1re instance du lieu de la résidence du conservateur, constatant qu'il n'existe aucune poursuite personnelle en garantie contre le conservateur, ni aucune action sur les biens affectés.

Si les immeubles ne sont pas situés dans l'arrondissement du tribunal du lieu de la résidence du conservateur, il devra être produit, en outre, un certi-

ficat, dans la même forme, du greffier du tribunal de la situation desdits immeubles.

TITRE II.

DES DROITS ET SALAIRES.

CHAPITRE PREMIER.

DES DROITS AU PROFIT DU GOUVERNEMENT.

Art. 46. Il sera perçu, par le conservateur, au profit du Gouvernement, un droit fixe de 1 franc pour chacune des formalités ci-après énoncées, savoir :

Pour chaque inscription, excepté celle d'office, quel que soit le nombre des créanciers et des débiteurs, d'une seule et même créance;

Pour l'enregistrement de la dénonciation au saisi;

Pour l'enregistrement de l'original de la notification des placards aux créanciers inscrits;

Pour la radiation des saisies et pour chaque transcription d'acte translatif de propriété immobilière, en forme authentique ou sous seing privé.

Dans ce dernier cas, il est dû un droit pour chaque nouveau possesseur non indivis.

Tous les droits ci-dessus mentionnés seront portés en recette, article par article, sur le registre des dépôts dont la tenue est prescrite par l'art. 6 ci-dessus, et en même temps que le conservateur constatera sur ce registre le dépôt des pièces.

CHAPITRE II.

DES SALAIRES DES CONSERVATEURS.

Art. 47. Les conservateurs recevront, pour toutes les formalités qu'ils accompliront et pour les actes qu'ils délivreront, un salaire dont la quotité est déterminée par le tableau annexé à la présente ordonnance.

Ce tableau sera affiché dans le bureau du conservateur.

Art. 48. Il ne pourra être perçu ou exigé, sous le titre de droit de recherche, prompte expédition, ou sous quelque autre dénomination que ce soit, aucun salaire autre que ceux désignés audit tableau.

Art. 49. Les conservateurs tiendront un registre sur lequel ils porteront, jour par jour, article par article et par série de numéros, tous les salaires qui leur seront payés; mention du numéro de l'article sera faite sur la quittance délivrée aux parties; le tout à peine, contre les conservateurs, d'une amende de 15 francs pour chaque article ou mention omis ou incomplets.

Toutefois ils pourront porter en une seule ligne, à la fin de chaque mois, le nombre des articles enregistrés pendant le mois dans le registre des dépôts et le nombre des inscriptions faites aussi pendant le mois, avec le montant en masse des salaires de ces articles.

Ce registre sera arrêté, jour par jour, conformément aux dispositions de l'art. 8 ci-dessus.

CHAPITRE III.

DU PAYEMENT DES DROITS ET SALAIRES.

Art. 50. Les droits et salaires seront payés par les requérants, sauf leur recours contre qui de droit, avant l'enregistrement sur le registre de dépôt.

Art. 51. Les conservateurs donneront une quittance détaillée, article par article et en toutes lettres, de tous les droits et salaires qui leur seront payés.

Cette quittance sera portée dans la relation prescrite par l'art. 11 ci-dessus.

Art. 52. Les inscriptions de créances appartenant à l'État ou prises contre ses comptables; les inscriptions prises à la requête du ministère public; celles des hypothèques légales des communes et des établissements publics sur leurs receveurs et comptables; celles des mineurs et des interdits sur leurs tuteurs; celles des femmes sur leurs maris, seront faites sans avances de droits ni salaires.

Les conservateurs énonceront, tant sur leurs registres que sur le bordereau remis au requérant, le montant des droits et salaires qui seront dus; ils seront tenus d'en poursuivre le recouvrement contre le débiteur, dans la quinzaine de l'inscription.

TITRE III.

DES INSTANCES ET DE LA PRESCRIPTION.

CHAPITRE PREMIER.

DES POURSUITES ET INSTANCES.

Art. 53. Les contestations et poursuites relatives aux droits et aux salaires seront instruites et jugées suivant le mode réglé par le chapitre IX de notre ordonnance du 31 décembre 1828, sur l'enregistrement.

Art. 54. Toutes contestations, à raison de la responsabilité des conservateurs, entre les parties, seront instruites et jugées dans les formes ordinaires.

CHAPITRE II.

DE LA PRESCRIPTION.

Art. 55. Les prescriptions établies pour les droits d'enregistrement, par le chapitre viii de notre ordonnance du 31 décembre 1828 s'appliqueront aux droits et salaires dus en vertu de la présente ordonnance.

Art. 56. Les droits et actions des parties contre les conservateurs seront soumis aux prescriptions ordinaires.

TITRE IV.

DISPOSITIONS TRANSITOIRES.

Art. 57. Dans les trois jours de la publication de la présente ordonnance dans la colonie, le procureur du Roi près le tribunal de 1re instance dans le ressort duquel est établi un bureau central de conservation des hypothèques se transportera audit bureau, y arrêtera les registres en présence de l'ancien conservateur, ou lui dûment appelé. Il en dressera inventaire, ainsi que des autres titres et papiers relatifs à la conservation des hypothèques qui pourraient s'y trouver.

L'ancien conservateur sera interpellé de signer l'inventaire, et en cas de refus de sa part, il en sera fait mention.

Art. 58. Les registres, titres et papiers, arrêtés et inventaires seront, à la déligence du procureur du Roi, transportés au bureau de l'enregistrement, pour y demeurer déposés avec une expédition de l'inventaire.

Une autre expédition sera remise à l'ancien conservateur pour sa décharge, et une troisième expédition sera transmise au directeur de l'intérieur.

Art. 59. Notre Ministre Secrétaire d'État de la marine et des colonies est chargé de l'exécution de la présente ordonnance.

Donné en notre château de Saint-Cloud, le quatorzième jour du mois de juin de l'an de grâce 1829, et de notre règne le cinquième.

Signé : CHARLES.

Par le Roi :

Le Ministre Secrétaire d'État de la marine et des colonies,

Signé : Baron HYDE DE NEUVILLE.

1. Pour la rédaction des bordereaux dans les cas prévus par l'art. 16.   2f 00c

2. Pour l'enregistrement, sur le registre des dépôts, des actes remis au conservateur; pour l'accomplissement des formalités et la reconnaissance qu'il doit délivrer de ce dépôt............   o 5o

3. Pour l'inscription de chaque hypothèque ou privilége, quel que soit le nombre des créanciers ou des débiteurs d'une seule et même créance....................................   1 5o

4. Pour chaque inscription faite d'office par le conservateur en vertu d'un acte translatif de propriété soumis à la transcription....   1 5o

5. Pour chaque déclaration soit de changement de domicile, d'époque d'exigibilité ou de subrogation; il ne sera dû qu'un seul salaire si les trois changements sont consentis par le même acte.   o 75

6. Pour chaque mention de consentement à priorité d'hypothèque..   o 75

7. Pour chaque radiation totale ou partielle d'inscription, y compris le certificat qui en est délivré immédiatement............   1 5o

8. Pour chaque extrait ou copie d'inscription, y compris toutes les mentions qui la modifient.........................   1 5o

     Il sera payé, en outre, 3 centimes par ligne de dix-huit syllabes, pour copie de chaque inscription qui contiendrait plus de cinquante lignes.

9. Pour chaque certificat qu'il n'existe pas d'inscription et pour chaque individu y dénommé.................................   1 5o

10. Pour chaque rôle de transcription d'acte de mutation.........   1 5o

11. Pour chaque rôle de transcription de procès-verbal de saisie immobilière...................................   1 5o

12. Pour l'enregistrement de la dénonciation de la saisie immobilière à la partie saisie ou à ses représentants et la mention qui en est faite en marge de la transcription de la saisie..........   1 5o

13. Pour l'enregistrement de chaque exploit de notification de placards aux créanciers inscrits, quel qu'en soit le nombre, et la mention qui en est faite en marge de la transcription de la saisie....................................   1 5o

14. Pour l'acte du conservateur constatant son refus de transcription en cas de précédente saisie.........................   1 5o

15. Pour la radiation partielle ou totale de la saisie immobilière, y compris toutes les mentions à en faire.................   1 5o

16. Pour chaque certificat de transcription ou de non-transcription
   d'acte de mutation, ou de saisie, ou de non-accomplissement
   d'autres formalités hypothécaires. 1ᶠ 50ᶜ

17. Pour chaque duplicata de quittance.   1 50

18. Pour chaque rôle de copie collationnée des actes déposés, transcrits ou enregistrés dans les bureaux des hypothèques. 1 50

19. Pour chaque rôle de transcription de l'état indicatif des biens
   proposés pour former un majorat sur demande. 1 50

20. Pour radiation, en cas de refus, de la demande de l'impétrant. . .   1 50

21. Pour chaque rôle de transcription de l'acte de désignation des
   biens composant un majorat de propre mouvement. 1 50

   Nota. Dans toutes les transcriptions, copies ou extraits désignés
   sous les nᵒˢ 10, 11, 18, 19 et 21 du présent tableau, les rôles d'écriture du conservateur seront calculés à raison de vingt-cinq lignes de
   dix-huit syllabes par page, et les fractions de rôle seront payées à raison de 3 centimes par chaque ligne.

22. Pour la transcription de lettres patentes portant institution de majorats et pour celles autorisant l'aliénation ou le remploi des
   biens affectés, quel que soit le nombre de rôles :

   Majorat au titre de duc. 18 00
   Majorat de marquis ou de comte.   12 00
   Majorat de vicomte ou de baron.   6 00

ARRÊTÉ DU GOUVERNEUR

PRESCRIVANT L'ENREGISTREMENT ET LA PUBLICATION DE L'ORDONNANCE DU ROI DU 31 DÉ-
CEMBRE 1828, PORTANT ÉTABLISSEMENT DE L'ENREGISTREMENT À LA MARTINIQUE, À
LA GUADELOUPE ET DANS SES DÉPENDANCES, ET À LA GUYANE FRANÇAISE.

Cayenne, le 18 juillet 1829.

Nous, Gouverneur de la Guyane française,

Vu l'art. 65 de l'ordonnance royale du 27 août 1828;

Vu la dépêche de Son Exc. le Ministre de la marine et des colonies en date du 24 mars
1829, nᵒ 44,

Avons arrêté et arrêtons ce qui suit :

L'ordonnance royale du 31 décembre 1828, portant établissement de l'enregistrement à la Martinique, à la Guadeloupe et dans ses dépendances, et à
la Guyane française, sera insérée à la *Feuille de la Guyane*, au *Bulletin des actes*

administratifs de la colonie et enregistrée partout où besoin sera, pour être exécutée, à dater de ce jour, suivant sa forme et teneur.

Fait en l'hôtel du Gouvernement, à Cayenne, le 18 juillet 1829.

Signé : JUBELIN.

Par le Gouverneur :

Le Directeur de l'intérieur,

Signé : Frémy.

RAPPORT AU ROI

SUR L'ORDONNANCE ROYALE DU 31 DÉCEMBRE 1829, PORTANT ÉTABLISSEMENT DE L'ENRE-GISTREMENT À LA MARTINIQUE, À LA GUADELOUPE ET DANS SES DÉPENDANCES, ET À LA GUYANE FRANÇAISE.

Sire,

J'ai l'honneur de présenter à Votre Majesté le projet d'ordonnance relatif à l'établissement de la formalité et des droits d'enregistrement à la Martinique, à la Guadeloupe et à la Guyane française.

Destiné, par sa nature, à donner aux actes une date certaine et à les préserver de toute altération, l'enregistrement devient en quelque sorte le complément nécessaire de tout état de choses régulier.

Cette institution, dont l'établissement à l'île de Bourbon remonte à l'année 1804, y a produit les plus heureux résultats, et depuis longtemps on sentait la nécessité d'en étendre les effets aux Antilles et la Guyane française : le moment de réaliser cette pensée a paru devoir être celui où ces colonies reçoivent de Votre Majesté le bienfait d'une organisation judiciaire dont les règles, puisées dans celles de France, vont faire disparaître la confusion des anciennes lois coloniales et donner à l'administration de la justice une marche sûre et uniforme.

Considéré dans ses rapports avec l'ordre public, l'établissement de l'enregistrement n'a pas besoin d'être justifié : son ancienne origine, à laquelle se rattache le nom de Colbert, et l'adoption d'une institution semblable ou analogue par tous les peuples, annoncent assez combien il leur est nécessaire.

Il n'y a que les choses utiles qui se maintiennent et se répandent.

Sous le rapport fiscal, l'enregistrement a eu ses partisans et ses adversaires.

Je puis au surplus me dispenser d'entrer dans l'examen de cette question; car le projet présenté à Votre Majesté offre, dans la comparaison de son tarif avec celui de la France, des différences si considérables, que le maximum des droits proportionnels n'est que de 1 franc et le minimum de 2 centimes 1/2, tandis que la progression des mêmes droits, en France, s'étend de 28 centimes à 9 fr. 35 cent. Une réduction comparativement aussi forte existe à l'égard des droits fixes.

Ainsi, le produit des droits ne servira, en quelque sorte, qu'à payer les dépenses qu'entraînera cette nouvelle administration.

C'est donc seulement sous le point de vue de l'ordre public que le projet d'ordonnance a été conçu dans son ensemble.

Il reste à indiquer à Votre Majesté à quelles sources ont été puisées les dispositions qu'il renferme.

L'enregistrement a subi en France le sort de toutes les autres parties de la législation.

Les règles principales, éparses dans plusieurs lois antérieures, réunies ensuite dans la loi du 22 frimaire an VII, avaient déjà subi, par l'effet de la promulgation du Code civil, des modifications importantes, qui ont reçu plus d'extension encore par les lois subséquentes et notamment par les lois de finances.

De nombreux arrêts de la Cour de cassation, des avis du Conseil d'État, les décisions ministérielles et surtout les solutions données par l'administration générale de l'enregistrement elle-même, ont aussi expliqué et commenté le sens de chacun des articles.

Si l'on se fût borné à appliquer aux colonies les lois rendues sur l'enregistrement, c'eût été les livrer, comme la métropole l'a été pendant longtemps, à cette incertitude qu'entraîne toujours une loi nouvelle et nécessairement imparfaite sur une matière aussi étendue que difficile, et les laisser en arrière de tout ce que l'expérience et la jurisprudence avaient produit de bien pour la France.

Il fallait donc, pour présenter un travail complet, réunir dans le projet d'ordonnance le texte des diverses lois et les modifications et additions résultant des arrêts souverains et des instructions de l'administration supérieure.

C'est ce qui a été fait; et l'on a eu ainsi l'avantage de classer dans un ordre méthodique et de coordonner entre elles des dispositions rendues à diverses époques et souvent mêlées à des matières étrangères à l'enregistrement, qui, sans cette classification, aurait donné lieu à des recherches toujours pénibles et souvent infructueuses.

Le projet est divisé en deux titres.

Le titre Ier comprend les principes et la doctrine, et se compose de neuf chapitres, dont chacun a pour objet d'expliquer les règles relatives à une division des principes.

Le chapitre Ier traite des droits en général et de leur application.

Suivant l'art. 2, les droits sont dus d'après la forme extérieure des actes et sans égard à leur validité ni aux causes quelconques de résolution ou d'annulation ultérieures.

Cette règle, qu'on peut considérer comme le principe fondamental de l'enregistrement, ne se trouve cependant énoncée d'une manière explicite dans aucune des lois qui régissent cette matière en France, et leur silence à cet égard a donné lieu à de nombreuses contestations sur des demandes en restitution de droits ou à l'occasion du refus d'acquitter les droits dus à raison d'actes dont l'annulation était déjà prononcée.

La Cour de cassation a toujours repoussé de semblables prétentions et l'art. 2 du projet n'est que le résumé de sa jurisprudence.

Dans les art. 3 et 4, qui définissent les différentes natures d'actes donnant ouverture au droit fixe ou au droit proportionnel, on a rétabli le mot *attribution* qui se trouvait dans la loi du 19 décembre 1790 et que la loi du 22 frimaire an VII avait supprimé, comme surabondant, pour ne laisser subsister que le mot *collocation*. Cette dernière expression, qui n'a une application exacte que lorsqu'il y a plusieurs créanciers, avait fourni le prétexte de soutenir que les attributions, qui ne s'entendent que du cas où il y a un seul créancier, ne pouvaient être rangées dans la même catégorie; le rétablissement de ce mot ne permettra plus de faire de semblables distinctions.

L'art. 6 du projet relatif aux actes judiciaires donne lieu à des observations importantes.

Des difficultés s'étaient élevées sur l'interprétation de l'art. 7 de la loi de frimaire an VII, qui ne distinguait pas assez clairement les actes judiciaires qui doivent être enregistrés sur la minute, de ceux qui ne doivent l'être que sur chaque expédition délivrée.

L'art. 38 de la loi du 28 avril 1816 eut pour objet de les faire cesser en appliquant à ces actes le principe général de l'enregistrement sur minute; mais on reconnut bientôt que la formalité était sans objet utile pour le plus grand nombre des actes en matières correctionnelle et criminelle.

Des modifications furent autorisées par une ordonnance du Roi du 22 mai 1816 et confirmées par l'art. 74 de la loi du 25 mars 1817; de nouvelles explications furent encore données, en dernier lieu, par une circulaire de M. le Garde des sceaux du 24 septembre 1823 : c'est d'après ces autorités que le n° 2 de l'art. 6 maintient l'enregistrement sur minute pour les actes en matière civile, et que, pour prévenir tous les doutes, les n°ˢ 2 et 3 désignent nominativement les seuls actes judiciaires des deux autres espèces qui y demeurent assujettis.

Le premier alinéa de l'art. 9 reproduit le texte de l'art. 10 de la loi du 22 frimaire an VII, et porte que, dans le cas de transmission de biens, la quittance donnée ou l'obligation consentie par le même acte, pour tout ou partie du prix, entre les contractants, ne peut être sujette à aucun droit d'enregistrement.

Les autres paragraphes de cet article, tirés de la jurisprudence, sont le développement et l'application de la règle générale.

Dans l'art. 10, au texte de l'art. 11 de la loi du 22 frimaire an VII, pour les cas où il est dû plusieurs droits, on a réuni d'autres dispositions corrélatives tirées du tarif, et qui trouvaient bien plus convenablement leur place à la suite du principe général.

L'art. 11 détermine, conformément à l'art. 517 du Code civil, ce qu'on doit entendre par *immeubles*; cette définition était nécessaire dans une loi qui a pour objet de régler quels droits sont dus pour toutes les espèces d'immeubles.

La jouissance à titre de ferme est suffisamment établie pour la demande et la poursuite des droits des baux par les actes qui les font connaître; cette règle, que la loi de frimaire avait posée, se retrouve dans l'art. 14 du projet, qui renferme, en même temps, une exception nouvelle en faveur des baux par conventions verbales et des tacites reconductions.

Cette exception, qui résulte d'un arrêt de la Cour de cassation et d'une décision de l'administration de l'enregistrement, est fondée sur la nature de la convention à laquelle elle s'applique et qui, se reproduisant souvent, amènerait un assujettissement trop gênant pour les parties.

L'art. 15 est relatif aux actes passés en pays étrangers pour des biens qui y sont situés : le premier alinéa est extrait de l'art. 58 de la loi sur les finances du 28 avril 1816; le troisième alinéa est extrait de l'art. 4 de la loi sur l'enregistrement du 16 juin 1824; mais ces deux lois rapprochées laissaient encore une lacune que la Cour de cassation avait signalée par plusieurs de ses arrêts. En effet, l'art. 58 de la loi du 28 avril 1816, n'assujettissant au droit proportionnel que les actes passés en pays étrangers ou dans les colonies, laissait par cela même soumis seulement au droit fixe les actes passés en France pour des biens situés en pays étrangers : la rédaction du projet fait disparaître cette anomalie.

Le chapitre ɪɪ se divise en deux sections : la première traite des valeurs et des bases sur lesquelles le droit proportionnel est assis, et la seconde, de l'expertise.

Dans le n° 2 de l'art. 16, on a ajouté aux mots *transports relatifs aux créances à terme,* que contient seulement l'art. 14 de la loi du 22 frimaire an ɪɪ, le mot *délégation,* qui ne se trouvait que dans le tarif et dont le sens est différent de celui du premier, un transport supposant seulement deux personnes, et la délégation nécessitant le concours de trois.

L'exception relative aux intérêts que renferme également ce numéro ne se trouve pas dans la loi de l'an ɪɪ; elle résulte d'une décision de l'administration générale de l'enregistrement, qu'on a cru devoir maintenir comme favorable aux parties.

Les autres dispositions du même numéro y ont été transportées du tarif, parce qu'elles appartiennent par leur nature à l'exposé des principes : on les a étendues et rendues plus claires à l'aide des secours que présentait la jurisprudence.

La même observation s'applique à la disposition du n° 3 relative aux intérêts échus et qui ne sont soumis au droit que lorsque les parties en reconnaissent le payement dans l'acte. La loi de l'an ɪɪ était muette à cet égard; et comme il est de principe, ainsi que l'art. 1908 du Code civil s'en explique formellement, que la quittance du capital donné sans réserve des intérêts de ces derniers fait présumer le payement et en opère la libération, on a cru pouvoir soutenir que les droits étaient dus sur les intérêts, puisqu'ils étaient réputés payés. L'administration de l'enregistrement avait pensé, au contraire, avec raison, que le droit n'était pas dû, puisque la libération résultait d'une disposition de la loi, et non d'une stipulation des parties qu'on pût soumettre à une perception quelconque : cette judicieuse et favorable distinction, consignée dans plusieurs décisions, devait être consacrée par le projet d'ordonnance.

Suivant le même numéro, le droit de quittance n'est dû que sur les recettes et dépenses justifiées par pièces écrites, lorsque le compte est rendu par acte public; cette restriction est fondée sur ce que rien n'empêche qu'un comptable présente son compte sans pièces à l'appui, si celui à qui le compte est rendu s'en contente; elle devait être énoncée explicitement, afin qu'on ne pensât pas

que, l'admission des dépenses libérant le comptable, il est dû un droit de
libération; cette dernière prétention, que, dans quelques circonstances, on
avait élevée, a été proscrite, avec raison, par la cour régulatrice; et, en effet,
les sommes qui se compensent entre elles dans la balance d'un compte ne
peuvent produire aucune obligation; la seule qui pourrait exister naîtrait du
reliquat : c'est donc le reliquat seul qui peut donner lieu au droit d'obligation.

Si le compte était rendu par acte sous seing privé, les pièces écrites seraient
elles-mêmes exemptes de tout droit, pour cet usage, conformément à la disposition générale de l'art. 32 dont il sera parlé ci-après.

Par le n° 8, le capital des rentes perpétuelles a été réduit au denier 12,
et celui des rentes viagères au denier 6; ce taux a été calculé sur le produit
relatif des biens situés dans les colonies.

Lorsqu'il y aura lieu à estimer des rentes en nature, c'est sur des mercuriales ou parères de trois années que l'estimation se fera, et non sur des mercuriales de quatorze années, comme le veut la loi du 15 mai 1818 : le prix
des denrées est trop variable aux colonies, d'une année à l'autre, pour que l'on
pût admettre une si longue période de temps; on n'a fait, au surplus, que
revenir à la disposition du décret de 1808, auquel la loi de 1818 avait
dérogé.

Le n° 9 exempte du droit les charges qui grèvent les valeurs mobilières
d'une succession, lorsqu'elles sont établies par titres authentiques ou ayant
date certaine antérieure au décès, et sur ce point, le projet s'écarte de la législation de la métropole; c'est une faveur qui a son exemple dans l'ordonnance
qui régit l'enregistrement à l'île de Bourbon, et qu'on a cru devoir étendre
aux autres colonies; elle est fondée sur l'équité, puisqu'en effet l'héritier ne
profite que de ce qui excède les charges.

L'art. 16 se termine par une disposition qui contient, en faveur des ventes
par adjudications publiques, une exception au principe général suivant lequel
les droits doivent être acquittés d'après le capital ou la valeur réelle de l'objet
aliéné, et sans égard aux prix et charges stipulés dans l'acte. Dans les contrats
ordinaires, les parties étant libres d'établir à leur gré les conditions de la vente
et la valeur de l'objet vendu, pourraient s'écarter à cet égard de la vérité,
afin de diminuer les droits d'enregistrement : on a donc dû donner à l'administration une base de perception indépendante de la volonté des parties. Ces
circonstances ne se reproduisant pas dans les adjudications publiques, pour
lesquelles la liberté et la concurrence des enchères donnent des garanties suffi-

santes, le prix de l'enchère doit être considéré comme représentant la valeur réelle de l'objet vendu; et le projet ne fait que consacrer une distinction que déjà la cour régulatrice avait faite, malgré le texte rigoureux de la loi de France.

Dans l'art. 17, n° 6, on trouve une addition qui a pour objet de régler le droit dû pour un acte de vente dans lequel la fixation du prix de vente est laissée à l'arbitrage d'un tiers : la loi du 22 frimaire an VII ne contient rien de semblable; mais l'art. 1592 du Code civil donnant la faculté de faire une vente avec cette stipulation, il y avait nécessité de prévoir le cas où un pareil acte serait soumis à la formalité de l'enregistrement : la déclaration de la valeur doit alors être faite au pied de l'acte par les parties, conformément à une instruction générale de l'administration de l'enregistrement, fondée sur l'art. 16 de la loi de l'an VII, devenu l'art. 23 du projet.

Ce même numéro de l'art. 17 se termine par une disposition également nouvelle qui dispense d'un droit particulier le contrat aléatoire entre des acquéreurs qui ont contribué au prix, même par portions inégales, et par lequel la totalité de l'acquisition doit appartenir au survivant : une semblable convention ne renferme, en effet, ni donation ni avantage réciproque, les chances de pertes et de gain étant égales de part et d'autre.

Dans le n° 7 on a prévu le cas, qui n'était point exprimé dans la loi de frimaire an VII, où il y aurait vente d'une nue propriété dont l'usufruit appartiendrait à un tiers autre que le vendeur; la réserve d'usufruit, quelle que soit la personne au profit de qui elle a lieu, est une charge, et le principe en matière d'enregistrement est que toute espèce de charge donne lieu à une augmentation de droits. Le n° 6 de l'art. 15 de la loi du 22 frimaire an VII, qui ne parlait que du cas où l'usufruit était réservé par le vendeur, était donc incomplet, et la disposition du projet fait justement cesser les distinctions auxquelles la rédaction de la loi de l'an VII avait donné lieu.

L'art. 18 du projet est relatif aux donations entre-vifs, et porte que les droits ne seront dus qu'après l'acceptation; c'est une conséquence nécessaire de l'art. 932 du Code civil, suivant lequel il n'y a de donation que lorsqu'il y a acceptation. Les autres dispositions de cet article ne sont que des développements et des applications des principes généraux sur les donations, empruntés à la jurisprudence de la cour régulatrice et aux décisions de l'administration.

L'art. 19, qui veut que, dans le cas d'une transaction, et sous le rapport de l'enregistrement, on n'ait égard qu'aux droits apparents des parties ou à leur état de possession, sans qu'il y ait lieu de s'occuper de leurs droits réels, s'explique par la règle générale posée dans l'art. 2 et suivant laquelle la perception des droits se détermine d'après la forme extérieure des actes.

Le premier numéro de l'art. 20 est la reproduction d'un avis du Conseil d'État du 20 septembre 1808, qui a pour objet d'empêcher que deux droits soient cumulativement perçus sur une même succession.

Le n° 2 de cet article n'est autre chose que l'application de l'art. 883 du Code civil sur l'effet des partages; cette disposition ne pouvait se trouver dans la loi de frimaire an VII, antérieure à ce Code.

Le n° 3, relatif aux absents, n'est également que la reproduction des art. 135 et 136 du Code civil.

Ces dispositions ont été étendues aux marins et aux militaires, que la loi du 11 ventôse an II, sur les successions, réputait présents, d'où il résultait que lorsqu'une succession revenait à un militaire ou à un marin dont l'absence n'avait pas été déclarée, comme il était réputé présent, il était perçu un droit pour la mutation du décédé au militaire ou marin, et qu'un nouveau droit était perçu de celui-ci à l'envoyé en possession, lorsque l'absence était déclarée; la disposition nouvelle, tirée d'une décision de l'administration de l'enregistrement en date du 2 août 1823 évitera ce double droit.

Le n° 4 du même article, sur les majorats, est conçu dans les mêmes termes que l'art. 6 du décret du 14 juin 1808.

L'art. 21 a pour objet de régler les imputations de soulte de la manière la plus avantageuse aux parties : c'est la reproduction du principe posé par l'art. 1256 du Code civil, que l'imputation du payement doit se faire sur la dette que le débiteur avait plus d'intérêt d'acquitter.

La dernière disposition est également tirée de l'art. 883 du Code civil, sur l'effet des attributions en matière de partage; l'une et l'autre sont, au reste, conformes aux décisions de l'administration de l'enregistrement.

L'art. 22 établit que la perception des droits sur un jugement doit se faire eu égard à toutes les parties du jugement, et non pas, comme on aurait pu le penser, en s'arrêtant au dispositif, qui souvent ne reproduit pas d'une manière complète les prétentions ou les demandes, bien qu'elles doivent servir de base à la liquidation des droits.

On a substitué également, dans cet article, les mots *acte antérieur* aux mots *acte public*, qui se trouvaient dans la loi et qui ne s'entendaient que des actes passés devant notaires ou autres officiers publics, ce qui excluait le plus grand nombre des conventions, et notamment les conventions verbales, qu'un avis du

Conseil d'État du 5 août 1809 a cependant déclarées être comprises dans la disposition de cet article.

Lorsque le jugement prononce sur une demande en payement d'une somme· dont une partie a déjà été acquittée et qui n'est pas le prix d'objets immobiliers, il y a alors une juste distinction à faire et qui ne se trouve pas dans la loi du 22 frimaire an VII : s'il n'y a pas de contestation relativement à la partie payée, c'est une convention éteinte qui ne donne lieu à aucun droit d'enregistrement; le jugement ne forme titre qu'à l'égard de la partie qui reste à payer; c'est donc sur cette partie seulement que le droit peut être perçu.

Mais, d'un autre côté, lorsqu'il y a demande d'intérêts échus à l'effet d'en former un nouveau capital productif d'intérêts, le jugement, devenant titre à l'égard de ce nouveau capital, est sujet, sous ce rapport, à une perception nouvelle.

La même observation s'applique au cas d'un jugement qui prononce une condamnation en garantie.

Enfin, lorsqu'un jugement est réformé en appel et qu'il y a une condamnation supérieure à la première, le jugement rendu sur l'appel forme titre à l'égard de l'excédant.

Mais si le jugement d'appel, réformant celui de 1ʳᵉ instance, prononce une restitution, on ne saurait trouver là une condamnation nouvelle dans le sens inverse de la première, et il n'est point dû de nouveau droit.

Ces différents principes incontestables, et qui cependant manquent dans notre législation, se trouvent consacrés par l'art. 22 du projet d'ordonnance.

L'art. 25, placé sous la section 2, qui traite de l'expertise des immeubles, règle les formes de la demande en expertise. Ces formes, énoncées avec trop de concision dans la loi du 22 frimaire an VII, ont été complétées à l'aide de la jurisprudence de la Cour de cassation.

Le projet distingue, avec raison, deux espèces de conventions, suivant que les biens qui en font l'objet doivent être appréciés soit d'après leur valeur vénale, soit d'après le revenu.·

Le délai pour ordonner l'expertise a été porté de dix jours à vingt, attendu la difficulté des communications dans les colonies; cette extension est d'ailleurs favorable aux parties et ne peut compromettre les intérêts de l'administration.

Quoiqu'il soit de principe que l'avis des experts ne lie pas les juges, l'expertise étant, en matière d'enregistrement, le moyen qu'indique la loi comme la base sur laquelle le droit doit être perçu, les juges ne peuvent y suppléer par une conviction personnelle : cette règle spéciale à la matière avait été adoptée par la Cour de cassation; il était nécessaire de rendre explicite dans le projet cette dérogation au droit commun.

Le chapitre III est intitulé *Des délais.*

L'art. 28 indique dans quel délai doivent être enregistrés les actes publics; les nécessités locales ont apporté quelques modifications dans la fixation de ce délai, mais, en même temps, des mesures sont prescrites pour qu'on n'en abuse pas.

Aux actes qui doivent être enregistrés dans les vingt jours et dont parle la loi de frimaire an VII, le n° 4 de l'art. 28 du projet ajoute les adjudications des biens meubles ou immeubles, conformément à un avis du Conseil d'État du 22 octobre 1808, et les jugements arbitraux, pour lesquels le délai court du jour de l'acte du dépôt, conformément à l'art. 1020 du Code de procédure.

Le n° 4 de l'art. 28 renferme aussi des exceptions au principe général posé par l'art. 6 du projet, suivant lequel tous actes judiciaires en matière civile sont soumis à l'enregistrement, sur les minutes ou sur les originaux. Des décisions de l'administration de l'enregistrement ayant fait sentir la nécessité de ces exceptions, lorsqu'il ne s'agit que d'actes préparatoires ou d'instruction, elles devaient être reproduites dans le projet d'ordonnance.

Le n° 5 contient une mesure qui a pour objet de ne rendre les actes d'administration passibles du droit d'enregistrement qu'après l'approbation, lorsqu'ils en sont susceptibles; approbation sans laquelle ces actes n'ont pas d'existence légale.

Dans l'art. 31, qui détermine, conformément à la loi de France, les délais de l'enregistrement pour les actes passés ailleurs que dans les Antilles et à la Guyane française, on a pris soin d'adopter les énonciations déjà consacrées par l'art. 3 de l'ordonnance du 31 août 1828, sur le mode de procéder devant les conseils privés des colonies.

On a compris parmi les actes qui n'étaient point soumis au délai ordinaire, à partir du jour de leur confection, les obligations contractées sous une condition suspensive, à l'égard desquelles la loi du 22 frimaire était muette. On leur a appliqué le délai de trois mois, à partir du jour de l'événement, pour le payement du droit proportionnel, parce que ce n'est réellement qu'à dater de ce jour que l'acte acquiert une existence complète.

L'art. 32 rappelle la disposition de l'art. 204 de l'ordonnance du 31 août 1828, sur le mode de procéder devant les conseils privés des colonies, et suivant laquelle les pièces produites par les parties ne sont pas sujettes à l'enre-

gistrement, à l'exception des exploits d'huissiers : cette disposition trouvait
naturellement ici sa place.

L'art. 32 consacre enfin la faculté pour les particuliers de faire usage d'actes
sous seings privés non translatifs de propriété d'immeubles, dans d'autres
actes sous seings privés : cette faculté pouvait bien résulter des principes généraux de la loi, mais elle n'était établie nulle part d'une manière explicite.

Le chapitre IV détermine les bureaux où les actes et mutations doivent être
enregistrés.

Dans l'art. 36, relatif à l'enregistrement des mutations de propriétés ou
d'usufruit par décès, on a ajouté qu'il y aurait déclaration séparée et indépendante faite dans chaque bureau de la situation des biens, afin d'éviter la prétention qu'on pourrait élever d'opposer dans un bureau la déclaration qui aurait été faite dans un autre bureau, prétention constamment repoussée par la
Cour de cassation.

Dans ce même article, aux mots *biens meubles sans assiette déterminée,* dont
se sert la loi, on a ajouté l'énonciation de quelques-uns des biens particulièrement signalés par la jurisprudence de la cour régulatrice. Enfin, l'obligation
de rapporter un pouvoir spécial, imposée aux mandataires des héritiers, donataires ou légataires, est conforme à l'usage et aux principes du Code civil sur
le mandat.

L'art. 39, placé sous le chapitre V, qui traite du payement des droits et de
ceux qui doivent acquitter, contient une règle générale que les arrêtés de l'administration de Bourbon, sur l'enregistrement, avaient déjà consacrée, d'après
la jurisprudence de la Cour de cassation, comme une des bases fondamentales.
Il porte que le payement des droits est indivisible comme la formalité; un
acte, en effet, ne saurait être enregistré pour une partie et ne point l'être
pour l'autre; et si l'une des parties seulement était assujettie au droit, l'autre
se trouverait avoir acquis gratuitement la date certaine et les autres garanties
que procure la formalité de l'enregistrement, ce qui serait contraire au but de
cette institution.

Dans l'art. 41, à la disposition qui prescrit que les droits seront *supportés*
par les débiteurs, on a ajouté qu'ils seraient *acquittés* par eux, afin de prévenir
les difficultés auxquelles a donné lieu l'emploi de la première expression seule,
que l'on voulait interpréter en ce sens que les droits devaient être acquittés
par les créanciers, sauf leur recours contre les débiteurs qui devaient les supporter en définitive.

Cet article porte aussi, conformément à la jurisprudence constante de la

Cour de cassation, que les droits des jugements contradictoires ou par défaut seront acquittés par les demandeurs. C'est à eux seuls, en effet, que l'administration peut s'adresser, puisqu'ils ont provoqué le jugement qui donne lieu au droit.

Le second alinéa de l'art. 42 impose aux héritiers ou légataires universels l'obligation de faire l'avance des droits dus à raison des legs particuliers; cette disposition aura pour résultat de simplifier l'opération, sans d'ailleurs être onéreuse au légataire universel; car, si le payement des droits des legs particuliers a été mis à sa charge, il ne payera que ce qu'il devait, et, dans le cas contraire, il pourra retenir les droits par lui avancés, sur les legs particuliers, lors de leur délivrance.

On a compris dans cette disposition, pour lever toute difficulté, les héritiers bénéficiaires, qui sont aussi des héritiers.

Le dernier alinéa de cet article accorde au Gouvernement un privilége pour le payement des droits qui lui sont dus; l'art. 22 de la loi du 22 frimaire an VII énonce seulement qu'il y a une action : expression qui, entendue dans un sens restreint, rend le plus souvent la disposition illusoire.

La Cour de cassation l'avait senti : et, partant du principe que toute action du fisc est, en général, privilégiée, elle avait reconnu le privilége; mais un avis du Conseil d'État, se renfermant dans le sens étroit des expressions de la loi, avait depuis déclaré que le privilége n'existait pas. On a dû le rétablir dans le projet, à cause de son importance et de sa nécessité; ce n'est d'ailleurs que du jour de l'ouverture de la succession que le privilége a lieu, parce qu'étant corrélatif à la cause qui le produit, il ne peut lui être antérieur.

Le chapitre VI traite des peines.

Dans l'art. 48, on a étendu, conformément à un avis du Conseil du 9 février 1810, l'obligation de payer le double droit aux héritiers des contrevenants et à leurs représentants; un héritier représente, en effet, son auteur dans tous ses droits actifs et passifs.

L'art. 49 prononce une peine pour le cas de déclaration inexacte; la loi de frimaire an VII s'était contentée d'en établir une pour le cas d'omission ou d'insuffisance; c'était une lacune qu'on ne pouvait laisser subsister.

L'art. 51 n'impose aux héritiers l'obligation de payer un double droit et les frais d'expertise que lorsque la différence entre le résultat de cette expertise et la valeur déclarée est d'un huitième.

Dans cette disposition, semblable d'ailleurs à celle qui existe à l'égard des ventes, le projet se montre bien moins sévère que la loi du 22 frimaire an VII.

qui rend les héritiers passibles du payement du double droit et des frais, toutes les fois qu'il y a insuffisance dans la déclaration, quelque peu importante que soit d'ailleurs la différence.

Dans l'art. 51, on a étendu aux héritiers et légataires sous bénéfice d'inventaire et aux curateurs aux successions vacantes la peine prononcée contre les tuteurs et curateurs qui négligent de passer les déclarations dans les délais prescrits; il n'y a, en effet, aucune différence à établir entre ces divers administrateurs. Toutefois on a accordé aux curateurs aux successions vacantes la faculté réclamée par leur position particulière de faire la déclaration sans être tenus d'avancer les droits, lorsqu'ils justifient n'avoir entre les mains aucuns deniers dépendant de la succession.

L'art. 53 du projet s'écarte de l'art. 40 de la loi du 22 frimaire an VII, qui déclarait nulle toute contre-lettre sous signature privée; l'art. 1321 du Code civil ayant, au contraire, donné effet aux contre-lettres entre les parties contractantes seulement, il était indispensable de modifier dans le même sens la disposition de la loi de frimaire an VII.

Les mots *demande judiciaire,* qui se trouvent seuls dans la loi de 1816, n'ont peut-être pas un sens déterminé; l'art. 54 du projet l'étend aux citations en conciliation, que les expressions de la loi comprenaient déjà implicitement.

Le chapitre VII réunit tout ce qui concerne les obligations des officiers publics, des juges, des arbitres et des préposés.

Dans l'art. 55, à la suite du principe général suivant lequel un officier public ne peut délivrer expédition d'un acte public, ni faire un acte en vertu d'un autre acte avant que celui-ci ait été enregistré, on a ajouté une nouvelle nomenclature d'actes exceptés et que l'on ne trouve pas mentionnée dans la loi de frimaire an VII. Ces exceptions, dont le Code de procédure civile a fait connaître la nécessité, ont toutes pour objet de faciliter le cours des instances.

Le deuxième alinéa de l'art. 56, qui permet d'énoncer dans les actes publics des actes sous seings privés non enregistrés, sous la condition que chacun de ces actes demeurera annexé à celui dans lequel il sera mentionné et que les droits en seront acquittés en même temps que ceux de l'acte principal, est tiré de l'art. 13 de la loi sur l'enregistrement du 16 juin 1824, qui déroge, à cet égard, aux lois antérieures; seulement le projet étend, par une analogie raisonnable et favorable d'ailleurs aux parties, à tous les officiers publics une faculté que la loi de 1824 n'accordait qu'aux notaires.

Les exceptions au principe général que renferment les autres dispositions de l'art. 56, sur l'usage des actes sous signatures privées non enregistrés, sont consacrées par une jurisprudence constante et nécessitées, en quelque sorte, par la nature des actes auxquels elles se rapportent.

L'art. 57 dispense de la formalité d'un acte de dépôt la remise au greffe, par les créanciers d'un failli, des titres nécessaires pour la vérification des créances; cette faveur, qui résulte d'une décision ministérielle, a eu pour objet d'éviter aux créanciers les frais d'enregistrement d'un acte de dépôt, frais qui souvent absorberaient leur dividende dans l'actif de la faillite.

L'art. 61, dans la vue de faciliter le cours des procédures, permet aux juges et aux arbitres, dans le cas d'urgence, de rendre un jugement définitif en vertu d'un jugement antérieur qui n'aurait point encore été enregistré; mais, pour prévenir tous abus, le projet rend personnelle aux avoués l'obligation de payer les droits dans le cas où le premier jugement n'aurait point été enregistré précédemment.

L'art. 62 applique aux juges, arbitres, et aux fonctionnaires publics, mais dans les cas d'urgence seulement, la faculté de faire mention d'actes sous signatures privées que l'art. 56 du projet a étendue à tous les officiers publics.

La disposition de l'art. 63 a pour objet de fournir aux receveurs de l'enregistrement des renseignements à l'aide desquels ils pourront atteindre des mutations qui auraient eu lieu sans actes, en même temps qu'elle donne à l'acquéreur les moyens de purger sa propriété des hypothèques qui frapperaient sur les anciens propriétaires.

La mesure d'ordre prescrite à l'égard des greffiers par l'art. 65 se justifie par l'utilité de donner aux receveurs les indications nécessaires pour opérer le recouvrement des condamnations; le décret du 18 juin 1811, sur les frais de justice, contient une disposition semblable.

L'obligation imposée aux officiers publics, par l'art. 67, d'énoncer avec détail sur leur répertoire le contenu des actes de leur ministère, ne pouvait s'appliquer aux testaments inscrits du vivant du testateur; et la restriction que renferme, à cet égard, le deuxième paragraphe de cet article, était commandée par la nécessité de conserver le secret dont ces actes doivent être entourés.

Les art. 69, 72 et 76 contiennent des mesures d'ordre sur le visa des répertoires et la forme des enregistrements des actes et des mutations.

Ces dispositions, tirées des circulaires de l'administration de l'enregistrement en France, ont paru devoir figurer dans le projet d'ordonnance, afin de servir de guide aux receveurs qui n'auront point, pour s'éclairer, les instructions fréquentes d'une autorité supérieure.

Le chapitre viii est intitulé *Des droits acquis et des prescriptions* : on y retrouve, avec des développements puisés dans la jurisprudence de la Cour de cassation, le principe posé dans l'art. 60 de la loi du 22 frimaire an vii et suivant lequel tout droit d'enregistrement régulièrement perçu ne peut être restitué.

Toutefois ce principe reçoit exception dans quelques circonstances; les divers cas dans lesquels il y a lieu à restitution se trouvaient déjà spécifiés par des décisions de l'administration et par des avis du Conseil d'État que l'art. 82 du projet reproduit.

Dans l'art. 83 on a également inséré l'avis du Conseil d'État du 18 août 1810, sur la prescription de deux ans.

Enfin, l'article 94 applique aux droits d'enregistrement, en général, la prescription de trente ans; cette prescription résultait implicitement du silence de la loi de l'an vii, puisque tout ce qui n'est point réglé par une loi spéciale reste sous l'empire du droit commun; mais il a paru que c'était un complément nécessaire du titre du projet qui traitait de la prescription.

Le chapitre ix est relatif aux poursuites et instances.

Suivant l'art. 87, la contrainte décernée par le receveur emportera hypothèque; c'est, en effet, un caractère qui doit appartenir à toutes les contraintes et sans lequel elles n'auraient aucune efficacité.

Il est spécialement attribué par la loi sur les douanes aux contraintes décernées dans cette matière : ce n'était donc que par un oubli fâcheux que la loi du 22 frimaire an vii ne contenait pas de dispositions semblables; et la Cour de cassation avait signalé plusieurs fois avec raison cet oubli : on n'a pas dû le laisser subsister dans le nouveau projet.

L'art. 88 établit deux degrés de juridiction pour les contestations relatives au payement des droits.

En France, où il n'en existe qu'un seul, les parties trouvent des garanties suffisantes dans les décisions habituelles de l'administration et dans la facilité de se pourvoir devant la cour régulatrice : on a pensé que, dans les colonies, l'appel à la cour royale remplacerait utilement ces avantages: toutefois le recours en cassation a été conservé aux parties.

L'art. 89 conserve aux tiers saisis tous les droits que leur accorde le Code de procédure, et en déterminant les frais à supporter par les parties qui succomberont, il dispose, conformément à la jurisprudence de la Cour de cassation, que, dans aucun cas, la condamnation ne pourra être étendue aux intérêts des sommes à payer ou à restituer, ces intérêts ne pouvant être considérés que comme une augmentation de droits déjà irrévocablement fixés.

L'art. 90, relatif aux frais de poursuites payés par les préposés pour des articles tombés en non-valeur, termine tout ce qui concerne les règles de la prescription et le titre Iᵉʳ du projet.

Le titre II renferme les tarifs et se divise en deux chapitres, dont chacun traite d'une nature particulière de droits.

Il serait inutile d'entrer dans le détail des divers actes qui ont été classés dans l'une ou dans l'autre de ces deux catégories; il suffira d'indiquer les modifications principales apportées au système de France, dans l'intérêt des contribuables.

Le chapitre 1ᵉʳ comprend tous les actes soumis au droit fixe.

Dans le paragraphe 1ᵉʳ de l'art. 91, on a réuni sous la moindre quotité, qui est de 25 centimes, les actes qui ne contiennent que des attestations pures et simples ou des renseignements relatifs au commerce, et ceux qui ne sont que des annexes d'actes principaux.

Le paragraphe 2 du même article présente la nomenclature des actes dont le droit est de 50 centimes ; le n° 3 de ce paragraphe établit quelles sont les acceptations de délégations qui ne donnent lieu qu'au droit fixe, lorsque les droits proportionnels ont été perçus dans les cas prévus par le n° 2 de l'art. 16.

Les remises de reliquats de compte avaient été considérées, jusqu'en 1827, comme une libération par le comptable, et, par suite, on les avait assujetties au droit proportionnel; mais, à cette époque, on reconnut que, lorsque le reliquat était remis immédiatement, l'énonciation de ce fait ne constituait qu'une simple décharge, pour laquelle il n'était dû qu'un droit fixe; que ce n'était que dans le cas où le reliquat ne devrait être remis qu'ultérieurement qu'il y avait obligation, et ensuite quittance, et que, dans cette dernière circonstance seulement, il y avait droit proportionnel : le n° 20 consacre cette sage distinction, qui résulte des décisions de l'administration.

Le n° 22 contient une modification à l'art. 3 du décret du 22 décembre 1822, sur les cautionnements, suivant lequel les déclarations de privilége de second ordre ne sont assujetties qu'au simple droit fixe. Une semblable déclaration présuppose nécessairement une obligation antérieure, et lorsque cette obligation ne résulte pas d'un autre acte, la déclaration constitue elle-même une obligation principale qui donne lieu au droit proportionnel; on pourrait éluder ce droit d'obligation en se contentant de faire une simple déclaration; le projet y remédie en assujettissant ces déclarations au droit proportionnel, lorsqu'il n'existe point d'ailleurs d'autre obligation.

Les légataires particuliers sont des propriétaires du legs qui leur est affecté.

et non pas seulement de simples créanciers; d'où la conséquence que la délivrance qui leur est faite du legs renferme une décharge et non une quittance. Il en est de même lorsque les exécuteurs testamentaires remettent aux héritiers des deniers de la succession : toutefois, les intérêts formant une dette personnelle à l'héritier, leur payement produit la libération de cet héritier et donne lieu au droit proportionnel de quittance : telle est la règle qui a été adoptée par le n° 25 du même paragraphe.

Sous le n° 29, on a compris les donations en faveur des communes, hospices et établissements religieux et de bienfaisance des colonies elles-mêmes : les dispositions de cette nature devaient être favorisées et encouragées par l'exemption du droit proportionnel.

Dans le n° 33, aux exploits relatifs aux contributions directes ou indirectes, qui ne sont soumis au droit qu'au-dessus de 100 francs, on a ajouté les mêmes actes relatifs aux curages de canaux et rivières, comme intéressant l'agriculture.

Les gages et garanties fournis par le débiteur lui-même, sans aucun dessaisissement de propriété, ne sont soumis, par le n° 34, qu'au droit fixe, comme n'étant que le complément de l'obligation principale, qui seule doit être frappée du droit proportionnel; c'est une application de l'art. 2092 du Code civil, suivant lequel tous les biens d'un débiteur sont le gage commun de ses créanciers.

Les lettres de change sont exemptes de l'enregistrement, comme elles l'étaient antérieurement à la loi de 1816 : toutefois, à l'égard de celles passées devant notaire, le n° 43 porte qu'on percevra le droit fixe pour l'acte notarié qui doit être soumis à la formalité.

Le n° 49 n'assujettit qu'au droit les résiliements faits dans les vingt-quatre heures; mais on a ajouté la condition, déjà établie à l'égard des déclarations de command, qu'ils seraient notifiés au receveur le lendemain.

Les ventes de navires, de bris et débris de navires, ainsi que celles de marchandises avariées à la mer, ne sont également assujetties qu'au droit fixe par le n° 54.

Sous le n° 55, on a ajouté les défrichements de terrains aux opérations de desséchements, en faveur desquelles la loi du 16 septembre 1807 avait déjà réduit le droit de mutation de propriété au droit fixe.

Les n°s 56, 57 et 58 réunissent tous les actes et jugements des justices de paix, dont la loi de France assujettissait une partie à une quotité de droits plus élevée.

Les jugements en matière de contributions ont été ramenés par le n° 59 au droit fixe, comme sous la loi de l'an vii, tandis que la loi de 1816 les a rangés parmi les jugements soumis au droit proportionnel; ce qui constitue dès lors une augmentation réelle des sommes réclamées par l'État lui-même. Les contribuables, dans les colonies, n'auront pas à supporter cette double peine.

Le chapitre ii énonce quels sont les actes soumis au droit proportionnel et quelles mutations donnent également lieu à ce droit.

Sous le paragraphe 1er de l'art. 92, dont la quotité est de 2 centimes 1/2 par 100 francs, on a classé avec les baux de toute nature, dont le plus grand nombre intéresse l'agriculture, les quittances et tous les autres actes de libération, qui, en France, appartiennent à une catégorie de droits relativement plus élevée; on a pensé que ces derniers actes n'étant que le complément d'exécution de conventions antérieures qui avaient déjà acquitté des droits proportionnels, ils devaient être traités plus favorablement lorsque les mêmes capitaux étaient soumis à une nouvelle perception.

Le droit pour les biens meubles abandonnés par le failli a été rangé sous le n° 4 du paragraphe 2, dont la quotité est de 5 centimes par 100 francs, et se trouve ainsi réduit au même droit que celui qui est dû pour les sommes que le débiteur s'oblige à payer; en France, ces biens sont encore assujettis aux divers droits de mutation, suivant leur nature.

Le droit de cautionnement lui-même a été réduit à moitié; en France, ce droit est égal à celui de l'obligation.

Le droit de mutation par décès, en ligne directe, sur les biens meubles a été conservé, suivant le n° 10 du paragraphe 2 de l'art. 92, tel qu'il avait été établi par la loi du 19 décembre 1790 pour les legs et donations à cause de mort, parce qu'il en résulte un avantage pour le légataire ou le donataire. Un semblable motif ne pouvait s'appliquer à l'héritier direct qui ne recueille que sa portion virile dans les biens meubles de la succession; et, à cet égard, le projet consacre une importante modification, que beaucoup de bons esprits désirent voir admise dans la législation actuelle de la France.

Le n° 12, dérogeant à l'usage suivi en France, excepte formellement les amendes des condamnations prononcées par un jugement et sur lesquelles le droit proportionnel est perçu. Le droit sur les amendes deviendrait, suivant l'observation qui en a déjà été faite plus haut, une véritable aggravation de peine.

En classant les donations de sommes payables ou exigibles au décès du donateur sous le n° 3 du paragraphe 3, dont la quotité est de 7 centimes 1/2 pour 100 francs, on a suivi les principes consacrés par la jurisprudence de la Cour de cassation, qui déclare ces actes soumis au droit proportionnel.

Sous le n° 1 du paragraphe 6, dont la quotité est de 20 centimes par 100 francs, on a classé, conformément à l'art. 529 du Code civil, parmi les biens meubles les actions dans les compagnies tant que dure la société, même lorsqu'elle est propriétaire d'immeubles.

La loi de 1816 assujettit les actes de ventes d'immeubles et ceux de nature à être transcrits aux hypothèques à un droit plus élevé que celui établi par la loi de l'an VII pour tous les actes de transmission de propriétés immobilières en général.

Cette disposition a fait naître, sur ce qu'on doit entendre par actes de nature à être transcrits, des difficultés sur lesquelles la jurisprudence n'est pas encore fixée en France et que fait disparaître le paragraphe 8 de l'art. 92 du projet, en revenant à l'unité de quotité de droits consacrée par la loi du 22 frimaire an VII.

Dans les cas de transmission par décès de propriétés immobilières entre personnes non parentes, la loi de 1816 assimile à ces dernières les enfants naturels et les époux survivants, lorsqu'ils succèdent à défaut de parents. Les paragraphes 9 et 10, en consacrant cette disposition, la modifient cependant en ce sens que les enfants naturels ne payeront le droit de cette nature de transmission que sur l'excédant de la part qu'ils eussent recueillie s'ils s'étaient trouvés en concours avec les enfants légitimes. Cet excédant est, en effet, le seul avantage que l'absence de parents successibles leur procure.

Les autres dispositions du projet n'offrent rien qui mérite d'être signalé à Votre Majesté. Au surplus, ces diverses observations, en faisant connaître à Votre Majesté toutes les modifications apportées à la législation française par le projet que j'ai l'honneur de lui présenter, lui donneront aussi la mesure du zèle consciencieux qui a été apporté dans ce travail, d'où l'on a surtout cherché à écarter les difficultés d'application qui résultent toujours d'une institution nouvelle. On peut espérer que, quoique le projet ci-joint soit destiné spécialement aux colonies, il ne sera pas cependant sans utilité pour la métropole elle-même, puisqu'il offre un code complet des lois et des dispositions qui régissent cette matière si difficile et tellement étendue qu'elle touche à tous les intérêts et à toutes les transactions de la société.

Je prie Votre Majesté, Sire, de signer, si elle l'adopte, le projet d'ordonnance royale portant établissement de l'enregistrement à la Martinique, à la Guadeloupe et à la Guyane française.

Je m'occuperai immédiatement de l'organisation du personnel de ce nouveau service, qui sera réduit, au surplus, à l'absolu nécessaire.

Je proposerai ensuite à Votre Majesté d'étendre à l'île de Bourbon les améliorations que présente l'ordonnance que je soumets à son approbation.

Je suis avec le plus profond respect,

Sire,

De Votre Majesté,

Le très-humble et très-obéissant serviteur et fidèle sujet,

Le Ministre Secrétaire d'État de la marine et des colonies,

Signé : Baron HYDE DE NEUVILLE.

ORDONNANCE DU ROI

PORTANT ÉTABLISSEMENT DE L'ENREGISTREMENT À LA MARTINIQUE, À LA GUADELOUPE
ET DANS SES DÉPENDANCES, ET À LA GUYANE FRANÇAISE.

Paris, 31 décembre 1828.

CHARLES, PAR LA GRÂCE DE DIEU, ROI DE FRANCE ET DE NAVARRE,

Sur le rapport de notre Ministre Secrétaire d'État de la marine et des colonies,

NOUS AVONS ORDONNÉ ET ORDONNONS ce qui suit :

TITRE PREMIER.

CHAPITRE PREMIER.

DE L'ENREGISTREMENT, DES DROITS ET DE LEUR APPLICATION.

ARTICLE PREMIER. A dater de la promulgation de la présente ordonnance, la
formalité de l'enregistrement sera établie dans nos colonies des Antilles et à la
Guyane française, et les droits y seront liquidés et perçus d'après les bases et
suivant les règles déterminées ci-après.

ART. 2. Les droits d'enregistrement seront fixes ou proportionnels, suivant
la nature des actes et mutations qui y sont assujettis.

La perception de ces droits est réglée d'après la forme extérieure des actes
ou la substance de leurs dispositions, sans égard à leur validité ni aux causes
quelconques de résolution ou d'annulation ultérieures, sauf les exceptions
prévues par la présente ordonnance.

Art. 3. Le droit fixe s'applique aux actes soit civils, soit judiciaires ou extrajudiciaires, qui ne contiennent ni obligation, ni libération, ni condamnation, attribution, collocation ou liquidation de sommes et valeurs, ni transmission de propriété, d'usufruit ou de jouissance de biens meubles ou immeubles.

Il sera perçu aux taux fixés par le chapitre 1er du titre II de la présente ordonnance.

Art. 4. Le droit proportionnel est établi pour les obligations, libérations, condamnations, attributions, collocations ou liquidations de sommes et valeurs, et pour toute transmission de propriété, d'usufruit ou de jouissance de biens meubles ou immeubles, soit entre-vifs, soit par décès.

Il est assis sur les valeurs.

Ces quotités sont réglées par le chapitre II du titre II de la présente ordonnance.

Il n'y a point de fraction de centime dans la liquidation du droit proportionnel : lorsqu'une fraction de somme ne produit pas un centime de droit, le centime est perçu au profit du Trésor, sans que, dans aucun cas, ce droit puisse être au-dessous de 25 centimes.

Art. 5. Tous les actes civils et extrajudiciaires sont enregistrés sur les minutes, brevets ou originaux.

Art. 6. Les actes judiciaires sont également soumis à l'enregistrement sur les minutes, brevets ou originaux, suivant les distinctions ci-après :

1° En matière civile et de commerce, tous les actes et jugements, de quelque nature qu'ils soient, émanés des juges ou greffiers, sans exception;

2° En matière de police et de police correctionnelle, les actes de dépôt et décharge faits au greffe par les parties, les ordonnances de mise en liberté provisoire sous caution, les cautionnements, les ordonnances sur requête et tous les jugements définitifs rendus à l'audience publique, les actes d'appel et ceux de recours en cassation, et les certificats délivrés en brevet;

3° En matière criminelle, les actes de dépôt et de décharge au greffe par toutes personnes autres que les prévenus, dans le cas seulement où il y a partie civile en cause; les jugements et arrêts définitifs rendus à l'audience publique, aussi seulement lorsqu'il y a partie civile; les cautionnements; les actes d'appel, les recours en cassation par les parties civiles, ainsi que les ordonnances rendues sur leur requêtes, et les certificats délivrés en brevet.

Art. 7. Les actes des administrations et des établissements publics qui sont soumis à l'enregistrement sur la minute sont :

1° Les actes translatifs de propriété, d'usufruit ou de jouissance de biens meubles et immeubles ;

2° Les traités et marchés de toute nature, à prix convenu, aux enchères, au rabais ou par soumissions ;

3° Les cautionnements et renforts de caution y relatifs ;

4° Les prestations de serment des employés et comptables salariés pour entrer en fonctions ;

5° Les procès-verbaux désignés au n° 41 du paragraphe 2 de l'art. 91.

Art. 8. Il n'est dû aucun droit d'enregistrement pour les extraits, copies ou expéditions des actes dont les minutes ont dû être enregistrées.

Les extraits et copies collationnés en sont seuls passibles.

Art. 9. Dans le cas de transmission de biens, la quittance donnée ou l'obligation consentie par le même acte, pour tout ou partie du prix, entre les contractants, ne peut être sujette à un droit particulier d'enregistrement.

La quittance du prix de vente insérée dans une déclaration de command n'est pareillement sujette à aucun droit particulier.

Il en est de même si le prix est payé par la remise de billets souscrits par l'acquéreur et sans l'intervention d'un tiers.

Toutefois la donation ou la remise d'une partie du prix par le vendeur à l'acquéreur doit le droit qui lui est propre, quoique stipulée dans le même acte.

Art. 10. Lorsque dans un acte quelconque, soit civil, soit judiciaire ou extrajudiciaire, il y a plusieurs dispositions indépendantes ou ne dérivant pas nécessairement, les unes des autres, il est dû, pour chacune d'elles, et selon son espèce, un droit particulier.

Il est également dû plusieurs droits lorsqu'une seule disposition concerne plusieurs personnes ayant des intérêts distincts et indépendants les uns des autres.

La quotité des divers droits est déterminée par l'article de la présente ordonnance dans lequel la disposition se trouve classée ou auquel elle se rapporte.

S'il n'y a lieu qu'à un seul droit, il doit être établi sur la disposition principale, et non sur celle qui en dérive et qui n'en est que l'accessoire.

Art. 11. Les biens immeubles par leur destination ou par l'objet auquel ils s'appliquent sont assujettis aux mêmes droits que les immeubles par nature.

Art. 12. Lorsqu'un acte de vente comprend des meubles et des immeubles, le droit d'enregistrement est perçu sur la totalité du prix, au taux réglé pour les immeubles, à moins qu'il ne soit stipulé un prix particulier pour les objets mobiliers et que ces objets ne soient détaillés et estimés, article par article, dans le contrat, ou par un état y annexé, ou par un inventaire antérieur constatant ce détail et rappelé dans l'acte.

Art. 13. La mutation d'un immeuble en propriété ou en usufruit est suffisamment établie, pour la demande du droit d'enregistrement et la poursuite du payement contre le nouveau possesseur, soit par le recensement qu'il aura fait de ses biens, soit par l'inscription de son nom au rôle de la contribution foncière et des payements par lui faits d'après ce rôle, soit par des baux par lui passés, ou enfin par des transactions ou tous autres actes constatant sa propriété ou son usufruit.

A défaut d'actes, ou lorsque les nouveaux possesseurs prétendront qu'il n'existe pas de conventions écrites entre eux et les précédents propriétaires ou usufruitiers, il y sera suppléé par des déclarations détaillées et estimatives.

Art. 14. La jouissance, à titre de ferme, de location ou d'engagement, d'un immeuble est aussi suffisamment établie, pour la demande et la poursuite du payement des droits des baux ou engagements non enregistrés, par les actes qui la font connaître ou par des payements de contributions imposées aux fermiers, locataires et détenteurs temporaires, sans que la présente disposition s'applique aux baux par conventions verbales ni par tacites reconductions.

Art. 15. Les actes passés en pays étrangers ou dans les colonies françaises où l'enregistrement n'est pas établi, quel que soit leur objet, et les actes passés dans les Antilles françaises et à la Guyane française, et relatifs à des droits, actions ou biens meubles situés dans des pays étrangers ou dans les colonies françaises où l'enregistrement n'est pas établi, payeront les mêmes droits que les actes de même nature passés aux Antilles françaises et à la Guyane française pour des biens qui y seraient situés.

Sont seuls exceptés de ces dispositions les actes translatifs de propriété, d'usufruit ou jouissance de biens immeubles situés en pays étrangers, qui ne payeront qu'un droit fixe.

Les actes qui ne seraient pas rédigés en langue française ne seront enregistrés que sur une traduction authentique.

A l'égard des actes enregistrés en France ou dans une colonie française, ils seront de nouveau soumis à cette formalité dans la colonie, avant qu'il puisse en être fait aucun usage public, mais il ne sera perçu qu'un droit fixe dans le cas où la perception déjà faite serait égale ou supérieure à celle déterminée par la présente ordonnance; et, dans le cas où elle serait inférieure, il y a aura lieu d'acquitter le complément des droits auxquels ces actes sont assujettis par leur nature.

CHAPITRE II.

DES VALEURS ET DES BASES SUR LESQUELLES LE DROIT PROPORTIONNEL EST ASSIS, ET DE L'EXPERTISE.

SECTION PREMIÈRE.

DES VALEURS ET DES BASES.

ART. 16. La valeur de la propriété, de l'usufruit et de la jouissance des biens meubles est déterminée, pour la liquidation et le payement du droit proportionnel, ainsi qu'il suit, savoir :

1° Pour les baux et locations, les sous-baux, cessions, subrogations et résiliations de baux, par le total formé du prix et des charges de toutes les années du terme le plus long auquel la jouissance puisse s'étendre, pourvu que la durée du bail soit limitée;

2° Pour les créances à terme, leurs cessions, transports ou délégations et autres actes obligatoires, par le capital exprimé dans l'acte et qui en fait l'objet, sans y comprendre les intérêts à échoir ni aucune somme réunie au capital et qui ne serait que la représentation de ces intérêts.

Les délégations de prix stipulées dans un contrat pour acquitter des créances à terme envers un tiers donnent lieu au droit proportionnel lorsque le créancier délégataire est présent au contrat; et s'il est absent, ce droit devient exigible sur tout acte ultérieur duquel il résulte que ce créancier a reconnu la délégation ou qu'il a agi en conséquence, même sans acceptation expresse et sans décharger son premier débiteur.

En cas de quittance d'à-compte donné par le créancier au débiteur délégué, le droit de la délégation sera payé sur la quittance pour le restant dû par ce dernier.

Si le contrat n'énonce pas le titre enregistré au profit du créancier délégataire non présent, le droit d'obligation sera perçu sur le montant de la créance, sauf restitution dans le délai prescrit, en cas de représentation du titre enregistré ; mais si le créancier délégataire est présent au contrat, il ne pourra être perçu qu'un seul droit pour l'obligation et la délégation consenties par le même acte ;

3° Pour les quittances et tous autres actes de libération, par le total des sommes ou capitaux dont le débiteur demeure libéré ou dont la remise se trouve consentie par le créancier, excepté par acte de concordat après faillite.

Quant aux intérêts échus, le droit n'est dû que sur leur payement ou leur remise, reconnus par les parties.

Les sommes balancées en recette et en dépense, dans les comptes des mandataires et des tuteurs, ne devront aucun droit si le compte est réglé par acte sous seing privé, selon ce qui est autorisé par l'art. 32 ci-après.

Si le compte est arrêté par acte public, il n'y aura de soumis au droit de quittance que les recettes et les dépenses justifiées par des pièces écrites, autres que celles exemptes de la formalité par le n° 8 du paragraphe 3 de l'art. 93 de la présente ordonnance et qui n'auraient pas été enregistrées avant d'en faire usage ;

Sans préjudice, dans l'un et l'autre cas, des droits dus sur le reliquat ;

4° Pour les marchés et traités, par les prix exprimés ou par l'évaluation qui sera faite des objets qui en seront susceptibles :

5° Pour les ventes et autres transmissions à titre onéreux. par le prix exprimé et le capital des charges qui peuvent ajouter au prix. ainsi que le capital des rentes dont le service est imposé à l'acquéreur :

6° Pour les créations de rentes soit perpétuelles. soit viagères. ou de pensions aussi à titre onéreux, par le capital constitué ou aliéné :

7° Pour les cessions, transports ou délégations desdites rentes ou pensions, et pour leur amortissement ou rachat, par le capital constitué. quel que soit le prix stipulé pour le transport, la délégation ou l'amortissement :

8° Pour les rentes ou pensions créées sans expression de capital, pour leur transport, délégation et amortissement, à raison d'un capital formé de douze fois la rente perpétuelle et de six fois la rente viagère ou la pension, quel que soit le prix stipulé pour le transport, la délégation ou l'amortissement.

Il ne sera fait aucune distinction entre les rentes viagères et pensions créées sur une tête, et celles créées sur plusieurs têtes. quant à l'évaluation.

Les rentes et pensions stipulées payables en nature seront évaluées aux mêmes capitaux, estimation préalablement faite des objets d'après le taux commun résultant des mercuriales ou parères des trois dernières années de la commune de la situation des biens, à la date de l'acte, s'il s'agit d'une rente créée pour aliénation d'immeubles, ou, dans tout autre cas, d'après le prix moyen des mercuriales ou parères des trois dernières années du lieu où l'acte aura été passé.

Il sera rapporté, à l'appui de l'acte, un extrait certifié des mercuriales ou un parère signé par trois négociants patentés ou par trois propriétaires, suivant la nature de l'objet à estimer.

S'il est question d'objets dont le prix ne puisse être réglé par les mercuriales ou parères, les parties en feront une déclaration estimative;

9° Pour les transmissions entre-vifs, à titre gratuit, et celles qui s'opèrent par décès, par la déclaration estimative des parties, sans distraction des charges, à l'exception seulement de celles qui seraient établies par titres authentiques ou ayant date certaine antérieure au décès, faits sans dol ni fraude et à la charge d'en affirmer l'existence réelle au jour du décès, devant le juge de paix, par un acte qui sera annexé à la déclaration, sur la réquisition qui pourrait en être faite par le préposé de l'enregistrement;

10° Pour les transmissions d'usufruit à titre gratuit, par la moitié de la valeur entière de l'objet.

Dans les cas de transmission par adjudication publique des biens compris au présent article, le prix et les charges serviront seuls de base au droit de mutation.

ART. 17. La valeur de la propriété, de l'usufruit et de la jouissance des immeubles est déterminée, pour la liquidation et le payement du droit proportionnel, ainsi qu'il suit, savoir :

1° Pour les baux à ferme ou à loyer, les sous-baux, cessions, subrogations et résiliations de baux, par le total formé du prix et des charges de toutes les années du terme le plus long auquel la jouissance puisse s'étendre, pourvu que la durée du bail soit limitée.

Si le prix et les charges sont stipulés payables en nature, il en sera fait une évaluation d'après le taux moyen des trois dernières années, à la date de l'acte, des mercuriales ou parères de la commune où sont situés les biens, et il sera produit un extrait certifié desdites mercuriales ou un parère signé par trois négociants patentés ou trois propriétaires, suivant la nature des objets à estimer.

Il en sera de même des baux à portion de fruits, pour la part revenant au bailleur, dont la quotité sera préalablement déclarée et sur la valeur de laquelle le droit d'enregistrement sera perçu.

S'il s'agit d'objets dont la valeur ne puisse être constatée par les mercuriales ou parères, les parties en feront une déclaration estimative;

2° Pour les baux à rentes perpétuelles et ceux dont la durée est illimitée, par un capital formé de douze fois la rente ou le prix annuel, et les charges aussi annuelles, en y ajoutant également les autres charges en capital et les deniers d'entrée, s'il en est stipulé.

Les objets en nature s'évaluent comme ci-dessus;

3° Pour les baux à vie, sans distinction de ceux faits sur une ou plusieurs têtes, par un capital formé de six fois le prix et les charges annuels, en y ajoutant de même le montant des deniers d'entrée et des autres charges, s'il s'en trouve d'exprimé.

Les objets en nature s'évaluent pareillement comme il est prescrit ci-dessus;

4° Pour les échanges, par le revenu constaté par les baux courants à la date de l'acte, et, à défaut, par une évaluation qui doit être faite en capital, d'après le revenu multiplié par 12, le tout sans distraction des charges;

5° Pour les engagements ou antichrèses, par les prix et sommes pour lesquels ils sont faits;

6° Pour les ventes, adjudications, cessions, rétrocessions, résiliations, licitations et tous autres actes portant transmission de propriété ou d'usufruit à titre onéreux, par le prix exprimé, en y ajoutant toutes les charges, même celles éventuelles, et les rentes en capital dont le service est imposé à l'acquéreur, ou par une estimation d'experts, ainsi qu'il est prescrit au chapitre II ci-après.

Si le prix exprimé comprend les frais du contrat et des intérêts à échoir postérieurement au trimestre de l'entrée en jouissance de l'acquéreur, il en sera fait déduction, pour ne percevoir le droit que sur le capital revenant au vendeur.

Dans le cas où la fixation du prix est laissée à l'arbitrage d'un tiers, la déclaration de la valeur devra être faite au pied de l'acte par les parties, conformément à l'art. 23 ci-après.

La réserve de jouissance pour un temps quelconque postérieur au payement du prix de l'aliénation doit être regardée comme une charge, dont il faut cumuler l'évaluation en capital avec le prix exprimé dans le contrat, excepté quand cette réserve n'a pour objet que le terme courant, lors de la vente, des revenus à échoir.

Le contrat aléatoire entre des acquéreurs qui ont contribué au prix, même par portions inégales, et par lequel la totalité de l'acquisition doit appartenir au survivant, ne donne lieu à aucun droit particulier sur le contrat, ni à l'événement;

7° Pour les ventes de nues propriétés, même celles qui sont faites par le même acte que l'usufruit à une autre personne, par tout ce qui forme le prix de la nue propriété, en y ajoutant moitié en sus, et le droit sera perçu sur la totalité.

Mais il ne sera dû aucun autre droit pour la réunion de l'usufruit à la propriété : cependant, si elle s'opère par un acte de cession et que le prix soit supérieur à l'évaluation qui en aura été faite pour régler le droit de la translation de propriété, il est dû un droit, par supplément, sur ce qui se trouve excéder cette évaluation : dans le cas contraire, l'acte de cession est enregistré pour le droit fixe;

8° Pour les transmissions entre-vifs, et à titre gratuit, de propriétés entières ou de nues propriétés, et pour celles qui s'effectuent par décès, par le prix des baux courants à l'époque de la mutation, et, à défaut de baux, par l'évaluation qui sera faite du revenu et porté à douze fois le produit des biens, sans distraction de dettes ni charges quelconques.

Il ne sera rien dû pour la réunion de l'usufruit à la propriété, lorsqu'elle s'opérera naturellement et sans acte et que le droit aura été acquitté sur la valeur entière; et, dans ce cas, l'acte entre-vifs de la réunion de l'usufruit ne payera que le droit fixe d'enregistrement;

9° Pour les transmissions d'usufruit seulement, soit entre-vifs à titre gratuit, soit par décès, par le prix des baux courants à l'époque de la donation ou du décès, ou, à défaut de baux, par l'évaluation du revenu, qui sera portée à six fois le produit des biens, aussi sans distraction de dettes ni charges.

Lorsque l'usufruitier qui aura acquitté le droit d'enregistrement pour son usufruit acquerra la nue propriété, il payera le droit d'enregistrement sur sa valeur, sans qu'il y ait lieu de joindre celle de l'usufruit.

Dans tous les cas prévus au présent article, l'usufruit et la nue propriété transmis pour un seul prix s'évaluent chacun à la moitié de la valeur entière.

Art. 18. Les droits de mutation des actes qualifiés par les parties donations entre-vifs ne sont exigibles que lorsque ces donations sont acceptées, ou sur l'acte postérieur qui constate cette acceptation, et les règles générales ci-après énoncées seront suivies pour la liquidation de ces droits :

1° Il ne sera fait aucune distinction entre celles à titre gratuit et celles à titre onéreux.

2° Les réserves de l'art. 946 du Code civil doivent être déduites des biens donnés, pour ne percevoir les droits que sûr le surplus; mais les charges de l'art. 1086, faisant provisoirement partie de la donation, doivent supporter le droit, sauf restitution à l'événement.

3° Les droits devant être perçus sur l'intégralité des biens compris dans la donation, il n'en sera dû aucun pour les sommes d'argent que le donataire pourrait être chargé de payer à des tiers, à titre de libéralité.

4° Toutes les donations consenties par contrat de mariage ne payeront que la moitié des droits fixés par les différents paragraphes dans lesquels elles se trouvent classées : la même réduction aura lieu pour l'acte de délivrance d'immeubles en nature, et en tenant compte de ceux déjà perçus comme donation mobilière, lorsque le contrat aura réservé aux tuteurs ou aux donateurs la faculté d'acquitter ultérieurement la dot en meubles ou en immeubles.

5° La condition imposée à un donataire de renoncer à demander compte et partage, pendant plus de cinq ans ou pour un temps indéterminé, d'une communauté ou d'une succession ouverte et indivise avec le donateur, donne ouverture au droit d'abandon d'usufruit et à celui de vente, si le donateur est autorisé à disposer de la propriété des biens desdites communauté ou succession, ou lorsque la donation est stipulée pour remplir le donataire de ses droits dans les mêmes biens.

6° Le payement de la dot promis ou effectué par un autre que le donateur donne ouverture au droit d'obligation, indépendamment de celui dû pour la donation, ou à celui de cession, si ce payement a pour objet de remplir le donataire de ses droits dans les biens indivis.

Art. 19. Le droit d'enregistrement sur les transactions sera réglé selon la nature des droits apparents et l'état de possession des parties au moment de l'acte, et sans égard à leurs droits réels, dont l'appréciation n'appartient souverainement qu'aux tribunaux.

Art. 20. A l'égard des transmissions par décès :

1° Il n'est dû qu'un seul droit à raison d'une hérédité: ce droit est perçu sur la portion attribuée dans la masse à l'héritier ou aux légataires en raison du degré de parenté ou de leur qualité.

2° Dans le cas de communauté de biens, les droits ne sont appliqués qu'après la déduction des reprises de l'époux survivant et d'après les attributions de l'acte de partage définitif revêtu de toutes les formalités légales, et sans qu'il y ait lieu à aucun droit pour raison des différentes attributions des ameublissements consentis par contrat de mariage, et dans le cas seulement où ses ameublissements sont déterminés.

3° Les absents sont censés n'avoir recueilli aucun droit dans les successions ouvertes depuis leur absence, lorsque leur existence à l'époque de l'ouverture de ces successions n'est pas prouvée; la même disposition s'applique aux militaires et aux marins, même avant que leur absence ait été déclarée.

4° Les biens constitués en majorat ne doivent que le droit de mutation de simple usufruit; il doit être payé par l'appelé et par la veuve par proportion, sans qu'il puisse être réclamé contre la succession du titulaire décédé.

5° Les biens meubles ou immeubles légués pour remplir le légataire d'une créance sur le testateur payeront les droits de mutation par décès en raison du degré de parenté ou de la qualité de ce légataire.

Art. 21. Pour liquider les droits des soultes de partages à payer par un lot comprenant des biens de diverses natures, la soulte s'imputera d'abord sur les rentes sur l'État exemptes du droit de mutation, et successivement sur les biens soumis à la moindre perception en finissant par la plus élevée, à moins que des imputations spéciales de la soulte ne soient déterminées dans l'acte.

Seront considérées comme soultes les portions de dettes et charges que l'un des copartageants supporterait au delà de sa portion virile au moyen d'une augmentation donnée à son lot, ainsi que les biens abandonnés pour le remplir de ses créances personnelles contre le défunt, sous la déduction, toutefois, de sa portion virile dans la succession. Il en sera de même pour les biens employés dans la formation des lots et qui seraient pris hors de la masse à partager; mais l'usufruit et la nue propriété du même bien de la masse attribuée à deux lots différents ne produisent pas de soulte.

Les portions attribuées à un héritier dans le rapport fait par son cohéritier, de biens reçus par acte enregistré, ne donnent lieu à aucun droit particulier, cet héritier étant censé les avoir reçues immédiatement du défunt qui s'en était dessaisi de son vivant : les sommes reconnues avoir été reçues de ce dernier sans acte enregistré donnent ouverture au droit de mutation par décès.

Art. 22. La perception des droits sur les jugements est déterminée par l'ensemble des parties dont ils se composent, et qui sont le point de fait, le point de droit, les motifs et le dispositif.

Lorsqu'un jugement ou un autre acte judiciaire portant condamnation, collocation, attribution ou liquidation de sommes ou valeurs mobilières, sera rendu sur une demande non établie par un titre enregistré et qui ne serait pas exempt de la formalité de l'enregistrement, le droit auquel l'objet de la demande aurait donné lieu, s'il avait été convenu par un acte antérieur, sera perçu indépendamment du droit dû pour la disposition judiciaire, quand même la convention serait verbale.

Toutefois les portions de créances, à l'exclusion des prix d'objets immobiliers, résultant de conventions verbales et qui auraient été acquittées avant la demande, ne donneront lieu à aucun droit de titre; mais si le jugement n'avait pour objet qu'un à-compte d'une plus forte créance non encore exigible en totalité, ou un terme d'un marché devant recevoir ultérieurement son exécution, il y aurait lieu de percevoir les droits dus à raison du surplus de ces conventions verbales dont l'existence se trouverait constatée pour l'avenir par le jugement.

Les demandes d'intérêts échus ayant pour objet d'en former un nouveau capital productif d'intérêts donneront lieu au droit de titre, indépendamment du droit de la liquidation judiciaire, quoique le capital de la créance soit établi par un titre enregistré.

Dans le cas de condamnations en garantie, autres que celles prononcées contre des débiteurs solidaires et des endosseurs d'effets négociables, les droits en seront perçus en outre sur le jugement.

Sont exceptées de ces dispositions les contributions au marc le franc, dont les titres pouvant être produits sans enregistrement préalable, selon l'art. 56, ne donneront lieu à aucune perception indépendante du droit de collocation; mais cette exception sera sans effet pour tout autre usage qui pourrait être fait des mêmes titres.

Lorsque les droits proportionnels auront été acquittés par un jugement rendu par défaut ou infirmé sur appel, la perception sur le jugement ou l'arrêt intervenu n'aura lieu que sur le supplément des condamnations, s'il en est prononcé : il en sera de même à l'égard des exécutoires.

S'il n'y a pas de supplément de condamnation, ou si le dernier jugement ou arrêt n'ordonne que la restitution des sommes qui auraient été payées en exécution du premier jugement, il ne sera dû que le droit fixe, qui sera toujours le moindre droit à percevoir sur chacune des dispositions des jugements et arrêts.

Art. 23. Si les sommes et valeurs, ainsi que les dettes et charges, ne sont pas déterminées dans un acte ou un jugement donnant lieu au droit proportionnel, les parties seront tenues d'y suppléer, avant l'enregistrement, par une déclaration estimative, affirmée véritable et signée au pied de l'acte.

SECTION II.

DE L'EXPERTISE.

Art. 24. Lorsque, dans un acte translatif de propriété ou d'usufruit de biens immeubles, le prix réuni aux charges paraîtra inférieur à leur valeur vénale à l'époque de l'aliénation, par comparaison avec les fonds voisins de même nature, le receveur de l'enregistrement pourra requérir une expertise, pourvu qu'il en fasse la demande dans l'année à compter du jour de l'enregistrement du contrat.

Il en sera de même à l'égard des ventes à réméré, des ventes à rentes viagères sans expression de capital, des ventes de droits successifs et des soultes de partage.

Ces dispositions ne s'appliquent point aux adjudications faites avec les formalités judiciaires.

Art. 25. La demande en expertise sera faite au tribunal de 1re instance de la situation des biens, par une requête portant nomination de l'expert du Gouvernement; elle sera signifiée avec sommation à la partie de nommer son expert, dans le délai de l'année mentionnée dans l'article précédent.

Lorsque les biens seront situés dans le ressort de plusieurs tribunaux, la demande sera portée exclusivement au tribunal dans le ressort duquel se trouve le chef-lieu de l'exploitation, ou, à défaut de chef-lieu, la partie des biens qui présente le plus grand revenu.

L'expertise sera ordonnée par ce tribunal dans les vingt jours de la demande; en cas de refus ou de retard par la partie de nommer son expert dans ledit délai, il lui en sera nommé un d'office par le tribunal, sans qu'il soit besoin de l'appeler de nouveau, mais elle sera assignée pour être présente à la prestation de serment des experts, qui aura lieu devant le juge de paix du canton de la principale situation des biens.

Les experts, en cas de partage, appelleront un tiers expert; s'ils ne peuvent en convenir, le juge de paix qui aura reçu le serment des experts y pourvoira.

Le procès-verbal d'expertise sera rapporté, au plus tard, dans le mois qui suivra la remise qui aura été faite aux experts de l'ordonnance du tribunal, ou dans le mois après l'appel du tiers expert.

Les frais de l'expertise seront à la charge de l'acquéreur, mais seulement lorsque l'estimation excédera d'un huitième au moins le prix énoncé au contrat.

L'acquéreur sera tenu, dans tous les cas, d'acquitter le droit sur le supplément d'estimation, s'il y a une plus-value constatée par le rapport des experts.

Le tiers expert n'est point obligé d'adopter exclusivement l'opinion de l'un des deux experts, et les juges ne pourront surseoir à la demande en expertise, ni y suppléer par une autre évaluation; mais ils pourront ordonner une seconde expertise, en cas d'insuffisance de la première, et dans la même forme.

Art. 26. Il y aura lieu également à requérir l'expertise des revenus, dans tous les cas où ils doivent servir de base au droit de mutation des immeubles transmis en propriété ou en usufruit, lorsque l'insuffisance ne pourra être établie par des baux, et, à leur défaut, par d'autres actes qui puissent faire connaître le véritable revenu des biens.

La demande devra en être faite dans les deux ans à compter du jour de l'enregistrement de l'acte de mutation ou de la déclaration après décès.

On procédera comme en l'article précédent, et les frais de l'expertise seront à la charge de la partie dans le cas prévu au même article.

Art. 27. Les expertises faites à la requête des parties pourront leur être opposées, pourvu qu'à défaut de baux elles aient établi le revenu au jour de la mutation, relativement à celles qui font l'objet de l'article précédent; et la valeur capitale à l'époque du contrat, pour les mutations auxquelles l'art. 24 est applicable.

Mais, dans aucun cas, les parties ne seront admises à se prévaloir de ces expertises ni à en requérir aucune pour fixer les bases de la liquidation des droits d'enregistrement.

CHAPITRE III.

DES DÉLAIS.

Art. 28. Les délais pour faire enregistrer les actes publics sont, savoir :

1° De quatre jours, pour ceux des huissiers et tous autres ayant pouvoir de faire des exploits et procès-verbaux.

A l'égard de ceux de ces actes qui seraient faits dans un lieu où il n'existerait pas de bureau d'enregistrement, et lorsqu'il n'en existera pas non plus dans le lieu de la résidence du fonctionnaire, le délai sera de six jours; et, s'il y a eu, par force majeure, empêchement légitime à leur présentation, ce délai sera augmenté d'autant de jours, plus un, que l'empêchement aura duré, ce qui devra être constaté dans le chef-lieu du canton par le visa du juge de paix ou de son suppléant, et, dans les autres communes, par le visa du commissaire commandant de la commune ou de son lieutenant; le receveur de l'enregistrement fera mention de ce visa, tant sur son registre que sur l'acte, sous peine d'être responsable de l'amende;

2° De dix jours, pour les actes des notaires qui résident dans la commune où le bureau de l'enregistrement est établi;

3° De quinze jours, pour ceux des notaires qui n'y résident pas; dans le cas d'empêchement par force majeure, les dispositions du n° 1ᵉʳ ci-dessus seront applicables.

Lorsque toutes les parties n'ayant pu signer le même jour, les actes des notaires porteront plusieurs dates, le délai de dix jours ou de quinze jours ne courra que de la dernière date de l'acte;

4° De vingt jours, pour les actes judiciaires en minute et pour ceux dont il ne reste pas de minute au greffe ou qui se délivrent en brevet;

Pour les adjudications de biens meubles ou immeubles, quoique frappées d'appel, surenchère ou folle enchère;

Et pour les jugements des arbitres, à partir de leur acte de dépôt.

Sont exceptés les actes ci-après énoncés, qui pourront n'être enregistrés que lorsque les parties en demanderont l'expédition et avant qu'elle puisse être délivrée, savoir :

Les jugements de remise de causes, autres que ceux qui ont pour objet des productions de pièces, des preuves ou des comparutions ordonnées;

Les radiations de causes, autres que celles dont les frais demeurent à la charge des avoués;

Les nominations des juges rapporteurs et les mentions d'opposition à jugement faites au greffe sur le registre à ce destiné;

Les jugements de nomination d'un nouveau juge-commissaire, pour l'empêchement d'un juge précédemment nommé par un jugement enregistré :

Et généralement tous les actes et jugements n'ayant pour objet que l'ordre intérieur des tribunaux.

Sont encore exceptés dudit délai les procès-verbaux d'ordre et de contribution arrêtés définitivement par le juge-commissaire, pourvu toutefois qu'ils soient enregistrés avant la délivrance d'aucun mandement ou bordereau;

5° De vingt jours, pour les actes des administrations et des établissements publics assujettis à l'enregistrement par l'art. 8 de la présente ordonnance.

A l'égard de ceux de ces actes qui ne doivent avoir d'exécution qu'après avoir été approuvés par l'autorité supérieure, le délai ne courra que du jour où cette approbation sera parvenue à l'autorité qui doit les mettre à exécution; à la charge de faire mention de la condition suspensive dans l'acte et d'annoter, à l'article du répertoire, la date de la réception de l'approbation.

ART. 29. Si, dans les cas prévus par l'art. 60 ci-après, un acte contient plusieurs vacations de différentes dates, chaque vacation sera enregistrée dans son délai.

ART. 30. Les testaments reçus par les notaires ou déposés chez eux par les testateurs seront enregistrés dans les trois mois du décès des testateurs, à la diligence des héritiers, donataires, légataires ou exécuteurs testamentaires.

Il en sera de même des actes de suscription des testaments mystiques dressés par les notaires.

ART. 31. Les actes qui seront faits sous signature privée et qui porteront transmission de propriété ou d'usufruit de biens immeubles, et les baux à ferme et à loyer, sous-baux, résiliations, cessions et subrogations de baux, et les engagements ou antichrèses, aussi sous signature privée, de biens de même nature, seront enregistrés dans les trois mois de leur date.

Les obligations contractées sous une condition suspensive exprimée dans l'acte devront également acquitter le droit proportionnel dans les trois mois de l'accomplissement de l'événement; à défaut d'acte public constatant le fait, la partie tenue du payement des droits par l'art. 41 sera obligée d'en faire la déclaration au bureau où l'acte aura été enregistré provisoirement pour le droit fixe.

La déclaration prescrite par les art. 13 et 14 pour les transmissions par conventions verbales devra être faite dans les trois mois de l'entrée en possession de droit, selon les art. 1583 et 1589 du Code civil.

Le même délai, à partir de l'acte de renonciation, s'appliquera aux veuves et héritiers qui renonceraient à la communauté ou à la succession après s'être rendus adjudicataires par acte de licitation dont les droits n'auraient été perçus que déduction faite de leur portion virile, à l'effet d'acquitter les droits sur le prix intégral de l'adjudication.

A l'égard des actes et conventions des espèces mentionnées dans les alinéa précédents, qui seront passés soit en France, même en forme authentique, soit dans les colonies autres que les Antilles françaises et la Guyane française, soit en pays étrangers, et qui seront relatifs à des biens immeubles situés à la Martinique, à la Guadeloupe et dans ses dépendances ou à la Guyane française, le délai sera, savoir :

1° De six mois, pour les actes passés dans les colonies des Antilles autres que celles où l'enregistrement doit avoir lieu ;

2° D'un an, pour les actes passés dans les pays situés à l'ouest du cap de Bonne-Espérance et à l'est du cap Horn ;

3° De deux ans, pour les actes passés dans les pays situés à l'est du cap de Bonne-Espérance et à l'ouest du cap Horn.

Art. 32. Il n'y a point de délai de rigueur pour l'enregistrement de tous actes, autres que ceux mentionnés en l'article précédent, qui seront faits sous signature privée, ou passés soit en France, même en forme authentique, soit en pays étrangers ou dans les colonies françaises où l'enregistrement n'aurait pas encore été établi; mais il ne pourra en être fait aucun usage ni mention quelconque, soit dans un acte public, soit en justice, soit devant l'autorité administrative, s'ils n'ont été préalablement enregistrés dans la colonie.

Ces dispositions ne s'appliquent pas aux actes produits devant les conseils privés des colonies, lesquels sont dispensés pour cet usage de l'enregistrement, conformément à l'art. 204 de l'ordonnance du 31 août 1828 sur le mode de procéder devant lesdits conseils.

Toutefois mention des actes ci-dessus énoncés pourra être faite dans des actes sous seing privé, sans qu'il y ait lieu d'en exiger les droits, pourvu que les actes mentionnés ne soient pas de l'espèce de ceux désignés dans l'article précédent.

Art. 33. Les délais pour l'enregistrement des déclarations que les héritiers, donataires ou légataires auront à passer de biens à eux échus ou transmis par décès, courront à compter du jour du décès, et seront, savoir :

1° De six mois, lorsque le décès sera arrivé dans la colonie où la déclaration doit être faite;

2° De neuf mois, lorsque le décès sera arrivé dans une colonie des Antilles autre que celle où la déclaration devra être faite;

3° D'un an, lorsque le décès sera arrivé dans un pays situé à l'ouest du cap de Bonne-Espérance et à l'est du cap Horn;

4° De deux ans, lorsque le décès sera arrivé dans un pays situé à l'est du cap de Bonne-Espérance et à l'ouest du cap Horn.

Le délai de six mois ne courra que du jour de la mise en possession pour la succession d'un absent; et pour celle d'un militaire ou d'un marin, ou d'un employé civil, s'il est mort en activité de service hors de la colonie.

Si, avant les derniers six mois des délais fixés pour les déclarations des successions de personnes décédées hors de la colonie, leurs héritiers prennent possession des biens ou font acte quelconque qui suppose leur qualité d'héritiers, il ne restera d'autre délai à courir, pour passer déclaration, que celui de six mois, à compter du jour de la prise de possession ou de la date de l'acte qu'ils auront fait; et le droit sera dû, dans tous les cas, sans qu'il soit nécessaire de prouver le décès de l'absent.

Le délai de six mois pour le payement des droits de succession courra également, contre les héritiers présomptifs d'un absent envoyés en possession provisoire de ses biens, à compter du jour de cet envoi en possession, sans égard à l'acte de cautionnement.

En cas de retour de l'absent, les droits payés seront restitués sous la seule déduction de celui auquel la jouissance des héritiers aura donné lieu.

Art. 34. Dans tous les délais fixés par la présente ordonnance, le jour de la date de l'acte pour les actes non enregistrés, celui de l'enregistrement ou celui de l'ouverture de la succession ne sera point compté.

Si le dernier jour du délai se trouve être un dimanche ou un jour de fête légale, ce jour ne sera point compté non plus.

CHAPITRE IV.
DES BUREAUX OÙ LES ACTES ET MUTATIONS DOIVENT ÊTRE ENREGISTRÉS.

Art. 35. Les notaires ne pourront faire enregistrer leurs actes qu'au bureau situé au chef-lieu du tribunal de 1re instance dans le ressort duquel ils résident.

Les huissiers et tous autres ayant pouvoir de faire des exploits, procès-verbaux ou rapports, feront enregistrer leurs actes soit au bureau de leur résidence, soit au bureau du lieu où ils les auront faits.

Les greffiers et secrétaires des administrations et établissements publics feront enregistrer les actes qu'ils sont tenus de soumettre à cette formalité, au bureau situé au chef-lieu du tribunal de 1re instance dans le ressort duquel ils exercent leurs fonctions.

Les actes sous seing privé et ceux passés ailleurs que dans la colonie pourront être enregistrés dans tous les bureaux indistinctement.

Il en sera de même des conventions verbales prévues par les art. 13 et 14.

Art. 36. Les mutations de propriété ou d'usufruit, par décès, seront enregistrées par une déclaration séparée et indépendante, faite dans chaque bureau de la situation des biens.

S'il s'agit d'une mutation, au même titre, de biens meubles, la déclaration en sera faite au bureau dans l'arrondissement duquel ils se seront trouvés au décès de l'auteur de la succession.

Les rentes, créances, actions mobilières, même les marchandises entreposées en pays étranger, et autres biens meubles sans assiette déterminée lors du décès, seront déclarés au bureau du domicile ou de la résidence du décédé dans la colonie; mais si le décédé était domicilié partout ailleurs que dans la colonie, la déclaration en sera faite au bureau dans l'arrondissement duquel ces biens se seront trouvés à l'époque du décès.

Les droits sur les legs de rentes en argent et de sommes d'argent en faveur de régnicoles seront acquittés au bureau du domicile du testateur, à raison du capital intégral desdites rentes et sommes, quoique assignées, en tout ou en partie, sur des biens situés à l'étranger ou dans des pays où l'enregistrement n'est pas établi.

Les héritiers, donataires ou légataires rapporteront à l'appui de leurs déclarations de biens meubles un inventaire ou état estimatif, article par article, par eux certifié, s'il n'a pas été fait par un officier public; cet inventaire sera annexé à la déclaration.

Toutes déclarations faites par des héritiers, donataires ou légataires, leurs tuteurs ou curateurs, seront reçues et signées sur le registre du receveur de l'enregistrement après avoir été affirmées sincères et véritables par eux ou par leurs mandataires, dont le pouvoir spécial restera annexé à la déclaration.

CHAPITRE V.

DU PAYEMENT DES DROITS ET DE CEUX QUI DOIVENT LES ACQUITTER.

Art. 37. Les droits des actes et ceux des mutations par décès seront payés avant l'enregistrement, au taux et suivant la quotité réglés par la présente ordonnance.

Nul ne pourra en atténuer ni différer le payement sous prétexte de contestations sur la quotité du droit, lors même qu'elles seraient portées devant les tribunaux, ni pour quelque autre motif que ce soit, sauf à se pourvoir en restitution, s'il y a lieu.

ART. 38. Les droits des actes à enregistrer seront acquittés, savoir:

1° Par les notaires, pour les actes passés devant eux:

2° Par les huissiers et autres ayant pouvoir de faire des exploits et procès-verbaux. pour ceux de leur ministère;

3° Par les greffiers, pour les actes faits ou rédigés par eux, ou dont il est conservé minute au greffe, et pour les jugements rendus à l'audience, sauf le cas prévu par l'art. 46 ci-après;

4° Par les officiers et secrétaires d'administrations et autres établissements publics, pour les actes de ces administrations qui sont soumis à la formalité de l'enregistrement, sauf aussi le cas prévu par l'art. 46 ci-après;

5° Par les parties, pour les actes sous signature privée et ceux passés ailleurs que dans la colonie, pour les ordonnances délivrées sur requête ou autrement dont il n'est pas conservé minute au greffe; pour les certificats qui leur sont immédiatement délivrés par les juges; pour les procès-verbaux de cote et parafe des livres de marchands: pour les actes et jugements des arbitres;

6° Et par les héritiers, légataires. donataires. tuteurs. curateurs ou exécuteurs testamentaires, pour les testaments et autres actes de libéralité à cause de mort.

ART. 39. Le payement des droits est indivisible comme la formalité: en conséquence, lorsqu'il y a lieu à plusieurs droits à raison d'un même acte, on ne peut acquitter ceux d'une disposition et laisser en suspens ceux des autres; la totalité des droits doit être acquittée par les officiers publics ci-dessus désignés, ou par les parties qui requièrent l'enregistrement ou qui sont tenues de faire enregistrer les actes, sauf leur recours contre qui de droit.

ART. 40. Les officiers publics qui, aux termes des dispositions précédentes, auraient fait, pour les parties, l'avance des droits d'enregistrement, pourront prendre exécutoire du juge de paix de leur arrondissement pour en poursuivre le remboursement.

L'opposition qui serait formée contre cet exécutoire, ainsi que toutes les contestations qui s'élèveraient à cet égard, seront jugées conformément aux dispositions du chapitre IX du présent titre.

ART. 41. Les droits des actes civils et judiciaires emportant obligation, libération ou transmission de propriété, d'usufruit ou de jouissance de meubles ou immeubles, et en général les droits de tous les actes, seront acquittés et supportés par les débiteurs ou les nouveaux possesseurs, ou par les parties auxquelles ces actes profiteront, lorsque, dans ces divers cas, il n'aura pas été stipulé de dispositions contraires dans les actes.

Les droits des actes extrajudiciaires et ceux des jugements contradictoires ou par défaut seront acquittés par les parties à la requête desquelles ils seront faits, par les demandeurs ou par les parties civiles, sans préjudice des condamnations qui pourraient ensuite intervenir.

ART. 42. Les droits des mutations par décès seront payés par les héritiers, donataires ou légataires; les cohéritiers et colégataires en sont solidaires.

Les héritiers ou légataires universels seront tenus de faire l'avance des droits dus à raison des legs particuliers.

Ces dispositions s'appliquent aux héritiers et légataires sous bénéfice d'inventaire, et aux curateurs aux successions vacantes.

Le Gouvernement aura privilége, pour le payement des droits de mutation, du jour de l'ouverture de la succession, sur les revenus des biens à déclarer, en quelques mains qu'ils se trouvent, soit à titre d'usufruit, soit à tout autre titre, pourvu que l'usufruit ait fait partie de la même succession; ce privilége s'exercera même contre les tiers acquéreurs.

CHAPITRE VI.

DES PEINES.

ART. 43. Les notaires qui n'auront pas fait enregistrer leurs actes dans les délais prescrits payeront personnellement, à titre d'amende, et pour chaque contravention, une somme de 10 francs, s'il s'agit d'un acte sujet au droit fixe, et une somme égale au montant du droit, s'il s'agit d'un acte sujet au droit proportionnel, sans que, dans ce dernier cas, la peine puisse être au-dessous de 10 francs.

Ils seront tenus, en outre, du payement des droits, sauf leur recours contre les parties, pour ces droits seulement.

ART. 44. La peine contre un huissier ou autre agent ayant pouvoir de faire des exploits ou procès-verbaux sera, pour un exploit ou procès-verbal non présenté à l'enregistrement dans le délai prescrit, de 5 francs, et, en outre, d'une somme équivalente au montant du droit de l'acte non enregistré. L'exploit ou procès-verbal non enregistré dans le délai est nul, et le contrevenant sera responsable de cette nullité envers la partie.

Ces dispositions relativement aux exploits et procès-verbaux s'appliquent aux significations d'avoué à avoué; mais elles ne s'étendent pas aux procès-verbaux de ventes de meubles et autres objets mobiliers, ni à tout autre acte sujet au droit proportionnel; la peine, dans ce cas, sera d'une somme égale au montant du droit, sans qu'elle puisse être au-dessous de 5 francs : le contrevenant payera en outre le droit dû pour l'acte, sauf son recours contre la partie, pour ce droit seulement.

ART. 45. Les greffiers qui auront négligé de soumettre à l'enregistrement, dans les délais prescrits, les actes qu'ils sont tenus de présenter à cette formalité, payeront personnellement, à titre d'amende, et pour chaque contravention, une somme égale au montant du droit; ils acquitteront en même temps le droit, sauf leur recours, pour ce droit seulement, contre la partie.

Les dispositions du présent article s'appliquent aux officiers des administrations et établissements publics, pour les actes qu'il leur est prescrit de faire enregistrer, s'ils ne les ont pas soumis à l'enregistrement dans les délais.

ART. 46. Sont néanmoins exceptés des dispositions de l'article précédent les jugements rendus à l'audience publique et les actes d'adjudication passés par des administrations en séance publique, lorsque les parties n'auront pas consigné aux mains des greffiers ou officiers et secrétaires des administrations et établissements publics, dans le délai prescrit pour l'enregistrement, le montant des droits. Dans ce cas, le recouvrement tant du droit que du double droit dû à titre de peine sera poursuivi par le receveur contre les adjudicataires ou contre les demandeurs, soit au principal, soit incidemment, soit reconventionnellement, ou contre les parties civiles, ou contre les parties auxquelles ces actes auront profité; toutefois la peine du double droit ne portera pas sur les droits dus à raison des conventions non enregistrées antérieures au jugement, si ces conventions n'étaient pas assujetties à la formalité dans un délai déterminé.

Pour l'exécution de ces dispositions, les greffiers, officiers et secrétaires des administrations et établissements publics fourniront aux receveurs de l'enregistrement, dans les dix jours qui suivront l'expiration des délais, des extraits par eux certifiés des actes et jugements dont les droits ne leur auront pas été remis par les parties, à peine d'une amende de 5 francs pour chaque dix jours de retard et pour chaque acte et jugement, et d'être, en outre, personnellement contraints au payement du double droit. Il leur sera délivré, par les receveurs de l'enregistrement, des récépissés des extraits de ces actes et jugements; ces récépissés seront inscrits sur les répertoires des greffiers et secrétaires.

Art. 47. Les actes sous signature privée et ceux passés en pays étranger, désignés dans l'art. 31, et ceux passés en France, dans le cas prévu au même article, qui n'auront pas été enregistrés dans la colonie dans les délais déterminés, seront passibles du double droit d'enregistrement.

Il en sera de même pour les conventions soumises à une condition suspensive et à l'égard des mutations qui s'opèrent au profit des veuves et héritiers adjudicataires par licitation, après les délais et dans les cas prévus par ledit art. 31.

Les mutations par conventions verbales, dans les cas désignés au même article, seront passibles du droit en sus, lorsque la déclaration n'en aura pas été faite dans les trois mois du jour où la propriété est acquise de droit aux termes des art. 1583 et 1589 du Code civil.

Le double droit sera également perçu sur tout acte duquel il résulterait que la propriété a été acquise de droit ou que l'entrée en possession a eu lieu depuis plus de trois mois.

Il y aura lieu aussi à poursuivre le recouvrement du double droit, lors même que l'acte de mutation aurait été enregistré, s'il est reconnu ultérieurement que la propriété était acquise de droit ou que l'entrée en possession avait eu lieu plus de trois mois avant la date dudit acte.

Art. 48. Les ordonnances sur requête ou sur référé, les certificats délivrés en brevet par les juges, les procès-verbaux de cote et parafe des registres des marchands, dont l'enregistrement est à la diligence des parties, les testaments déposés chez les notaires ou par eux reçus, et les actes de suscription de testaments mystiques, seront passibles de la peine du double droit, lorsqu'ils n'auront pas été enregistrés dans les délais déterminés.

Les héritiers des contrevenants, ou leurs ayants cause, seront également passibles, comme ceux qu'ils représentent, du payement des droits en sus, dans les cas prévus par le présent article et par les art. 47 et 53.

Art. 49. Toute déclaration inexacte ou insuffisante, dans les cas prévus par l'art. 23, donnera lieu au double droit sur la différence constatée entre la déclaration faite et les sommes, dettes et charges dont la quotité était déterminée à l'époque de l'enregistrement, indépendamment du supplément de droit exigible pour cette différence.

Néanmoins les parties pourront compléter leur première déclaration en payant le simple droit, tant que la demande du double droit n'aura pas été formée contre elles par les préposés.

Art. 50. Les héritiers, donataires ou légataires qui n'auront pas fait, dans les délais prescrits, les déclarations des biens à eux transmis par décès, payeront, à titre d'amende, un demi-droit en sus du droit qui sera dû pour la mutation.

La peine pour les omissions qui seront reconnues avoir été faites dans les déclarations sera d'un droit en sus de celui qui se trouvera dû pour les objets omis : il en sera de même pour les insuffisances constatées dans les estimations des biens déclarés et pour les inexactitudes reconnues dans la distraction des charges mentionnées dans le n° 9 de l'art. 16.

Dans tous les cas, les parties seront admises à rectifier leurs déclarations, sans être passibles d'aucune peine, tant que les délais fixés par l'art. 33 ne seront point expirés.

Art. 51. Les héritiers et les légataires sous bénéfice d'inventaire, ainsi que les tuteurs et curateurs, supporteront personnellement les peines énoncées dans l'article précédent, lorsqu'ils auront négligé de passer les déclarations dans les délais déterminés ou qu'ils auront fait des omissions, des déductions inexactes ou des estimations insuffisantes. Ils demeureront responsables du droit principal, lorsqu'il sera devenu irrecouvrable par leur fait.

Ces dispositions s'appliquent aux curateurs des successions vacantes. Toutefois, lorsqu'à l'époque de l'expiration des délais, ils justifieront qu'ils n'ont encore eu entre les mains aucuns deniers appartenant à la succession, ils seront admis à faire la déclaration dans les délais, sans être tenus de l'avance des droits, en s'obligeant personnellement à les payer au fur et à mesure des premiers recouvrements qu'ils feront.

Art. 52. Lorsque, par suite d'une expertise faite conformément aux art. 24 et 26 de la présente ordonnance, le rapport des experts aura constaté une plus-value, il sera dû un simple droit sur ce supplément d'estimation.

Il sera dû, en outre, un double droit sur ce supplément, lorsque les frais de l'expertise seront à la charge de la partie, dans les cas prévus par les art. 25 et 26.

Art. 53. Toute contre-lettre faite sous signature privée, qui aurait pour objet une augmentation du prix stipulé dans un acte public ou sous signature privée, précédemment enregistré, n'ayant d'effet qu'entre les parties contractantes, ne pourra être opposée aux préposés de l'enregistrement.

Néanmoins, lorsque l'existence en sera constatée, il y aura lieu d'exiger, à titre d'amende, une somme triple du droit ordinaire.

Toute augmentation de prix de vente d'immeubles, non constatée par écrit lors de la vente et n'ayant point pour cause une lésion d'outre moitié ou une transaction sur procès, sera passible du double droit sur tout acte qui la fera connaître, après les trois mois du premier contrat.

Art. 54. Lorsqu'après une sommation ou signification extrajudiciaire, une citation en conciliation ou une demande tendant à obtenir un payement, une livraison ou l'exécution de toute autre convention dont le titre n'aurait point été indiqué dans lesdits exploits ou qu'on aura simplement énoncé comme verbal, on produira ou on énoncera dans un acte, au cours de l'instance, des écrits, billets, marchés, factures, lettres ou tous autres titres émanés de la partie adverse, qui n'auraient pas été enregistrés avant le premier de ces exploits, le double droit sera dû et devra être exigé ou perçu lors de l'enregistrement du jugement intervenu.

Il en sera de même dans tous les cas où des conventions ayant été énoncées comme verbales dans un acte public, l'acte de ces conventions fait antérieurement sous seing privé sera mentionné dans un acte postérieur, ou lorsque son existence sera constatée: le double droit sera exigible sur ledit acte, ou, s'il a été enregistré depuis la contravention, ce double droit sera perçu sur l'acte contenant ladite mention.

CHAPITRE VII.

DES OBLIGATIONS DES OFFICIERS PUBLICS ET MINISTÉRIELS; DES JUGES ET ARBITRES; DES RECEVEURS ET DES PARTIES.

Art. 55. Les notaires, avoués, huissiers, greffiers et secrétaires des administrations et autres établissements publics ne pourront délivrer en brevet, copie ou expédition, même par simple note ou extrait, aux parties ou autres intéressés, aucun acte soumis à l'enregistrement sur la minute ou l'original, ni faire aucun autre acte en conséquence du premier, avant que celui-ci ait été enregistré, quand même le délai pour l'enregistrement ne serait pas encore expiré, à peine de 10 francs d'amende, outre le payement du droit.

Sont exceptés :

1° Les actes ci-après, qui pourront être enregistrés, savoir :

Les ordonnances à fin d'apposition de scellés, avec le procès-verbal, et les ordonnances de référé, avec l'acte ou le procès-verbal sur lequel elles sont écrites;

L'ordonnance du juge de paix pour permettre d'arrêter le débiteur dans une maison quelconque, avec l'acte de l'huissier;

L'ordonnance pour permettre d'assigner à bref délai, en même temps que l'assignation;

L'ordonnance d'exécution des jugements arbitraux en matière de société commerciale, avec le jugement;

2° Les jugements des juges de paix, qui pourront être rendus avant que la citation ait été enregistrée, dans les cas urgents et en vertu de cédule pour abréger les délais;

Le consentement des parties à l'effet d'être jugées par le juge de paix hors des limites de sa compétence : ce consentement pourra n'être enregistré qu'avec le jugement;

3° Les actes suivants, qui pourront être faits, savoir :

Les déclarations de command passées dans le délai fixé par le n° 5 du paragraphe 3 de l'art. 91 de la présente ordonnance. avant l'enregistrement des actes de vente;

Les inventaires, avant l'enregistrement de l'acte de nomination du subrogé tuteur;

L'acte de surenchère, avant l'enregistrement du jugement d'adjudication;

Les actes d'appel et de recours en cassation par le défendeur seulement, avant l'enregistrement du jugement attaqué;

Les exploits et autres actes de cette nature qui se signifient à partie ou par affiches, avant l'enregistrement des exploits antérieurs;

4° Les actes qu'un même officier aurait reçus, pour lesquels le délai de l'enregistrement ne serait pas encore expiré et dont il pourra énoncer la date dans des actes postérieurs avec la mention que ledit acte sera présenté à l'enregistrement en même temps que celui qui contient ladite mention; mais, dans aucun cas, l'enregistrement du second acte ne pourra avoir lieu avant celui du premier, sous peine de 10 francs d'amende;

5° Les testaments dont les notaires pourront délivrer des expéditions, du vivant du testateur, sans les avoir fait enregistrer.

Art. 56. Aucun notaire, avoué, huissier, greffier, secrétaire d'administration, ou autre officier public, ne pourra faire ou rédiger un acte en vertu d'un autre acte passé soit en pays étranger, soit en France, soit dans les colonies françaises, en quelque forme que soit cet acte, même lorsqu'il aurait été enregistré, en faire aucune mention, le recevoir en dépôt, ni en délivrer extrait, copie ou expédition, s'il n'a été préalablement enregistré dans la colonie, à peine de 10 francs d'amende et d'être tenu personnellement des droits.

Néanmoins les actes publics passés dans la colonie pourront contenir mention des actes ci-dessus désignés et dont les parties voudraient faire usage; mais, dans ce cas, chacun de ces actes demeurera joint à celui dans lequel il sera mentionné, et les officiers publics seront tenus d'acquitter tous les droits des actes annexés en même temps que ceux de l'acte principal et sous les mêmes peines.

Sont exceptés :

1° Les testaments et les inventaires, dans lesquels on peut énoncer des actes non enregistrés, sauf, si ces actes devaient être enregistrés dans un délai déterminé, à poursuivre le recouvrement des droits contre les parties;

2° Les liquidations et partages, dans lesquels on pourra énoncer des actes non soumis à la formalité dans un délai déterminé; cependant, si toutes les parties présentes à l'acte étaient les mêmes que celles qui ont figuré dans l'acte énoncé, les droits d'enregistrement de ce dernier seraient également perçus;

3° Les comptes de tutelle, dans lesquels pourront être mentionnés les actes non enregistrés remis par le tuteur à son pupille, sauf l'action des préposés pour les actes qui seraient soumis à l'enregistrement dans un délai déterminé;

4° Les déclarations affirmatives des tiers saisis; les dépôts de titres et pièces par le débiteur, pour être admis au bénéfice de cession; les vérifications et affirmations de créances en matière de faillite, et les productions dans les contributions de deniers mobiliers, qui pourront être faits et reçus sans que les actes y annexés ou énoncés aient été enregistrés, sauf la perception du droit exigible pour le concordat ou celui de l'obligation préexistante, s'il est rendu un jugement de condamnation; sauf aussi la réclamation des droits contre les parties, s'il s'agissait d'actes de mutation de propriété, d'usufruit ou de jouissance d'immeubles.

Dans tous les cas, l'exception portée aux numéros précédents sera sans effet pour tout autre usage qui pourrait être fait des mêmes actes sous signature privée;

5° Les protêts, qui pourront aussi être faits avant que les effets négociables y énoncés aient été enregistrés, mais sans que cette exception s'applique aux exploits d'assignation.

Art. 57. Il est également défendu, sous la même peine de 10 francs d'amende, à tout notaire ou greffier, de recevoir aucun acte en dépôt sans dresser acte de ce dépôt.

Sont exceptés les testaments déposés chez les notaires par les testateurs eux-mêmes et les titres des créanciers déposés au greffe pour la vérification des créances en matière de faillite.

Art. 58. Il sera fait mention, dans toutes les expéditions, copies ou extraits des actes publics, civils ou judiciaires, de la quittance des droits, par une transcription littérale et entière de cette quittance.

Pareille mention sera faite dans les minutes des actes publics, civils, judiciaires ou extrajudiciaires qui contiendront l'énonciation d'actes publics, sous signature privée ou passés ailleurs que dans la colonie, et qui sont soumis à l'enregistrement par la présente.

Chaque contravention sera punie d'une amende de 5 francs, indépendamment de la perception provisoire du droit ordonnée par l'art. 64 ci-après.

Art. 59. Dans le cas de fausse mention d'enregistrement, soit dans une minute, soit dans une expédition, le délinquant sera poursuivi par le ministère public, sur la dénonciation du préposé de l'enregistrement, et condamné aux peines prononcées pour le faux.

Art. 60. Lorsque des actes ou procès-verbaux ne pourront se terminer dans la séance, les officiers publics qui les rédigeront indiqueront l'heure du commencement et celle de l'interruption, par une mention qui sera signée par toutes les parties et par eux, sous peine de 10 francs d'amende : le procès-verbal de chaque séance sera enregistré dans les délais fixés par le chapitre III. Chaque vacation sera calculée à raison de trois heures au moins et de quatre heures au plus sur la réunion de toutes les heures du procès-verbal de la même journée.

Art. 61. Il est défendu aux juges et arbitres de rendre aucun jugement, aux administrations et établissements publics de faire aucun des actes désignés dans l'art. 8 de la présente ordonnance sur des actes non enregistrés et susceptibles de l'être, à peine d'être personnellement responsables des droits.

Néanmoins, dans les cas d'urgence, il est permis aux juges de poursuivre l'instruction des affaires et même de rendre les jugements définitifs avant que les actes et jugements susceptibles d'enregistrement dans un délai déterminé aient subi cette formalité, à la charge seulement de constater l'urgence dans leurs jugements.

Mais, dans tous les cas, lorsqu'un jugement ou une ordonnance sera rendue avant que de précédents jugements dans la même affaire, non compris dans les exceptions du n° 4 de l'art. 28, aient été enregistrés, les avoués seront tenus personnellement du payement de tous les droits de ces jugements antérieurs, sauf leur recours contre qui de droit.

Art. 62. Les juges, les arbitres, les secrétaires des administrations et les autres fonctionnaires publics sont également autorisés, dans les cas d'urgence, à faire mention des actes sous signature privée dont les parties voudraient faire usage, à la charge d'imposer aux parties l'obligation d'en acquitter tous les droits en même temps que ceux du jugement ou de l'acte administratif, lequel énoncera que l'acte sous signature privée a été remis à cet effet au greffier ou secrétaire, et parafé par lui à l'instant, pour être représenté au receveur avec l'acte principal.

Art. 63. Dans tous les actes translatifs de propriété ou d'usufruit d'immeubles, les notaires et avoués seront tenus d'énoncer les titres de propriété du vendeur, conformément à l'art. 58 ci-dessus, en remontant au moins jusqu'à la précédente transcription hypothécaire : à défaut de cette énonciation, l'acte devra contenir la déclaration des parties qu'il n'existe pas de titres, le tout à peine de 10 francs d'amende.

Sont exceptés de ces dispositions les cahiers des charges sur saisie immobilière.

Art. 64. Toutes les fois qu'un jugement ou un acte administratif de la nature de ceux désignés dans l'art. 8 contiendra l'énonciation d'un acte enregistré, il sera fait mention également du montant du droit payé, de la date du payement et du bureau où il aura été acquitté; en cas d'omission, le receveur exigera le droit, sauf restitution dans le délai prescrit, s'il est ensuite justifié de l'enregistrement de l'acte sur lequel l'arrêté aurait été pris ou le jugement prononcé.

Cette disposition est commune aux actes des notaires et des autres officiers publics, dans lesquels seront rappelés d'autres actes sujets à l'enregistrement.

Art. 65. Lorsqu'il aura été rendu un jugement portant condamnation à l'amende ou prononçant toute autre peine pécuniaire au profit du Gouvernement, le greffier du tribunal devra, dans les dix jours suivants, en remettre un extrait au receveur de l'enregistrement chargé du recouvrement, à peine d'une amende de 5 francs par chaque contravention.

Art. 66. Les notaires, huissiers, greffiers, courtiers de commerce, commissaires-priseurs ou tous autres officiers légalement autorisés à faire des ventes mobilières, et les secrétaires des administrations publiques, tiendront des répertoires à colonnes sur lesquels ils inscriront, jour par jour, sans blanc, interlignes, omissions, intercalations ni transpositions, et par ordre de numéros, tous les actes de leur ministère soumis à l'enregistrement, savoir :

1° Les notaires, tous les actes et contrats qu'ils recevront, même ceux qui sont passés en brevet, ainsi que les copies collationnées et extraits par eux délivrés sur pièces représentées et rendues; les testaments et autres dispositions à cause de mort, soit qu'ils aient été passés devant eux, et du vivant des testateurs, soit qu'étant olographes ils leur aient été remis en dépôt par le juge.

Sont exceptés les états estimatifs de mobilier et tous les autres états ou plans non signés antérieurement par les parties et annexés aux actes principaux;

2° Les huissiers, courtiers de commerce, commissaires-priseurs et autres officiers publics procédant à des ventes mobilières, tous les actes ou exploits par eux faits, même les significations d'avoué à avoué. et les actes pour lesquels la formalité doit avoir lieu en débet ou gratis:

3° Les greffiers, tous les actes et jugements soumis à l'enregistrement dans les vingt jours et les procès-verbaux d'ordre et de contribution:

4° Les secrétaires des administrations publiques, les actes soumis à l'enregistrement par l'art. 8.

Chaque contravention aux dispositions précédentes donnera lieu à une amende de 5 francs.

Les procès-verbaux qui ne pourront être terminés dans la même journée seront inscrits à leur première date, et il sera fait mention, en marge de cette inscription, des dates subséquentes et de leur enregistrement, à peine de 5 francs d'amende pour chaque omission.

Art. 67. Le répertoire sera établi conformément au modèle joint à la présente ordonnance.

Il indiquera, pour chaque article :

1° Le numéro d'ordre;

2° La date de l'acte;

3° Sa nature;

4° Les noms et prénoms des parties et leur domicile;

5° L'indication des biens, leur situation et le prix, lorsqu'il s'agira d'actes qui auront pour objet la propriété, l'usufruit ou la jouissance de biens immeubles ou de biens meubles autres que des ventes en détail;

6° La relation de l'enregistrement ou la mention du récépissé dans les cas autorisés.

A l'égard des testaments inscrits du vivant des testateurs, les indications prescrites par les n°ˢ 5 et 6 ne seront pas obligatoires.

Art. 68. Les répertoires seront cotés et parafés, savoir : ceux des notaires, par le juge royal du ressort; ceux des huissiers et greffiers de la justice de paix, par le juge de paix de leur résidence; ceux des huissiers et greffiers des tribunaux, par le président du tribunal auquel ils sont attachés, et ceux des secrétaires des administrations publiques, par le fonctionnaire chef de cette administration.

Art. 69. Les officiers publics dénommés dans l'art. 66 présenteront, tous les trois mois, leur répertoire au visa du receveur de l'enregistrement de leur résidence. Cette présentation aura lieu, chaque année, dans les dix premiers jours de chacun des mois de janvier, avril, juillet et octobre, à peine d'une amende de 5 francs par chaque contravention, lors même qu'il n'aurait été reçu aucun acte pendant le trimestre précédent. Cette présentation sera constatée à la date courante, dans une case particulière du registre destiné à l'enregistrement des actes de ces différents officiers publics. La mention de cette présentation indiquera le nombre des actes passés, reçus ou faits depuis le dernier visa, les omissions, doubles emplois, renvois, intercalations et ratures, ainsi que la date des procès-verbaux, s'il en a été rapporté. Les mêmes mentions seront faites dans le certificat du visa apposé au bas du dernier article inscrit au répertoire, avec indication du folio et de la case de l'enregistrement. Les receveurs seront personnellement responsables du payement des amendes résultant des contraventions qu'ils n'auront pas constatées.

Art. 70. Indépendamment de la présentation de leurs répertoires au visa, prescrite par l'article précédent, les officiers publics seront tenus de les communiquer, à toute réquisition, aux préposés de l'enregistrement qui se présenteront chez eux pour y faire des recherches ou des vérifications.

En cas de refus, le préposé requerra l'assistance du commissaire commandant de la commune ou de son lieutenant, pour en dresser procès-verbal en sa présence, et l'officier public sera passible d'une amende de 10 francs.

ART. 71. Les dépositaires des registres de l'état civil ou des rôles des contributions, et tous autres fonctionnaires chargés des archives et dépôts des titres publics, le dépôt du contrôle colonial excepté, seront tenus de les communiquer, sans déplacement, aux préposés de l'enregistrement, à toute réquisition, et de leur laisser prendre sans frais les renseignements, extraits et copies qui leur seront nécessaires à raison de leurs fonctions, à peine de 10 francs d'amende en cas de refus, lequel sera constaté comme il est dit dans l'article précédent.

Ces dispositions s'appliquent aux officiers publics dénommés dans l'art. 66, pour les actes dont ils sont dépositaires en leursdites qualités.

Sont exceptés les testaments, mais seulement pendant la vie des testateurs.

Les communications ci-dessus autorisées ne pourront avoir pour objet, de la part des préposés, que de s'assurer, dans l'intérêt de l'ordre public, de l'exécution des lois et règlements. Elles ne pourront être exigées les dimanches et jours de fêtes légales, et les séances ne pourront durer plus de quatre heures.

ART. 72. Chaque officier de l'état civil fournira, par trimestre, au receveur de l'enregistrement, qui sera tenu de lui en donner récépissé, les états par lui certifiés de tous les actes de décès inscrits sur le registre pendant le trimestre précédent. Ces états seront dressés conformément au modèle annexé à la présente ordonnance.

Ils seront remis dans les mois de janvier, avril, juillet et octobre, à peine d'une amende de 10 francs pour chaque mois de retard, laquelle sera encourue au premier jour du deuxième mois de chaque trimestre.

Pour constater les contraventions aux dispositions précédentes, les receveurs de l'enregistrement inscriront, à la fin du premier mois de chaque trimestre, sur le registre des actes civils, dans une ou plusieurs des cases qui précèdent l'arrêté du dernier jour du mois, les noms des fonctionnaires qui auront satisfait à cette disposition et de ceux qui y auront contrevenu; ils rapporteront procès-verbal des contraventions pour y être donné suite de la manière indiquée par l'article suivant.

Ils seront personnellement responsables des amendes à raison des contraventions qu'ils n'auront pas constatées.

ART. 73. Dans les deux premiers mois de chaque année, les notaires seront tenus de déposer au greffe du tribunal de 1ʳᵉ instance dans le ressort duquel ils exercent leurs fonctions un double par eux certifié du répertoire des actes qu'ils auront reçus pendant le cours de l'année précédente, à peine de 50 francs d'amende par chaque mois de retard, laquelle sera encourue le premier jour de chacun de ces mois. En conséquence, le 1ᵉʳ mars de chaque année, le receveur de l'enregistrement du lieu où siége le tribunal constatera, par un procès-verbal qui sera remis au procureur du Roi, quels sont les notaires en retard de satisfaire à cette obligation, sous peine d'être personnellement responsable des contraventions qu'il n'aurait pas constatées : le procureur du Roi lui donnera récépissé de ce procès-verbal et sera chargé de poursuivre la condamnation et de faire exécuter le dépôt.

ART. 74. Les avoués seront tenus de consigner les amendes d'appel en faisant inscrire la cause au rôle, à peine de 10 francs d'amende pour chaque contravention.

Il sera consigné une amende pour chaque partie appelante, soit au principal, soit incidemment.

Il ne sera dû qu'une seule amende pour les parties solidaires ou ayant un intérêt commun.

En cas d'infirmation sur l'appel, le remboursement sera effectué sur la remise de la quittance du receveur, à laquelle seront joints l'extrait du jugement sur appel certifié par l'avoué et la quittance de ce dernier.

ART. 75. Les receveurs de l'enregistrement ne pourront, sous aucun prétexte, lors même qu'il y aurait lieu à expertise, différer l'enregistrement des actes et mutations dont les droits auront été payés au taux réglé par la présente ordonnance, pourvu, toutefois, que les mercuriales leur aient été fournies et qu'il ait été satisfait aux déclarations prescrites par l'art. 23, dans le cas où elles peuvent être exigées.

Ils ne pourront non plus suspendre ni arrêter le cours des procédures, en retenant des actes ou exploits; cependant, si un exploit ou un acte dont il n'y a pas de minute contient des renseignements dont la trace puisse être utile pour la découverte des droits dus, le receveur aura la faculté d'en tirer copie et de la faire certifier conforme à l'original par l'officier public qui l'aura présenté à l'enregistrement. En cas de refus, il pourra conserver l'acte pendant vingt-quatre heures seulement, pour s'en procurer une collation en forme à ses frais, sauf répétition s'il y a lieu.

Ces dispositions sont applicables aux actes sous signature privée qui seront présentés à l'enregistrement.

Art. 76. Tous les enregistrements contiendront, dans un même contexte, les énonciations essentielles ainsi qu'une analyse claire et précise de toutes les dispositions principales des actes, même de celles qui n'engendreraient point de droit; il y sera fait mention du nombre des rôles, de celui des renvois et des mots rayés.

Les actes synallagmatiques faits sous signature privée seront transcrits en entier.

Chaque rôle, ainsi que chaque renvoi approuvé des parties et des officiers publics, sera parafé par le receveur.

Les déclarations de successions contiendront les noms, prénoms et demeures de tous les héritiers, le lieu et la date du décès, ainsi que le degré de parenté et le détail, article par article, de tous les biens, avec l'indication précise de leur consistance, de leur contenance, des lieuxdits et communes de leur situation.

Lorsque l'acte renfermera plusieurs dispositions donnant lieu chacune à un droit particulier, le receveur énoncera séparément, sur le registre de recette, la quotité de chacun de ces droits.

Le montant du droit pour chaque disposition sera écrit en toutes lettres et le total de ces droits sera tiré hors ligne en chiffres, à la marge droite du registre.

La quittance de l'enregistrement sera mise sur l'acte enregistré ou sur l'extrait de la déclaration du nouveau possesseur; le receveur y exprimera, en toutes lettres, la date de l'enregistrement, et, en chiffres, le folio et la case du registre.

La quittance contiendra en outre, en toutes lettres, le total des droits perçus, et, s'il y a lieu, le montant de chaque droit particulier, en énonçant la disposition à laquelle il s'applique.

Si l'acte est passé en double minute, il en sera fait mention sur le registre, et la quittance sera mise par duplicata sur la double minute ou sur chaque original représenté.

Chaque omission sera punie d'une amende de 5 francs.

Art. 77. Les receveurs de l'enregistrement ne pourront délivrer d'extraits de leurs registres que sur une ordonnance du juge de paix, lorsque ces extraits ne seront pas demandés par quelqu'une des parties contractantes ou par leurs ayants cause.

Il leur sera payé 2 francs pour recherche de chaque année indiquée et 1 franc par rôle de chaque extrait; ils ne pourront rien exiger au delà.

Art. 78. Les bureaux de l'enregistrement seront ouverts au public pendant six heures tous les jours, excepté les dimanches et jours de fêtes légales; les heures de séances seront affichées à la porte du bureau.

Art. 79. Tous les registres de recette seront arrêtés chaque jour à l'instant où le bureau sera fermé au public.

L'arrêté sera mis dans la case ou l'espace qui suivra immédiatement le dernier enregistrement ou le dernier arrêté, sans qu'il puisse en être mis plus d'un dans la même case, ni sur la même ligne pour les registres non distribués en case; chaque arrêté sera écrit de la main du receveur et signé par lui; les dimanches et jours de fêtes légales y seront désignés indépendamment de la date.

Art. 80. Aucune autorité administrative ou judiciaire ne pourra accorder de remise ni de modération des droits ni des peines déterminés par la présente ordonnance, ni suspendre ou faire suspendre le recouvrement des sommes dues, sans en devenir personnellement responsable.

CHAPITRE VIII.

DES DROITS ACQUIS ET DES PRESCRIPTIONS.

Art. 81. Les droits d'enregistrement ne pourront être restitués, s'ils ont été régulièrement perçus, et ils seront exigibles tels qu'ils résultent des actes, quels que soient, dans les deux cas, les événements ultérieurs, sauf les exceptions prévues par les art. 16, n° 2, 18, n° 2, 33, 64 et 82 de la présente ordonnance.

Art. 82. Il y aura lieu à restitution ou à supplément des droits qui n'auront été perçus que provisoirement dans les cas ci-après, savoir :

1° Les droits perçus sur les contrats de mariage résiliés par les parties avec renonciation au projet de mariage, ou annulés par le décès de l'un des futurs avant la célébration ou par son mariage avec une autre personne, seront restitués, sous la retenue du droit fixe.

2° Les droits perçus sur les adjudications faites en justice, et ceux perçus, sur les ventes et adjudications frappées de surenchère, seront restitués, sous la retenue du droit fixe, lorsque l'adjudication aura été annulée sur l'appel ou lorsque la surenchère aura été déclarée valable et suivie de caution.

3° Lorsque, dans le cas prévu par l'art. 23, les sommes et valeurs n'étant pas déterminées dans un acte ou un jugement donnant lieu au droit proportionnel, il n'aura été fait aucune déclaration estimative, il y aura lieu à restitution si, par le résultat d'une expertise ou autrement, la valeur se trouve au-dessous du montant de la déclaration; il y aura lieu à supplément de droit si la valeur est plus élevée.

4° Le droit perçu pour la mutation, sur un jugement qui autorise le vendeur d'un immeuble à rentrer en possession, à l'expiration du délai fixé à l'acquéreur pour se libérer du prix, sera restitué si l'acquéreur se libère avant l'expiration du délai.

5° Lorsqu'un jugement aura condamné à payer une somme ou à rembourser une rente due par privilége, si mieux n'aime le tiers détenteur délaisser l'héritage acquis, et que le détenteur aura délaissé l'héritage dans le délai fixé par le jugement, le droit proportionnel perçu sur le jugement. moins le droit fixe, sera déduit du droit de mutation dû sur l'acte de délaissement.

6° Quand un jugement aura ordonné de faire une chose, sinon de payer une somme déterminée, et qu'il sera justifié que la chose a été faite dans le délai fixé par le jugement, il y aura lieu à restitution de l'excédant du droit perçu provisoirement.

7° La déclaration affirmative par un tiers saisi qu'il ne doit rien, faite après un jugement qui l'aurait déclaré débiteur des causes de l'opposition ou qui aurait autorisé le créancier saisissant à toucher les deniers appartenant à la partie saisie, donnera lieu à la restitution du droit proportionnel qui aurait été perçu sur ce jugement, sous la retenue du droit fixe.

Il y aura également lieu à tenir compte de ce droit proportionnel dans le cas où il serait fait ultérieurement une contribution de la même somme avec d'autres opposants.

8° Il y aura lieu à restitution du droit perçu pour une distribution de somme réformée ultérieurement, mais le droit sera imputé jusqu'à due concurrence sur celui dû à raison d'une nouvelle distribution arrêtée définitivement.

9° Les droits proportionnels perçus sur les actes qui doivent être soumis à l'homologation des tribunaux seront restitués en cas de refus de l'homologation, sous la retenue du droit fixe.

. 10° Les droits des soultes perçus provisoirement sur les licitations, ainsi que ceux de mutation par décès pour les biens faisant partie de communauté entre époux, seront réglés définitivement d'après les abandonnements du partage général de la communauté ou de la succession indivise, et l'excédant sera restitué ou le supplément acquitté, suivant qu'il y aura lieu.

11° Lorsqu'une vente aura été faite à raison de tant la mesure, il sera dû un supplément de droit ou l'excédant sera restitué, suivant que, la contenance étant constatée moindre ou plus grande, il y aura lieu à diminution ou à supplément du prix dans les cas prévus par le Code civil.

Il sera fait mention de toutes les restitutions ou suppléments effectués, tant en marge de l'enregistrement que sur la relation au pied de l'acte; cette mention sera signée du receveur.

Art. 83. Il y a prescription, savoir :

1° Après un an, à compter du jour de l'enregistrement du contrat, pour la demande en expertise des biens vendus et dont le prix paraîtrait inférieur à la valeur vénale;

2° Après deux années, à compter du jour de l'enregistrement, s'il s'agit d'un droit non perçu sur une disposition particulière dans un acte, ou d'un supplément de perception insuffisamment faite, ou d'une fausse évaluation du revenu ou des dettes et charges, soit dans un acte de transmission entre-vifs, soit dans une déclaration après décès, ou s'il s'agit d'une demande en expertise pour constater la valeur du revenu.

La même prescription s'applique aux droits des actes et mutations et aux contraventions que les préposés auront été à portée de découvrir par des actes présentés à l'enregistrement et qui les auraient mis dans le cas de former la demande des droits ou amendes sans qu'il fût besoin de recherches ultérieures.

Toutefois si, avant que la prescription fût acquise, ou depuis qu'elle l'aurait été, les actes ou mutations étaient énoncés dans un acte postérieur, il y aura lieu à une nouvelle action en payement des droits, laquelle ne se prescrira que par un autre délai de deux ans, à dater du nouvel acte.

Après le même délai de deux ans, toute demande par les parties en restitution de droits perçus sera également non recevable.

Dans tous les cas, lorsqu'il s'agira d'une perception provisoire ou soumise à une condition exprimée dans l'acte, le délai de deux ans ne commencera à courir que du jour où les préposés ou les parties auront été à même d'agir;

3° Après trois années aussi, à compter du jour de l'enregistrement, s'il s'agit d'une omission de biens dans une déclaration faite après décès;

4° Après cinq années, à compter du jour du décès, pour les successions non déclarées, lorsque le décès aura été constaté sur les registres de l'état civil de la colonie ou par un acte parvenu à la connaissance des préposés dans la colonie, et à compter de la mise en possession, pour la succession d'un absent ou de celle dont le Gouvernement a joui à titre de déshérence.

Néanmoins le délai de cinq ans ne courra que du jour de l'exercice du réméré, pour les biens vendus par le défunt avec faculté de rachat, et que du jour de la cession du droit de retrait, pour le prix de cette cession.

Ce délai ne courra également que du jour du jugement définitif, pour les biens en litige ou recouvrés par suite d'une instance ou d'une demande en rescision, quand même il n'aurait encore été fait aucune déclaration; que du jour de l'ouverture des testaments, pour les dispositions qu'ils peuvent contenir, et enfin, que du jour de la renonciation à la communauté, pour l'accroissement en faveur des héritiers du mari.

A l'égard des reversions successives d'usufruit ou de rentes viagères, par suite de legs ou de donations éventuelles, le même délai ne courra que du jour du décès du premier invest, et du jour de l'événement, pour les legs soumis à une condition suspensive, et pour les appelés à restitution dans les cas prévus par les art. 1048 et 1049 du Code civil, que du jour du décès du grevé.

Les prescriptions ci-dessus seront suspendues par des demandes administratives ou judiciaires signifiées et visées, ou enregistrées avant l'expiration des délais; mais les demandes ne profiteront qu'aux parties qui les auront formées, et les prescriptions seront irrévocablement acquises si les poursuites extrajudiciaires commencées sont interrompues pendant une année, sans qu'il y ait eu d'instance devant les juges compétents, quand même le premier délai pour la prescription ne serait pas expiré.

Art. 84. L'action du Gouvernement pour le payement des droits et amendes se prescrit par trente ans révolus, à partir de la date des actes, pour ceux en forme authentique; à partir du décès des testateurs, pour les testaments; et, à l'égard des mutations verbales et des sous-seings privés, à partir du jour où lesdits actes et mutations auront acquis date certaine; toutefois les droits ordinaires seront perçus lorsqu'il y aura lieu de soumettre les actes sous seing privé à la formalité de l'enregistrement, quelle que soit leur date.

Art. 85. Les receveurs de l'enregistrement pourront être rendus responsables des droits et amendes qui seraient prescrits par leur négligence.

CHAPITRE IX.
DES POURSUITES ET INSTANCES.

Art. 86. La solution des difficultés qui pourront s'élever relativement à la perception des droits d'enregistrement avant l'introduction des instances appartiendra au conseil privé, conformément aux ordonnances sur le gouvernement des colonies, sans préjudice du recours des parties devant les tribunaux ordinaires.

Art. 87. Le premier acte de poursuite pour le recouvrement des droits d'enregistrement et le payement des peines et amendes sera une contrainte; elle sera décernée par le receveur ou préposé de l'enregistrement et signifiée à la partie, après avoir été visée et déclarée exécutoire par le juge de paix du canton où le bureau est établi.

La contrainte emportera de droit hypothèque sur tous les biens du débiteur, à la charge par le préposé de prendre inscription.

Les receveurs ne seront tenus d'élire domicile que dans leurs bureaux, pour les actes de saisie-exécution.

L'exécution de la contrainte ne pourra être interrompue que par une opposition formée par le redevable et motivée, avec assignation à jour fixe devant le tribunal de 1re instance de la situation du bureau, et l'opposant sera tenu d'élire domicile dans le chef-lieu où siége ce tribunal.

Art. 88. La connaissance et la décision des contestations en matière d'enregistrement est interdite à toute autorité administrative.

L'introduction et l'instruction des instances auront lieu devant le tribunal de 1re instance de la situation du bureau chargé de la perception; dans tous les cas, et quel que soit l'objet ou la valeur de la demande, la voie de l'appel sera ouverte aux parties.

L'instruction, tant en 1re instance qu'en appel, se fera par simples mémoires respectivement signifiés, sans plaidoiries, et le ministère des avoués sera exclu, excepté lorsque l'instance aura pour objet des contestations sur la déclaration affirmative de tiers saisis, ou une distribution de deniers par voie d'ordre ou de contribution, ou une saisie immobilière, ou des questions de propriété soutenues par le Gouvernement; dans ces différents cas, les affaires seront instruites dans les formes ordinaires prescrites par le Code de procédure civile.

Art. 89. Le tiers saisi sera assigné devant le tribunal qui doit connaître de la contrainte, sans citation préalable en conciliation. L'exploit d'assignation contiendra élection de domicile dans la commune où demeure le tiers saisi. Le tiers saisi pourra, si sa déclaration est contestée, demander son renvoi devant son juge.

Les tribunaux accorderont aux parties, pour produire leurs défenses, les délais qu'ils jugeront convenables, sans que ces délais puissent excéder trente jours.

Les instances seront jugées, au plus tard, dans les trois mois à compter du jour de leur introduction; les jugements seront rendus sur le rapport d'un juge fait publiquement à l'audience et sur les conclusions du ministère public; il sera fait mention, dans le jugement, de l'accomplissement de ces formalités; le tout à peine de nullité.

Les jugements pourront être attaqués par la requête civile, dans les cas prévus par le Code de procédure, et par le recours en cassation.

La partie qui succombera n'aura d'autres frais à supporter que le coût et les droits d'enregistrement des significations et des jugements, et, en outre, les frais des avoués, dans les cas où leur ministère est autorisé.

Aucune somme à payer ou à restituer ne pourra donner lieu à condamnation à des intérêts.

Art. 90. Les frais de poursuites payés par les préposés de l'enregistrement pour des articles tombés en non-valeur pour cause d'insolvabilité constatée des parties condamnées leur seront remboursés sur l'état qu'ils en rapporteront à l'appui de leurs comptes.

L'état appuyé des pièces justificatives sera taxé sans frais par le tribunal qui aura connu de l'affaire.

TITRE II.

DE LA FIXATION DES DROITS.

CHAPITRE PREMIER.

DROITS FIXES.

Art. 91. Les actes compris sous cet article seront enregistrés et les droits payés ainsi qu'il suit, savoir :

§ 1er. Actes sujets au droit fixe de 25 centimes.

1° Les significations d'avoué à avoué pour l'instruction des procédures devant les tribunaux de 1re instance, sans y comprendre celles qui contiendraient un appel incident.

Le consentement ou le pouvoir signé par la partie dans le même acte donne lieu à un droit particulier.

Il est dû un droit pour chacun des avoués auxquels la signification est faite;

2° Les attestations pures et simples;

3° Les bilans;

4° Les brevets d'apprentissage qui ne contiennent ni obligation de sommes et valeurs mobilières, ni quittance;

5° Les certificats de vie;

6° Les certificats, par les imprimeurs, d'insertion dans les journaux;

7° Les collations ou extraits d'actes et pièces précédemment enregistrés, par quelque officier public qu'ils soient faits, même les copies certifiées par les parties.

Le droit sera payé par chaque acte, pièce ou extrait collationné;

8° Les connaissements et reconnaissances de chargement par mer, et les lettres de voiture.

Il est dû un droit par chaque personne à laquelle les envois sont faits;

9° Les devis d'ouvrages et entreprises non signés des parties pour lesquelles les ouvrages doivent être faits, et qui ne contiennent aucune obligation de sommes et valeurs, ni quittance, ni engagement d'effectuer les travaux;

10° Les états et autres pièces annexés à l'acte principal et qui n'auraient pas été antérieurement reconnus ou signés par les parties ou par les officiers publics;

11° Les factures, mémoires des marchands et ouvriers, et les extraits de livres des commerçants, signés seulement de celui qui se prétend créancier, sauf les droits proportionnels sur l'acte de reconnaissance ou de libération ultérieure du débiteur ou sur le jugement à intervenir;

12° Les originaux d'affiches et placards judiciaires;

13° Les requêtes de productions dans les contributions et les ordres de deniers mobiliers et immobiliers.

§ 2. Actes sujets au droit fixe de 5o centimes.

1° Les abstentions, répudiations et renonciations à legs ou communautés, successions ou donations à cause de mort, lorsqu'elles sont pures et simples et si elles ne sont pas faites en justice.

Il est dû un droit par chaque renonçant et pour chaque succession ou communauté à laquelle on renonce.

Si la renonciation n'est que partielle ou soumise à une condition, ou qu'elle ne soit pas faite en faveur de tous les ayants droit à l'hérédité, il est dû les droits proportionnels à raison de l'abandon :

2° Les acceptations de successions, legs ou communautés, aussi lorsqu'elles sont pures et simples et qu'elles ne sont pas faites en justice.

Il est dû un droit par chaque acceptant et pour chaque succession ou communauté ;

3° Les acceptations de transports ou de délégations de créances à terme ou de rentes par les cessionnaires ou délégataires, faites par actes séparés, lorsque le droit proportionnel a été acquitté pour le transport ou la délégation ; dans le cas contraire, il est dû le droit proportionnel, suivant les n°s 5 et 6 du paragraphe 5 et le n° 2 du paragraphe 6 de l'article suivant ;

Et celles qui se font par les débiteurs délégués, dans les actes mêmes de délégation, ou par actes postérieurs, lorsqu'il est justifié de leur obligation précédemment enregistrée ;

4° Les acquiescements purs et simples, quand ils ne sont point faits en justice ;

5° Les actes de notoriété.

Si un acte de notoriété a pour objet de constater des faits relatifs à des parties n'ayant pas un intérêt commun, il est dû un droit par chaque partie :

6° Les actes qui ne contiennent que l'exécution, le complément et la consommation ou la réalisation d'actes antérieurs enregistrés, sans aucun changement à leurs clauses et conventions ;

7° Les actes refaits pour cause de nullité ou autre motif, sans aucun changement qui ajoute aux objets des conventions ou à leur valeur ;

8° Les actes, autres que ceux faits en justice, constatant une obligation quelconque contractée sous une condition suspensive exprimée dans l'acte, sous la réserve du droit proportionnel lors de l'événement ;

9° Les adjudications à la folle enchère, autres que celles faites en justice, lorsque le prix n'est pas supérieur à celui de l'adjudication, si celle-ci a été enregistrée;

10° Les adjudications au rabais et marchés dont le prix doit être payé directement ou indirectement par le Gouvernement, et les cautionnements.

Ne sont pas compris dans cette disposition les sous-traités, cessions, subrogations ou associations faits par les adjudicataires ou entrepreneurs directs postérieurement à l'acte principal, et les cautionnements des mêmes actes, qui sont sujets au droit proportionnel comme actes faits entre particuliers;

11° Les adoptions faites devant les juges de paix;

12° Les autorisations pures et simples;

13° Les actes et contrats d'assurances maritimes, sous la réserve du droit proportionnel, conformément au n° 1 du paragraphe 2 de l'article suivant, lorsqu'il en est fait usage en justice;

14° Les cahiers des charges, s'ils sont rédigés et signés séparément du contrat ou de l'adjudication;

15° Les cautionnements de personnes et navires en cas de prompt départ, sauf le droit proportionnel à l'événement;

16° Les cautionnements des conservateurs des hypothèques;

Ceux des fonctionnaires publics et officiers ministériels;

Les certifications et renforts de caution, lorsque l'acte de cautionnement a été enregistré;

Les cautionnements et garanties mobilières dont l'objet est indéterminé ou éventuel et non susceptible d'évaluation, de même que l'obligation principale;

17° Les certificats purs et simples, y compris ceux de propriété de rentes sur l'État et ceux délivrés en brevet par les juges et les greffiers, en quelque matière que ce soit;

18° Les codicilles qui n'ajoutent aucune disposition nouvelle de libéralité aux testaments précédemment enregistrés;

19° Les consentements purs et simples par actes civils;

20° Les décharges également pures et simples, y compris celles des reliquats de comptes par les mandants à leurs mandataires et par les pupilles à leurs tuteurs, lorsque la remise en est effectuée par l'acte même d'arrêté du compte de la gestion ou de la tutelle;

Les récépissés de pièces purs et simples;

21° Les déclarations aussi pures et simples par actes civils, ainsi que celles de tiers saisis devant le juge de paix, sauf les droits proportionnels, dans le cas seulement où il serait rendu un jugement de condamnation personnelle contre eux ou qui les déclarerait débiteurs des causes de l'opposition ;

Les déclarations autorisées par l'art. 7 du Code de procédure, lorsqu'elles sont faites devant le juge de paix par acte séparé ou indépendant du jugement ;

22° Les déclarations pour faire acquérir privilége de second ordre aux bailleurs de fonds de cautionnements des comptables envers le Gouvernement, mais seulement lorsqu'il existe un acte d'obligation antérieurement enregistré au droit proportionnel ;

23° La déclaration d'emploi en faveur du mari dans un contrat d'acquisition faite par lui, et l'acceptation par la femme de celle en sa faveur ;

24° La déclaration d'origine dans l'acte d'emploi des deniers empruntés pour opérer la subrogation en faveur du prêteur ;

25° Les délivrances et décharges de legs pures et simples, même de ceux de sommes d'argent, et toutes celles données aux exécuteurs testamentaires d'effets mobiliers, sommes et valeurs de la succession, par les héritiers ou légataires.

Les intérêts échus des legs, s'il en est payé, doivent le droit proportionnel, comme formant une dette personnelle de l'héritier ;

26° Les dépôts et consignations de sommes et effets mobiliers chez les officiers publics et dans les caisses du Gouvernement, lorsqu'ils n'opèrent pas la libération des déposants, ainsi que les décharges qu'en donnent les déposants ou leurs héritiers, lorsque la remise des objets déposés leur est faite ;

27° Les dépôts d'actes et pièces chez les officiers publics, et ceux faits aux chambres des notaires et des avoués des actes et jugements dont l'insertion au tableau à ce destiné est prescrite par les lois civiles et commerciales.

Il est dû un droit pour chaque personne non solidaire que les pièces déposées concernent ; mais il ne sera perçu qu'un seul droit s'il n'est déposé qu'un seul acte ;

28° Les désistements purs et simples, lorsqu'il n'en résulte pas de mutation de propriété, d'usufruit ou de jouissance ;

29° Les donations entre-vifs et testamentaires en faveur des communes, hospices, établissements religieux et de bienfaisance ou autres légalement autorisés, ou en faveur d'une colonie.

Celles entre particuliers et qualifiées telles par les parties, faites en l'absence des donataires ou non acceptées par eux, sauf le droit proportionnel sur l'acte d'acceptation;

3o° Les échanges de biens immeubles ruraux, lorsque l'un des immeubles échangés est contigu aux propriétés de celui qui le reçoit, à l'exception des échanges de maisons et bâtiments et de ceux des biens ruraux non contigus, compris dans le paragraphe 6 de l'article suivant.

S'il y a soulte ou plus-value, le droit en sera perçu comme il est réglé à l'égard des ventes par le paragraphe 8 de l'article suivant;

3₁° Les états de situation et les projets de compte de tutelle non débattus, présentés par les tuteurs, ainsi que les récépissés qui leur en sont donnés par le pupille ou par ses représentants;

3₂° Les états de recette et dépense présentés par les autres comptables et qui ne contiennent la reconnaissance d'aucun excédant de recette à leur charge;

33° Les exploits, les significations (celles d'avoué à avoué et celles devant les conseils privés exceptées), les commandements, demandes, notifications, citations, offres ne faisant pas titre pour le créancier ou non acceptées, oppositions, sommations, procès-verbaux, assignations, protêts, interventions à protêt, protestations, publications et affiches, saisies, saisies-arrêts, séquestres, mainlevées, et généralement tous actes extrajudiciaires des huissiers ou de leur ministère qui ne peuvent donner lieu au droit proportionnel, sauf les exceptions mentionnées dans la présente ordonnance.

Les procès-verbaux, les exploits et significations, et tous autres actes extrajudiciaires faits pour le recouvrement des contributions directes ou indirectes et de toutes autres sommes dues au Gouvernement, pour le recouvrement des contributions locales, pour le payement des mois de nourrice, frais d'éducation et de pensionnat, des travaux de curage des canaux et rivières, mais seulement lorsqu'il s'agira de cotes, droits ou créances excédant en total la somme de 100 francs;

Enfin, tous les exploits en matière de police simple ou correctionnelle et ceux faits en matière criminelle à la requête des parties civiles seulement.

Il est dû un droit pour chaque demandeur et pour chaque défendeur, en quelque nombre qu'ils soient dans le même acte, excepté les copropriétaires et cohéritiers, les parents réunis, les coïntéressés, les débiteurs ou créanciers associés ou solidaires, les séquestres, les experts et les témoins, qui ne seront comptés que pour une seule et même personne, soit en demandant, soit en défendant dans le même original, lorsque leurs qualités y seront exprimées.

Les procès-verbaux de saisie devront aussi un droit par chaque vacation;

34° Les gages ou garanties mobilières sans aucun dessaisissement de propriété, et les affectations hypothécaires fournies par les débiteurs eux-mêmes envers leurs créanciers en exécution de titres antérieurement enregistrés, à l'exception des engagements d'immeubles;

35° Les lettres missives qui ne contiennent ni obligations, ni quittance, ni autre convention ou reconnaissance donnant lieu au droit proportionnel;

36° Les mainlevées pures et simples d'oppositions et inscriptions hypothécaires par actes civils, à moins qu'elles ne soient contenues dans les quittances des sommes qu'elles avaient pour objet, auquel cas elles ne doivent aucun droit; mais elles seront passibles du droit applicable aux quittances, si l'acte énonce que la cause de l'opposition ou de l'inscription ne subsiste plus ou qu'elle subsiste sans cause, sans rappeler d'acte de libération enregistré;

37° Les nominations d'experts qui ne sont pas faites en justice.

Celles contenues dans les inventaires à l'effet d'estimer le mobilier ne doivent aucun droit;

38° Les prestations de serment des agents provisoires ou commissaires dans les faillites, des courtiers, des experts (sous l'exception de celles des experts constatées par le procès-verbal de la visite, dressé par le greffier, ou dans le jugement même du juge de paix), des gardes, des interprètes et de toutes autres personnes, lorsqu'elles ne sont chargées que momentanément de fonctions publiques;

39° Les prises de possession en vertu d'actes enregistrés;

40° Les prisées et les inventaires de meubles, d'objets mobiliers, titres et papiers.

Il est dû un droit par chaque vacation;

41° Les procès-verbaux de sauvetage des bâtiments naufragés et les déclarations des capitaines, dressés par les officiers d'administration de la marine, quel que soit le nombre de vacations;

42° Les procès-verbaux et rapports des huissiers, employés, gardes, commissaires, séquestres, experts, arpenteurs, agents ruraux et forestiers et capitaines de navires, en matière civile ou de commerce;

43° Les procès-verbaux de dires, d'enchères, adjudications préparatoires et autres de même nature qui ne contiennent aucune disposition donnant lieu au droit proportionnel;

Ceux de cote et parafe des livres des marchands;

Les procès-verbaux des notaires constatant la rédaction des lettres de change;

44° Les procès-verbaux, les plaintes ou autre premier acte constatant des contraventions ou des délits en matière de police simple ou de police correctionnelle;

45° Les procurations, mandats et pouvoirs pour agir ne contenant aucune stipulation, clause, engagement ou reconnaissance donnant lieu au droit proportionnel.

Il est dû un droit pour chaque mandant et chaque mandataire non solidaires ou indépendants l'un de l'autre;

46° Les promesses d'indemnités indéterminées et non susceptibles d'estimation, autres que celles stipulées entre les contractants dans les actes mêmes qu'elles ont pour objet et dont elles font partie intégrante;

Celles de secours pour pensions alimentaires, entre les enfants et les ascendants et les époux séparés, sans détermination de sommes;

47° Les ratifications pures et simples d'actes en forme.

Il est dû un droit par chaque ratifiant;

48° Les reconnaissances aussi pures et simples par actes civils, ne contenant aucune obligation ni quittance, ni autre aveu donnant ouverture au droit proportionnel;

49° Les résiliements purs et simples faits par actes authentiques dans les vingt-quatre heures des actes résiliés et notifiés au receveur le lendemain;

50° Les rétractations et les révocations, autres que celles exprimées dans les procurations, sans dénommer les mandataires révoqués;

51° Les significations d'avoué à avoué devant les cours royales, non compris les appels incidents.

Il est dû un droit pour chacun des avoués auxquels la signification èst faite.

Le consentement ou le pouvoir signé par la partie sur l'original donne lieu à un droit particulier;

52° Les soumissions et enchères, hors celles faites en justice, sur des objets mis ou à mettre en adjudication ou en vente, ou sur des marchés à passer, lorsqu'elles seront faites par actes séparés de l'adjudication;

53° Les soumissions tendant à obtenir l'autorisation de construire dans le rayon des places de guerre et sur les pas géométriques;

54° Les ventes de navires, bris et débris de navires faites par les officiers de l'administration de la marine ou autres officiers publics, ainsi que celles des marchandises avariées à la mer, dans le cas où il n'est pas dû de droit de douane;

Les mêmes ventes entre des personnes privées;

55° Les ventes ou cessions de terrains ou constructions faites par des propriétaires pour se libérer de la portion à leur charge dans l'augmentation de valeur que leurs propriétés auraient acquise par suite de travaux publics ou de constructions ordonnées ou approuvées par le Gouvernement;

Les abandons de portions de terrain en faveur des concessionnaires par les propriétaires des terrains desséchés ou défrichés;

56° Les actes et jugements préparatoires, interlocutoires ou d'instruction des juges de paix; les certificats et visa de pièces préalables à l'exercice de la contrainte par corps; les actes de notoriété, les oppositions à levée de scellés par comparution personnelle dans le procès-verbal; les ordonnances et permis d'assigner; les nominations de tuteurs, curateurs et subrogés tuteurs, et tous les procès-verbaux d'avis de parents et de délibérations de conseils de famille qui ne contiennent aucune reconnaissance ou engagement donnant ouverture au droit proportionnel; les procès-verbaux d'apposition, de reconnaissance et de levée de scellés, et généralement tous autres actes et procès-verbaux des juges de paix ou passés devant eux ne donnant pas lieu au droit proportionnel ou dont le droit proportionnel ne s'élèverait pas à 50 centimes.

Sont exceptés les actes d'émancipation.

Il est dû un droit pour chaque vacation de juge de paix, dans les opérations de scellés;

57° Les jugements des juges de paix portant condamnation de sommes ou valeurs mobilières, renvoi ou décharge de demande, débouté d'opposition, validité de congé, expulsion, condamnation à réparation d'injures personnelles, et généralement tous ceux qui, contenant des dispositions définitives, ne donnent pas ouverture au droit proportionnel ou dont le droit proportionnel ne s'élèverait pas à 50 centimes, et qui ne sont pas classés dans le numéro précédent;

58° Les actes et jugements en matière de police ordinaire et de police correctionnelle, et en matière criminelle, soit entre les parties, soit sur la poursuite du ministère public avec partie civile, désignés dans les n°s 2 et 3 de l'art. 6 du titre I", ne donnant pas lieu au droit proportionnel ou dont le droit proportionnel ne s'élèverait pas à 50 centimes.

Sont exceptés les actes de recours en cassation;

59° Les jugements qui seront rendus en matière de contributions, soit directes, soit indirectes, ou pour autres sommes dues au Gouvernement, ou pour contributions locales, mois de nourrice, frais d'éducation et de pensionnat, travaux de curage des canaux et rivières, quel que soit le montant des condamnations et de quelque tribunal qu'émanent les jugements.

Si le même jugement porte recours du condamné contre un particulier, le droit proportionnel sera dû sur le montant de la condamnation récursoire;

60° Les actes déjà enregistrés soit en France, soit dans les colonies françaises, lorsque le droit perçu sera égal ou supérieur à celui dû dans la colonie;

61° Et généralement tous actes civils ou extrajudiciaires quels qu'ils soient ou actes des juges de paix qui ne se trouvent dénommés dans aucun des autres paragraphes du présent article, ni dans ceux de l'article suivant, et qui ne peuvent donner lieu au droit proportionnel.

§ 3. Actes sujets au droit fixe de 75 centimes.

1° Les compromis et les nominations d'arbitres qui ne contiennent aucune obligation de sommes et valeurs, ni reconnaissance donnant lieu au droit proportionnel;

2° Les conversions de rentes perpétuelles en rentes viagères, et de celles-ci en rentes perpétuelles, sans augmentation du premier capital aliéné;

3° Les déclarations ou élections de command ou d'ami, lorsque la faculté d'élire un command a été réservée dans l'adjudication ou le contrat en forme authentique et que la déclaration est faite sans novation de clause, de condition ou de prix, et notifiée au receveur de l'enregistrement dans les vingt-quatre heures de l'adjudication ou du contrat.

Le délai sera de trois jours pour les adjudications des domaines de l'État.

A l'égard des adjudications faites devant les tribunaux de 1re instance où le ministère des avoués est indispensable, il suffira que l'avoué fasse connaître l'adjudicataire par une déclaration faite et acceptée, ou appuyée du mandat pour acquérir, dans les trois jours de l'adjudication;

4° Les prorogations de délai et les modifications apportées aux clauses d'un acte d'obligation, lorsqu'elles ne constituent pas un des cas de novation énoncés dans l'art. 1271 du Code civil, pourvu toutefois que le titre de la créance ait été enregistré, et sauf le droit proportionnel sur les stipulations relatives aux intérêts échus, ainsi que sur les délégations désignées au n° 5 du paragraphe 5 et au n° 2 du paragraphe 2 de l'article suivant;

5° Les réunions d'usufruit à la propriété, lorsque la réunion s'opère par un acte de cession et qu'elle n'est pas faite pour un prix supérieur à celui sur lequel le droit a été perçu lors de l'aliénation de la nue propriété, à titre onéreux, et ce conformément au n° 7 de l'art. 17;

6° Les titres nouvels ou reconnaissances de rentes, purs et simples, dont les contrats sont justifiés en forme, et les soumissions pour le remboursement du capital, dans le cas où le débiteur peut y être contraint, suivant l'art. 1912 du Code civil;

Sauf, dans tous les cas, le droit proportionnel sur les stipulations relatives aux intérêts échus;

7° Les transactions, en quelque matière que ce soit, qui ne contiennent aucune stipulation de sommes et valeurs, ni dispositions soumises à un plus fort droit, ni au droit proportionnel, ainsi qu'il est établi dans l'art. 19, chap. ii;

8° Les ordonnances des juges des tribunaux de 1re instance jugeant en matière civile ou de commerce, rendues sur requête, mémoire ou autrement; celles de référé, dont la minute reste au greffe ou qui sont délivrées en brevet ou original;

Les ordonnances du procureur du Roi, dans les cas où il est autorisé à en rendre;

Les actes et jugements préparatoires, interlocutoires ou d'instruction de ces tribunaux et des arbitres, rendus contradictoirement ou par défaut;

Le procès-verbaux d'ouverture et règlements provisoires de contributions et d'ordres, et les ordonnances de renvoi à l'audience, en cas de contestations sur ces mêmes procès-verbaux;

9° Les actes faits ou passés aux greffes des mêmes tribunaux, portant acquiescement, affirmation de voyage, et autres; certificats en minute, consentements et déclarations de toute espèce ne donnant pas ouverture au droit proportionnel; demandes en renvoi; dépôt de registres, répertoires, signatures de notaires, et généralement de tous actes et pièces, de quelque nature qu'ils soient, et leurs décharges, désaveux, enchères et surenchères; enquêtes, interrogatoires, inscription de faux incident; nomination d'experts ou arbitres, oppositions, représentation de cautions, acceptation ou renonciation à succession, communauté, legs ou donations à cause de mort (il est dû un droit pour chaque renonçant ou acceptant, et par chaque succession ou communauté).

récusation, tirage de lots (sauf le droit proportionnel sur la soulte ou plus-value, s'il en existe); transcriptions et radiations de saisies immobilières, vérification et affirmation de créances (il n'est dû qu'un seul droit pour celles en matière de faillite);

Les dépôts des extraits d'actes de société, de contrats de mariage et de mutations immobilières (il est dû un droit par chaque acquéreur non indivis), et de tous les actes et jugements désignés par les lois civiles et commerciales pour être insérés au tableau placé dans l'auditoire des tribunaux, et leurs décharges:

Et généralement les procès-verbaux, rapports et tous autres actes conservatoires ou de formalité, autres que ceux formellement exempts de l'enregistrement, faits aux greffes desdits tribunaux et ne donnant pas lieu au droit proportionnel ou dont le droit proportionnel ne s'élèverait pas à 75 centimes:

10° Les exécutoires de dépens et les taxes des experts dont le droit proportionnel, réglé par le n° 12, paragraphe 2, de l'article suivant, ne serait pas plus élevé que 75 centimes;

11° Les mêmes actes, ordonnances et jugements des tribunaux de 1re instance en matière de commerce;

12° Les ordonnances et procès-verbaux des présidents des tribunaux de 1re instance relatifs au mariage et à la séparation de corps.

§ 4. Actes sujets au droit fixe de 1 franc.

1° Les actes respectueux pour obtenir consentement à mariage;

2° Les actes de société qui ne portent ni obligation ni transmission de biens meubles ou immeubles entre les associés individuellement ou envers d'autres personnes, et quelle que soit la nature des biens apportés par chacun des associés;

Les actes d'adhésion postérieurs par de nouveaux associés;

Les actes de dissolution de société qui sont dans le même cas, sauf les droits proportionnels auxquels pourraient donner ouverture les cessions de droits ou le partage pour raison des soultes ou de l'abandon fait à l'un des associés de biens apportés originairement par un autre associé;

3° Les cessions, abandonnements et délaissements de biens, soit volontaires, soit forcés, pour être vendus en direction;

4° Les contrats de mariage qui ne contiennent d'autres dispositions que des déclarations, de la part des futurs, de ce qu'ils apportent eux-mêmes en mariage et se constituent, sans aucune stipulation avantageuse entre eux.

La reconnaissance y énoncée, de la part du futur, d'avoir reçu la dot apportée par la future, ne donne pas lieu à un droit particulier; celle, par la future non commune en biens, d'avoir reçu la dot du futur, donne lieu au droit d'obligation.

La clause d'ameublissement déterminé ou indéterminé ne donne lieu à aucun droit. Il en est de même dans le cas où les meubles apportés par la femme sont mis à prix par le contrat fait sous le régime dotal.

Si les futurs sont dotés par leurs ascendants ou s'il leur est fait des donations par des collatéraux ou autres personnes par leur contrat de mariage, les droits, dans ces cas, seront perçus suivant la nature des biens, ainsi qu'ils sont réglés par les différents paragraphes de l'article suivant:

5° Les donations de biens présents et à venir sans annexe de l'état des dettes du donateur ou sans leur détail dans l'acte, et lorsque le donataire n'entre pas de suite en jouissance d'aucun des biens.

A défaut de l'une ou de l'autre de ces circonstances, le droit proportionnel est dû sur les biens présents;

6" Les donations de sommes à prendre seulement sur la succession du donateur sans intérêts jusque-là, même avec affectation hypothécaire.

En cas de promesse d'intérêts, le droit proportionnel est dû sur leur capital au denier six;

7" Les institutions contractuelles et toutes autres dispositions avantageuses, soumises à l'événement du décès, qui sont faites par contrat de mariage entre les futurs ou par d'autres personnes en leur faveur.

Le forfait de communauté des art. 1520 à 1525 du Code civil, n'étant qu'une simple convention de mariage et entre associés, ne donne lieu à aucun droit.

Il n'y a lieu à percevoir le droit de donation pour le préciput que lorsqu'il est réservé à la femme survivante, même en renonçant à la communauté;

8° Les déclarations et significations d'appel, soit principal, soit incident, des jugements de juges de paix en matière civile ou de commerce au tribunal de 1re instance, même par acte d'avoué à avoué.

Il est dû plusieurs droits dans les cas prévus par le n° 33 du paragraphe 2 du présent article;

9" Les exploits relatifs aux procédures devant les conseils privés, sans qu'il puisse être perçu plus d'un seul droit, quel que soit le nombre des demandeurs et des défendeurs.

10° Les prestations de serment des secrétaires des administrations publiques, des greffiers et des huissiers des juges de paix, des porteurs de contraintes, des gardes et autres préposés des douanes d'un grade inférieur à celui de contrôleur exclusivement; des gardes du génie; des agents et conducteurs des travaux des ponts et chaussées chargés de constater les contraventions en matière de grande voirie; des imprimeurs et libraires; des gardes forestiers et gardes champêtres; des préposés au mesurage ou pesage public; des concierges des maisons d'arrêt et des prisons; enfin de tous les employés et comptables salariés par le Gouvernement, les communes ou les établissements publics, autres que ceux compris dans le n° 3 du paragraphe 7 ci-après, et qui sont assujettis au serment à raison de leurs fonctions, quelle que soit l'autorité devant laquelle le serment sera reçu;

11° Les reconnaissances d'enfant naturel faites autrement que par acte de l'état civil;

12° Les testaments, codicilles et tous actes de libéralité entre-vifs ou à cause de mort qui ne contiennent que des dispositions soumises à l'événement du décès, sans préjudice des droits proportionnels auxquels donneraient ouverture les reconnaissances contenues dans ces actes;

13° Les unions et directions de créanciers.

Si elles portent obligation de sommes déterminées par les cointéressés envers un ou plusieurs d'entre eux ou autres personnes chargées d'agir pour l'union, il sera perçu en outre un droit d'obligation;

14° Les jugements contradictoires ou par défaut des tribunaux de 1ʳᵉ instance, en matière civile ou de commerce, portant acquiescement, acte d'affirmation, admission de revendication, débouté d'opposition, homologation d'actes et rapports ne donnant pas lieu aux droits proportionnels ou dont ces droits ont été acquittés; décharge et renvoi de demande, déclaration de jugement commun, injonction de procéder à partage ou à licitation, mainlevée d'inscription ou opposition, nomination d'arbitres et tiers arbitres, commissaires, directeurs et séquestres; nullité de procédure, maintenue en possession, publication d'actes et de lettres patentes, péremption d'instances, reconnaissance d'écritures, réhabilitation, rejet ou admission de récusation, résiliements de baux autrement que du consentement des parties;

Les jugements qui établissent seulement les bases ou les éléments d'un compte ou d'une liquidation à faire, sans déterminer aucun reliquat; ceux qui statuent sur l'admission d'un créancier au passif d'une faillite, sans prononcer de condamnation de sommes; les jugements qui condamnent à servir une rente conformément au titre en forme authentique.

Si le titre était verbal ou sous seing privé, il serait dû le droit proportionnel, ainsi que pour une condamnation qui rendrait le capital de la rente exigible;

Les règlements définitifs d'ordres et de contributions ne donnant pas lieu à un droit proportionnel plus élevé, sans que, dans aucun cas, il soit dû aucun droit pour les forclusions et les mainlevées prononcées par le même acte;

Les ordonnances d'exécution de jugements arbitraux et celles d'envoi en possession:

Et généralement tous les jugements de ces tribunaux et des arbitres, en premier ou en dernier ressort, non compris dans le paragraphe 3 précédent, et contenant des dispositions définitives ne donnant pas ouverture au droit proportionnel ou dont le droit proportionnel ne s'élèverait pas à 1 franc.

Les adjudications frappées de surenchère avant le délai de l'enregistrement, et celles sur folle enchère, lorsque la première adjudication a été enregistrée et que le nouveau prix n'est pas supérieur au premier; dans le cas contraire, les droits sont perçus comme il est dit au n° 1ᵉʳ, paragraphes 6 et 8 de l'article suivant;

15° Les jugements des tribunaux de 1ʳᵉ instance en matière civile ou de commerce, à l'exclusion de ceux des arbitres, portant: 1° résolution de contrats ou de clauses de contrats pour cause de nullité radicale: 2° résolution de contrats de vente pour lésion d'outre moitié, dans la forme et les délais prescrits par la loi; 3° résolution de contrats pour cause de simulation, mais seulement lorsque la résolution n'est point prononcée sur la demande de l'une des parties contractantes; 4° révocation de donation pour cause d'ingratitude: 5° résolution de contrats de vente pour défaut de payement du prix, mais seulement avec ces deux circonstances, que l'acquéreur n'aura payé aucun à-compte sur le prix et qu'il ne sera point entré en jouissance.

Toutefois, les droits ainsi que les doubles droits et amendes dus à raison des contrats ou des conventions verbales résolus seront perçus en outre sur les jugements, dans le cas où ils n'auraient pas été acquittés précédemment dans les délais déterminés;

16° Les ordonnances, arrêts et actes du greffe des cours royales, de l'espèce des actes et jugements désignés dans les n°⁸ 8, 9 et 10 du paragraphe 3 précédent.

Les mêmes actes émanés des arbitres jugeant en dernier ressort, du consentement des parties.

§ 5. Actes sujets au droit fixe de 1 fr. 50 centimes.

1° Les actes d'émancipation.

Il est dû un droit par chaque émancipé, mais il n'en est dû aucun pour la nomination du curateur;

2° Les déclarations et significations d'appel, soit principal, soit incident, des jugements des tribunaux de 1ʳᵉ instance en matière civile ou de commerce, même par actes d'avoué à avoué.

Il est dû plusieurs droits dans les cas prévus par le n° 33 du paragraphe 2 du présent article;

3° Les partages de biens meubles ou immeubles entre copropriétaires, à quelque titre que ce soit, pourvu qu'il en soit justifié.

Il n'est pas dû de droit particulier pour les subdivisions contenues dans le même acte et qui sont faites entre les mêmes copartageants.

S'il y a retour ou plus-value entre les lots, le droit, sur ce qui en fera l'objet, sera perçu au taux réglé pour les ventes :

4° Les arrêts définitifs des cours royales ne donnant pas lieu à un droit proportionnel plus élevé et de l'espèce des jugements désignés dans les n°ˢ 14 et 15 du paragraphe précédent;

5° Les jugements définitifs désignés dans les mêmes numéros, rendus par les arbitres jugeant en dernier ressort, du consentement des parties.

§ 6. Actes sujets au droit fixe de 2 francs.

1° Les acquisitions de biens immeubles par la colonie, les communes, hospices, séminaires, fabriques, congrégations religieuses et tous autres établissements publics légalement autorisés, faites à titre onéreux, et lorsque les biens acquis devront recevoir une destination d'utilité publique et ne pas produire de revenus.

A défaut de l'une ou de l'autre de ces circonstances, il est dû le droit proportionnel déterminé par le paragraphe 8 de l'article suivant; et le droit fixe sera réductible dans tous les cas où la valeur des biens ne donnerait pas 2 francs de droit;

2° Les actes translatifs de propriété, d'usufruit ou de jouissance de biens immeubles situés en pays étranger, sans que, dans aucun cas, le droit fixe puisse excéder le droit proportionnel qui serait dû si les biens étaient situés dans la colonie;

3° Les jugements des tribunaux de 1re instance prononçant une interdiction; les jugements de séparation de biens entre mari et femme, lorsqu'ils ne portent point de condamnation de sommes et valeurs mobilières ou lorsque le droit proportionnel de la condamnation prononcée ne s'élève pas à 2 francs;

4° Les actes de tutelle officieuse.

Il est dû un droit pour chaque pupille.

§ 7. Actes sujets au droit fixe de 3 francs.

1° Le premier acte de recours au Conseil d'État et le premier acte de recours en cassation, en matière civile, correctionnelle ou de simple police, de quelque partie qu'il émane, et, en matière criminelle, celui des parties civiles seulement.

Il est dû un droit pour chacun des condamnés non solidaires qui exercent le recours par un même acte;

2° Les jugements des tribunaux de 1re instance prononçant une séparation de corps entre mari et femme :

Ceux admettant une adoption.

Il est dû un droit pour chaque adopté :

3° Les prestations de serment des notaires, avocats, avoués et arpenteurs, pour entrer en fonctions; des directeurs, inspecteurs, vérificateurs, contrôleurs et receveurs des contributions directes et indirectes, des curateurs aux biens vacants, des greffiers, commis greffiers et huissiers près les tribunaux de 1re instance et les cours royales, pour entrer en fonctions; des ingénieurs des ponts et chaussées, des commissaires des poudres et salpêtres, et généralement de tous les employés et comptables salariés par le Gouvernement, les communes et les établissements publics, qui y sont assujettis à raison de leurs fonctions, et quelle que soit l'autorité devant laquelle le serment sera reçu, lorsque le traitement s'élève à 2,000 francs et au-dessus.

Tous les employés et comptables dont le salaire serait inférieur à cette somme ne devront que le droit fixé par le n° 10 du paragraphe 4 ci-dessus.

Il n'est dû un nouveau droit que dans le cas de changement de grade ou de fonctions, et non lors d'un simple changement de résidence; toutefois si, dans ce dernier cas, il était rédigé un nouvel acte de prestation de serment, il serait dû le droit déterminé par le n° 6 du paragraphe 2 du présent article.

§ 8. Actes sujets au droit fixe de 5 francs.

1° Les arrêts des cours royales prononçant une interdiction, une séparation de corps ou une séparation de biens entre mari et femme, sauf le droit proportionnel de la condamnation, si elle donne lieu à un droit plus élevé;

Les arrêts confirmant une adoption.

Il est dû un droit pour chaque adopté;

2° L'adoption par le tuteur officieux dans un acte testamentaire.

Il est dû un droit pour chaque adopté.

CHAPITRE II.

DROITS PROPORTIONNELS.

Art. 92. Les actes et mutations compris sous cet article seront enregistrés et les droits payés suivant les quotités ci-après, savoir :

§ 1er. 2 centimes 1/2 par 100 francs.

1° Les baux à ferme ou à loyer de biens meubles ou immeubles, même de ceux appartenant au Gouvernement.

Les baux ou conventions pour nourriture de personnes;

Le louage des esclaves ainsi que des gens de travail qui s'engagent au service de quelqu'un;

Les baux de pâturage et nourriture d'animaux, lorsque la durée de tous ces baux est limitée.

Si la durée du bail est illimitée, la quotité du droit est réglée par les n°s 2 des paragraphes 6 et 8 ci-après;

2° Les baux à cheptel et reconnaissances de bestiaux.

Le droit sera perçu sur le prix exprimé dans l'acte, ou, à défaut, d'après l'évaluation qui sera faite du bétail;

3° Les sous-baux, subrogations, cessions, rétrocessions et résiliations des mêmes baux.

Le droit sera perçu et liquidé sur les années à courir et d'après la même base que pour les baux.

Les sommes payées sur le prix du bail par l'acte même ne donnent pas lieu au droit de quittance;

4° Les brevets d'apprentissage, lorsqu'ils contiendront stipulation de sommes ou valeurs mobilières payées ou non.

Les cautionnements de tous les actes désignés aux numéros précédents ne payeront que la moitié des droits déterminés pour ces actes;

5° Les actes volontaires contenant promesse de pensions alimentaires entre les ascendants et leurs descendants, ainsi qu'entre époux séparés, lorsque la somme est déterminée, et même dans le cas où la pension alimentaire serait représentée par le revenu d'un immeuble désigné.

Le droit sera perçu sur le capital au denier six de la pension annuelle; si l'acte ne contient la stipulation d'aucune somme déterminée, il n'est dû que le droit fixe réglé par le n° 46 du paragraphe 2 de l'article précédent;

6° Les quittances, remboursements ou rachats de rentes, redevances et créances de toute nature.

Les retraits exercés par les vendeurs en vertu de réméré, par actes publics, dans le délai stipulé par l'acte de vente, pourvu qu'il n'excède pas cinq ans, ou faits sous signature privée et présentés à l'enregistrement avant l'expiration des délais.

Le droit n'est dû que sur les sommes remboursées par le vendeur;

Le retrait successoral et le retrait de droits litigieux, sur le montant des sommes remboursées, dans le cas où le cessionnaire peut y être contraint par la loi;

Les payements faits avec subrogation légale selon l'art. 1251 du Code civil et ceux effectués par un acquéreur aux créanciers du vendeur après délégation ou indication quelconque de payement, et généralement tous actes ou écrits, soit civils, soit judiciaires ou extrajudiciaires, portant libération de sommes et valeurs mobilières, sans que le payement ait pour cause une libéralité ou le prix d'une transmission de meubles ou d'immeubles non enregistrée : auxquels cas, il serait dû les droits dont ces diverses stipulations sont passibles suivant les différents paragraphes du présent article.

Il n'est dû qu'un seul droit pour les compensations de créances respectives.

Mais les droits des deux libérations seront perçus lorsque les payements seront faits par un débiteur aux créanciers de son créancier, en présence de ce dernier, sans aucune indication de payement antérieurement enregistré;

7° Les actes de dépôts et consignations de sommes faits dans les caisses publiques ou chez des officiers publics, lorsqu'ils opèrent la libération des déposants.

$ 2. 5 centimes par 100 francs.

1° Les actes d'assurances maritimes.

Le droit ne sera exigible que sur le montant de la prime et seulement avant que la police puisse être produite en justice, et en tenant compte du droit fixe payé conformément au n° 13 du paragraphe 2 de l'article précédent;

2° Les délaissements par suite d'une assurance et dans les autres cas prévus par les lois commerciales.

Le droit est dû sur la valeur des objets délaissés; il n'est exigible que sur l'acte d'acceptation ou le jugement qui valide le délaissement.

En cas d'assurance, la valeur est fixée par la police;

3° Les adjudications au rabais et marchés pour constructions, réparations, entretien, approvisionnements et fournitures dont le prix doit être payé sur les fonds communaux ou par les établissements publics.

Le droit est dû sur la totalité du prix de ces actes.

Le cautionnement ne doit que la moitié du droit;

4° Les atermoiements ou concordats passés entre les faillis et leurs créanciers, même lorsqu'il ne serait consenti aucune remise sur les créances.

Le droit est perçu sur tous les biens meubles abandonnés par le failli et sur les sommes qu'il s'oblige de payer tant aux créanciers présents qu'à ceux non représentés, avec lesquels le traité est commun par l'effet de la majorité.

Le cautionnement, s'il en est fourni, ne payera que la moitié du droit;

5° Les billets à ordre et tous autres effets négociables de particuliers ou de compagnies, à l'exception des lettres de change;

Les avals donnés par actes séparés des effets négociables de toute espèce.

Ces effets négociables pourront n'être présentés à l'enregistrement qu'avec les protêts qui en seront faits; mais le droit de ces effets serait exigible sur l'exploit de citation qui déclarerait qu'ils sont adirés;

Les ouvertures de crédits entre banquiers et commerçants sujets à patentes;

6° Les actions, coupons d'actions et cessions d'actions mobilières des compagnies et sociétés de finance, de commerce ou d'industrie, sans aucun droit de propriété dans le fonds social;

7° Les cautionnements de sommes et objets mobiliers, les garanties et les gages mobiliers fournis par des tiers, et les indemnités de même nature;

Les cautionnements par le tireur ou les endosseurs, pour le payement de lettres de change.

Sont exceptés les cautionnements nommément désignés dans d'autres numéros du présent article et de l'article précédent.

Dans tous les cas, le droit sera perçu indépendamment de celui de la disposition que le cautionnement, la garantie, le gage ou l'indemnité aura pour objet et sur le même capital, mais sans pouvoir excéder le droit principal;

8° Les cautionnements de se représenter ou de représenter un tiers en cas de mise en liberté provisoire, ou en vertu d'un sauf-conduit, dans les cas prévus par le Code de procédure et par les lois civiles et commerciales, et en matière correctionnelle ou criminelle ;

9° Les soumissions de cautions aux greffes des tribunaux.

Lorsque le jugement d'admission de la caution ne l'oblige pas à faire un acte de soumission, le droit proportionnel est perçu sur le jugement.

Pour les cautions des surenchères, le droit est dû sur le prix principal, en y joignant toutes les charges et le montant de la surenchère. Mais ce droit n'est perçu que sur le jugement d'adjudication au profit du surenchérisseur, et l'acte de cautionnement dont l'obligation principale est soumise à cette condition ne doit que le droit fixe établi par le n° 9 du paragraphe 3 de l'article précédent ;

10° Les legs et donations, à cause de mort, de sommes et d'effets mobiliers en ligne directe, naturelle ou adoptive, sur la portion disponible seulement :

11° Les obligations à la grosse aventure ou pour retour de voyage.

Le droit n'est dû que sur le capital prêté :

12° Les jugements et arrêts contradictoires ou par défaut. ou autres actes judiciaires, en matière civile ou de commerce, et en matière criminelle, correctionnelle ou de police, quel que soit le tribunal ou la cour dont ils émanent, portant condamnation, attribution ou liquidation de sommes et valeurs mobilières, intérêts et dépens entre particuliers. même celles prononcées sur des actes authentiques; excepté les dommages-intérêts compris au n° 3 du paragraphe 6 ci-après et les amendes qui ne seront point ajoutées aux autres sommes pour la liquidation du droit proportionnel.

Est soumis au même droit le jugement qui déclare un débiteur déchu du bénéfice du terme qui lui avait été accordé pour le payement, par un acte civil.

Dans aucun cas, et pour aucun de ces jugements ou arrêts, le droit proportionnel ne pourra être au-dessous du droit fixe, tel qu'il est réglé dans l'article précédent pour les jugements définitifs des divers tribunaux;

13° Les collocations et distributions de deniers mobiliers ou immobiliers, soit volontaires ou judiciaires, dans quelque forme qu'elles aient lieu et quel que soit le nombre ou la qualité des créanciers colloqués, présents ou non.

Le droit est dû sur le montant de la somme distribuée en capital et intérêts, et si le payement est effectué par le même acte, il n'est dû aucun droit pour la quittance;

14° Les ventes publiques de marchandises et d'effets mobiliers, en cas de faillite, en vertu d'ordonnances du juge-commissaire.

Les ventes de marchandises aux enchères publiques, pourvu que le lieu de la vente et la quotité des lots aient été fixés par les tribunaux.

§ 3. 7 centimes 1/2 par 100 francs.

1° Les actes et contrats d'assurances autres que ceux maritimes.
Le droit sera perçu sur la valeur de la prime:

2° Les donations entre-vifs en propriété ou usufruit de biens meubles, celles portant partage anticipé, faites selon les art. 1075 et 1076 du Code civil, en faveur de tous les successibles en ligne directe. naturelle ou adoptive:

3° Les donations de sommes payables ou exigibles, avec ou sans intérêts. au décès du donateur, même sans hypothèque, et celles avec dessaisissement actuel par le donateur.

§ 4. 10 centimes par 100 francs.

1° Les baux ou conventions pour nourriture de personnes, lorsque la durée est illimitée.
Le droit sera perçu sur le capital au denier six;.

2° Les mutations de biens immeubles en propriété ou usufruit qui auront lieu par décès en ligne directe, naturelle ou adoptive;

3° Les rentrées en possession de biens de même nature en vertu du droit successif attribué aux ascendants par l'art. 747 du Code civil.

§ 5. 15 centimes par 100 francs.

1° Les adjudications au rabais, marchés, autres que ceux compris dans le n° 3 du paragraphe 2 précédent, pour constructions, réparations et entretien, entre particuliers, quand même ils contiendraient promesse de livrer les marchandises ou objets mobiliers nécessaires à la confection des ouvrages;

Le procès-verbal de réception des ouvrages afin d'obtenir le privilége accordé aux architectes et ouvriers par le n° 4 de l'art. 2103 du Code civil.

Le droit est dû sur le montant total du prix des travaux, déduction faite de celui perçu sur le marché, s'il est représenté enregistré;

Les traités pour ouvrages et travaux de toute espèce; ceux pour le transport de personnes ou marchandises, entre particuliers, désignés aux n°s 2 et 3 de l'art. 1779 du Code civil;

Les traités de remplacements pour le service de l'État;

Les avis de parents portant fixation d'honoraires ou d'indemnité en faveur des tuteurs ou curateurs;

2° Les conversions de rentes en obligations à terme, excepté dans le cas prévu par le n° 6 du paragraphe 3 de l'article précédent:

3° Les contrats et transactions portant obligation de sommes, les billets simples et promesses de payer, les arrêtés de comptes et les actes de liquidation de créances et reprises qui ne résultent pas d'actes précédemment enregistrés.

Sont exceptées les liquidations contenues dans les partages de succession, communauté ou société, qui doivent précéder le partage et dont les résultats sont employés dans les lots des copartageants, sauf les droits des soultes qu'ils pourraient produire;

4° Les mandats, les lettres de crédit; les reconnaissances de droit, même faites en l'absence des créanciers, à l'exception des déclarations passives dans les inventaires, à la charge de la succession: et celles de dépôts de sommes chez des particuliers;

Les reconnaissances d'intérêts ou arrérages échus, même lorsque le titre de la créance principale est enregistré:

La reconnaissance, par un débiteur, d'être détenteur d'une somme annoncée avoir été payée par lui dans un précédent acte; et généralement tous autres actes ou écrits, soit civils, judiciaires ou extrajudiciaires, qui contiendront obligation de devoir ou de prêter une somme d'argent, sans libéralité et sans que l'obligation soit le prix d'une transmission de meubles ou immeubles non enregistrée : auxquels cas il serait dû les droits dont ces stipulations sont passibles suivant les différents paragraphes du présent article.

Les reconnaissances par acte public et les affectations hypothécaires par les souscripteurs, pour le payement d'effets négociables précédemment enregistrés et de lettres de change;

5° Les transports, cessions et délégations de créances à terme et de droits mobiliers incorporels, autres que ceux compris aux paragraphes 2 et 6 du présent article, même faits hors de la présence du créancier délégataire ou du cessionnaire, ou sans son acceptation expresse, et sans décharger le premier débiteur; et ceux faits à titre de garantie par tout autre acte que l'obligation principale, lorsque le débiteur cédant s'est dessaisi de la propriété;

Les subrogations conventionnelles au profit d'un tiers payant en l'acquit du débiteur, et les substitutions de débiteurs;

Les délégations avec dessaisissement pour tenir lieu du service des intérêts dans l'acte même d'obligation, indépendamment du droit dû pour le capital; et les transports par endossement de billets simples, et ceux d'effets négociables après le protêt qui en a été fait;

6° Les délégations de prix stipulées dans un contrat, pour acquitter des créances à terme. envers un tiers;

7° Les déclarations de command, d'ami ou de prête-nom, si l'acte d'obligation, de transport ou de délégation n'en contient pas la réserve et que la déclaration ne soit pas faite et notifiée au receveur dans les vingt-quatre heures du contrat, ainsi qu'il est prescrit par le n° 3 du paragraphe 3 de l'article précédent;

8° Les donations entre-vifs et les mutations en propriété ou usufruit de biens meubles qui s'effectueront par décès entre époux.

§ 6. 20 centimes par 100 francs.

1° Les adjudications, ventes, reventes, cessions, rétrocessions, marchés (autres que ceux énoncés au n° 3 du paragraphe 2 et au n° 1er du paragraphe 5, ci-dessus), les traités et tous autres actes, soit civils, soit judiciaires ou extrajudiciaires, translatifs de propriété, à titre onéreux, de biens meubles, récoltes de l'année sur pied, coupes de bois taillis et de haute futaie, actions dans les compagnies et sociétés de finance, de commerce ou d'industrie donnant droit de propriété dans le fonds social, encore qu'il en dépende des immeubles, tant que dure la société; des produits extraits ou à extraire des minières et des carrières; des matières extraites seulement des mines, et leurs approvisionnements; et de tous les autres objets mobiliers, généralement quelconques, en quelque lieu ou pays qu'ils soient situés; même les ventes de cette nature faites par le Gouvernement, à l'exception de celles énoncées au n° 54 du paragraphe 2 de l'article précédent;

Les adjudications à la folle enchère, mais seulement sur ce qui excédera le prix de la précédente adjudication, si le droit en a été acquitté.

Lorsque l'acquéreur d'une coupe de bois se rend postérieurement acquéreur du fonds, il est dû, sur ce second acte ou pour la nouvelle convention, le complément du droit fixé par le paragraphe ci-après, pour la totalité ou les portions de la coupe qui, n'ayant point encore été abattues à cette époque, n'auraient point cessé de faire partie de l'immeuble, indépendamment du droit dû, suivant le même paragraphe, pour la nouvelle mutation: et si la vente du sol a précédé celle de la superficie au même acquéreur, avant qu'elle en ait été détachée, le prix de cette superficie acquittera le droit déterminé par le même paragraphe 8;

2° Les constitutions de rentes, soit perpétuelles, soit viagères, et de pensions à titre onéreux; les cessions, transports et délégations qui en sont faits au même titre, ainsi qu'il est établi aux n°s 5 et 6 du paragraphe précédent pour les délégations, subrogations de créanciers et substitutions de débiteurs de créances à terme.

Les transports d'arrérages ne doivent que le droit des créances à terme:

Les baux de biens meubles faits à vie ou pour un temps illimité, leurs transports, rétrocessions et résiliations;

3° Les dommages-intérêts prononcés par les tribunaux. en matière de police simple, de police correctionnelle et en matière criminelle. et ceux en matière civile dans les cas désignés aux art. 1142. 1145. 1147. 1149 et 1382 du Code civil;

4° Les donations entre-vifs de propriété ou d'usufruit de biens immeubles en ligne directe, naturelle ou adoptive.

Les donations portant partage anticipé, faites par les pères et mères entre tous leurs enfants ou descendants, conformément aux art. 1075 et 1076 du Code civil, ne payeront que moitié droit, quel que soit le mode de composition des lots, même au moyen d'une licitation des biens donnés, par le même acte;

5° Les donations entre-vifs et les mutations en propriété ou usufruit de biens meubles qui s'opéreront par décès entre collatéraux et autres parents au degré successible seulement;

6° Les échanges de propriétés bâties et ceux de biens ruraux lorsque l'un des immeubles ruraux ne sera pas contigu aux propriétés de celui qui le recevra, mais pour cet immeuble seulement; les échanges semblables faits avec des communes et des établissements publics, désignés au n° 1er, paragraphe 6, de l'article précédent.

Le droit ne sera perçu que sur la valeur d'une des parts, et celui dû pour la soulte ou plus-value sera liquidé conformément au paragraphe 8 ci-après. Si la soulte doit être payée par les communes ou établissements publics, elle ne sera passible que du droit fixe, selon le n° 1er du paragraphe 6 de l'article précédent.

Les rescisions de ces différents actes pour cause de lésion;

7° Les élections ou déclarations d'ami, de command ou prête-nom, sur les actes translatifs de propriété ou d'usufruit de biens meubles compris dans le présent paragraphe, lorsque la réserve de command n'aura pas été insérée dans le contrat et sans qu'elle ait été faite et notifiée au receveur dans les vingt-quatre heures de ce contrat, comme il est dit au n° 3 du paragraphe 3 de l'article précédent;

8° Les engagements ou antichrèses de biens immeubles;

9° Les parts et portions acquises par licitation et les soultes de partages de biens meubles;

10° Les retraits de biens meubles, après le premier délai fixé par l'acte de vente avec faculté de rachat, ou en vertu de prorogation de délai, et ceux exercés par des tiers cessionnaires des vendeurs;

11° Les résolutions et résiliations de contrats de vente de biens meubles, à la seule exception de celles prononcées par les tribunaux de 1re instance jugeant en matière civile ou de commerce et les cours royales, pour cause de nullité radicale, ou par défaut de payement du prix, lorsque l'acquéreur n'aura payé aucun à-compte et qu'il ne sera point entré en jouissance.

§ 7. 25 centimes par 100 francs.

Les donations entre-vifs et les mutations qui s'effectueront par décès, soit par testament, ou tous autres actes de libéralité à cause de mort, de propriété ou d'usufruit de biens immeubles, entre époux.

§ 8. 35 centimes par 100 francs.

1° Les adjudications, ventes, reventes, cessions, rétrocessions et tous autres actes, soit civils, judiciaires ou extrajudiciaires, translatifs de propriété ou d'usufruit de biens immeubles, droits et actions immobiliers à titre onéreux, même de ceux appartenant au Gouvernement; des mines, indépendamment de la surface des constructions et travaux en dépendant, ainsi que des chevaux, agrès et ustensiles servant à leur exploitation; des coupes de bois non séparées du sol, dans les cas prévus par le dernier alinéa du n° 1er du paragraphe 6.

Les adjudications à la folle enchère seront assujetties au même droit, mais seulement sur ce qui excédera le prix de la première adjudication, si elle a été enregistrée;

2° Les baux à rentes perpétuelles de biens immeubles, ceux à vie et ceux dont la durée est illimitée, ainsi que les traités portant fixation de la redevance à payer au propriétaire du fonds pour l'exploitation d'une mine jusqu'à son épuisement;

Leurs transports, rétrocessions et résiliations;

3° Les déclarations de command, d'ami ou de prête-nom, pour des actes translatifs de propriétés immobilières, lorsque ces déclarations ne réunissent pas toutes les conditions énoncées au n° 3, paragraphe 3, de l'article précédent;

4° Les parts et portions de biens immeubles acquises par licitation.

Cette portion se calcule d'après le prix de la totalité des biens faisant l'objet de la licitation;

5° Les retours ou plus-values de partages et d'échanges d'immeubles;

6° Les retraits exercés après l'expiration du délai convenu par le contrat de vente, et dans ce délai, s'il excède cinq années, ou en vertu de prorogation, et ceux exercés par des cessionnaires du vendeur avec faculté de rachat;

7° Les résolutions et résiliations de contrats translatifs de propriété ou d'usufruit de biens immeubles, même lorsqu'il aurait été stipulé par le contrat qu'à défaut de payement la vente serait nulle de plein droit.

Sont seulement exceptées celles prononcées par les tribunaux de 1re instance et les cours royales pour cause de nullité radicale, pour lésion d'outre moitié, dans les formes et délais prescrits par la loi; et pour défaut de payement du prix, lorsque l'acquéreur n'aura payé aucun à-compte et qu'il ne sera point encore entré en jouissance.

§ 9. 50 centimes par 100 francs.

1° Les donations entre-vifs et les mutations qui s'effectueront par décès, pour quelque cause que ce soit, de propriété ou d'usufruit de biens meubles entre collatéraux au delà du degré successible et toutes personnes non parentes;

Et celles qui s'opéreront pour des biens de la même nature, lorsque l'époux survivant ou les enfants naturels seront appelés à succéder à défaut de parents au degré successible.

Toutefois, pour les enfants naturels, ce droit ne sera appliqué que sur l'excédant de ce qui leur aurait été attribué dans les divers cas de l'art. 757 du Code civil;

2° Les donations entre-vifs et les mutations qui s'effectueront par décès de biens immeubles entre collatéraux au degré successible seulement.

§ 10. 1 franc par 100 francs.

1° Les donations entre-vifs et les mutations qui s'effectueront par décès de biens immeubles entre collatéraux au delà du degré successible et toutes personnes non parentes.

Seront considérés comme personnes non parentes l'époux survivant et les enfants naturels, lorsqu'ils seront appelés à la succession à défaut de parents au degré successible.

Toutefois, à l'égard des enfants naturels, ils n'acquitteront le droit que sur l'excédant de ce qui leur aurait été attribué en vertu de l'art. 757 du Code civil et dont ils payeront les droits de mutation en ligne directe.

CHAPITRE III.
DES ACTES QUI DOIVENT ÊTRE ENREGISTRÉS EN DÉBET OU GRATIS, ET DE CEUX QUI SONT EXEMPTS DE LA FORMALITÉ.

ART. 93. Sont soumis à la formalité de l'enregistrement en débet ou gratis, ou exempts de cette formalité, les actes ci-après, savoir :

§ 1er. A enregistrer en débet.

Seront enregistrés en débet, mais dans leurs délais et sous les peines prononcées par la présente ordonnance pour défaut d'enregistrement :

1° Les actes et procès-verbaux des juges de paix, des greffiers, des commissaires commandants de communes ou de leurs lieutenants, des officiers, commissaires et agents de police, ainsi que des huissiers et gendarmes, en matière de police simple et de police correctionnelle;

2" Les exploits, les actes d'appel, et ceux de recours en cassation par les prévenus en mêmes matières, mais seulement lorsqu'ils sont emprisonnés;

3° Les actes et procès-verbaux constatant des délits en matière de grande voirie;

4° Ceux des gardes établis par l'autorité publique, relatifs à des délits ruraux ou forestiers;

5" Ceux relatifs à des contraventions aux ordonnances et règlements en matière de contributions directes ou indirectes, et aux contributions locales;

6° Tous les actes faits à la requête du ministère public, agissant d'office en matière civile, ou dans l'intérêt des lois et pour assurer leur exécution;

7" Les jugements et arrêts qui interviennent sur ces actes et procès-verbaux;

8" Les procès-verbaux de contraventions et les significations par les gardes du génie;

9" Les procès-verbaux d'apposition et levée de scellés, lorsque les juges de paix agissent d'office après l'ouverture des successions échues à des héritiers absents et non représentés;

Les actes de tutelle faits d'office, relatifs à des mineurs qui n'ont ni tuteur ni curateur;

Les actes concernant la nomination faite d'office d'un subrogé tuteur, dans le cas prévu par l'art. 421 du Code civil;

10" Les jugements d'ouverture de faillite, rendus d'office;

Les procès-verbaux d'apposition de scellés après faillite, lorsque les juges de paix agissent d'office, et les actes de dépôts qui peuvent être dressés desdits procès-verbaux;

11" Les inventaires faits par les juges de paix des effets ou titres actifs trouvés sur les personnes qui ont péri par mort violente ou présumée telle;

12" Les rapports faits par les capitaines de navires, dans les cas prévus par les lois commerciales, et leur dépôt au greffe, lorsqu'il résulte des circonstances énoncées dans la déclaration que le capitaine est dans l'impossibilité absolue de payer les droits;

Ceux faits par les capitaines de navires capturés, dans les mêmes cas.

Les droits d'enregistrement de ces actes, procès-verbaux et jugements seront compris par distinction dans la liquidation des dépens prononcés contre les parties condamnées, et le recouvrement en sera suivi par les receveurs de l'enregistrement, d'après les extraits qui leur seront fournis à cet effet par les greffiers, contre les tuteurs, curateurs ou subrogés tuteurs, les agents, commissaires et syndics des faillites, les pères, mères et époux des interdits, ou contre ceux à qui lesdits actes auront profité ou dû profiter.

Mais, dans aucun cas, il ne pourra être délivré expédition, copie ou extrait de ceux désignés aux n°ˢ 9, 10, 11 et 12, à l'exception de ceux qui pourraient être requis par le ministère public, sans qu'au préalable les droits dus au Gouvernement aient été payés, et ce sous les peines portées par l'art. 55 de la présente ordonnance.

§ 2. A enregistrer gratis.

1° Les acquisitions et échanges faits par le Gouvernement, les partages de biens entre l'État et les particuliers, et tous actes faits à ce sujet, même les cessions faites au Gouvernement pour se libérer de créances envers lui.

S'il y a soulte à payer par les particuliers, il est dû les droits proportionnels auxquels toutes les acquisitions sont assujetties par l'article précédent;

2° Les cahiers de charges, ainsi que tous autres actes dont les droits seraient supportés par le Gouvernement;

3° Les exploits, commandements, significations, sommations, établissements de garnisaires, saisies, saisies-arrêts et autres actes, tant en demande qu'en défense, ayant pour objet le recouvrement des contributions directes et indirectes et de toutes autres sommes dues au Gouvernement, à quelque titre et pour quelque objet que ce soit, même des contributions locales, pour le payement de mois de nourrice, frais d'éducation et de pensionnat, travaux de curage de canaux et rivières, lorsqu'il s'agira de cotes, droits ou créances non excédant en total la somme de 100 francs;

4° Les actes des huissiers, gendarmes et agents de police en matière criminelle, autres que ceux faits à la requête des parties civiles;

5° Les actes et jugements rendus à la requête du ministère public pour des rectifications ou pour réparer des omissions concernant les actes de l'état civil, et ceux pour parvenir au mariage d'individus dont l'indigence notoire est constatée par certificat du commissaire commandant de la commune ou de son lieutenant;

6° Les notifications de plans et tous les actes de procédure relatifs aux terrains des places de guerre;

19.

7° Les ventes des effets non réclamés des marins et passagers morts en mer, faites par les officiers de l'administration de la marine, lorsque le prix n'est que de 25 francs et au-dessous.

Cette disposition s'applique tant aux bâtiments de l'État qu'à ceux du commerce et des armements en course, pourvu que les ventes soient faites d'office, et non à la requête des particuliers, par des administrateurs et préposés de la marine.

8° En cas d'omission d'enregistrement, dans les délais, des actes compris au présent paragraphe, il y a lieu aux mêmes amendes contre les officiers publics que pour ceux passibles du droit.

§ 3. Exempts de la formalité et du droit d'enregistrement.

1° Les actes du Gouvernement;

2° Les actes d'administration publique non désignés dans l'art. 7 de la présente ordonnance, et ceux devenus nuls par le refus d'approbation de l'autorité supérieure, ainsi qu'il est prévu par le n° 5 de l'art. 28, à la charge de faire mention de la décision sur l'acte et à l'article du répertoire;

3° Les inscriptions sur le grand-livre de la dette publique du royaume, leurs transferts et mutations, les quittances des intérêts qui en sont payés, et généralement tous les effets de la dette publique inscrits ou à inscrire définitivement.

Mais dans tous les cas où les effets de la dette publique ne formeront que le prix ou l'objet de conventions désignées dans les art. 91 et 92 précédents, ces conventions ou stipulations acquitteront les droits auxquels elles sont toutes formellement assujetties par le paragraphe de ces articles dans lequel elles se trouvent classées;

4° Les actes de naissance, de mariage et de décès, et les extraits qui en sont délivrés, ainsi que tous autres actes de l'état civil;

5° Les actes judiciaires dont le détail suit : les actes de productions de pièces faits sur le registre tenu au greffe à cet effet, et ceux sur le registre des contributions et des adjudications pour la distribution des deniers; les ordonnances de communiqué au ministère public et les conclusions de ce dernier; les cédules pour appeler au bureau de paix (sauf la signification) et les mentions de non-comparution; les visa donnés sur les actes des huissiers par les magistrats civils et judiciaires, ainsi que par les secrétaires des administrations publiques et les greffiers, dans tous les cas prescrits par la loi, et les visa exécutoires des contraintes pour le recouvrement des deniers de l'État; les actes portés sur les registres de délibérations intérieures des cours et tribunaux, ainsi que sur les registres de délibérations des chambres de notaires, avoués et huissiers, autres que ceux qui contiendraient transmission de propriété, d'usufruit ou de jouissance de biens meubles ou immeubles, ainsi que ceux portés sur les registres de dépôts désignés au n° 7 du paragraphe 2 de l'art. 91 ; les actes de dépôts des registres de l'état civil; tous les actes, procès-verbaux, jugements et arrêts en matière de police simple et de police correctionnelle et en matière criminelle, autres que ceux nommément assujettis à la formalité par les dispositions de la présente ordonnance, et les procès-verbaux de contraventions à la police du roulage; les décisions des juges sur le règlement des qualités des jugements; les actes de notoriété et les procès-verbaux des juges de paix pour constater les causes de la disparition des militaires et des marins et le défaut de moyens d'existence de leurs veuves et orphelins; l'acte d'affirmation devant le juge de paix, dans le cas prévu par le n° 8 de l'art. 16, ainsi que le pouvoir spécial exigé par l'art. 36;

6° Les rescriptions, mandats et ordonnances de payement sur les caisses publiques, leurs endossements et acquits;

7° Les quittances de contributions, droits, créances et revenus payés à l'État; celles pour charges locales et celles des fonctionnaires et employés salariés par le Gouvernement, pour leurs traitements et émoluments.

Cette disposition ne s'applique pas aux quittances ou reconnaissances de dépôts faits dans les caisses publiques;

8° Les quittances des fournisseurs, ouvriers, maîtres de pension et autres de même nature, produites comme pièces justificatives des comptes judiciaires et de ceux rendus à l'amiable ou devant notaires.

Sont exceptées celles des honoraires des officiers publics, ainsi que de leurs frais et avances;

9° Les ordonnances de décharge ou de réduction, remise ou modération d'impositions, les quittances y relatives, les recensements, les rôles des contributions et extraits d'iceux;

10° Les récépissés délivrés aux percepteurs, collecteurs et receveurs des deniers publics et de contributions locales, et les comptes de recette ou gestion publique;

11° Les légalisations de signatures d'officiers publics et de particuliers;

12° Les affirmations de procès-verbaux des employés, gardes et agents salariés, faits dans l'exercice de leurs fonctions;

13° Les certificats de vie délivrés aux rentiers et pensionnaires de l'État et sur les fonds de retenue, ainsi que sur la liste civile, et pour toucher les traitements ou pensions des ordres royaux de Saint-Louis et de la Légion d'honneur;

14° Les lettres de change tirées originairement de place en place et réunissant le concours de trois personnes;

Les endossements, acceptations et acquits desdites lettres de change, des billets à ordre et autres effets négociables;

15° Les engagements, enrôlements, congés, certificats, cartouches, passe-ports, quittances de prêt et fourniture, billets d'étapes, de subsistances et de logement, tant pour le service de terre que pour le service de mer, et tous autres actes de l'une et l'autre administration non compris dans les articles précédents.

Sont aussi exempts de la formalité de l'enregistrement les rôles d'équipages et les engagements de matelots et gens de mer des bâtiments du commerce et des armements en course;

16° Les mutations par décès des biens meubles en ligne directe, naturelle ou adoptive, autres que celles résultant de dons et legs;

17° Les passe-ports délivrés par l'administration publique;

18° Les commissions pour exercer les fonctions publiques;

19° Les requêtes et pétitions aux autorités administratives;

20° Les prestations de serment des administrateurs généraux, du contrôleur colonial, des commissaires, sous-commissaires de marine, commis et autres employés de l'administration de la marine, des juges des tribunaux et des cours, des procureurs du Roi et des procureurs généraux et de leurs substituts, des juges de paix, des commissaires de police, des commis temporaires de la douane; celles des experts, lorsqu'elles sont faites par le procès-verbal d'expertise ou de visite ou dans le jugement même du juge de paix; et toutes les prestations de serment civique et militaire;

21° Les testaments dont toutes les dispositions se trouvent révoquées par des actes postérieurs;

22° Les actes passés en forme authentique, en France ou dans les colonies françaises des Antilles ou à la Guyane française, antérieurement à l'exécution de la présente ordonnance, et ceux faits sous signature privée dans ces colonies et qui y ont acquis une date certaine, ainsi que les mutations entre-vifs et par décès effectuées avant l'établissement de l'enregistrement.

CHAPITRE IV.

DES FORMALITÉS RELATIVES AUX VENTES MOBILIÈRES À L'ENCAN.

Art. 94. Les officiers publics légalement autorisés ont seuls qualité pour procéder, publiquement et par enchères, aux ventes volontaires d'esclaves, meubles, effets, marchandises, bois, coupes de bois, fruits, récoltes, denrées, et de tous autres objets mobiliers.

Sont considérées comme ventes publiques celles faites entre les créanciers unis d'un individu en faillite, quand tous les créanciers sont admis à en-chérir.

Il n'en est pas de même de celles faites par licitation entre cohéritiers ou copropriétaires, si l'on n'y admet que les ayants droit et qu'elles soient faites à huis clos.

Art. 95. Aucun officier public ne pourra procéder à une vente publique et par enchères d'objets mobiliers, qu'il n'en ait préalablement fait la déclaration au bureau de l'enregistrement dans l'arrondissement duquel la vente aura lieu.

Art. 96. La déclaration sera inscrite sur un registre qui sera tenu à cet effet et elle sera datée. Elle contiendra les noms, qualité et domicile de l'offi-cier, ceux de tous les requérants et des personnes dont le mobilier sera mis en vente, l'indication de l'endroit où se fera la vente et du jour de son ouver-ture. Elle sera signée par l'officier public, et il lui en sera délivré une copie sans frais. Cette déclaration ne pourra servir que pour le mobilier qui y sera désigné.

Art. 97. Le registre sera coté et parafé sans frais par le juge de paix dans l'arrondissement duquel le bureau d'enregistrement sera établi.

Art. 98. Les officiers publics transcriront, en tête de leurs procès-verbaux de ventes, les copies de leurs déclarations.

Chaque objet adjugé sera porté de suite au procès-verbal; le prix y sera écrit en toutes lettres et tiré hors ligne en chiffres; il y sera également fait mention des objets retirés par les propriétaires comme n'étant pas adjugés.

Chaque séance sera close et signée par l'officier public et deux témoins domiciliés.

Lorsqu'une vente aura lieu par suite d'inventaire, il en sera fait mention au procès-verbal, avec indication de la date de l'inventaire, du nom du notaire qui y aura procédé et de la relation de l'enregistrement.

La clôture du procès-verbal annoncera si la vente est terminée, et, dans le cas contraire, il sera fait mention du jour et de l'heure où la continuation sera renvoyée.

Art. 99. Les procès-verbaux de vente ne pourront être enregistrés qu'aux bureaux où les déclarations auront été faites.

Le droit d'enregistrement sera perçu sur le montant des sommes que contiendra cumulativement le procès-verbal des séances à enregistrer ainsi qu'il est prescrit par les art. 29 et 60 et dans le délai fixé par l'art. 28, n° 1er, sous les peines portées par la présente ordonnance, mais sans que le droit puisse être perçu sur les sommes applicables aux objets retirés par les propriétaires, pour lesquels il n'y a pas de vente. S'il est fourni caution, il sera dû, en outre, le droit fixé par le n° 6 du paragraphe 2 de l'art. 92.

Art. 100. En cas de contraventions aux dispositions du présent chapitre, l'officier public qui aura procédé à la vente sera puni des amendes ci-après, savoir :

De 5 francs pour défaut de transcription, en tête du procès-verbal, de la déclaration faite au bureau de l'enregistrement :

De 20 francs pour chaque article adjugé et non porté au procès-verbal de vente, outre la restitution du droit :

De 20 francs aussi pour chaque altération de prix des articles adjugés faite dans le procès-verbal, indépendamment de la restitution du droit et des peines de faux ;

Et de 5 francs pour chaque article dont le prix ne serait pas écrit en toutes lettres au procès-verbal.

Les autres contraventions aux dispositions relatives à l'enregistrement donneront lieu à l'application des amendes et au payement des droits déterminés par les autres chapitres de la présente ordonnance.

L'amende encourue par toute personne qui contreviendrait aux dispositions de l'art. 94, en vendant ou faisant vendre publiquement et par enchères sans le ministère d'un officier public légalement autorisé, ne pourra cependant être moindre de 20 francs ni excéder 300 francs pour chaque vente, indépendamment de la restitution des droits qui se trouveront dus.

Art. 101. Les préposés de l'enregistrement sont autorisés à se transporter dans tous les lieux où se feront des ventes publiques et par enchères, et à s'y faire représenter les procès-verbaux de vente et les copies de déclarations préalables.

Ils dresseront des procès-verbaux des contraventions qu'ils auront reconnues et constatées; ils pourront même requérir l'assistance du commissaire commandant de la commune où se fera la vente ou de son lieutenant.

Les poursuites et instances auront lieu de la manière prescrite par le chapitre IX de la présente ordonnance.

La preuve testimoniale pourra être admise. La demande en sera formée par une simple requête présentée au tribunal de 1re instance de l'arrondissement du bureau, contenant les faits à prouver et signifiée à la partie dans l'année de la contravention; il sera procédé au surplus pour l'enquête conformément au Code de procédure civile, mais sans ministère d'avoué.

Les autres prescriptions établies par le chapitre VIII de la présente ordonnance s'appliqueront aux contraventions, droits et amendes résultant du présent chapitre.

Art. 102. Sont dispensés de la déclaration ordonnée par l'art. 95 les officiers et les préposés des administrations publiques qui auront à procéder aux ventes de meubles et autres objets mobiliers appartenant au Gouvernement.

Les commissaires commandants des communes en sont également dispensés pour les ventes mobilières qu'ils sont dans le cas de faire, dans l'intérêt de leurs communes, avec l'autorisation de l'autorité locale.

DISPOSITION TRANSITOIRE.

Art. 103. Les actes faits sous signature privée et qui n'auront pas acquis une date certaine à l'époque de la promulgation de la présente ordonnance pourront être enregistrés au simple droit fixe de 1 franc, pendant le délai de trois mois à compter de ladite promulgation; ce délai expiré, ces actes seront soumis à toutes les dispositions de la présente ordonnance, lorsqu'il y aura lieu de les présenter à la formalité de l'enregistrement.

Art. 104. Notre Ministre Secrétaire d'État de la marine et des colonies est chargé de l'exécution de la présente ordonnance.

Donné à Paris, en notre château des Tuileries, le trente-unième jour du mois de décembre de l'an de grâce 1828, et de notre règne le cinquième.

Signé : CHARLES.

Par le Roi :

Le Ministre Secrétaire d'État de la marine et des colonies,

Signé : Baron Hyde de Neuville.

ARRÊTÉ DU GOUVERNEUR

EN CONSEIL CONCERNANT L'INSTALLATION DU BUREAU DE L'ENREGISTREMENT.

Cayenne, le 4 juillet 1829.

Nous, Gouverneur de la Guyane française,

Vu l'art. 66 de l'ordonnance royale du 27 août 1828;

Vu la dépêche de Son Exc. le Ministre de la marine et des colonies en date du 24 mars 1829, n° 44;

Sur la proposition du directeur de l'intérieur;

De l'avis du conseil privé,

Avons arrêté et arrêtons ce qui suit :

Article premier. A dater du jour de la publication de l'ordonnance royale du 31 décembre 1828, le sieur Jérôme (Hyacinthe). nommé par Son Exc. le Ministre de la marine et des colonies receveur de l'enregistrement à la Guyane, commencera l'exercice de ses fonctions dans cette colonie.

Avant son installation, il prêtera serment devant le tribunal de 1re instance.

Art. 2. Les bureaux du receveur de l'enregistrement seront ouverts au public pendant six heures tous les jours, excepté les dimanches et jours de fêtes légales.

Les heures de séances sont réglées ainsi qu'il suit : le matin de sept à dix, et le soir de une à quatre heures.

Art. 3. Le montant des droits d'enregistrement liquidés et perçus d'après les bases et suivant les règles déterminées par l'ordonnance royale du 31 décembre 1828 sera versé, dans les cinq premiers jours de chaque mois, dans la caisse coloniale, en rouleaux cachetés du Trésor ou autre monnaie ayant cours.

Art. 4. A cet effet, à l'expiration de chaque mois, le receveur de l'enregistrement dressera le bordereau des sommes perçues pendant ce mois. Ce bordereau sera vérifié et visé par le directeur de l'intérieur et le commissaire chargé de l'inspection, et ordonnancé dans les formes ordinaires.

Art. 5. Le receveur de l'enregistrement sera tenu, toutes les fois qu'il en sera requis, de communiquer ses registres aux préposés de la direction de l'intérieur et de l'inspection, lesquels devront, dans tous les cas, constater leur inspection par leur visa sur le registre de caisse.

Art. 6. Le directeur de l'intérieur est chargé de l'exécution du présent arrêté, qui sera enregistré partout où besoin sera et inséré au *Bulletin des actes administratifs de la colonie.*

Fait en l'hôtel du Gouvernement, à Cayenne, le 4 juillet 1829.

Signé : JUBELIN.

Par le Gouverneur :

Le Directeur de l'intérieur.

Signé : F. Frémy.

ARRÈTÉ

QUI PROMULGUE À LA GUYANE FRANÇAISE LE DÉCRET IMPÉRIAL DU 14 JUIN 1861, RELATIF AU MARIAGE DES IMMIGRANTS.

Cayenne, le 29 juillet 1861.

Le Gouverneur de la Guyane française,

Vu l'art. 65 de l'ordonnance organique du 27 août 1828;

Vu le décret impérial en date du 14 juin 1861, concernant le mariage des étrangers immigrants qui résident à la Guyane française;

Vu la dépêche ministérielle du 15 juin 1861, n° 263, notifiant le susdit décret et en prescrivant la promulgation;

Sur la proposition du chef du service judiciaire,

Arrête :

Article premier. Est promulgué dans la colonie le décret impérial du

14 juin 1861, déterminant les formalités à suivre, les justifications à faire, l'autorisation à obtenir par les immigrants d'origine inconnue, ou venus de pays dans lesquels la famille civile n'est pas constituée, qui voudront, à l'avenir, contracter mariage à la Guyane française.

ART. 2. Le directeur de l'intérieur et le chef du service judiciaire sont chargés, chacun en ce qui le concerne, de l'exécution du présent arrêté, qui sera publié et enregistré partout où besoin sera, et, de plus, inséré, ainsi que le décret susmentionné, tant au *Journal* qu'au *Bulletin officiels de la colonie*.

Signé : L. TARDY DE MONTRAVEL.

Par le Gouverneur :

Le Chef du service judiciaire,

Signé : BAUDOUIN.

DÉCRET.

NAPOLÉON, PAR LA GRÂCE DE DIEU ET LA VOLONTÉ NATIONALE, EMPEREUR DES FRANÇAIS,

A tous présents et à venir, SALUT.

Vu l'art. 18 du sénatus-consulte du 3 mai 1854 ;

Considérant qu'il y a lieu de donner aux immigrants et aux étrangers établis à la Guyane des facilités pour contracter des mariages réguliers ;

Sur le rapport du Ministre de la marine et des colonies ;

Et de l'avis du Garde des sceaux, Ministre de la justice,

AVONS DÉCRÉTÉ ET DÉCRÉTONS ce qui suit :

ARTICLE PREMIER. Les étrangers immigrants d'origine inconnue, ou appartenant à des pays dans lesquels la famille civile n'est pas constituée, pourront être admis à contracter mariage dans la colonie de la Guyane française, avec l'autorisation du gouverneur en conseil privé.

ART. 2. Il sera justifié des conditions d'âge, de célibat ou de veuvage exigées par les art. 144 et 147 du Code Napoléon, au moyen des pièces dont le conseil privé appréciera la valeur et l'authenticité, et, à défaut de pièces, par un acte de notoriété dressé sur les lieux, en la forme ordinaire.

ART. 3. Les publications faites avec l'autorisation du gouverneur, conformément à l'art. 1ᵉʳ, seront affichées devant la porte du bureau de l'état civil, et suffisantes dans tous les cas pour la régularité des mariages.

Art. 4. Les étrangers immigrants appartenant à des États dans lesquels la famille civile est constituée seront admis à contracter mariage dans la colonie lorsque, étant mineurs et sous puissance de parents, ils justifieront de leur capacité à contracter mariage et du consentement de leurs parents, suivant les règles de leur statut personnel.

Art. 5. Les immigrants indiqués dans l'art. 4 seront encore admis à contracter mariage lorsque, étant majeurs et n'étant pas sous la puissance d'autrui, ils produiront un acte de notoriété constatant leur âge, leur aptitude et l'impossibilité où ils sont de rapporter soit le consentement de leurs ascendants, soit la preuve de leur décès.

Art. 6. Dans le cas où les immigrants seraient dépourvus de ressources et où ils seraient, par ce fait, dans l'impossibilité de se procurer les pièces nécessaires à la célébration de leur mariage, ils pourront obtenir le bénéfice de la loi du 19 novembre 1850, sur le mariage des indigents.

Art. 7. Le Gouvernement local réglera, par des arrêtés pris en conseil privé, tout ce qui se rattache à l'exécution du présent décret.

Art. 8. Le Ministre Secrétaire d'État au département de la marine et des colonies est chargé de l'exécution du présent décret, qui sera inséré au *Bulletin des lois.*

Fait au palais de Fontainebleau, le 14 juin 1861.

Signé : NAPOLÉON.

Par l'Empereur :

Le Ministre Secrétaire d'État au département de la marine et des colonies,

Signé : Comte P. DE CHASSELOUP-LAUBAT.

Pour ampliation :

Le Conseiller d'État, Directeur des colonies,

Signé : DE ROUJOUX.

ARRÊTÉ

QUI PROMULGUE LE DÉCRET DU 28 AOÛT 1862, CONCERNANT LES ACTES AUTHENTIQUES
À PASSER DANS LES QUARTIERS DE LA GUYANE FRANÇAISE.

Cayenne, le 4 décembre 1862.

LE GOUVERNEUR DE LA GUYANE FRANÇAISE,

Vu l'art. 65 de l'ordonnance organique du 27 août 1828;

Vu la dépêche ministérielle du 9 octobre 1862, n° 496;

Sur la proposition du chef du service judiciaire,

ARRÊTE :

ARTICLE PREMIER. Est promulgué dans la colonie le décret impérial du 28 août 1862, concernant les actes authentiques à passer dans les quartiers de la Guyane française.

ART. 2. Le directeur de l'intérieur et le chef du service judiciaire sont chargés, chacun en ce qui le concerne, de l'exécution du présent arrêté, qui sera, ainsi que le décret précité, inséré tant à la *Feuille* qu'au *Bulletin officiels de la colonie.*

Signé : L. TARDY DE MONTRAVEL.

Par le Gouverneur :

Le Chef du service judiciaire,

Signé : BAUDOUIN.

DÉCRET.

NAPOLÉON, PAR LA GRÂCE DE DIEU ET LA VOLONTÉ NATIONALE, EMPEREUR DES FRANÇAIS,

A tous présents et à venir, SALUT.

Sur le rapport de notre Ministre Secrétaire d'État de la marine et des colonies, et de notre Garde des sceaux, Ministre Secrétaire d'État de la justice;

Vu la loi du 25 ventôse an XI, sur le notariat, modifiée pour la Guyane française;

Les art. 967 à 1001 du Code Napoléon;

Le titre Ier du livre II du Code de procédure civile modifié pour la Guyane française;

L'ordonnance royale du 31 décembre 1828, sur l'enregistrement;

Notre décret du 16 août 1854;

Vu l'avis du comité consultatif des colonies en date du 25 juin 1862,

Avons décrété et décrétons ce qui suit :

TITRE PREMIER.

DES ACTES À PASSER DANS LES QUARTIERS.

§ 1er. Des attributions des commissaires commandants.

Article premier. Dans les quartiers de la colonie de la Guyane française autres que celui de Sinnamari, les actes dont l'énumération suit pourront être reçus par les commissaires commandants de ces quartiers où lesdits actes seront passés, au même titre que les notaires, savoir :

1° Les testaments publics;

2° Les révocations de testaments;

3° Les consentements à mariage (et les actes respectueux);

4° Les procurations spéciales;

5° Les révocations de procurations;

6° Les contrats de prêt, d'échange, de vente, de cautionnement, les reconnaissances de dettes, les promesses de payement et les quittances, lorsque ces actes ne s'appliqueront qu'à des objets purement mobiliers et que la valeur desdits objets n'excédera pas 500 francs;

7° Les inventaires;

8° Les ventes publiques d'objets mobiliers et de ceux désignés aux art. 620 et 621 du Code de procédure civile modifié pour la Guyane française.

Art. 2. Le commissaire commandant qui recevra ces actes sera assisté du lieutenant commissaire, et, à défaut, du secrétaire de mairie.

Quand il s'agira d'un testament, il appellera en outre deux témoins.

A défaut du lieutenant commissaire et du secrétaire de mairie, il procédera avec le concours de quatre témoins pour les testaments, et de deux témoins pour les autres actes.

Art. 3. En cas d'empêchement, le commissaire commandant sera suppléé par le lieutenant commissaire. En cas d'empêchement simultané du commissaire commandant et de son lieutenant commissaire, les actes pourront être reçus par le secrétaire de mairie, qui se conformera, pour le nombre des témoins, aux deux derniers paragraphes de l'article qui précède.

Art. 4. Si les trois fonctionnaires du quartier où l'acte doit être passé se trouvent empêchés, ils seront suppléés par ceux d'un quartier limitrophe.

§ 2. Des testaments.

Art. 5. Si le testament est reçu par le commissaire commandant, avec le concours soit du lieutenant commissaire, soit du secrétaire de mairie, il doit être écrit par l'un d'eux, à la volonté du commissaire commandant.

Art. 6. Conformément à l'art. 974 du Code Napoléon, il suffira qu'un des deux témoins signe, si le testament est reçu par deux des trois fonctionnaires ci-dessus désignés, et que deux des quatre témoins signent, si le testament est reçu par un seul de ces fonctionnaires.

Art. 7. Il n'est point nécessaire que les témoins des testaments soient domiciliés dans le quartier où ces actes seront passés, ni dans la colonie; il leur suffira de réunir les conditions de capacité exigées par l'art. 980 du Code Napoléon.

Art. 8. Les testaments seront reçus en double minute.

Le fonctionnaire qui aura reçu l'acte adressera, par le prochain courrier, une des minutes, cachetée, au juge impérial à Cayenne. Ce dernier dressera procès-verbal de la réception du paquet, de son ouverture et de l'état du testament, dont il ordonnera le dépôt entre les mains du notaire choisi par le testateur, et, à défaut, commis par lui. Le notaire dépositaire accusera réception de ce dépôt au fonctionnaire qui aura rédigé le testament.

L'autre minute restera dans les archives du quartier, et sera, en cas de perte de la première, adressée au juge impérial, qui procédera comme il vient d'être dit.

Art. 9. Le notaire dépositaire prendra lecture du testament et fera connaître au juge impérial son avis sur les causes de nullité dont le testament pourrait être entaché, et le juge impérial en informera le fonctionnaire qui l'aura reçu.

Art. 10. Les formalités auxquelles les testaments sont soumis par le Code Napoléon seront observées pour les testaments publics reçus dans les quartiers, et les nullités prononcées par le même code leur seront également applicables.

§ 3. Des actes ordinaires.

Art. 11. Il n'est pas nécessaire que les témoins des actes énumérés aux nⁱⁱ 2 à 8 inclusivement de l'art. 1ⁱ soient domiciliés dans le quartier où l'acte sera passé; il suffira qu'ils aient leur résidence dans la colonie.

Art. 12. Pour les actes autres que les testaments, la présence du fonctionnaire en second ou des deux témoins n'est requise qu'au moment de la lecture par le fonctionnaire qui les aura reçus et de la signature par les parties; elle sera mentionnée, à peine de nullité.

Art. 13. Les art. 8 et 9 sont applicables aux révocations de testaments.

Art. 14. Les inventaires et les procès-verbaux de vente publique seront passés en minute.

Art. 15. Les actes énoncés aux nⁱⁱ 3, 4, 5 et 6 de l'art. 1ⁱ du présent décret pourront être passés en simple brevet ou en minute, au choix des parties.

Art. 16. Les actes passés en minute seront transmis par la poste au notaire désigné par les parties, pour être rangés au nombre de ses minutes. Il peut refuser ce dépôt, si les droits d'enregistrement ne lui ont pas été consignés par le fonctionnaire qui a reçu les actes.

Art. 17. Le notaire dépositaire accusera réception de l'acte au fonctionnaire devant qui il aura été passé. Ce notaire pourra seul en délivrer les grosses, expéditions et extraits.

Art. 18. Les parties ne pourront recourir au ministère d'un notaire, pour les inventaires et les ventes publiques, que tout autant que la majorité l'aura décidé, majorité qui devra consister à la fois et dans le nombre des héritiers et dans l'importance des parts héréditaires.

S'il y a des mineurs ou interdits parmi les héritiers, le recours au notaire aura toujours lieu sur la seule demande du tuteur ou du curateur.

Dans tous les cas, cette décision sera constatée par le commandant du quartier ou l'un de ses suppléants, et transmise au notaire choisi, qui l'annexera à son procès-verbal.

Art. 19. Au cas de l'art. 944 du Code de procédure civile, le fonctionnaire requis de procéder à l'inventaire statuera provisoirement, sans préjudice, pour les parties, du droit de se pourvoir en référé devant le président du tribunal de 1ʳᵉ instance.

La même attribution est conférée à tout notaire instrumentant dans les quartiers.

Le notaire désigné par les art. 931 et 942 du Code de procédure civile pour représenter les absents, soit à la levée des scellés, soit à l'inventaire, pourra être remplacé par le commissaire commandant du quartier ou par l'un des deux fonctionnaires appelés à le suppléer.

Art. 20. Les ventes publiques auront lieu un jour de dimanche, à la mairie du quartier, à moins que, sur la demande des parties, le fonctionnaire qui devra y procéder n'ait désigné un autre jour et un autre lieu.

Il suffira de mentionner cette décision dans le procès-verbal de vente, sans autre formalité.

La vente sera faite par le commissaire commandant ou par celui de ses suppléants qu'il aura désigné à cet effet.

Art. 21. La vente sera annoncée trois jours auparavant, par trois placards au moins publiés à son de tambour ou de trompe, et affichés, l'un au lieu où l'inventaire a été fait, l'autre à la mairie, et le troisième à la porte de la chapelle paroissiale, sans qu'il soit nécessaire d'aucune annonce dans un journal.

Lorsque la vente n'aura pas lieu à la mairie, un quatrième placard sera publié et affiché au lieu de la vente.

Art. 22. La publication et l'apposition des affiches seront faites par un surveillant rural du quartier, qui en dressera procès-verbal, auquel sera annexé un exemplaire du placard.

Art. 23. Les sommations d'être présents aux inventaires et aux ventes publiques seront faites par un surveillant rural du domicile de la partie sommée.

Art. 24. Si, lors de la vente, il s'élève des difficultés, il sera statué provisoirement par le fonctionnaire qui devra y procéder, sans préjudice du droit accordé aux parties par l'art. 19.

Art. 25. On se conformera pour le surplus aux art. 618, 624, 950 et 951 du Code de procédure civile modifié pour la colonie.

Art. 26. Les ventes publiques qui auront lieu dans les quartiers sont dispensées de la déclaration préalable prescrite par l'art. 95 de l'ordonnance royale du 31 décembre 1828, sur l'enregistrement.

Art. 27. S'il ne s'élève aucune difficulté entre les parties, le produit de la vente leur sera remis par l'officier public qui y aura procédé. En cas de contestations, les fonds seront déposés chez un notaire désigné par les parties.

Art. 28. Au cas de l'art. 986 du Code de procédure civile, l'autorisation de vendre sera accordée par le commissaire commandant ou l'un des deux fonctionnaires appelés à le suppléer, sur la réquisition verbale des parties.

Cette autorisation sera annexée au procès-verbal de vente.

Art. 29. La forme et les règles prescrites par la loi du 25 ventôse an XI, modifiée pour la colonie, seront observées pour les actes reçus par les commissaires commandants et leurs suppléants, sauf les exceptions résultant du présent décret.

Les cas de nullité prévus pour les actes notariés leur sont également applicables.

§ 4. Dispositions générales.

Art. 30. Les obligations imposées aux notaires par la loi du 25 ventôse an XI et par l'ordonnance royale du 31 décembre 1828, sur l'enregistrement, sont applicables aux fonctionnaires appelés à exercer les fonctions de notaire dans les quartiers.

Toutefois ils ne pourront être poursuivis en réparation civile pour dommages résultant des actes qu'ils auront reçus.

Art. 31. Le répertoire exigé par la loi de ventôse et l'ordonnance de 1828 sera tenu par double.

Le visa de ce répertoire aura lieu dans les deux mois qui suivront l'expiration de chaque trimestre.

Art. 32. Le délai pour l'enregistrement des actes reçus dans les quartiers sera de deux mois, sans préjudice de l'augmentation de délai prévue par le deuxième alinéa du n° 1 de l'art. 28 de l'ordonnance de 1828.

Les actes et procès-verbaux dressés en exécution de l'art. 8 du présent décret seront enregistrés, en même temps que les testaments, dans le délai fixé par l'art. 30 de ladite ordonnance.

ART. 33. Chacune des contraventions commises est punie d'une amende de 5 francs.

ART. 34. Le ministère des fonctionnaires auxquels le présent décret confère les attributions de notaire est gratuit.

En cas de déplacement, les moyens de transport leur sont fournis, soit en nature, par les parties, soit par une allocation dont les conditions et le mode de payement seront réglés par un arrêté du gouverneur.

ART. 35. Pour les actes énoncés aux art. 22 et 23, le surveillant aura droit à un salaire qui sera fixé par un tarif local.

TITRE II.

DES APPOSITIONS ET LEVÉES DE SCELLÉS.

ART. 36. Les commissaires commandants de quartier auxquels notre décret du 16 août 1854 n'a pas conféré les attributions de juge de paix procéderont, dans leur quartier respectif, aux appositions et levées de scellés, en se conformant aux dispositions du Code de procédure civile modifié pour la colonie.

En cas d'empêchement, ils seront suppléés par les lieutenants commissaires.

ART. 37. Les fonctions de greffier seront remplies par le secrétaire de mairie.

ART. 38. Les testaments et paquets cachetés trouvés lors des appositions ou levées de scellés seront adressés, par la poste et par le plus prochain courrier, au juge impérial à Cayenne, sans préjudice des formalités prescrites par le Code de procédure civile.

ART. 39. Les délais pour l'enregistrement des procès-verbaux d'apposition et levée de scellés, et pour le visa de répertoire à tenir par le secrétaire de mairie remplissant les fonctions de greffier, seront les mêmes que ceux fixés par les art. 32 et 33 du présent décret.

ART. 40. Les dispositions de l'art. 35 sont applicables au présent titre.

Le greffier seul, en outre du transport en nature, aura droit à un salaire qui sera déterminé par un arrêté local.

ART. 41. Notre Ministre Secrétaire d'État de la marine et des colonies et notre Garde des sceaux, Ministre Secrétaire d'État de la justice, sont chargés, chacun en ce qui le concerne, de l'exécution du présent décret, qui sera inséré au *Bulletin des lois.*

Fait à Saint-Cloud, le 28 août 1862.

Signé : NAPOLÉON.

Par l'Empereur :

*Le Garde des sceaux,
Ministre Secrétaire d'État de la justice,*

Signé : Delangle.

*Le Ministre Secrétaire d'État de la marine
et des colonies,*

Signé : Cte P. de Chasseloup-Laubat.

ARRÊTÉ

QUI PROMULGUE LE DÉCRET DU 29 AOÛT 1863, PORTANT MODIFICATION DE DIVERS DÉLAIS EN MATIÈRE CIVILE ET COMMERCIALE À LA GUYANE FRANÇAISE.

Cayenne, le 14 novembre 1863.

Le Gouverneur de la Guyane française,

Vu l'art. 65 de l'ordonnance organique du 27 août 1828 ;

Vu la dépêche ministérielle du 26 septembre 1863, n° 447 ;

Sur la proposition du chef du service judiciaire,

Arrête :

Article premier. Est promulgué dans la colonie le décret impérial du 29 août 1863, portant modification de divers délais en matière civile et commerciale à la Guyane française.

Art. 2. Le chef du service judiciaire est chargé de l'exécution du présent arrêté, qui sera enregistré partout où besoin sera et inséré, avec le décret précité, tant à la *Feuille* qu'au *Bulletin officiels de la colonie.*

Signé : L. TARDY DE MONTRAVEL.

Par le Gouverneur :

Le Chef du service judiciaire,

Signé : Baudouin.

DÉCRET.

NAPOLÉON, par la grâce de Dieu et la volonté nationale, Empereur des Français,

A tous présents et à venir, salut.

Sur le rapport de notre Ministre Secrétaire d'État au département de la marine et des colonies;

Vu l'art. 18 du sénatus-consulte du 3 mai 1854;

Vu l'ordonnance coloniale du 18 août 1821, promulguant à la Guyane française le Code de procédure civile;

Vu la loi des 21-29 novembre et 7 décembre 1850, relative à la promulgation du Code de commerce dans les colonies;

Vu la loi du 3 mai 1862, qui a abrégé les délais en matière civile et commerciale pour les tribunaux de France et d'Algérie;

Vu notre décret du 26 février 1862, sur les limites du grand et du petit cabotage aux colonies;

Vu l'avis du comité consultatif des colonies en date du 6 août 1862;

Vu la lettre du Ministre de la justice et des cultes en date du 14 août 1863,

Avons décrété et décrétons ce qui suit :

CODE DE PROCÉDURE.

Article premier. L'art. 73 du Code de procédure civile, tel qu'il a été rendu exécutoire à la Guyane par l'ordonnance locale susvisée du 18 août 1821, sera remplacé par les dispositions suivantes :

Art. 73. Si celui qui est assigné demeure hors de la colonie, le délai sera :

1° Pour ceux qui demeurent dans la Guyane hollandaise et la Guyane anglaise, de deux mois;

2" Pour ceux qui demeurent dans les îles du Vent aux Antilles, de quatre mois;

3° Pour ceux qui demeurent en Algérie, sur le continent et dans les îles de l'Europe, de cinq mois;

4° Pour ceux qui demeurent dans les autres pays de l'océan Atlantique, de six mois;

5° Pour ceux qui demeurent dans tous les pays situés entre les détroits de Malacca et de la Sonde et le cap de Bonne-Espérance, de sept mois;

6° Et pour ceux qui demeurent dans les autres parties du monde, de dix mois.

Les délais ci-dessus seront doublés en cas de guerre maritime.

ART. 2. Les art. 443, 445 et 446 du même code seront remplacés par les articles suivants :

Art. 443. Le délai pour interjeter appel sera de deux mois; il courra, pour les jugements contradictoires, du jour de la signification à personne ou à domicile;

Pour les jugements par défaut, du jour où l'opposition ne sera plus recevable.

L'intimé pourra néanmoins interjeter appel incidemment en tout état de cause, quand même il aurait signifié le jugement sans protestation.

Art. 445. Ceux qui demeurent hors du territoire de la colonie auront pour interjeter appel, outre le délai de deux mois depuis la signification du jugement, le délai des ajournements réglé par l'art. 73 ci-dessus.

Art. 446. Ceux qui sont absents du territoire de la colonie pour cause de service public auront pour interjeter appel, outre le délai de deux mois depuis la signification du jugement, le délai de dix mois; il en sera de même en faveur des gens de mer absents pour cause de navigation.

ART. 3. Les art. 483, 484, 485 et 486 du même code seront remplacés par les articles suivants :

Art. 483. La requête civile sera signifiée, avec assignation, dans le délai de deux mois à l'égard des majeurs, à compter du jour de la signification du jugement attaqué à personne ou à domicile.

Art. 484. Le délai de deux mois ne courra contre les mineurs que du jour de la signification du jugement faite, depuis leur majorité, à personne ou à domicile.

Art. 485. Lorsque le demandeur sera absent de la colonie pour cause de service public, il aura, outre le délai ordinaire de deux mois depuis la signification du jugement, le délai de dix mois.

Il en sera de même en faveur des gens de mer absents pour cause de navigation.

Art. 486. Ceux qui demeurent hors de la colonie auront, outre le délai de deux mois depuis la signification du jugement, le délai des ajournements réglé par l'art. 73 ci-dessus.

ART. 4. L'art. 1033 du même code sera remplacé par les dispositions suivantes :

Art. 1033. Le jour de la signification ni celui de l'échéance ne sont jamais comptés pour le délai général fixé pour les ajournements, les citations, sommations et autres actes faits à personne ou à domicile; ce délai sera augmenté d'un jour à raison de 3 myriamètres de distance.

Il en sera de même dans tous les cas prévus en matière civile et commerciale, lorsqu'en vertu des lois, décrets ou ordonnances, il y a lieu d'augmenter un délai en raison des distances.

Les fractions de moins de 1 myriamètre ne seront pas comptées; les fractions de 1 myriamètre et au-dessus augmenteront le délai d'un jour entier.

Si le dernier jour du délai est un jour férié, le délai sera prorogé au lendemain.

CODE DE COMMERCE.

ART. 5. Les art. 160 et 166 du Code de commerce seront remplacés par les dispositions suivantes :

Art. 160. Le porteur d'une lettre de change tirée de la colonie et payable dans la colonie, soit à vue, soit à un ou plusieurs jours, mois ou usances de vue, doit en exiger le payement ou l'acceptation dans les trois mois de sa date, sous peine de perdre son recours sur les endosseurs, et même sur le tireur, si celui-ci a fait provision.

Le délai est de quatre mois pour les lettres tirées de la Guyane hollandaise et de la Guyane anglaise sur la Guyane française, et réciproquement.

Il est de six mois pour les lettres de change tirées des îles du Vent aux Antilles, de l'Algérie, du continent, des îles de l'Europe sur la Guyane française, et réciproquement.

Le délai est de huit mois pour les lettres tirées des autres États d'Afrique et d'Amérique situés entre le cap de Bonne-Espérance et le cap Horn sur la Guyane française, et réciproquement.

Les délais ci-dessus seront doublés en temps de guerre maritime.

Les dipositions ci-dessus ne préjudicieront néanmoins pas aux stipulations contraires qui pourraient intervenir entre le preneur, le tireur et même les endosseurs.

Art. 166. Les lettres de change tirées de la colonie et payables hors de son territoire étant protestées, les tireurs et endosseurs résidant dans cette même colonie seront poursuivis dans les délais ci-après :

De deux mois pour celles qui étaient payables dans la Guyane hollandaise et dans la Guyane anglaise;

De quatre mois pour celles qui étaient payables dans les îles du Vent aux Antilles;

De cinq mois pour celles qui étaient payables en Algérie, sur le continent et dans les îles de l'Europe;

De six mois pour celles qui étaient payables dans les autres parties de l'océan Atlantique;

De sept mois pour celles qui étaient payables dans tous les autres pays situés entre les détroits de Malacca et de la Sonde et le cap de Bonne-Espérance;

Et de dix mois pour celles qui étaient payables dans les autres parties du monde.

Ces délais seront observés dans les mêmes proportions pour le recours à exercer contre les tireurs et endosseurs résidant en France ou dans les autres colonies françaises.

Les délais ci-dessus seront doublés en cas de guerre maritime.

Art. 6. Les art. 373, 375 et 377 du Code de commerce seront remplacés par les dispositions suivantes :

Art. 373. Le délaissement doit être fait aux assureurs dans le terme de six mois à partir du jour de la réception de la nouvelle de la perte arrivée aux ports ou côtes des Guyanes hollandaise et anglaise, des îles du Vent aux Antilles, ou bien, en cas de prise, de la réception de celle de la conduite du navire dans l'un des ports ou lieux situés aux côtes ci-dessus mentionnées;

Dans le délai d'un an après la réception de la nouvelle ou de la perte arrivée ou de la prise conduite en Europe et en Afrique, en deçà du cap de Bonne-Espérance, ou en Amérique, en deçà du cap Horn, dans l'un des ports ou lieux situés aux autres côtes que celles ci-dessus mentionnées;

Dans le délai de dix-huit mois après la nouvelle des pertes arrivées ou des prises conduites dans toutes les autres parties du monde;

Et, ces délais passés, les assurés ne seront plus recevables à faire le délais-sement.

Art. 375. Si, après six mois expirés à compter du jour du départ du navire ou du jour auquel se rapportent les dernières nouvelles reçues, pour les voyages ordinaires;

Après un an pour les voyages au long cours,

L'assuré déclare n'avoir reçu aucune nouvelle de son navire, il peut faire le délais ement à l'assureur et demander le payement de l'assurance, sans qu'il soit besoin de l'attestation de la perte.

Après l'expiration des six mois ou de l'an, l'assuré a pour agir les délais établis pa l'art. 373.

Art. 377. Sont réputés voyages de long cours ceux qui se font en dehors des limites du grand cabotage, fixées pour la Guyane française par l'art. 2, paragraphe 1er, de notre décret susvisé du 26 février 1862.

Art. 7. L'art. 645 du Code de commerce sera remplacé par l'article sui-vant :

Art. 645. Le délai pour interjeter appel des jugements des tribunaux de commerce sera de deux mois, à compter du jour de la signification du juge-ment, pour ceux qui auront été rendus contradictoirement, et du jour de l'expiration du délai de l'opposition, pour ceux qui auront été rendus par dé-faut. L'appel pourra être interjeté du jour même du jugement.

Art. 8. Notre Ministre Secrétaire d'État au département de la marine et des colonies est chargé de l'exécution du présent décret, qui sera inséré au *Bulletin des lois* et au *Bulletin officiel de la marine.*

Fait au palais de Saint-Cloud, le 29 août 1863.

Signé : NAPOLÉON.

Par l'Empereur :

Le Ministre Secrétaire d'État de la marine
et des colonies,

Signé : Cᵗᵉ P. DE CHASSELOUP-LAUBAT.

ARRÊTÉ

QUI PROMULGUE LE DÉCRET DU 2 MARS 1864, SUR LA TRANSCRIPTION HYPOTHÉCAIRE
À LA GUYANE FRANÇAISE.

Cayenne, le 4 mai 1864.

LE GOUVERNEUR DE LA GUYANE FRANÇAISE, *p. i.*

Vu l'art. 65 de l'ordonnance organique du 27 août 1828 ;

Vu la dépêche ministérielle du 30 mars 1864, n° 160 ;

Sur la proposition du chef du service judiciaire,

ARRÊTE :

ARTICLE PREMIER. Est promulgué dans la colonie le décret impérial du 2 mars 1864, intitulé : *Décret sur la transmission en matière hypothécaire à la Guyane française.*

ART. 2. Le chef du service judiciaire est chargé de l'exécution du présent arrêté, qui sera enregistré partout où besoin sera et, de plus, inséré, ainsi que le décret précité, tant à la *Feuille* qu'au *Bulletin officiels de la colonie.*

Fait en l'hôtel du Gouvernement, le 4 mai 1864.

Signé : A. FAVRE.

Par le Gouverneur :

Le Chef du service judiciaire,

Signé : BAUDOUIN.

DÉCRET.

NAPOLÉON, PAR LA GRÂCE DE DIEU ET LA VOLONTÉ NATIONALE, EMPEREUR DES FRANÇAIS,

A tous présents et à venir, SALUT.

Sur le rapport de notre Ministre Secrétaire d'État au département de la marine et des colonies ;

Vu la loi du 23 mars 1855 et le sénatus-consulte du 7 juillet 1856, sur la transcription en matière hypothécaire ;

Vu l'art. 18 du sénatus-consulte du 3 mai 1854 ;

Vu l'avis du comité consultatif des colonies en date du 30 décembre 1863 ;

Avons décrété et décrétons ce qui suit :

Article premier. Sont transcrits au bureau des hypothèques de la situation des biens :

1° Tout acte entre-vifs translatif de propriété immobilière ou de droits réels susceptibles d'hypothèques ;

2° Tout acte portant renonciation à ces mêmes droits ;

3° Tout jugement qui déclare l'existence d'une convention verbale de la nature ci-dessus exprimée ;

4° Tout jugement d'adjudication autre que celui rendu sur licitation au profit d'un cohéritier ou d'un copartageant.

Art. 2. Sont également transcrits :

1° Tout acte constitutif d'antichrèse, de servitude, d'usage et d'habitation ;

2° Tout acte portant renonciation à ces mêmes droits ;

3° Tout jugement qui en déclare l'existence en vertu d'une convention verbale ;

4° Les baux d'une durée de plus de dix-huit ans ;

5° Tout acte ou jugement constatant, même pour bail de moindre durée, quittance ou cession d'une somme équivalente à trois années de loyers ou fermages non échus.

Art. 3. Les obligations imposées aux officiers ministériels et aux receveurs de l'enregistrement par l'ordonnance royale du 14 juin 1829 s'appliqueront à tous les actes et jugements énoncés aux articles précédents.

Art. 4. Jusqu'à la transcription, les droits résultant des actes et jugements énoncés aux art. 1ᵉʳ et 2 ne peuvent être opposés aux tiers qui ont des droits sur l'immeuble et qui les ont conservés en se conformant aux lois.

Les baux qui n'ont pas été transcrits ne peuvent jamais leur être opposés pour une durée de plus de dix-huit ans.

Art. 5. Tout jugement prononçant la résolution, nullité ou rescision d'un acte transcrit, doit, dans le mois, à dater du jour où il a acquis l'autorité de la chose jugée, être mentionné en marge de la transcription faite sur le registre.

L'avoué qui a obtenu ce jugement est tenu, sous peine de 100 francs d'amende, de faire opérer cette mention en remettant au bordereau rédigé et signé par lui au conservateur, qui lui en donne récépissé.

Le délai fixé par le paragraphe 1ᵉʳ est augmenté du délai légal des distances dans le cas où la mention d'un jugement rendu en France doit être faite en marge d'une transcription opérée dans les colonies, et, réciproquement, dans le cas où la mention d'un jugement rendu dans les colonies doit être faite en marge d'une transcription opérée en France.

Art. 6. Le conservateur, lorsqu'il en est requis, délivre, sous sa responsabilité, l'état spécial ou général des transcriptions et mentions prescrites par les articles précédents.

Art. 7. A partir de la transcription, les créanciers privilégiés ou ayant hypothèque, aux termes des art. 2123, 2127 et 2128 du Code Napoléon, ne peuvent prendre utilement inscription sur le précédent propriétaire.

Néanmoins, le vendeur ou le copartageant peuvent utilement inscrire les priviléges à eux conférés par les art. 2108 et 2109 du Code Napoléon, dans les quarante-cinq jours de l'acte de vente ou de partage, nonobstant toute transcription d'actes faits dans ce délai.

Lorsque les actes de vente ou de partage sont passés en France et les immeubles situés aux colonies, et, réciproquement, lorsque ces actes sont passés aux colonies et les immeubles situés en France, le délai est augmenté de quatre mois.

Les art. 834 et 835 du Code de procédure civile sont abrogés.

Art. 8. L'action résolutoire établie par l'art. 1654 du Code Napoléon ne peut être exercée, après l'extinction du privilége du vendeur, au préjudice des tiers qui ont acquis des droits sur l'immeuble du chef de l'acquéreur et qui se sont conformés aux lois pour les conserver.

Art. 9. Si la veuve, le mineur devenu majeur, l'interdit relevé de l'interdiction, leurs héritiers ou ayants cause, n'ont pas pris inscription dans l'année qui suit la dissolution du mariage ou la cessation de la tutelle, leur hypothèque ne date, à l'égard des tiers, que du jour des inscriptions prises ultérieurement.

Art. 10. Dans le cas où les femmes peuvent céder leur hypothèque légale ou y renoncer, cette cession ou cette renonciation doit être faite par acte authentique, et les cessionnaires n'en sont saisis, à l'égard des tiers, que par l'inscription de cette hypothèque prise à leur profit ou par la mention de la subrogation en marge de l'inscription préexistante.

Les dates des inscriptions ou mentions déterminent l'ordre dans lequel ceux qui ont obtenu des cessions ou renonciations exercent les droits hypothécaires de la femme.

ART. 11. Le présent décret sera exécutoire à la Guyane française six mois après sa promulgation.

ART. 12. Les art. 1, 2, 4, 5 et 10 ci-dessus ne sont applicables qu'aux actes ayant acquis date certaine et aux jugements rendus avant le délai ci-dessus fixé de six mois.

Leur effet est réglé par la législation sous l'empire de laquelle ils sont intervenus.

Les jugements prononçant résolution, nullité ou rescision d'un acte non transcrit, mais ayant date certaine avant la même époque, doivent être transcrits conformément à l'art. 5 du présent décret.

Le vendeur dont le privilége serait éteint au moment où le présent décret deviendra exécutoire pourra conserver, vis-à-vis des tiers, l'action résolutoire qui lui appartient, aux termes de l'art. 1654 du Code Napoléon, en faisant inscrire son action au bureau des hypothèques dans le délai de six mois, à partir de la même époque.

L'inscription exigée par l'art. 9 doit être prise dans l'année, à compter du jour où le décret est exécutoire; à défaut d'inscription dans ce délai, l'hypothèque légale ne prend rang que du jour où elle est ultérieurement inscrite.

Il n'est point dérogé aux dispositions du Code Napoléon relatives à la transcription des actes portant donation ou contenant des dispositions à charge de rendre; elles continueront à recevoir leur exécution.

ART. 13. Jusqu'à ce qu'une disposition spéciale détermine les droits à percevoir, la transcription des actes ou jugements qui n'étaient pas soumis à cette formalité avant le présent décret est faite moyennant le droit fixe de 1 franc.

ART. 14. Notre Ministre Secrétaire d'État de la marine et des colonies est chargé de l'exécution du présent décret.

Fait au palais des Tuileries, le 2 mars 1864.

Signé : NAPOLÉON.

Par l'Empereur :

*Le Ministre Secrétaire d'État de la marine
et des colonies,*

Signé : Cte P. DE CHASSELOUP-LAUBAT.

ARRÊTÉ

QUI PROMULGUE À LA GUYANE FRANÇAISE LE DÉCRET DU 27 MARS 1852, SUR LE RÉGIME
APPLICABLE AUX CONDAMNÉS TRANSPORTÉS DANS LA COLONIE.

Cayenne, le 4 juin 1852.

LE COMMISSAIRE GÉNÉRAL DE LA GUYANE FRANÇAISE,

Vu l'art. 65 de l'ordonnance organique du 29 août 1828, sur le gouvernement de la Guyane française;

Vu la dépêche ministérielle du 8 avril 1852, n° 181 ;

Sur le rapport de l'ordonnateur et du procureur général,

ARRÊTE :

Est promulgué à la Guyane française le décret du Président de la République en date du 27 mars 1852, sur le régime applicable aux condamnés transportés à la Guyane.

L'ordonnateur et le procureur général sont chargés, chacun en ce qui le concerne, de l'exécution du présent arrêté, qui sera publié et enregistré partout où besoin sera, inséré à la *Feuille* et au *Bulletin officiels de la colonie.*

Signé : SARDA GARRIGA.

Par le Commissaire général :

Le Procureur général,

Signé : VIDAL DE LUIGEUDES.

L'Ordonnateur,

Signé : REISSER.

DÉCRET.

LOUIS-NAPOLÉON, PRÉSIDENT DE LA RÉPUBLIQUE FRANÇAISE,

Sur le rapport du Ministre Secrétaire d'État de la marine et des colonies;

Considérant que, sans attendre la loi qui doit modifier le Code pénal quant au mode d'application des travaux forcés pour l'avenir, le Gouvernement est, dès à présent, en mesure de faire passer à la Guyane française, pour y subir leur peine, un certain nombre de condamnés détenus dans les bagnes,

DÉCRÈTE :

ARTICLE PREMIER. Les condamnés aux travaux forcés actuellement détenus dans les bagnes et qui seront envoyés à la Guyane française pour y subir leur peine y seront employés aux travaux de la colonisation, de la culture, de l'exploitation des forêts et à tous autres travaux d'utilité publique.

Art. 2. Ils ne pourront être enchaînés deux à deux ou assujettis à traîner le boulet qu'à titre de punition disciplinaire ou par mesure de sûreté.

Art. 3. Les femmes condamnées aux travaux forcés pourront être conduites à la Guyane française et placées sur un établissement créé dans la colonie; elles seront employées à des travaux en rapport avec leur âge et avec leur sexe.

Art. 4. Les condamnés des deux sexes qui auront subi deux années au moins de leur peine, tant en France que dans la colonie, et qui se seront rendus dignes d'indulgence par leur bonne conduite et leur repentir, pourront obtenir : 1° l'autorisation de travailler, aux conditions déterminées par l'administration, soit pour les habitants de la colonie, soit pour les administrations locales; 2° l'autorisation de contracter mariage; 3° la concession d'un terrain et la faculté de le cultiver pour leur propre compte.

Cette concession ne pourra devenir définitive qu'après dix années de possession.

Un règlement déterminera : 1° les conditions sous lesquelles ces concessions pourront être faites, soit à titre provisoire, soit à titre définitif; 2° l'étendue des droits des tiers, de l'époux survivant ou des héritiers du concessionnaire sur les terrains concédés.

Art. 5. La famille du condamné pourra être autorisée à le rejoindre dans la colonie et à vivre avec lui, lorsqu'il aura été placé dans la condition prévue par l'art. 4.

Art. 6. Tout condammé dont la peine sera inférieure à huit années de travaux forcés sera tenu, à l'expiration de ce terme, de résider dans la colonie pendant un temps égal à la durée de sa condamnation;

Si la peine est de huit années et au delà, il sera tenu de résider à la Guyane française pendant toute sa vie.

En cas de grâce, le libéré ne pourra être dispensé de l'obligation de la résidence que par une disposition spéciale des lettres de grâce. Toutefois, le libéré pourra quitter momentanément la colonie en vertu d'une autorisation expresse du gouverneur, mais sans pouvoir être autorisé à se rendre en France.

Art. 7. Des concessions provisoires ou définitives de terrains pourront être faites aux individus qui, ayant subi leur peine, resteront dans la colonie, conformément à ce qui est prévu par l'art. 6.

Art. 8. Les condamnés libérés en France pourront obtenir d'être transportés à la Guyane, à la condition d'y être soumis au régime établi par les art. 1, 3, 4, 5, 6 et 7 du présent décret, sans préjudice de l'application de l'art. 44 du Code pénal, relatif à la surveillance de la haute police.

Art. 9. Les condamnés pourront obtenir partiellement ou intégralement l'exercice des droits civils dans la colonie. Ils pourront être autorisés à jouir ou à disposer de tout ou partie de leurs biens.

Les actes faits par les condamnés dans la colonie jusqu'à leur libération ne pourront engager les biens qu'ils possédaient au jour de leur condamnation ou ceux qui leur seront échus par succession, donation ou testament, à l'exception des biens dont la remise a été autorisée.

Art. 10. Tout condamné à temps qui se sera rendu coupable d'évasion sera puni de deux ans à cinq ans de travaux forcés. Cette peine ne se confondra pas avec celle antérieurement prononcée.

La peine, pour le condamné à perpétuité, sera l'application à la double chaîne pendant deux ans au moins et cinq ans au plus.

Art. 11. Tout libéré astreint à résider à la Guyane, conformément à l'art. 6, et qui aura quitté la colonie sans autorisation, sera renvoyé aux travaux forcés pendant une durée de un an à trois ans.

Art. 12. Les infractions prévues par les art. 9 et 10, et tous crimes et délits commis par les condamnés, seront jugés par le 1er conseil de guerre de la colonie, faisant fonction de tribunal maritime spécial, et auquel seront adjoints deux officiers du commissariat de la marine.

Art. 13. Un arrêté du gouverneur déterminera, jusqu'à ce qu'il y soit pourvu par un décret, le régime disciplinaire des établissements qui seront créés à la Guyane en exécution des dispositions qui précèdent.

Art. 14. Le ministre de la marine et des colonies est chargé de l'exécution du présent décret, qui sera inséré au *Bulletin des lois.*

Signé : LOUIS-NAPOLÉON.

Le Ministre de la marine et des colonies,

Signé : THÉODORE DUCOS.

DÉCRET

DU 31 MAI 1852, CONCERNANT LES TRANSPORTÉS DE 1848 ET DE 1852.

LOUIS-NAPOLÉON, PRÉSIDENT DE LA RÉPUBLIQUE FRANÇAISE,

Considérant que des actes de rébellion se sont manifestés à l'établissement disciplinaire de Lambessa, où sont réunis les transportés de 1848, et que les officiers et sous-officiers préposés à leur garde sont en butte à des menaces qu'il importe de faire cesser;

Considérant qu'il est juste, d'un autre côté, de faciliter le retour au bien de ceux qui sont disposés à obéir à l'autorité,

DÉCRÈTE :

ARTICLE PREMIER. Seront conduits à Cayenne les transportés de 1848 qui, depuis leur arrivée en Algérie, ont été ou seront à l'avenir condamnés à une peine afflictive et infamante pour insubordination ou pour tout autre crime.

ART. 2. Les transportés de 1848 qui se refuseront au travail et à l'obéissance, et contre lesquels tous les moyens ordinaires de répression disciplinaire auront été vainement épuisés, recevront la même destination.

ART. 3. Pourront être dispensés des obligations journalières du régime pénitentiaire, conformément aux art. 3 et 4 du décret du 28 mars 1852 (*Bulletin* 525, n° 4019), les transportés de 1848 qui offriront des garanties de bonne conduite et d'aptitude pour le travail.

ART. 4. Les dispositions des art. 1 et 2 du présent décret, dont l'exécution est confiée au Ministre de la guerre, seront applicables aux transportés de 1852.

Fait au palais des Tuilleries, le 31 mai 1852.

Signé : LOUIS-NAPOLÉON.

Par le Prince-Président :

Le Ministre de la guerre.

Signé : A. DE SAINT-ARNAUD.

ARRÊTÉ

Cayenne, le 15 octobre 1853.

LE CONTRE-AMIRAL GOUVERNEUR DE LA GUYANE FRANÇAISE,

Vu l'art. 65 de l'ordonnance organique du 27 août 1828;

Vu la dépêche ministérielle du 10 septembre 1853, n° 472 *bis;*

Sur la proposition du procureur général impérial,

ARRÊTE :

ARTICLE PREMIER. Le décret impérial du 20 août 1853, autorisant l'envoi dans les établissements pénitentiaires de la Guyane des individus des deux sexes, d'origine africaine ou asiatique, condamnés aux travaux forcés et à la reclusion, est promulgué dans la colonie.

ART. 2. Le procureur général impérial est chargé de l'exécution du présent arrêté, qui sera publié et enregistré partout où besoin sera, et inséré au *Bulletin officiel de la colonie.*

Signé : L. FOURICHON.

Par le Contre-Amiral Gouverneur :

Le Procureur général impérial, p. i.

Signé : MITTANIE.

DÉCRET.

NAPOLÉON, PAR LA GRÂCE DE DIEU ET LA VOLONTÉ NATIONALE, EMPEREUR DES FRANÇAIS,

A tous présents et à venir, SALUT.

Vu les art. 15, 16 et 21 des ordonnances des 30 décembre 1827, 29 octobre 1828 et 15 février 1829, portant application du Code pénal aux colonies de la Martinique, de la Guadeloupe, de la Guyane française et de la Réunion, lesdits articles déterminant pour ces colonies le mode d'exécution de la peine des travaux forcés et de celle de la reclusion;

Vu le décret du 27 mars 1852, portant création d'un établissement pénal à la Guyane française;

21.

Notre Conseil d'État entendu;

Sur le rapport de notre Ministre Secrétaire d'État de la marine et des colonies,

Avons décrété et décrétons ce qui suit :

Article premier. Peuvent être envoyés dans les établissements pénitentiaires de la Guyane française :

1° Les individus des deux sexes, d'origine africaine ou asiatique, condamnés aux travaux forcés par les tribunaux de la Guyane, de la Martinique, de la Guadeloupe et de la Réunion;

2° Les individus des deux sexes, de même origine, condamnés à la reclusion dans ces colonies.

Art. 2. Les condamnés aux travaux forcés qui sont envoyés à la Guyane, conformément à l'article qui précède, sont soumis aux dispositions du décret du 27 mars 1852.

Néanmoins, les art. 6 et 11 de cet acte ne sont pas applicables aux individus condamnés pour crimes commis antérieurement à la promulgation du présent décret.

Art. 3. Le régime applicable, dans les établissements pénitentiaires de la Guyane, aux individus condamnés à la reclusion est ainsi réglé :

Les condamnés à la reclusion seront complétement séparés des condamnés aux travaux forcés.

Ils pourront être employés, hors des prisons, à des travaux d'utilité publique; ces travaux seront distincts de ceux auxquels sont assujettis les condamnés aux travaux forcés.

La nature et la durée journalière de ces travaux seront l'objet d'un règlement local, qui devra être confirmé par décret.

Art. 4. Tout condamné à la reclusion qui se sera rendu coupable d'évasion sera puni de deux à cinq ans de prolongation de la même peine.

Art. 5. Sont applicables aux condamnés à la reclusion les art. 4, 5, 7 et 9 du décret du 27 mars 1852.

Art. 6. Notre Ministre Secrétaire d'État au département de la marine et des colonies est chargé de l'exécution du présent décret.

Signé : NAPOLÉON.

ARRÊTÉ

PORTANT PROMULGATION À LA GUYANE : 1° DE LA LOI DU 30 MAI 1854, SUR L'EXÉCUTION DE LA PEINE DES TRAVAUX FORCÉS ; 2° DU DÉCRET DU 29 AOÛT 1855, RELATIF A LA JURIDICTION ET AU RÉGIME PÉNAL DES TRANSPORTÉS.

Cayenne, 10 octobre 1855.

LE CONTRE-AMIRAL GOUVERNEUR DE LA GUYANE FRANÇAISE,

Vu l'art. 65 de l'ordonnance organique du 27 août 1828 ;

Vu la dépêche ministérielle du 31 août 1855, n° 489, portant invitation de faire publier dans la colonie le décret impérial du 29 du même mois, qui statue sur la juridiction et le régime pénal auxquels sont assujetties les différentes catégories de transportés ;

Considérant que l'art. 3 dudit décret dispose que la loi du 30 mai 1854, sur le mode d'exécution de la peine des travaux forcés, continuera à recevoir son application ;

Qu'il est donc indispensable de la promulguer régulièrement ;

Qu'au surplus elle a été rendue applicable à la Guyane française par le décret du 10 mars 1855 ;

Sur la proposition du chef du service judiciaire,

ARRÊTE :

ARTICLE PREMIER. Sont promulgués à la Guyane française :

1° La loi du 30 mai 1854, relative au mode d'exécution de la peine des travaux forcés ;

2° Le décret impérial du 29 août 1855, sur la juridiction et le régime pénal auxquels sont assujetties les différentes catégories de transportés dans la colonie pénitentiaire de la Guyane française.

ART. 2. Le directeur de l'intérieur, le chef du service judiciaire et le directeur des établissements pénitentiaires sont chargés, chacun en ce qui le concerne, de l'exécution du présent arrêté, qui sera, ainsi que la loi et le décret précités, enregistré partout où besoin sera et inséré à la *Feuille* et au *Bulletin officiels de la colonie.*

Pour le Contre-Amiral Gouverneur, empêché :

Le Lieutenant-Colonel commandant les troupes,

Signé : MASSET.

Par le Gouverneur :

Le Chef du service judiciaire,

Signé : BAUDOUIN.

LOI.

NAPOLÉON, PAR LA GRÂCE DE DIEU ET LA VOLONTÉ NATIONALE, EMPEREUR DES FRANÇAIS,

A tous présents et à venir, SALUT.

AVONS SANCTIONNÉ ET SANCTIONNONS, PROMULGUÉ ET PROMULGUONS ce qui suit :

LOI.

EXTRAIT DU PROCÈS-VERBAL DU CORPS LÉGISLATIF.

LE CORPS LÉGISLATIF A ADOPTÉ LE PROJET DE LOI dont la teneur suit :

ARTICLE PREMIER. La peine des travaux forcés sera subie, à l'avenir, dans des établissements créés par décret de l'Empereur sur le territoire d'une ou de plusieurs possessions françaises autres que l'Algérie.

Néanmoins, en cas d'empêchement à la translation des condamnés, et jusqu'à ce que cet empêchement ait cessé, la peine sera subie provisoirement en France.

ART. 2. Les condamnés seront employés aux travaux les plus pénibles de la colonisation et à tous autres travaux d'utilité publique.

ART. 3. Ils pourront être enchaînés deux à deux ou assujettis à traîner le boulet à titre de punition disciplinaire ou par mesure de sûreté.

ART. 4. Les femmes condamnées aux travaux forcés pourront être conduites dans un des établissements créés aux colonies; elles seront séparées des hommes et employées à des travaux en rapport avec leur âge et avec leur sexe.

ART. 5. Les peines des travaux forcés à perpétuité et des travaux forcés à temps ne seront prononcées contre aucun individu âgé de soixante ans accomplis au moment du jugement; elles seront remplacées par celle de la reclusion, soit à perpétuité, soit à temps, selon la durée de la peine qu'elle remplacera.

L'art. 72 du Code pénal est abrogé.

ART. 6. Tout individu condamné à moins de huit années de travaux forcés sera tenu, à l'expiration de sa peine, de résider dans la colonie pendant un temps égal à la durée de sa condamnation.

Si la peine est de huit années, il sera tenu d'y résider pendant toute sa vie.

Toutefois le libéré pourra quitter momentanément la colonie en vertu d'une autorisation expresse du gouverneur. Il ne pourra, en aucun cas, être autorisé à se rendre en France.

En cas de grâce, le libéré ne pourra être dispensé de l'obligation de la résidence que par une disposition spéciale des lettres de grâce.

Art. 7. Tout condamné à temps qui, à dater de son embarquement, se sera rendu coupable d'évasion, sera puni de deux ans à cinq ans de travaux forcés.

Cette peine ne se confondra pas avec celle antérieurement prononcée.

La peine, pour les condamnés à perpétuité, sera l'application à la double chaîne pendant deux ans au moins et cinq ans au plus.

Art. 8. Tout libéré coupable d'avoir, contrairement à l'art. 6 de la présente loi, quitté la colonie sans autorisation, ou d'avoir dépassé le délai fixé par l'autorisation, sera puni de la peine d'un an à trois ans de travaux forcés.

Art. 9. La reconnaissance de l'identité de l'individu évadé ou en état d'infraction aux dispositions de l'art. 6 sera faite soit par le tribunal désigné dans l'article suivant, soit par la cour qui aura prononcé la condamnation.

Art. 10. Les infractions prévues par les art. 7 et 8, et tous crimes ou délits commis par les condamnés, seront jugés par un tribunal maritime spécial établi dans la colonie.

Jusqu'à l'établissement de ce tribunal, le jugement appartiendra au 1ᵉʳ conseil de guerre de la colonie, auquel seront adjoints deux officiers du commissariat de la marine.

Les lois concernant les crimes et délits commis par les forçats et les peines qui leur sont applicables continueront à être exécutées.

Art. 11. Les condamnés des deux sexes qui se seront rendus dignes d'indulgence par leur bonne conduite, leur travail et leur repentir pourront obtenir :

1° L'autorisation de travailler aux conditions déterminées par l'administration, soit pour les habitants de la colonie, soit pour les administrations locales;

2° Une concession de terrain et la faculté de le cultiver pour leur propre compte.

Cette concession ne pourra devenir définitive qu'après la libération du condamné.

Art. 12. Le Gouvernement pourra accorder aux condamnés aux travaux forcés à temps l'exercice, dans la colonie, des droits civils, ou de quelques-uns de ces droits, dont ils sont privés par leur état d'interdiction légale.

Il pourra autoriser ces condamnés à jouir ou disposer de tout ou partie de leurs biens.

Les actes faits par les condamnés dans la colonie, jusqu'à leur libération, ne pourront engager les biens qu'ils possédaient au jour de leur condamnation, ou ceux qui leur seront échus par succession, donation ou testament, à l'exception des biens dont la remise aura été autorisée.

Le Gouvernement pourra accorder aux libérés l'exercice, dans la colonie, des droits dont ils sont privés par les troisième et quatrième paragraphes de l'art. 34 du Code pénal.

Art. 13. Des concessions provisoires ou définitives de terrains pourront être faites aux individus qui ont subi leur peine et qui restent dans la colonie.

Art. 14. Un règlement d'administration publique déterminera tout ce qui concerne l'exécution de la présente loi, et notamment :

1° Le régime disciplinaire des établissements de travaux forcés;

2° Les conditions sous lesquelles des concessions de terrains, provisoires ou définitives, pourront être faites aux condamnés ou libérés, eu égard à la durée de la peine prononcée contre eux, à leur bonne conduite, à leur travail et à leur repentir;

3° L'étendue du droit des tiers, de l'époux survivant et des héritiers du concessionnaire sur les terrains concédés.

Art. 15. Les dispositions de la présente loi, à l'exception de celles prescrites par les art. 6 et 8, sont applicables aux condamnations antérieurement prononcées et aux crimes antérieurement commis.

Délibéré en séance publique, à Paris, le 3 mai 1854.

Le Président,

Signé : Billaut.

Les Secrétaires,

Signé : Joachim Murat, Ed. Dalloz,

Baron Eschassériaux.

Extrait du procès-verbal du Sénat.

Le Sénat ne s'oppose pas à la promulgation de la loi relative à l'exécution de la peine des travaux forcés.

Délibéré en séance, au palais du Sénat, le 20 mai 1854.

Le Président,

Signé : Troplong.

Les Secrétaires,

Signé : Comte de la Riboisière, Am. Thayer,

Baron T. de Lacrosse.

Vu et scellé du sceau du Sénat :

Signé : Baron T. de Lacrosse.

Mandons en ordonnons que les présentes, revêtues du sceau de l'État et insérées au *Bulletin des lois,* soient adressées aux cours, aux tribunaux et aux autorités administratives, pour qu'ils les inscrivent sur leurs registres, les observent et les fassent observer, et notre Ministre Secrétaire d'État au département de la justice est chargé d'en surveiller la publication.

Fait au palais de Saint-Cloud, le 30 mai 1854.

Signé : NAPOLÉON.

DÉCRET.

NAPOLÉON, par la grâce de Dieu et la volonté nationale, Empereur des Français,

A tous présents et à venir, salut.

Sur le rapport de notre Ministre Secrétaire d'État au département de la marine et des colonies;

Vu l'art. 18 du sénatus-consulte du 3 mai 1854;

Vu le décret du 27 juin 1848, la loi du 24 janvier 1850, les décrets du 31 janvier de la même année, des 8 décembre 1851, 5 mars et 31 mai 1852, concernant les individus soumis à la transportation dans les colonies pénitentiaires;

Vu les décrets des 27 mars 1852 et 20 août 1853, concernant les condamnés et libérés des colonies transférés dans les mêmes établissements;

Vu le sénatus-consulte du 24 février et le décret du 10 mars 1855, qui rendent applicable à toutes les colonies la loi du 30 mai 1854, sur l'exécution de la peine des travaux forcés;

Notre Conseil d'État entendu,

Avons décrété et décrétons ce qui suit :

Article premier. Tous les individus subissant, à quelque titre que ce soit, la transportation dans les colonies pénitentiaires d'outre-mer, sont assujettis au travail et soumis à la subordination et à la discipline militaires.

Ils sont justiciables des conseils de guerre; les lois militaires leur sont applicables.

Art. 2. Les dispositions du second paragraphe de l'article précédent sont applicables aux libérés et repris de justice tenus de résider dans la colonie.

Art. 3. Les dispositions de la loi du 30 mai 1854 continueront de régir les condamnés aux travaux forcés qui subiront leur peine dans une colonie pénitentiaire.

Art. 4. Nos Ministres Secrétaires d'État au département de la marine et des colonies et au département de la guerre sont chargés, chacun en ce qui le concerne, de l'exécution du présent décret, qui sera inséré au *Bulletin des lois.*

Fait au palais des Tuileries, le 29 août 1855.

Signé : NAPOLÉON.

Par l'Empereur :

L'Amiral, Ministre Secrétaire d'État de la marine
et des colonies,

Signé : Hamelin.

DÉCRET

RÉGLANT LES FORMALITÉS À REMPLIR POUR LE MARIAGE DES TRANSPORTÉS

DANS LES COLONIES FRANÇAISES.

NAPOLÉON, par la grâce de Dieu et la volonté nationale. Empereur des Français,

A tous présents et à venir, salut.

Sur le rapport de notre Ministre Secrétaire d'État au département de la marine et des colonies;

Vu l'art. 18 du sénatus-consulte du 3 mai 1854;

Vu l'avis de notre Garde des sceaux, Ministre Secrétaire d'État au département de la justice et des cultes, en date du 20 mars 1866,

Avons décrété et décrétons ce qui suit :

Article premier. Les individus condamnés aux travaux forcés et transportés dans les établissements pénitentiaires créés dans les colonies françaises en vertu de la loi du 31 mai 1854 et les personnes condamnées subissant leur peine dans les maisons centrales de France, qui auront demandé à être transférés dans ces colonies, sont, s'ils veulent contracter mariage, dispensés des obligations imposées par les art. 151, 152, 153 du Code Napoléon.

Art. 2. Les publications faites dans la colonie seront suffisantes pour la régularité du mariage, même dans le cas où le domicile des parties ne serait pas établi par un séjour de six mois.

Art. 3. Les actes de l'état civil exigés par le Code Napoléon pour pouvoir contracter mariage pourront être remplacés soit par un certificat délivré par l'autorité judiciaire du lieu de condamnation, soit, à défaut, par un acte de notoriété.

Art. 4. Notre Ministre Secrétaire d'État au département de la marine et des colonies est chargé de l'exécution du présent décret, qui sera inséré au *Bulletin des lois* et au *Bulletin officiel de la marine.*

Fait au palais des Tuileries, le 24 mars 1864.

Signé : NAPOLÉON.

Par l'Empereur :

Le Ministre Secrétaire d'État de la marine et des colonies,

Signé : Comte P. de Chasseloup-Laubat.

DÉCRET

PORTANT APPLICATION A DIVERSES COLONIES DE LA LOI DU 23 JANVIER 1874,

RELATIVE À LA SURVEILLANCE DE LA HAUTE POLICE.

(DIRECTION DES COLONIES.)

Du 1er août 1874.

Le Président de la République française,

Vu l'art. 18 du sénatus-consulte du 3 mai 1854 ;

Sur le rapport du Ministre de la marine et des colonies et du Garde des sceaux, Ministre de la justice,

Décrète :

Article premier. La loi du 23 janvier 1874, relative à la surveillance de la haute police, est déclarée applicable aux colonies de la Guyane, du Sénégal et dépendances, de l'Inde, de la Cochinchine, de la Nouvelle-Calédonie, de l'Océanie, de Saint-Pierre et Miquelon, de Mayotte, de Nossi-bé, de Sainte-Marie de Madagascar, de la côte d'Or et du Gabon.

Art. 2. Le Ministre de la marine et des colonies et le Garde des sceaux, Ministre de la justice, sont chargés, chacun en ce qui le concerne, de l'exécution du présent décret, qui sera inséré au *Bulletin des lois* et au *Bulletin officiel de la marine.*

Signé : M^{al} DE MAC MAHON.

Par le Président de la République :

Le Garde des sceaux, Ministre de la justice,   *Le Ministre de la marine et des colonies,*
Signé : Tailhand.   Signé : Montaignac.

RAPPORT

AU PRÉSIDENT DE LA RÉPUBLIQUE FRANÇAISE, SUIVI D'UN DÉCRET PORTANT APPLICATION AUX COLONIES DU DÉCRET DU 30 AOÛT 1875, SUR LA SURVEILLANCE DE LA HAUTE POLICE.

Versailles, le 18 novembre 1875.

Monsieur le Président,

Par un décret du 1er août 1874, rendu sur ma proposition, vous avez bien voulu rendre applicable dans les colonies de la Guyane, du Sénégal et dépendances, de l'Inde, de la Cochinchine, de la Nouvelle-Calédonie, de l'Océanie, de Saint-Pierre et Miquelon, de Mayotte, de Nossi-bé, de Sainte-Marie de Madagascar, de la côte d'Or et du Gabon, la loi du 23 janvier 1874, sur la surveillance de la haute police. Je viens vous prier aujourd'hui de compléter ces dispositions en déclarant applicable aux mêmes colonies le décret du 30 août dernier, déterminant par voie de règlement d'administration publique le mode d'exercice de la surveillance et les conditions sous lesquelles, après un temps d'épreuve, cette surveillance pourra être suspendue.

Les dispositions contenues dans cet acte sont le complément indispensable de la loi du 23 janvier 1874, et, à ce titre, leur importance est trop considérable pour que le Gouvernement n'en fasse pas bénéficier nos établissements d'outre-mer.

Le projet de décret ci-après répond à ce but. Quelques modifications, exigées par les différences existant entre l'administration coloniale et celle de la métropole, ont été apportées au décret du 30 août 1875. Elles consistent dans la délégation faite aux gouverneurs et aux directeurs de l'intérieur des pouvoirs conférés en France au Ministre et aux préfets de département.

Ces modifications sont de peu d'importance et ont reçu l'assentiment de M. le Garde des sceaux. J'ai, par suite, l'honneur de vous prier de vouloir bien revêtir de votre signature le décret ci-joint.

Veuillez agréer, etc.

Le Ministre de la marine et des colonies,

Signé : MONTAIGNAC.

DÉCRET.

Le Président de la République française,

Vu l'art. 18 du sénatus-consulte du 3 mai 1854 ;

Vu le décret du 1er août 1874, rendant applicable la loi du 23 janvier 1874 dans les colonies de la Guyane, du Sénégal et dépendances, de l'Inde, de la Cochinchine, de la Nouvelle-Calédonie, de l'Océanie, de Saint-Pierre et Miquelon, de Mayotte, de Nossis-bé, de Sainte-Marie de Madagascar, de la côte d'Or et du Gabon ;

Sur le rapport du Ministre de la marine et des colonies et du Garde des sceaux, Ministre de la justice,

Décrète :

Article premier. Le décret du 30 août 1875, réglant le mode d'exercice de la surveillance de la haute police et fixant les conditions sous lesquelles, après un temps d'épreuve, cette surveillance peut être suspendue, est déclaré applicable aux colonies de la Guyane, du Sénégal et dépendances, de l'Inde, de la Cochinchine, de la Nouvelle Calédonie, de l'Océanie, de Saint-Pierre et Miquelon, de Mayotte, de Nossi-bé, de Sainte-Marie de Madagascar, de la côte d'Or et du Gabon.

Art. 2. Les attributions conférées par ledit décret au Ministre de l'intérieur

appartiendront, aux colonies, au gouverneur ou commandant, et celles défé-
rées aux préfets seront exercées par le fonctionnaire chargé de la direction de
l'intérieur.

Art. 3. Le Ministre de la marine et des colonies et le Garde des sceaux,
Ministre de la justice, sont chargés, chacun en ce qui le concerne, de l'exécution du présent décret, qui sera inséré au *Bulletin des lois* et au *Bulletin officiel
de la marine.*

Signé : M^{al} DE MAC MAHON.

Par le Président de la République :

Le Garde des sceaux, Ministre de la justice,   *Le Ministre de la marine et des colonies,*

Signé : Dufaure.   Signé : Montaignac.

RAPPORT

AU PRÉSIDENT DE LA RÉPUBLIQUE FRANÇAISE, SUIVI DE DEUX DÉCRETS PORTANT ORGANISA-
TION D'UNE JUSTICE DE PAIX À COMPÉTENCE ÉTENDUE SUR LE TERRITOIRE DU MARONI
(GUYANE FRANÇAISE).

Versailles, le 26 février 1875.

Monsieur le Président,

Le décret du 30 mai 1860 a affecté le territoire du Maroni à l'établissement de la transportation.

Depuis cette époque, ainsi que le fait connaître la notice sur la transportation publiée par les soins de mon prédécesseur, les travaux industriels et agri-
coles ont pris dans cette partie du territoire une sérieuse extension. Mais la
sécurité et la célérité des transactions se trouvent compromises par l'absence
d'une magistrature jugeant sur place les contestations qui peuvent s'élever
entre les personnes libres résidant sur le territoire et entre les condamnés
concessionnaires définitifs ou temporaires.

Dès 1866, cette situation avait appelé l'attention de mon département et
il avait été question, à cette époque, de doter le Maroni d'une organisation
judiciaire complète. Mais cette organisation ne serait pas en rapport avec
l'importance des intérêts engagés, et au lieu d'adopter un appareil aussi com-

pliqué que celui d'un tribunal de plusieurs membres et d'une cour d'assises spéciale, il m'a paru qu'il fallait au contraire rechercher les moyens les plus simples et les moins dispendieux d'assurer sur ce territoire la distribution de la justice.

Dans cet ordre d'idées, l'institution au Maroni d'une justice de paix à compétence étendue, telle qu'elle est réglée par le projet de décret ci-joint, répondra sans aucun doute à tous les besoins.

Le juge de paix du Maroni recevrait la compétence que l'ordonnance de 1828 a conférée au juge de paix de la partie française de l'île Saint-Martin et qui se résume ainsi : connaissance de toutes actions personnelles et mobilières en matière civile et commerciale, en dernier ressort jusqu'à la valeur de 500 francs, et en premier ressort jusqu'à celle de 1,000 francs; connaissance en premier ressort des affaires correctionnelles dévolues dans les autres localités aux tribunaux de 1re instance. Il exerce en outre les fonctions des présidents des tribunaux de 1re instance comme juges de référé en toutes matières; il peut, comme eux, ordonner toute mesure conservatoire. Le criminel serait jugé par les conseils de guerre ou la cour d'assises de Cayenne, selon qu'il s'agirait de transportés ou d'individus de toute autre catégorie.

Outre ces dispositions d'un ordre purement judiciaire, le projet de décret que j'ai l'honneur de présenter à votre signature complète, en ce qui concerne les rapports commerciaux des concessionnaires, ce qui a été déjà fait pour la plupart d'entre eux au point de vue du mariage et des droits de paternité.

C'est-à-dire qu'il leur restitue l'exercice dans la colonie d'une partie des droits civils dont ils se trouvent privés par le fait même de leur condamnation.

Indépendamment des considérations morales qui doivent déterminer le Gouvernement à encourager dans la voie du bien, en leur restituant une partie de leurs droits, des individus que leur bonne conduite a déjà signalés à la bienveillance de l'administration, il en est une dont l'importance pratique ne vous échappera pas.

La propriété ne peut en effet se concevoir sans droits à défendre sans obligations à remplir. De plus, les concessionnaires échangeront forcément leurs produits et ces transactions engendreront des contestations. De là la nécessité absolue, si l'on ne veut annuler en fait les dispositions de la loi du 30 mai 1854, de leur accorder le droit d'ester en justice.

M. le Garde des sceaux, consulté par mon département, a donné son assentiment à ce décret, que j'ai l'honneur de vous prier de vouloir bien revêtir de votre signature ainsi que le décret relatif aux parités d'office du nouveau tribunal.

Veuillez agréer, etc.

Le Ministre de la marine et des colonies,

Signé : Montaignac.

Approuvé :

Le Président de la République française,

Signé : M^{al} DE MAC MAHON.

DÉCRET

INSTITUANT SUR LE TERRITOIRE PÉNITENTIAIRE DU MARONI (GUYANE FRANÇAISE) UNE JUSTICE DE PAIX.

Du 26 février 1875.

LE PRÉSIDENT DE LA RÉPUBLIQUE FRANÇAISE,

Vu l'art. 18 du sénatus-consulte du 3 mai 1854;

Vu la loi du 30 mai 1854, sur l'exécution de la peine des travaux forcés;

Sur le rapport du Ministre de la marine et des colonies et du Garde des sceaux, Ministre de la justice,

DÉCRÈTE :

ARTICLE PREMIER. Il est institué sur le territoire pénitentiaire du Maroni (Guyane française) une justice de paix.

ART. 2. La compétence étendue du juge de paix du Marigot (partie française de l'île Saint-Martin), telle qu'elle est déterminée par l'ordonnance du 26 octobre 1828 et le paragraphe 3 de l'art. 3 du décret du 16 août 1854, est conférée au juge de paix du Maroni.

ART. 3. Le traitement des membres du tribunal de paix du Maroni (Guyane française) est fixé ainsi qu'il suit :

Pour le juge de paix............................	5,000^f	
Pour le greffier........................	2,000^f	3,500
Frais de service........................	1,500	

ART. 4. Seront portées devant le tribunal de paix du Maroni toutes les con-

testations civiles ou commerciales qui s'élèveront entre les personnes libres en résidence sur le territoire pénitentiaire et entre les condamnés pourvus de concessions sur le même territoire en vertu des art. 11 et 13 de la loi du 30 mai 1854.

Art. 5. Seront justiciables du juge de paix, statuant comme juge de simple police et comme juge de police correctionnelle, toutes les personnes en résidence sur le territoire pénitentiaire qui ne sont pas soumises à la discipline et à la juridiction militaires.

Art. 6. L'appel des jugements rendus en premier ressort par le tribunal de paix institué au Maroni sera porté, en matière civile, commerciale et de simple police, devant le tribunal de 1re instance de Cayenne; en matière correctionnelle, devant la cour d'appel de la Guyane.

Art. 7. Le Ministre de la marine et des colonies et le Garde des sceaux, Ministre de la justice, sont chargés, chacun en ce qui le concerne, de l'exécution du présent décret, qui sera inséré au *Bulletin officiel de la marine.*

Signé : M^{al} DE MAC MAHON.

Par le Président de la République :

Le Garde des sceaux, Ministre de la justice,   *Le Ministre de la marine et des colonies,*

Signé : Tailhand.   Signé : Montaignac.

DÉCRET

DÉTERMINANT LES PARITÉS D'OFFICE POUR LES MEMBRES DU TRIBUNAL DE PAIX INSTITUÉ AU MARONI (GUYANE FRANÇAISE).

Du 26 février 1875.

Le Président de la République française,

Vu le décret du 17 janvier 1863, fixant les traitements et parités d'office de la magistrature coloniale;

Vu le décret en date de ce jour instituant un tribunal de paix à compétence étendue sur le territoire pénitentiaire du Maroni (Guyane française).

Sur le rapport du Ministre de la marine et des colonies et du Garde des sceaux, Ministre de la justice,

DÉCRÈTE :

ARTICLE PREMIER. Les parités d'office servant de base à la liquidation des pensions de retraite sont fixées, pour les membres du tribunal de paix institué sur le territoire pénitentiaire du Maroni (Guyane française) par le décret en date de ce jour, conformément au tableau ci-après :

DÉSIGNATION des EMPLOIS.	TRAITEMENT COLONIAL.	DÉSIGNATION DES OFFICES DE LA MAGISTRATURE MÉTROPOLITAINE auxquels sont assimilés les membres du tribunal de paix du Maroni pour servir de base à la liquidation des pensions de retraite.		
		OFFICES.	TRAITEMENT.	CLASSES.
Juge de paix..........	5,000	Juge de paix..........	3,000^f	5^e
Greffier	2,000	Greffier de paix.......	800	1re

ART. 2. Le traitement d'Europe des membres du tribunal de paix du Maroni est fixé à la moitié du traitement colonial, conformément à l'art. 1er. paragraphe 2 du décret du 17 janvier 1863.

ART. 3. Le Ministre de la marine et des colonies et le Garde des sceaux, Ministre de la justice, sont chargés, chacun en ce qui le concerne, de l'exécution du présent décret, qui sera inséré au *Bulletin officiel de la marine*.

Signé : M^{al} DE MAC MAHON.

Par le Président de la République :

Le Garde des sceaux, Ministre de la justice,   *Le Ministre de la marine et des colonies,*

Signé : TAILHAND.   Signé : MONTAIGNAC.

RAPPORT

AU PRÉSIDENT DE LA RÉPUBLIQUE FRANÇAISE, SUIVI D'UN DÉCRET CONFÉRANT LES ATTRIBUTIONS DE NOTAIRE AU GREFFIER DU JUGE DE PAIX DU MARONI.

(DIRECTION DES COLONIES.)

Versailles, le 3 août 1875.

MONSIEUR LE PRÉSIDENT,

Le décret du 26 février 1875, en organisant le service de la justice sur le territoire du Maroni, répondait aux besoins qui se faisaient sentir depuis long-temps de doter cet établissement d'une organisation judiciaire permettant de juger sur place les contestations.

Aujourd'hui, par le décret que je soumets à votre signature, il s'agit de compléter les dispositions arrêtées en 1875, en conférant au greffier de la justice de paix les fonctions de notaire. Actuellement les intéressés sont obligés de se rendre du Maroni à Cayenne pour faire rédiger les actes notariés dont ils peuvent avoir besoin.

La mesure que je propose, et qui a l'assentiment de M. le Garde des sceaux, sera donc d'une grande utilité pour la colonisation.

Veuillez agréer, etc.

Le Ministre de la marine et des colonies,

Signé : MONTAIGNAC.

DÉCRET.

LE PRÉSIDENT DE LA RÉPUBLIQUE FRANÇAISE,

Sur le rapport du Ministre de la marine et des colonies et du Garde des sceaux, Ministre de la justice;

Vu l'art. 18 du sénatus-consulte du 3 mai 1854;

Vu le décret du 26 février 1875, portant organisation d'une justice de paix à compétence étendue sur le territoire du Maroni;

Vu le décret du 28 août 1862, concernant les actes authentiques à passer dans les quartiers de la Guyane française,

DÉCRÈTE :

ARTICLE PREMIER. Le greffier de la justice de paix instituée au Maroni par le décret du 26 février 1876 remplira sur le territoire du Maroni les fonctions de notaire attribuées, dans les quartiers, aux commissaires commandants par le décret du 28 août 1862.

ART. 2. Le Ministre de la marine et des colonies et le Garde des sceaux, Ministre de la justice, sont chargés, chacun en ce qui le concerne, de l'exécution du présent décret, qui sera inséré au *Bulletin officiel de la marine.*

Signé : M^{al} DE MAC MAHON.

Par le Président de la République :

Le Garde des sceaux, Ministre de la justice,   *Le Ministre de la marine et des colonies,*

Signé : DUFAURE.   Signé : MONTAIGNAC.

DÉCRET

PORTANT RÉTABLISSEMENT DU POSTE DE PROCUREUR GÉNÉRAL À LA GUYANE.

Du 6 janvier 1876.

LE PRÉSIDENT DE LA RÉPUBLIQUE FRANÇAISE,

Sur le rapport du Ministre de la marine et des colonies et du Garde des sceaux, Ministre de la justice;

Vu l'ordonnance du 27 août 1828, concernant le gouvernement de la Guyane française;

Vu l'ordonnance du 21 décembre 1828, concernant l'administration judiciaire à la Guyane française;

Vu le décret du 16 août 1854, sur l'organisation judiciaire de la Guyane française;

Le Conseil d'État entendu,

DÉCRÈTE :

ARTICLE PREMIER. Les art. 9, 12, 14, 15 et 16 du décret du 16 août 1854. sont modifiés ainsi qu'il suit :

Art. 9. La cour d'appel de la Guyane française est composée :

D'un président,

De deux conseillers,

D'un conseiller auditeur,

D'un procureur général,

D'un greffier.

Les magistrats du parquet du tribunal de 1re instance de Cayenne remplissent auprès de la cour les fonctions de substituts du procureur général.

Art. 12. La cour est saisie directement de toutes les affaires correctionnelles par le procureur général.

Art. 14. Le procureur général près la cour d'appel est chef du service judiciaire.

En cette qualité, il exerce toutes les attributions administratives et de surveillance déterminées par les ordonnances du 27 août 1828 et du 21 décembre 1828.

En cas d'empêchement, il est pourvu à son remplacement conformément aux dispositions de l'art. 129 de l'ordonnance du 27 août 1828.

Art. 15. La cour d'assises de la Guyane est saisie directement, par le procureur général, de toutes les affaires de sa compétence.

A cet effet, les instructions criminelles dirigées par le lieutenant de juge sont transmises, sans délai, au procureur général.

Celui-ci est tenu de mettre l'affaire en état dans les dix jours de sa réception.

Pendant ce temps, la partie civile et le prévenu peuvent fournir les mémoires qu'ils jugent convenable.

Art. 16. La cour d'assises est composée :

Du président de la cour d'appel,

De deux conseillers, qui, en cas d'absence ou d'empêchement, sont remplacés par le conseiller auditeur et, à défaut, ainsi qu'il est dit en l'art. 11 du présent décret,

De quatre assesseurs,

Du procureur général ou de l'un de ses substituts,

Du greffier de la cour d'appel.

Art. 2. Le Ministre de la marine et des colonies et le Garde des sceaux, Ministre de la justice, sont chargés, chacun en ce qui le concerne, de l'exécution du présent décret, qui sera inséré au *Bulletin des lois* et au *Bulletin officiel de la marine.*

Signé : M^{al} DE MAC MAHON.

Par le Président de la République :

Le Garde des sceaux, Ministre de la justice,   *Le Ministre de la marine et des colonies,*

    Signé : Dufaure.   Signé : Montaignac.

DÉCRET

DÉTERMINANT LE TRAITEMENT ET LES PARITÉS D'OFFICE DU PROCUREUR GÉNÉRAL
ET DU PRÉSIDENT DE LA COUR DE LA GUYANE.

Du 21 janvier 1876.

LE PRÉSIDENT DE LA RÉPUBLIQUE FRANÇAISE,

Vu le décret du 17 janvier 1863, fixant les traitements et les parités d'office pour la magistrature coloniale;

Vu le décret du 6 janvier 1876, portant rétablissement du poste de procureur général à la Guyane;

Sur le rapport du Ministre de la marine et des colonies et du Garde des sceaux, Ministre de la justice,

DÉCRÈTE :

ARTICLE PREMIER. Le traitement du procureur général de la Guyane et celui du président de la cour d'appel, les parités d'office de ces emplois, sont fixés ainsi qu'il suit :

DÉSIGNATION des MAGISTRATS COLONIAUX.	TRAITEMENT COLONIAL.	DÉSIGNATION DES OFFICES DE LA MAGISTRATURE MÉTROPOLITAINE auxquels sont assimilés les emplois de la magistrature coloniale.		
		OFFICES.	Quotités.	Classe.
Procureur général......	12,000ᶠ	Procureur général......	15.000ᶠ	3ᵉ
Président de cour......	10,000	Conseiller d'Alger......	6.000	"

Conformément au paragraphe 2 de l'art. 1ᵉʳ du décret du 17 janvier 1863, le traitement d'Europe est fixé à la moitié du traitement colonial.

ART. 2. Le Ministre de la marine et des colonies et le Garde des sceaux, Ministre de la justice, sont chargés, chacun en ce qui le concerne, de l'exécution du présent décret, qui sera inséré au *Bulletin officiel de la marine* et au *Bulletin des lois.*

Signé : M^{al} DE MAC MAHON.

Par le Président de la République :

Le Garde des sceaux, Ministre de la justice,

Signé : DUFAURE.

Le Ministre de la marine et des colonies,

Signé : MONTAIGNAC.

DÉCRET

RENDANT APPLICABLE À LA GUYANE FRANÇAISE LA LOI DU 8 JANVIER 1877, AYANT POUR OBJET DE SUBSTITUER LE CODE PÉNAL MÉTROPOLITAIN AU CODE PÉNAL COLONIAL DANS LES COLONIES DES ANTILLES ET DE LA RÉUNION.

(4ᵉ direction : Colonies; — 3ᵉ bureau : *Justice et régime pénitentiaire.*)

Du 6 mars 1877.

LE PRÉSIDENT DE LA RÉPUBLIQUE FRANÇAISE,

Vu l'art. 18 du sénatus-consulte du 3 mai 1854;

Sur le rapport du vice-amiral, sénateur, Ministre de la marine et des colonies, et du Garde des sceaux, Ministre de la justice et des cultes,

DÉCRÈTE :

ARTICLE PREMIER. La loi du 8 janvier 1877, ayant pour objet de substituer le Code pénal métropolitain au Code pénal colonial dans les colonies des Antilles et de la Réunion, est déclarée applicable à la Guyane française.

ART. 2. Le vice-amiral, sénateur, Ministre de la marine et des colonies, et le Garde des sceaux, Ministre de la justice et des cultes, sont chargés, chacun en ce qui le concerne, de l'exécution du présent décret, qui sera inséré au *Journal officiel,* au *Bulletin des lois* et au *Bulletin officiel de la marine.*

Signé: M^{al} DE MAC MAHON.

Par le Président de la République :

Le Ministre des travaux publics, chargé par intérim du Ministère de la justice et des cultes,

Signé : CHRISTOPHLE.

Le Vice-Amiral, Sénateur, Ministre de la marine et des colonies,

Signé : L. FOURICHON.

LOI.

Le Sénat et la Chambre des députés ont adopté,

Le Président de la République promulgue la loi dont la teneur suit :

Article premier. Les dispositions du Code pénal actuellement en vigueur dans la métropole seront rendues applicables à la Martinique, à la Guadeloupe et à la Réunion, sous les réserves exprimées aux articles ci-après.

Art. 2. Les dispositions de l'article 121 du Code pénal sont complétées ainsi qu'il suit pour lesdites colonies :

Art. 121. Seront, comme coupables de forfaiture, punis de la dégradation civique, tous officiers de police judiciaire, tous procureurs généraux de la République, tous substituts, tous juges qui auront provoqué, donné ou signé un jugement, une ordonnance ou un mandat tendant à la poursuite personnelle ou accusation soit d'un ministre, soit d'un membre de la Chambre des pairs, de la Chambre des députés ou du Conseil d'État, sans les autorisations prescrites par les lois de l'État; ou qui, hors les cas de flagrant délit ou de clameur publique, auront, sans les mêmes autorisations, donné ou signé l'ordre ou le mandat de saisir ou arrêter un ou plusieurs ministres ou membres de la Chambre des pairs, de la Chambre des députés ou du Conseil d'État.

Seront punis de la même peine tous officiers de police judiciaire, tous procureurs généraux, tous substituts, tous juges qui auront provoqué, donné ou signé des mandats, ordonnances ou jugements contre le gouverneur, ou qui auront autorisé contre lui un acte de cette nature sans les autorisations prescrites par les lois de l'État.

Cette peine sera également encourue par les officiers ministériels qui auront mis à exécution de pareils actes.

Art. 3. Les dispositions de l'art. 137 du Code d'instruction criminelle colonial sont modifiées ainsi qu'il suit :

Art. 137. Les faits prévus par les règlements de police émanés de l'autorité locale sont considérés comme contraventions de police simple et punis des mêmes peines.

Le gouverneur néanmoins, pour régler les matières d'administration et pour l'exécution des lois, décrets et règlements promulgués dans la colonie, conserve exceptionnellement le droit de rendre des arrêtés et décisions, avec pouvoir de les sanctionner par quinze jours de prison et cent francs d'amende au maximum.

Dans ce cas, et toutes les fois que les peines pécuniaires ou corporelles excéderont celles du droit commun en matière de contraventions, les règlements dans lesquels ils seront prévus devront, dans un délai de quatre mois, passé lequel ils seront caducs, être convertis en décrets par le Chef du Gouvernement, statuant en Conseil d'État.

ART. 4. Les décrets, règlements et arrêtés actuellement en vigueur dans lesdites colonies sur la police du travail et la répression du vagabondage, ainsi que les dispositions de l'article 10 du décret du 16 août 1854, ne sont pas abrogés par la présente loi.

Les individus, cependant, condamnés pour faits prévus par le décret du 13 février 1852 ou pour faits de mendicité, soit à l'emprisonnement, soit à des amendes converties, en même temps que les frais, en journées de travail, seront, dans les ateliers de discipline, séparés des individus subissant la peine de l'emprisonnement par suite de condamnations pour contraventions ou délits de droit commun.

Ils n'auront pas de costume distinctif. La séparation des sexes aura lieu pour tous les genres de travaux.

ART. 5. Les juges de paix connaîtront des infractions aux décrets, règlements et arrêtés maintenus par l'art. 4, premier alinéa, ainsi qu'à ceux mentionnés dans le paragraphe 3 de l'art. 3, pourvu que les peines qui les sanctionnent ne dépassent pas quinze jours de prison et cent francs (100^f) d'amende au maximum.

La présente loi, délibérée et adoptée par le Sénat et par la Chambre des députés, sera exécutée comme loi de l'État.

Signé : M^{al} DE MAC MAHON.

Par le Président de la République :

Le Garde des sceaux,	*Le Vice-Amiral, Sénateur,*
Ministre de la justice et des cultes,	*Ministre de la marine et des colonies,*
Signé : L. MARTEL.	Signé : L. FOURICHON.

TABLE DES MATIÈRES.